现代企业管理

（第二版）

主　编　赖文燕　蔡影妮
副主编　陆改红
参　编　肖祥伟　李小凤
刘灿亮　李　慧
张曼晶　刘　静

扫码申请资源

南京大学出版社

图书在版编目(CIP)数据

现代企业管理 / 赖文燕，蔡影妮主编. -- 2 版. --
南京 ：南京大学出版社，2023.5
ISBN 978-7-305-27020-8

Ⅰ. ①现… Ⅱ. ①赖… ②蔡… Ⅲ. ①企业管理—教
材 Ⅳ. ①F272

中国国家版本馆 CIP 数据核字(2023)第 092891 号

出版发行　南京大学出版社
社　　址　南京市汉口路 22 号　　　　邮　编　210093
出 版 人　金鑫荣

书　　名　现代企业管理
主　　编　赖文燕　蔡影妮
责任编辑　武　坦　　　　编辑热线　025-83592315

照　　排　南京南琳图文制作有限公司
印　　刷　盐城市华光印刷厂
开　　本　787 mm×1092 mm　1/16　印张 22　字数 563 千
版　　次　2023 年 5 月第 2 版　2023 年 5 月第 1 次印刷
ISBN 978-7-305-27020-8
定　　价　55.00 元

网址：http://www.njupco.com
官方微博：http://weibo.com/njupco
微信服务号：njuyuexue
销售咨询热线：(025) 83594756

内容提要

本书从适应远程开放教育、高等教育及高等职业教育教材改革需要出发，以全面反映现代企业管理理论研究和实践最新成果，用实际案例解决理论问题为主要特色，是一种“讲、读、研、用、练”多元创新的跨媒体教材，以尽可能适应精讲多练、强调能力和能动性的新型教学方式的需要。教材内容分成十个任务单元：认识现代企业管理、战略管理、人力资源管理、生产管理、质量管理、营销管理、财务管理、物流管理、项目管理、管理创新。

本书内容新颖，通俗易懂，案例贴近学生，生动有趣，注重理论联系实际，各章附有增值阅读、能力自测、案例分析、实践与操作。各章以相关链接和案例研究的方式穿插与所介绍原理相关的企业管理案例和故事，以便扩展视野，增强学生的学习兴趣，加深对理论知识的理解。

本书主要作为开放大学、高等院校、高等职业院校财经类、管理类专业本、专科学生学习企业管理课程的教学用书，也可作为本科院校非财经类专业学生普及企业管理知识的选修教材，以及作为从事管理工作的企事业单位人员和广大社会读者的参考资料。

前　言

党的二十大报告中强调，教育、科技、人才是全面建设社会主义现代化国家的基础性、战略性支撑。当前，我国正处在转变发展方式、优化经济结构、转换增长动力的攻关期，要推动经济高质量与创新性发展，迫切需要一大批高素质高技能人才作为支撑。《现代企业管理》结合开放教育和高职学生的学习需要，根据远程开放教育和高职教育特点以及人才培养模式要求，加大高技能人才培养力度，全方位、多层次地培养与经济发展要求相适应的高素质高技能专业人才，同时满足实践性教学的需要，由编者结合多年的教学经验进行编写。通过《现代企业管理》课程的学习，学生们可以快速地接受和领会企业管理基本理论与基本方法，提高认识问题、分析问题和解决问题的能力，培养自主创新能力，提高文化水平、道德品质和专业技能，促进全面发展。

本书从开放教育和高职教学改革需要出发，以全面反映现代企业管理理论研究和实践最新成果、用实际案例解决理论问题为主要特色，努力从方法和形式上有所突破和创新，力求探索一种"讲、读、研、用、练"多元创新的跨媒体教材模式，以尽可能满足精讲多练、强调应用能力、适合移动学习的新型教学方式的需要。与同类型的其他教科书相比较，本书力求突出以下几个特点：

(1) 德技并修。注重强化"德技并修"人才培养意识。坚持正确的政治方向和价值取向，围绕立德树人根本任务，深刻领会党的二十大主题，深入挖掘现代企业管理课程所蕴含的思政元素，将党的二十大精神融入各个项目教学中。同时在每个任务下增加了思政园地，根据每个任务内容具体特点进行思政元素提炼，将思政育人元素与教材深度融合。基于以上，促使学生具备政治认同、职业精神、法治意识、健全人格和公共参与等方面的核心政治素养的同时，又具备较高的技术技能水平，成为有理想、有本领、有担当的合格人才，成为能够担当民族伟大复兴重任的时代新人。

(2) 定位明确。本书是根据开放教育和高职教育的特点，以理论必需、够用为原则，以工作过程为导向，以项目和工作任务为载体，以培养学生应用能力为目的。在学生掌握最基本的管理学理论的基础上，着力培养学生应用现代企业管理的基本知识和基本原理去分析解决实际问题的能力，以满足社会经济发展和经济运行对应用型人才的需求。

(3) 内容新颖。采用任务驱动模式的教材编写体例，在每章中都以完成一个任务为核心，插入相关链接和案例研究，让学生在学习过程中不断思考。设计若干工具性栏目，如趣味阅读、相关链接、案例研究、增值阅读、任务小结、能力自测、案例分析、实践与操作等，充分体现本书的特色：将需要掌握的知识点进行最大限度的精炼，利用各种工具性栏目加强对企业管理理论精髓的理解和把握。在教材内容上，力图反映当代企业管理学的最新进展，吸收和反映本学科新的研究成果，力求做到内容新颖，重点突出，概念准确，简明扼要。

(4) 通俗实用。本书将理论体系的严密性同教学上的简明通俗、由浅入深有机地结合起来，在内容编排、概念阐释、图表配备、案例选择等方面尽量与现实生活贴近。全书语言通俗易懂，层次清晰，内容选择尽可能从岗位的实际出发，最大限度地减少现有岗位不直接应用的理论知识，尽可能地增加应用知识和技能内容。

(5) 结构合理。为了培养学生的实际应用能力，全书各单元均从趣味阅读入手，导出相关理论知识，并注重案例与相关理论知识的有机结合。每章结尾均附有能力自测、案例分析和实践与操作，便于学生进行自我测评，提高学生应用相关知识解决实际问题的能力。本书全面系统地介绍了现代企业管理、战略管理、人力资源管理、生产管理、质量管理、营销管理、财务管理、物流管理、项目管理、管理创新等内容，体现了现代企业管理课程体系的完整结构。

本书由广东开放大学赖文燕、蔡影妮担任主编，陆改红担任副主编。全书由赖文燕设计框架、拟定编写提纲、统稿、审核、修改和定稿；蔡影妮、陆改红参与统稿、审核和修改；肖祥伟、李小凤、刘灿亮、李慧、张曼晶、刘静参与编写。本书是集纸质教材、视频资源(请扫描每个任务右边的二维码)、电子书为一体的跨媒体教材，为了方便教学，配套有 PPT 电子课件和参考答案。

本书在编写过程中参阅了我国管理学界学者们的专著、教材等，特附参考文献于后，在此一并表示衷心的感谢！由于编者水平有限，加上时间仓促，不妥之处在所难免，敬请读者批评斧正。

编　者

2023 年 5 月

目 录

任务1　认识现代企业管理

请扫描二维码
观看视频

知识目标

为了完成本任务，你需要的理论知识：

1. 现代企业的含义
2. 现代企业的类型和特征
3. 企业管理的相关含义和基础工作
4. 现代企业的组织结构形式

能力目标

通过完成本任务，你应该能够：

1. 识别不同类型的现代企业
2. 熟悉现代企业管理的基本原理
3. 掌握现代企业制度
4. 依据企业情况，设计组织结构形式

素质目标

通过完成本任务，你将：

1. 建立先进的经营管理理念
2. 培养科学、成熟的企业管理思维
3. 树立正确的世界观、价值观和科学发展观

项目任务

1.1　了解企业与现代企业制度
1.2　认识管理与企业管理
1.3　熟悉现代企业组织结构

◆ 任务导入
◆ 相关链接
◆ 案例研究
◆ 增值阅读
◆ 任务小结
◆ 能力自测
◆ 案例分析
◆ 实践与操作

任务导入

趣味阅读

拉面馆的故事

朋友和一个小老板在路边闲聊，这个小老板谈及如今的生意，感慨颇多。他曾经辉煌过，于兰州拉面最红的时候在闹市口开了家拉面馆，日进斗金，后来却不做了。朋友心存疑虑地问他：为什么？

“现在的人贼着呢!”小老板说,“我当时雇了个会做拉面的师傅,但在工资上总也谈不拢。”

“开始的时候为了调动他的积极性,我们是按销售量分成的,一碗面给他5毛的提成。经过一段时间,他发现客人越多他的收入也越多,这样一来他就在每碗里放超量的牛肉来吸引回头客。一碗面才四块,本来就靠个薄利多销,他每碗多放几片牛肉我还赚哪门子钱啊!”

“后来看看这样不行,钱全被他赚去了！我就换了种分配方式,给他每月发固定工资,工资给高点也无所谓,这样他不至于多加牛肉了吧? 因为客多客少和他的收入没关系。”

“但你猜怎么着?”小老板有点激动了,“他在每碗里都少放许多牛肉,把客人都赶走了!这是为什么?”朋友激动地问道,“牛肉的分量少,顾客就不满意,回头客就少,生意肯定就清淡,他(大师傅)才不管你赚不赚钱呢,他拿固定的工钱,巴不得你天天没客人才清闲呢!”

啊！结果一个很好的项目因为管理不善而黯然退出市场,尽管被管理者只有一个。

(资料来源:https://www.sohu.com/a/234036663_479757)

这个小小拉面馆的故事,反映出了一个小企业在生产经营管理中的种种问题。虽然是小面馆,但是也必须有完整的生产管理,如工作程序、定额消耗以及制度规范等,以及经营过程中有效的监督和控制,否则就将面临各种危机。作为小规模店铺,老板更要熟悉每一个环节,才能做好管理。这实际上反映出了大部分现代企业在生产经营管理中存在的问题:管理混乱,组织运作效能低。现代企业管理是一门综合性学科,它涵盖了社会学科和技术学科两大领域,内容涉及企业生产经营管理的各个方面。研究现代企业管理的实际问题,首先必须对现代企业以及管理基本理论有一个全面的了解和认识。

1.1 了解企业与现代企业制度

1.1.1 企业的含义与特征

1. 企业的含义

企业是指从事生产经营活动或劳务活动,自主经营、自负盈亏、独立核算、具有法人资格的营利性经济组织。

企业是社会生产力发展到一定水平的产物,是商品生产和商品交换的产物,是现代社会的基本经济单位。企业的发展过程大致经历三个阶段:手工业生产时期、工厂生产时期和企业生产时期。

2. 企业的产生

社会的生产力水平决定社会基本经济单位的组织形式。组织是社会生产力发展到一定水平的产物,是商品生产与商品交换的产物。

在奴隶社会和封建社会,自给自足的自然经济占统治地位,社会生产和消费主要是以家庭为经济单位,或以手工劳动为基础的作坊,它们都不是企业。企业是作为取代家庭经济单位和作坊而出现的一种更高生产效率的经济单位,是商品经济的产物。随着生产力的提高和商品经济的发展,到了资本主义社会,企业成了社会的基本经济单位。其特征是由资本所有者雇用许多工人，使用一定的生产手段，共同协作，从事生产劳动，从而极大地提高了生产效率。

3. 企业的发展

企业的发展，大体经历了以下几个时期：

(1) 工场手工业时期。工场手工业时期主要指从封建社会的家庭手工业出现到资本主义初期的工场手工业时期。16—17 世纪，一些西方国家由封建社会制度向资本主义制度转变，资本主义原始积累加快，农民的土地被大规模剥夺，从而使家庭手工业急剧瓦解，开始向资本主义工场手工业转变。这时的工场手工业已经具备了企业的雏形。

(2) 工厂时期。18 世纪，随着资本主义制度的发展，西方各国相继开展了工业革命，大机器的普遍采用为工厂制的建立奠定了基础。19 世纪三四十年代工厂制度在英、德等国家普遍建立。工厂制的主要特征是实行大规模的集中劳动，采用大机器高效率生产，实行雇佣工人制度，劳动分工深化，生产走向社会化。工厂制的建立，标志着企业的真正诞生。

(3) 现代企业时期。19 世纪末 20 世纪初，随着自由资本主义向垄断资本主义过渡，工厂自身发生了复杂而又深刻的变化，这些变化主要表现在：不断采用新技术、新工艺、新材料，使生产技术有了迅速发展；经营权与所有权分离；形成职业化的管理阶层；普遍建立了科学管理制度，并形成了一系列科学管理理论。企业管理从传统经验管理阶段进入到科学管理阶段，现代企业形成了。

4. 企业的特征

企业的特征，实际是企业与非企业的区别所在。在市场经济条件下，现代企业一般具有以下四个基本特征(见图 1-1)：

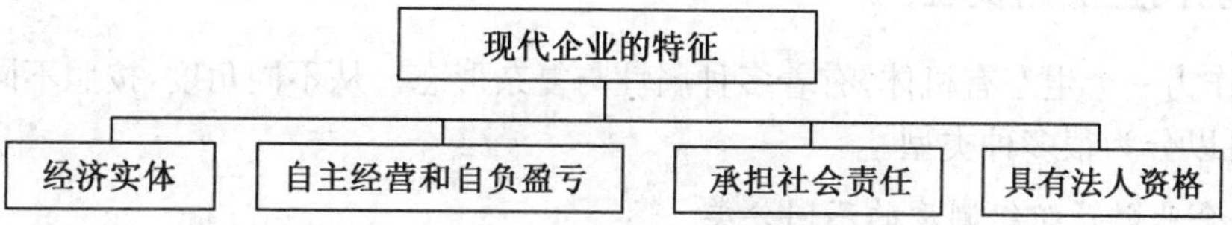

图 1-1 现代企业的特征

(1) 企业是经济实体。企业是从事商品(或劳务)生产经营活动的基本经济组织。这表明了企业从事的活动具有商品性，是为卖而买、为交换而生产，企业不同于政府和事业单位，必须追求经济效益，获取利润。

(2) 企业必须自主经营、自负盈亏。企业能够根据市场的需要，独立自主地使用和支配其所拥有的人力、物力和财力，并能够对其经济结果独立地享有相应的权利并承担相应的责任。

(3) 企业必须承担社会责任。企业要满足社会的需要，还应为社会提供就业机会，要防止环境污染、维护生态平衡和节约资源等。

(4)企业是具有法人资格的经济实体。这表明了企业是依法成立，具有民事权利能力和民事行为能力，独立享有民事权利和承担民事义务的组织，它必须拥有自己够独立支配和管理的财产。

企业除具有上述特征外，还应拥有一定数量、一定水平的生产设备和资金，一定数量、一定技能的生产者和管理者，以及开展生产活动的场所等。

相关链接 1-1

“企业”一词的来源

对于中国而言,“企业”一词并非我国古文化所固有,它和其他一些现在广泛使用的社会科学词语一样,是在清末变法之际,从日本传入我国的。而日本是在明治维新以后,在引进西方企业制度的过程中,从西文翻译而来的。因此,要探寻“企业”这个词汇的来源,就要从西方词汇中寻找。

与“企业”相对应的词,英语中称为“enterprise”,它由两部分组成,“enter”和“prise”,前者具有“获得,开始享有”的含义,可以引申为“盈利、收益”;后者有“撬起、撑起”的意思,可以引申为“杠杆、工具”,两个部分结合在一起,表示“获取盈利的工具”。

日本在引入该词时,意译为“企业”,从字面上看“企”表示企图,“业”表示事业,企业顾名思义是“企图事业”;若用于商业领域,则表示企图冒险从事某项获取利润的事业。作为一种社会组织,企业是指“应用资本赚取利润的经济组织实体”。

美国《现代经济词典》把企业定义为:设在一定地点,拥有一个或一个以上的雇员的工厂、商店或办事机构。我国台湾学者认为企业是集合生产要素,如土地、资本、劳动者,在创造动机和承担风险的准备下,对某种事业做出的有计划、有组织、讲求效率的经营。《中国企业管理百科全书》将企业定义为从事生产、流通等经济活动,为满足社会需要并获取盈利,进行自主经营,实行独立核算,具有法人资格的基本经济单位。

(资料来源:百度百科)

1.1.2 现代企业的类型

企业作为一个生态有机体,有着多种属性与复杂形态。从不同角度,按照不同的分类标准,企业可以分为很多种类型。

1. 按企业财产组织制度的不同分类

(1) 个人独资企业。

个人独资企业是指个人出资开展生产经营活动,资产全部归个人所有,其所有权和经营权完全统一的企业。个人独资企业的盈利全部归企业所有,企业亏损与债务完全由企业主个人承担,企业主对企业债务负有无限责任。

个人独资企业由于独自出资,独立经营,独自承担风险,所以经营方法比较灵活,决策迅速及时,制约因素较少,企业主能够独享利润,企业保密性强,容易保持其经营特色。其缺点是资本有限,难以做大做强;企业主经营风险较高,一旦经营失误,须承担无限责任,危及企业安全,故难以放手经营;企业没有独立的生命,如果企业主死亡或在未转让的情况下放弃经营,企业将会随之消失。

个人独资企业诞生于早期的市场经济,至今仍大量存在,可见其适应力很强。个人独资企业比较适合于零售商业、服务业,如中国的个体杂货店、食品店、餐饮店、修理店等独资企业占 80%以上,这充分体现出市场经济的多样化特点。

(2) 合伙企业。

合伙制企业是指由两个或两个以上的出资人,以合伙经营契约的形式,共同出资、共同经营、共享收益、共担风险并对合伙企业债务承担无限连带责任的营利性组织。在具体运作时，可以由其中的一个合伙人经营，其他的合伙人仅出资，并且共负盈亏，也可由所有的合伙人按协商一致的原则共同经营。合伙制企业也不具有法人资格，在法律上与独资企业一样，同为自然人企业。

其优点为：组建较为容易和简单，一般按一定的出资比例分享利润，同时分担相应的亏损与债务；筹资速度快、扩大了资金来源；提高了经营水平和决策能力。其缺点为：合伙人承担无限连带责任，风险大；重大决策需要所有合伙人参加，如果有意见分歧容易造成决策上的延误，影响企业有效经营；退出与接纳困难，必须所有人同意。

在现代商品经济中，合伙制企业的数量较少，仅占10%左右。一般只适合于资本规模较小、管理不复杂、不需设专门管理机构的生产或经营型企业；还有一些服务业，如律师楼、会计师事务所、广告商、经纪行等。

(3) 公司。

公司是指依法设立的、以营利为目的的企业法人。公司具有法人资格，享有法人的权利，承担法人的义务。公司制企业实现了股东所有权与法人财产权的分离，公司法人财产具有整体性、稳定性和连续性的特点。国际上通行的做法是按集资方式和股东承担责任的不同，把公司分为无限责任公司、有限责任公司、股份有限公司和两合公司。我国《公司法》规定公司的基本类型为有限责任公司和股份有限公司。

① 无限责任公司。它是指由两个或两个以上的无限责任股东组成，股东对公司的债务承担无限清偿责任的企业。无限责任公司具有法人资格，是法人企业。它的股东必须是自然人，企业不能做股东，公司的信誉主要建立在股东身上，而不在公司的资本上。无限责任公司最大的特点是具有很大的无限连带责任，因而在世界各国公司总数中所占比例很小，但由于它具有简便、灵活，以及经营者在无限风险的巨大压力下迸发出很强的责任感和危机感等若干优点，所以在现代市场经济中仍有存在的价值和空间。

② 有限责任公司。它是指由两个以上的股东共同出资，每个股东以其认缴的出资额对公司承担有限责任，公司以其全部资产对其债务承担责任的企业法人。有限责任公司最大的特点是公司不公开发行股票，而是几个人协商购买。股份不是有价证券，不得随意转让，一般人数为2～50个，设立简单。与无限责任公司相比，有限责任公司解除了投资者的后顾之忧，鼓励和刺激了投资的欲望和积极性。其缺点在于不能在国内公开发行股票，限制了筹资的规模，在公司业务发展到一定规模后，通常都要改制为股份有限公司。有限责任公司一般适合于中小企业。

③ 股份有限公司。公司全部资本划分为等额的股份，股份公开发行并可以转让，也就是说股份有限公司的股份是有价证券，可以流通、随意买卖。公司以其全部资产对公司债务承担有限责任的企业法人。其主要特点是：股东和股本不得少于法定最低限额，关于股东实际人数，我国规定最少3个人，注册资本不得少于人民币1 000万元；股东以其持有的股份数，享有相应的权利，承担对等的义务；公司应将注册会计师审查验证的会计报表公开；股份有限公司实行所有权与经营权分离的体制。股份有限公司作为一种现代企业典型形态，适合于大中型企业。在国外，这种企业形式在企业总数中所占比例虽然不大，但营业额与利润都占很大比例。

④ 两合公司。它是指由无限责任股东和有限责任股东混合而成的公司。其中，无限责

任股东对公司的债务负连带无限责任;有限责任股东对公司债务以出资额为限负有限责任。

2. 按照企业生产力各要素所占的比重划分

根据企业生产力各要素所占的比重不同,可以将企业划分为劳动密集型企业、技术密集型企业和知识密集型企业,见表1-1。

表1-1 按照企业生产力各要素所占的比重划分的企业类型

分 类	技术装备程度	劳动力投入所占产品成本比重	产品开发及科研费用	产品先进性	举 例
劳动密集型	低	高	低	低	纺织业、日用百货以及服务性企业等
技术密集型	高	低	较高	较高	钢铁、机械制造、汽车、石油化工、电力等
知识密集型	较高	较高	高	高	电子计算机、飞机和宇宙航天工业、原子能工业、技术和管理的咨询服务企业等

3. 按照企业生产经营业务的性质划分

根据企业所属的经济部门不同,可以将企业划分为农业企业、工业企业、商业企业、物资企业、交通运输企业、金融企业、旅游企业和金融企业等。

思政园地

2016年10月,习近平总书记在全国国有企业党的建设工作会议上深刻阐明"坚持党对国有企业的领导是重大政治原则,必须一以贯之;建立现代企业制度是国有企业改革的方向,也必须一以贯之"的重大原则,为国有企业改革发展和党的建设指明了前进方向、提供了根本遵循。

1.1.3 现代企业制度

1. 现代企业制度的含义及特征

(1) 现代企业制度的含义。

企业制度是以财产组织形式体现的、用于调节生产要素所有者之间权利和利益分配关系的"契约"。企业制度有广义和狭义之分。

① 广义企业制度泛指一切有关企业组成与运行的规定与规范系统的总和。从广义上说,企业制度在大的方面包括企业的产权制度,在小的方面包括岗位责任制,外延是极其广泛的。

② 狭义企业制度特指反映企业基本构成与基本管理关系本质属性的总体规定与规范,即企业制度是指以产权制度为基础、以治理结构为核心的基本组织与管理制度。这里所讲的企业制度,是从"建立现代企业制度"角度所特指的概念,是专指企业产权制度等企业的最基本的制度,不包括各种具体的管理制度。

(2) 现代企业制度的特征。

从企业制度演变的过程看,现代企业制度是指适应现代社会化大生产和市场经济体制要求的一种企业制度，也是具有中国特色的一种企业制度。十四届三中全会把现代企业制度的基本特征概括为“产权清晰、权责明确、政企分开、管理科学”十六个字。

① 产权清晰。一是有具体的部门和机构代表国家对某些国有资产行使占有、使用、处置和收益等权利。二是国有资产的边界要“清晰”，首先要搞清实物形态国有资产的边界，如机器设备、厂房等；其次要搞清国有资产的价值和权利边界，包括实物资产和金融资产的价值量，国有资产的权利形态（股权或债权，占有、使用、处置和收益权的分布等），总资产减去债务后净资产数量等。

② 权责明确。“权责明确”是指合理区分和确定企业所有者、经营者和劳动者各自的权利和责任。所有者、经营者、劳动者在企业中的地位和作用是不同的，因此他们的权利和责任也是不同的。

③ 政企分开。“政企分开”的基本含义是政府行政管理职能、宏观和行业管理职能与企业经营职能分开。“政企分开”要求政府将原来与政府职能合一的企业经营职能分开后还给企业，改革以来进行的“放权让利”“扩大企业自主权”等就是为了解决这个问题。“政企分开”还要求企业将原来承担的社会职能分离后交还给政府和社会，如住房、医疗、养老、社区服务等。

④ 管理科学。“管理科学”是一个含义宽泛的概念。从较宽的意义上说，它包括了企业组织合理化的含义；从较窄的意义上说，“管理科学”要求企业管理的各个方面（如质量管理、生产管理、供应管理、销售管理、研究开发管理、人事管理等）科学化。现代企业应通过科学管理，化解和防范经营中的风险，以高效、低耗、快速的方式，推进社会化大生产，创造更多的社会财富。

案例研究 1-1

国有企业公司制改革全面推进

今年正式启动的国企改革三年行动明确提出，要全面完成国有企业公司制改革。

公司制是现代企业制度的有效组织形式。推进公司制改革，就是将按照全民所有制工业企业法登记的全民所有制企业，改制为按照公司法登记的有限责任公司或股份有限公司，并根据中国特色现代企业制度要求完善公司治理，建立市场化经营机制。

在中央企业层面，国务院国资委监管的68家需要改制的集团公司已于2017年全部完成改制工作；在地方国企层面，省级国资委监管的一级企业约96%完成了这项改革。

据国务院国有企业改革领导小组办公室副主任、国务院国资委副主任翁杰明介绍，关于全面完成公司制改革的专项通知已于今年9月底正式印发，明确提出了认真落实主体责任、抓紧制定工作方案、加强政策指导支持等多项工作要求。“按照国企改革三年行动部署要求，我们将指导推进各有关单位明确目标，重点攻坚，全力以赴，确保全面完成改革任务。”翁杰明说。

这意味着我国国有企业与社会主义市场经济将进一步深度融合，从法律上、制度上实现政企分开、政资分开，有利于将国有企业打造成为真正独立的市场主体。

（资料来源：http://www.gov.cn/xinwen/2020-11/27/content_5565422.htm）

2. 现代企业制度的内容

现代企业制度是企业产权制度、企业组织形式和经营管理制度的总和。企业制度的核心是现代产权制度,企业组织形式和经营管理制度以产权制度为基础,三者分属企业制度的不同层面。现代企业制度包括以下三个方面:

(1) 现代企业法人制度。

现代企业法人制度主要体现为公司的产权制度,核心是要理顺和完善企业的产权关系。根据企业法人财产权理论,公司企业对企业财产所享有的权利,应为法人财产权;出资者对企业所享有的权利为股东权。

(2) 现代企业的组织形式。

现代企业的组织形式的基本特征是:所有者、经营者和生产者之间,通过公司的决策机构、执行机构、监督机构,形成各自独立、权责分明、相互制约的关系,并以国家相关的法律、法规及公司章程加以确立和实现。

现代企业组织形式有两个相互联系的原则,即企业所有权和经营权相分离的原则,以及由此派生出来的公司决策权、执行权和监督权三权分立的原则。在此原则基础上形成现代企业的组织体制:以股东大会、董事会、监事会和经理人员四大部分组成的法人治理结构。

(3) 现代企业的管理制度。

现代企业管理制度是对企业管理活动的制度安排,包括企业经营目的和观念、企业目标与战略、企业的管理组织以及各业务职能领域活动的规定。建立现代企业管理制度,要求企业适应现代生产力发展的客观规律,按照市场经济发展的要求,积极应用现代科学技术成果,包括现代经营管理的思想、理论和技术,有效地进行管理,创造最佳经济效益。

3. 代表性的现代企业制度

从企业发展的历史来看,具有代表性的企业制度包括业主制、合伙制和公司制。

案例研究 1-2

股份制规范产权使“东冠”得以发展

杭州东冠集团公司是1995年转制改为股份制的,建立公司之前,原来实行的是集体资产管理体制,属于股份合作制的形式,但企业的产权不明,企业缺乏自主权,做什么都得向行政领导请示,虽然外部环境已经为市场经济了,企业内仍是计划经济体制;经营者、中层管理者等没有权责相关,积极性不高;工人也不关心企业发展;技术改造投入力度不够,企业发展后劲不足,已面临生死存亡的境地。

东冠集团于1995年进行股份制改造,建立有限责任公司,将原有资产界定为两部分——集体所有的资产和公司职工所有的资产。在此基础上,发动职工个人、企业中层管理者和技术入股,由此形成了一个代表村、企业和公司员工个人共同利益的有限责任公司,并由村经济合作社、职工持股会和个人投资基金会行使所有权。同时,公司还对下属12家子公司进行有限责任公司改造,完全按现代企业制度形式建立。这样,公司摆脱了政企不分的多头领导,完全行使法人权;经营者的风险意识和责任意识增强,有效地进行科学管理决策;企业迅速发展,仅1997年就完成产值5.5亿元,实现利税4 500万元,比上年同期增长22%和28.6%。

原来的东冠集团效益低下、经营困难,造成这种状况的原因是多方面的,但产权制度不合理是一个关键原因。产权制度的最主要功能在于降低交易费用,提高资源配置效率,极大地提升企业效率。建立归属清晰、权责明确、保护严格、流转顺畅的现代产权制度,是市场经济存在和发展的基础,是完善基本经济制度的内在要求。

(资料来源:http://blog.sina.com.cn/s/blog_6984132c0100tbd3.html)

1.2 认识管理与企业管理

1.2.1 管理的含义和性质

1. 管理的含义

管理是一种复杂的社会现象,起源于人类的共同劳动,并且随着人类共同劳动的不断演变,以及人类社会的变迁与进步,它的内涵不断扩展,外延不断延伸。由于人们研究问题的立场、方法、角度不同,对管理的概念有许多不同的解释。但这些都可以概括为以下三个方面的内容:

(1) 管理包括计划、组织、控制和领导四项基本活动。这四项基本活动也称为管理的四大基本职能。

(2) 管理是通过人力、物力和财力资源实现组织目标的活动,即围绕组织目标,使组织的各类资源的利用和谐化、活动同步化。

(3) 管理是协调组织资源以使组织成员更高效地达到组织目标的过程。

根据以上三个方面的内容,管理可以定义为是通过计划、组织、控制和领导等环节,协调人力、物力和财力资源以期高效率地达到组织目标的过程。

2. 管理的性质

管理的性质主要包括管理的二重性,管理的科学性和艺术性。

(1) 管理的二重性。

管理的二重性是指管理所具有的合理组织生产力的自然属性和为一定生产关系服务的社会属性。马克思认为,由于生产过程本身具有二重性,决定了经济管理的二重性——自然属性和社会属性。

管理的自然属性也称管理的生产力属性或一般性,同生产力相联系,由生产力决定。在管理过程中,为有效实现企业目标,管理者要对人、财、物等资源合理配置,对产品供销及其他职能活动进行协调,以实现生产力的科学组织。这种组织生产力的管理功能,是由生产力引起的,反映了人同自然的关系,故称为管理的自然属性。

同时,管理又具有明显的社会属性。任何一种管理方法、管理技术和管理手段的出现总是带有时代的烙印,其有效性往往同生产力水平及社会历史背景相适应。实践证明,不存在一个适用于古今中外的普遍的管理模式。因此,在学习和运用某些管理理论、原理、技术和手段时，必须要结合本国、本部门、本单位的实际情况，因地制宜，才能取得预期效果。

(2) 管理的科学性和艺术性。

管理的科学性是指管理作为一个活动过程，存在着一系列基本的客观规律。管理是一门科学，它是以反映管理客观规律的管理理论和方法为指导的一套分析问题、解决问题的科学的方法论。

管理的艺术性是指一切管理活动都应具有创造性。管理没有一成不变的模式，没有放之四海而皆适用的灵丹妙药，特别是针对一些非程序性的、全新的管理对象更是如此。管理人员必须在管理实践中发挥积极性、主动性和创造性，因地制宜地将管理知识与具体管理活动相结合，才能进行有效的管理。管理的艺术性就是强调管理活动除了要掌握一定的理论和方法外，还要灵活运用这些知识和技能。

因此，管理既是一门科学，又是一种艺术，是科学与艺术的有机结合体。不注重管理的科学性，只强调管理的艺术性，管理工作会变得很随意；不注重管理的艺术性而只强调管理的科学性，管理科学将会是僵硬的教条。

相关链接 1-2

发放年终奖金的故事

一个蒸蒸日上的公司，某年的盈余竟大幅滑落。马上就要过年了，往年的年终奖金最少要加发两个月工资，有的时候发得更多，这次却不行，算来算去，最多也只能多发一个月的工资作为奖金。如果按常规做法，实话告诉大家，很可能士气要滑落。董事长灵机一动想到了一个办法。没过两天，公司传出小道消息——“由于公司今年业绩不佳，年底要裁员”。顿时公司里人心惶惶。但是，总经理却宣布：“再怎么艰苦，公司也决不愿牺牲同甘共苦的同事，只是年终奖金可能无力发放了。”总经理的一席话使员工们放下了心，只要不裁员，没有奖金就没有吧。人人都做好了过个穷年的打算。

除夕将至，董事长突然宣布：“每人都有年终奖金，整整一个月的工资，马上发下去，让大家过个好年!”整个公司大楼，爆发出一片欢呼。

同样是发一个月的奖金，常规做法可能会打击士气，换一种做法却鼓舞了士气，这就是管理的艺术。

(资料来源：https://max.book118.com/html/2018/0225/154588090.shtm)

1.2.2 现代企业管理的含义和原理

1. 现代企业管理的含义

现代企业管理是适应现代生产力发展的客观要求，运用科学的思想、组织、方法和手段，对企业的生产经营活动进行有效的管理，创造最佳经济效益的过程。现代企业管理的核心是企业的经营管理，故又称企业管理为企业经营活动管理。

企业管理的对象是企业。企业管理的目标是在提高经济效益基础上保证社会效益的实现，包括社会生产目标、盈利目标、自我发展目标等的实现。为实现这些目标，企业必须完成产品开发、资源开发、资金筹措、职工队伍建设、生产、销售等任务，这些任务的完成有赖于企业管理。

2. 现代企业管理的基本原理

现代企业管理的基本原理是指企业管理中具有普遍意义的管理规律。掌握了管理的规律就可以提纲挈领,举一反三,有效地处理各管理要素之间的复杂关系,以达到管理的基本目的。

(1) 系统原理。所谓系统原理,就是把管理对象作为一个整体来研究,从整体而不是局部出发实施最佳化管理。现代企业管理不再是过去的小生产管理,而总是处在各个层次的系统之中的。每个企业、每种管理方法、每个人都不可能是孤立的,它既存在于自己的系统之内,又与其他各系统发生各种形式的"输入"或"输出",同时还处在一个更大系统的统一范畴之内。因此,为了达到最佳化管理,企业就必须进行充分的系统分析,这就是企业管理的系统原理。

(2) 整分合原理。现代高效率的管理必须在整体规划下进行明确的分工,并在分工的基础上进行有效的综合,这就是整分合原理。优秀的管理者要善于抓住时机进行必要的合理分工。但是,分工并不是现代管理的终结,分工也不是万能的,相反,它会带来许多新的问题。分工特别容易在时间和空间、数量和质量方面脱节。因此,企业必须进行强有力的组织管理,使各方面同步协调,有计划、按比例、综合平衡地发展才能创造真正新水平的生产力。这就是先分而后合。

(3) 人本原理。当今市场竞争是科学技术、研制产品、经营管理的竞争,但归根到底是人才的竞争。对此,现代企业家们十分重视对人力资源的开发和人才的培养。不惜重金引进人才,培育人才,发挥人才的作用,已成为现代企业的共识。人本原理要求人们在管理活动中坚持一切以人为核心,以人的权利为根本,强调人的主观能动性,力求实现人的全面、自由发展。人本原理的实质就是充分肯定人在管理活动中的主体地位和作用,同时,通过激励调动和发挥员工的积极性和创造性,引导员工去实现预定的目标。

1.2.3 企业管理理论的发展

企业管理真正被作为一门科学进行研究,是在西方资本主义工厂制度出现以后才开始的。企业管理理论的发展经历了传统企业管理思想、科学管理和现代管理三个阶段,如图1-2所示。

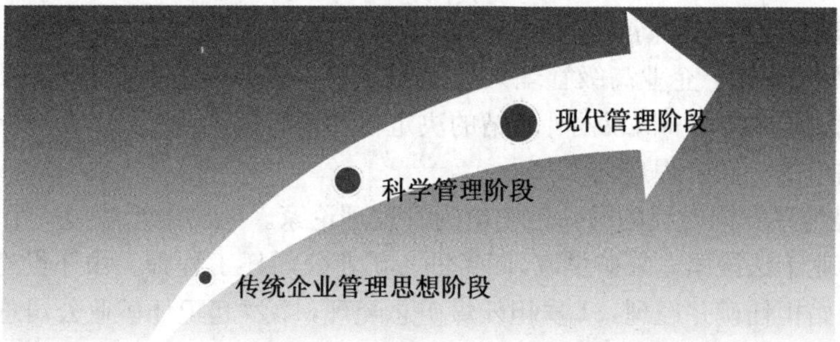

图1-2 企业管理理论的发展图

1. 传统企业管理思想的形成

传统企业管理阶段的时间是18世纪后期到20世纪初期,由手工业生产过渡到近代机械化生产早期，属资本主义自由竞争阶段。这时虽然出现了工厂，但还处于工厂发展的早期阶段，管理工作一开始并不很受重视。之后由于使用机器，劳动分工协作显得越来越重要，因此，管理工作显得很重要了，其工作内容是传授管理者的经验。这一阶段虽然出现了亚当·斯密、巴贝奇、欧文等科学管理思想的先驱，但还没有形成系统的、科学的管理理论。

这个阶段的企业规模不大，生产技术也不复杂，管理工作主要凭个人经验。企业管理的主要内容是生产管理、工资管理和成本管理。企业管理者只关心和解决如何分工协作提高生产效率，如何减少资本耗费，以赚取更多利润等问题。

2. 科学管理阶段

科学管理阶段大体上是从20世纪初到20世纪40年代，经历了约半个世纪。由于生产力的发展，客观上要求提高企业管理水平，将过去积累的管理经验系统化和标准化，用科学的管理理论来取代传统的管理经验。科学管理理论也称古典管理理论，是随着自由资本主义向垄断资本主义过渡而逐步形成的。其主要代表是美国人泰罗提出的科学管理理论、法国人法约尔提出的一般管理理论和德国人韦伯提出的行政组织体系理论。

(1) 泰罗的科学管理理论。

泰罗出生于美国费城一个富有的律师家庭，父亲打算让他子承父业当律师。他在中学毕业后考上哈佛大学法律系，但不幸因眼疾而被迫辍学。1875年，泰罗进入费城一家机械厂当徒工，1878年转入费城米德维尔钢铁公司当技工，1884年升任总工程师，1898—1901年受雇于宾夕法尼亚的伯利恒钢铁公司。泰罗以研究工厂内部生产管理为重点，以提高生产效率为中心，通过大量试验来解决生产组织方法科学化和生产程序标准化方面的问题。其代表作是1911年发表的《科学管理原理》。泰罗被誉为“科学管理之父”。

泰罗的管理理论有以下几个观点：

① 科学管理的中心问题是提高效率。泰罗通过著名的“搬运生铁块试验”和“铁锹试验”进行了时间研究与动作研究，以科学管理代替放任管理，从而提高劳动生产率。

② 科学挑选工人。泰罗认为要提高劳动生产率，必须为工作挑选“第一流的工人”。

③ 差别计件工资制。泰罗主张根据工人完成定额的不同而采取不同的工资率。

④ 管理职能与执行职能分开。泰罗认为工人单凭自己的经验是找不到科学方法的，所以调查研究、制定标准、拟订计划、进行控制等工作都要由管理部门来承担，现场工人及工长只承担执行职能，这样能提高效率。

⑤ 实行例外原则。企业高级管理人员把例行的一般日常事务授权给下级管理人员去处理，自己只保留对重大事情或例外事情的决定权和监督权。

(2) 法约尔的一般管理理论。

法约尔是与泰罗同时代的另一位杰出的管理理论家。他出生于法国一个资产阶级的家庭，19岁时毕业于法国国立采矿学院，同年进入矿业公司任工程师。由于勤奋好学、才华出众，25岁就开始担任矿井经理，31岁担任煤矿总经理，47岁起担任矿业公司总经理，直至77岁时退休。法约尔被人称为“管理过程学派的创始人”。

法约尔从高层管理人员经常碰到的组织经营问题出发，研究如何最佳组织经营从而使组织有效运作，被称为“现代经营管理之父”。其主要贡献是确定了管理的六项活动，即技术活动、商务活动、财物活动、安全活动、会计活动、管理活动；第一次提出管理的五种基本职能，包括计划、组织、指挥、协调和控制；确定了管理的十四条基本原则，即劳动分工原则、权力与责任原则、纪律原则、统一指挥原则、统一领导原则、个人利益服从整体利益的原则、人员的报酬原则、集中的原则、等级制度原则、秩序原则、公平原则、人员的稳定原则、首创精神、团队精神等。

3. 现代管理阶段

从20世纪40年代开始,特别是第二次世界大战后,科学技术和工业生产迅速发展,企业的规模进一步扩大,生产过程更加复杂,技术更新的周期大大缩短,市场竞争异常激烈,生产社会化程度日益增强,出现了贸易、资本国际化等新情况。这些现象对企业管理提出了许多新的要求,客观上需要新的管理理论的出现。

现代管理理论呈现出学派林立的繁荣景象,但总起来可分为"管理科学"和"行为科学"两大学派。所谓"管理科学",实际上是"科学管理"理论的继续和发展,它把泰罗的动作研究、时间研究等发展到工业工程学和工效学,提倡在管理领域也要吸取自然科学和技术科学的新成就,积极采用运筹学、系统工程、电子计算机等现代科技手段。现代管理理论中的决策理论学派、权变理论学派、系统理论学派和数理学派,均可包括在"管理科学"学派之中。所谓"行为科学",是强调从社会学、心理学的角度,从人际关系和社会环境等方面,研究人的行为对企业生产经营活动及其效果的影响。它认为企业管理只重视物质技术条件是不够的,必须做"人"的工作,处理好人与人的关系,激励人的主动性和创造力,才能更大地提高劳动生产率,保证企业取得最高利润。

行为科学的早期代表人物是美国学者梅奥。梅奥领导了著名的霍桑试验,并据此对人的本性、需要、动机及行为的规律性,特别是生产过程中的人际关系进行了研究,并于1933年出版了代表作《工业文明中的人的问题》。其主要观点有:

(1) 企业职工不仅是"经济人",而且是"社会人",企业管理者应当重视人的社会特性。

(2) 企业中存在"非正式组织",管理者应努力使非正式组织与企业具有目标一致性。

(3) 提高职工的满足度是调动职工劳动积极性的关键所在。

除了梅奥之外,还有许多社会学家和心理学家提出了比较有代表性的理论,如马斯洛的需要层次理论,赫茨伯格的双因素激励理论以及麦格雷戈的X理论和Y理论等,这些理论使"行为科学"的内容得到了丰富和发展。

管理科学理论实际上继承和发展了科学管理理论,它将泰罗的动作研究和时间研究提升到工业工程学和工效学,提倡在管理科学理论中要广泛吸收自然科学、技术科学、社会科学研究中的新成果和新学问,积极运用运筹学、系统工程、电子计算机等科技手段,创立出新的管理科学理论学派,如决策理论学派、权变理论学派、系统理论学派和数理统计理论学派等。

上述两大学派,行为科学强调生产关系,管理科学强调生产力。随着现代企业的发展,各大学派相互补充,日趋完善。近年来,随着社会经济形势的发展和一系列新兴科学技术的出现及其在管理中的运用,企业管理理论又出现了一些创新,如资本经营、企业再造、精益生产等。

相关链接1-3

泰罗的三个著名实验

泰罗被誉为"科学管理之父",他通过对三次实验的总结,提出了科学管理理论,从而引发了一场管理界的革命,也是成就美国经济繁荣的一大原因。

(1) 铁锹实验。

1898 年,泰罗在匹斯连钢铁公司注意到以下现象:当时,不管铲取铁石还是搬运煤炭,都使用铁锹进行人工搬运,雇用的搬运工动不动达五六百名;优秀的搬运工一般不愿使用公司发放的铁锹;同时一个基层干部要管理五六十名搬运工,且所涉及的作业范围又相当广泛。

泰罗找了两名优秀的搬运工用不同大小的铁锹做实验。最后发现一锹铲取量为 21.5 镑(约 10 千克)时,一天的材料搬运量为最大。同时也得出一个结论:在搬运铁矿石和煤粉时,最好使用不同的铁锹。此外,他还展开生产计划,以改善基层管理干部的管理范围。泰罗还设定了一天的标准工作量,对超过标准的员工,给予薪资以外的补贴;达不到标准的员工,则要进行作业分析,使他们也能达到标准。

(2) 搬运实验。

1898 年,泰罗从伯利恒钢铁厂开始了他的实验。通过长时间的观察实验,泰罗把劳动时间和休息时间很好地搭配起来,工人每天的工作量可以提高到 47 吨。他也采用了计件工资制,工人每天搬运量达到 47 吨后,工资由 1.15 美元上升到 1.85 美元。劳动生产率提高了很多。

(3) 金属切削实验。

在米德维尔公司时,泰罗为了解决工人的怠工问题,进行了金属切削实验。这项实验非常复杂和困难,原来预定为 6 个月实际用了 26 个年头,花费了巨额资金,耗费了 80 多万吨钢材。最后,在巴斯和怀特等十几名专家的帮助下,实验取得了重大的进展,还获得了一个重要的副产品——高速钢的发明。

泰罗的这三个实验可以说都取得了很大的成功。正是这些科学试验为他的科学管理思想奠定了坚实的基础,使管理成为一门真正的科学,这对以后管理学理论的成熟和发展起到了非常大的推动作用。

(资料来源:http://ishare.iask.sina.com.cn/f/31HRbyBbZj8.html)

4. 我国企业管理的发展

我国企业管理发展比较迟缓,基本上是在新中国成立以后才发展起来。新中国成立后,企业管理有了比较大的改观,但因长期执行计划经济体制,以国家计划为中心,重视政治手段来管理企业,强调提高生产产量,增产节约,降低成本,不管市场,埋头生产,导致企业管理的弊端十分突出,吃“大锅饭”的现象相当严重,企业经济效益很差。1978 年党的十一届三中全会后,随着经济体制改革的深化,市场经济体制的逐步建立和完善,我国的企业管理发生了极为深刻的变化。

(1) 确立了企业是相对独立的商品生产经营者的地位,是企业管理的重心,从完成国家计划转变到以市场为中心,以提高经济效益为目标的轨道上来。

(2) 企业管理者开始注重企业外部环境的变化,由封闭型管理向开放型管理转变。

(3) 企业管理者开始加强职工队伍和企业文化建设,注重整体素质和技术实力,建立新的企业形象,培养企业精神,创建企业品牌,保证企业持续、稳定、健康地发展。

(4) 企业管理者注重研究企业的发展战略,确定企业的战略目标,克服企业的短期行为，并集中全力和资源努力实现企业的长远发展。

（5）现代企业为适应市场的变化，尤其是国际市场复杂多变的状况，管理者意识到须加强企业内部管理，练好内功，实现多元化经营，以适应市场的多种需求。

随着市场经济体制的确立，市场运行规则和秩序的规范，现代企业制度不断完善，我国企业管理的水平将不断提高。

相关链接1-4

国资国企落实改革新使命新任务

2020年以来，国企改革三年行动全面发力、多点突破、纵深推进。从中国特色现代企业制度更加成熟定型，到三项制度改革大范围破冰破局，再到国有经济布局结构实现全方位整体性优化，改出了新活力、高效率、好机制。面向未来，党的二十大报告提出，"深化国资国企改革，加快国有经济布局优化和结构调整，推动国有资本和国有企业做强做优做大，提升企业核心竞争力""完善中国特色现代企业制度，弘扬企业家精神，加快建设世界一流企业"，赋予了国资国企新的使命和任务。

（资料来源：http://www.sasac.gov.cn/n2588025/n2588139/c26425073/content.html）

1.3 熟悉现代企业组织结构

任何一个企业都拥有人、财、物和信息等资源，这些资源必须通过组织才能形成现实的生产力，组织是实现资源有效配置的一种必不可少的手段。为了实现企业组织的目标，必须对整个企业组织所有的资源配置权进行有效划分，通过建立资源配置权限之间的关系，形成有效率的组织结构，来完成企业组织的计划。

组织结构是描述现代企业组织中具体岗位之间逻辑关系的框架性体系。优秀的组织结构，能够做到机构精简、高效、职能分工合理且明确，既发挥了个人的积极性、创造性，又能保持高度的和谐和统一；反之，一个不良的组织结构，会因为机构臃肿、人浮于事而效率低下，因为职能不清、职能重叠而扯皮。在一些优秀的企业中，我们大都可以看到优秀的组织设计；在失败的企业中，我们大都可以发现不良的组织设计。

相关链接1-5

联合利华公司的组织结构

英—荷联合利华是一家国际食品和家庭及个人卫生用品集团。该集团在1990年代经过了彻底的组织结构重组。在过去，联合利华是高度分权化的，各国的子公司均享有高度的自治权。在80年代后期和90年代初，公司开始引入新的创新和战略流程，同时清理其核心业务。但直到1996年，由荷兰和英国的董事长以及他们的代表组成的一个特别委员会和一个包括职能、产品和地区经理的15人董事一直独揽着公司的决策大权，整个结构是矩阵式的，其中产品协调人（经理）负有西欧和美国的利润责任，地区经理则负有其他地区的利润责任。责任经常是模糊不清的，根据一部分内部报告："我们需要明确的目标和角色，董事会使自己过多地卷入了运营，从而对战略领导造成了损害。"

然而，在1996年启动的杰出绩效塑造计划促使公司的结构发生了实质性改变。杰出绩效塑造计划废除了特别委员会和地区经理这一层级，代之以一个8人（后变为7人）的董事会，由董事长加上职能和大类产品（即食品、家庭和个人卫生用品）的经理组成。向他们报告的是13位（后来是12位）负有明确盈利责任的业务集团总裁，后者在特定地区对其管理的产品类别负有完全的利润责任。全球战略领导被明确地置于执委会一级；运营绩效则是业务集团的直接责任。

（资料来源：http://www.mie168.com/manage/2007-01/193631.htm）

1.3.1 企业组织结构设计的原则

企业组织结构的设计是个比较复杂的问题。企业组织结构设计的目的就是："发挥整体大于部分之和的优势，使有限的人力资源形成最佳的综合效果"。设计企业组织结构应遵循以下几个原则。

1. 目标统一性原则

它是指组织结构的设计和组织形式的选择必须有利于组织目标的实现。这就要求在组织设计中要以事为中心，因事设机构、设职务，做到人与事高度配合，避免出现因人设事、因人设职的现象。即"事事有人做"，而非"人人有事做"。

2. 分工协调原则

它是指要按照提高管理专业化程度和工作效率的要求，在组织结构设计中把组织的目标分解成各级、各部门以至每个人的目标和任务，使组织的各个层次、各个部门、每个人都了解自己在实现组织目标中应承担的工作职责和职权。

3. 管理幅度原则

管理人员有效地监督、指挥其直接下属的人数（管理幅度）是有限的，每一个主管人员都应根据管理的职责和职权来慎重地确定自己的管理幅度。传统理论认为，一个管理者的跨度不宜太大，应当保持不超过6人的管理跨度。但是，随着计算机技术的发展和信息时代的到来，运用信息技术处理信息的速度大大加快，每个管理者对知识和信息的掌握以及实际运用的能力都有普遍的提高，这使得管理幅度有可能大幅度提高。

4. 权责一致原则

它是指职权和职责必须相等，这就要求在组织结构设计中，既要明确规定每一个管理层次和各个部门的职责范围，又要赋予完成其职责所必需的管理权限，以避免有责无权、责大权小、权大责小等现象的出现。有权无责或权大责小容易产生瞎指挥、滥用权力的官僚主义；有责无权或责大权小会严重挫伤工作人员的积极性。

5. 统一指挥原则

统一指挥是指每个下属应当而且只能向一个上级直接负责。组织中的任何一个职位只能向其上级汇报工作，只有这样，才能保证命令和指挥的统一，避免多头领导和多头指挥。

6. 集权与分权结合原则

为了保证有效的管理，必须实行集权与分权相结合的领导体制，以加强组织的灵活性和适应性。集权和分权的程度要考虑企业规模的大小、生产技术的特点、专业工作性质、管理水平的高低和管理人员的素质等因素。

7. 精干高效原则

它是指无论设计何种组织结构形式，都必须将精干高效放在首要地位，力求减少管理层次，精简管理机构和人员，充分发挥组织成员的积极性，提高管理效率，更好地实现组织目标。

8. 稳定性与适应性结合原则

它是指组织结构及其形式既要有相对的稳定性，不能轻易变动，又必须随组织内外部条件的变化，根据长远目标适时做出相应的调整。

9. 均衡性原则

它是指同一级机构、人员之间的工作量、职责、职权等方面应大致平衡，不宜偏多或偏少，避免苦乐不均、忙闲不均等不良现象。

思政园地

企业党组织的机构设置及职责

公司机关和各基层单位分别成立党支部委员会。两个单位在一起办公时，可视情况设立联合支部。7名以下党员的支部，可只设支部书记1人。支部书记可由党员大会选举产生，也可由公司党委任命。党支部委员会由党员大会按照《党章》和《中国共产党基层组织选举工作暂行条例》的规定选举产生，每届任期3年。党员人数多的支部可考虑增设副书记。党支部应从有利于开展党建工作的实际出发，选配专职或兼职支部书记。通过选举产生的党支部委员会委员应报上级党组织备案和批准。

根据党章规定：国有企业和集体企业中党的基层组织的主要职责是保证监督党和国家的方针、政策在本企业的贯彻执行；支持股东会、董事会、监事会和经理（厂长）依法行使职权；全心全意依靠职工群众，支持职工代表大会开展工作；参与企业重大问题的决策；加强党组织的自身建设，领导思想政治工作、精神文明建设和工会、共青团等群众组织。非公有制企业党组织的主要职责是宣传贯彻党的路线方针政策、团结凝聚职工群众、维护各方合法权益、建设先进企业文化、促进企业健康发展和加强自身建设。

案例研究1-3

王教授的建议

H市宇宙冰箱厂近几个月来在产品销售上出现了一些问题，用户接二连三地退货，影响了该厂产品的声誉。原来问题主要出在生产上。主管生产的副厂长李迎是半年前从H市二轻局调来的，她工作认真负责，口才好，有一定的社交能力，但对冰箱生产技术不太了解，组织生产能力欠缺，影响了厂里的销售收入和声誉。

周厂长为此很伤脑筋，因为李迎是市二轻局派来的干部，和上面联系密切，并且她也没有犯什么错误，如硬要撤，也许会弄僵上下级之间关系。不撤换吧，厂里的生产又抓不上去。周厂长于是就去找该厂的咨询顾问某大学王教授商量。他按王教授的意见回去组织实施后，果然，不出两个月，该冰箱厂又恢复了生机。王教授到底如何给周厂长出谋策划的呢？

原来，他建议该厂再设一生产指挥部，把李迎升为副指挥长，另任命懂生产、有能力的赵宇为生产指挥长，主管生产，而让李迎负责抓零部件、外协件的生产和供应，这样既没有得罪二轻局，又使企业的生产指挥的强化得到了保证，同时又利用了李、赵两位同志的特长，调动了两人的积极性，解决了一个两难的问题。

这是一篇关于企业领导者在组织结构调整时运用有效性原则的案例。该冰箱厂组织结构调整很小，设计的战略变化很少，虽有“因人设事”的嫌疑，但却解决了冰箱质量这一重大问题，使企业恢复了生机。这一案例告诉我们，无论从事何种活动，都要理论联系实际，不能犯教条主义的错误。

（资料来源：http://www.docin.com/p-1438005611.html）

1.3.2 企业组织设计的类型

现代企业的组织结构有多种形式，常见类型有直线制、直线职能制、事业部制、矩阵制等等。每一种类型的组织结构都有其优点和缺点，都有一定的适用范围。最佳的组织结构，是最适合组织存在的特定条件的结构。

1. 直线制

直线制是最简单的组织结构。它的特点是指挥和管理的职能，由企业的行政领导人执行，不设专门的职能管理部门。这种结构形式简单，指挥统一，职责分明，但企业领导人必须具备广泛的业务能力。此种组织结构一般只适合于产品单一、工艺简单和规模较小的企业。这种结构形式如图 1－3 所示。

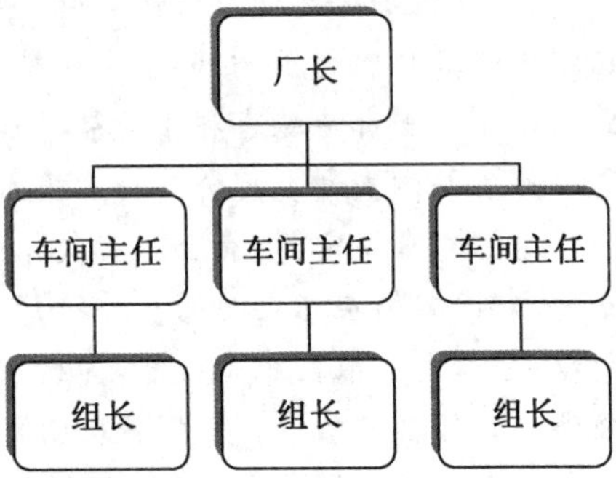

图 1－3　直线制组织结构图

2. 直线职能制

它的特点是既按集中统一原则设置直线行政领导人，又按分工管理原则设置各级职能机构或人员。各级职能机构或人员服从上级和同级行政领导人的指挥，充当他们的参谋和助手，对下属部门仅行使服务和参谋职能，无权进行指挥。这种组织形式的采用较为普遍，适合于中小规模，产品、技术较为简单稳定的企业。直线职能制组织结构是当前我国各类组织中最为常见的一种组织结构。这种结构形式如图 1－4 所示。

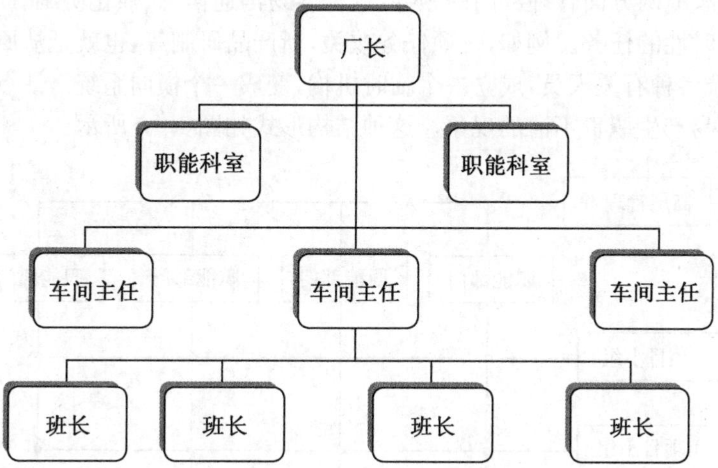

图 1-4　直线职能制组织结构图

3. 事业部制

事业部制又称部门化组织结构，国外大型企业普遍采用此组织形式。其特点是把企业的生产经营活动，按产品或地区加以划分，成立各个经营事业部。每个事业部在财务上对总公司负责，内部实行独立核算、自负盈亏，每个事业部都是一个利润中心，并拥有相应的独立经营自主权。在组织机构形态上，按照"政策制定和行政管理分工"的原则，总公司级设立简要的职能和研究机构，制定公司的大政方针作为下属各事业部的工作指南；各个事业部的组织机构按照自身情况设置。事业部制适用于规模庞大、品种繁多、技术复杂的大型企业。这种结构形式如图 1-5 所示。

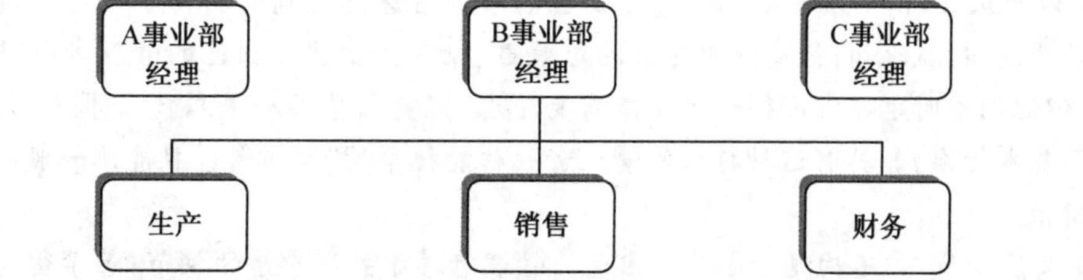

图 1-5　事业部制组织结构图

4. 矩阵制

在企业组织机构上，把既有按职能部门划分的横向管理部门，又有按产品或项目划分的垂直管理部门结合起来的组织机构形式，叫作矩阵组织形式。在这种组织机构中，每个管理人员要同时受纵、横两方面管理部门的领导，这样容易沟通信息、强化协调、提高效率。它适合于专项性、临时性的任务。例如，一项任务攻关，新产品研制等，也就是从原有垂直领导的各个系统中抽调各种有关人员，成立一个临时机构，变成一个横向系统。缺点是与统一指挥原则相矛盾，容易产生职责不清的现象。这种结构形式如图 1－6 所示。

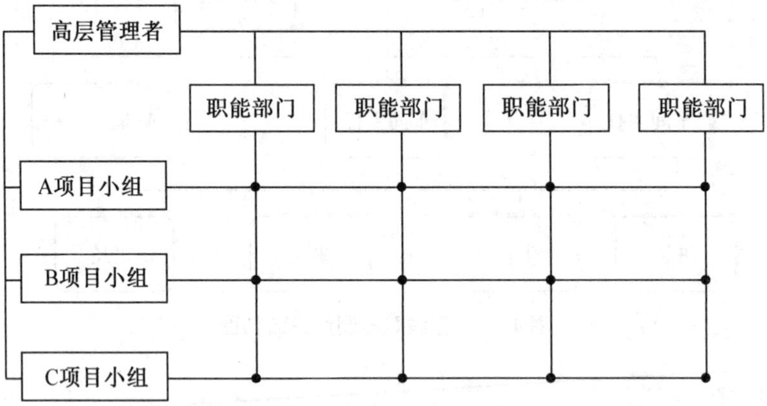

图 1－6　矩阵制组织结构图

增值阅读

出色的管理者应该具备的十大素质

出色的管理者应该具备的十大素质：

(1) 处事冷静，但不优柔寡断。出色的管理者都具有处事冷静的特点，他们善于考虑事情的多个方面或问题涉及的各利害关系方，不易冲动行事。优秀的管理者虽然处事冷静，但并不优柔寡断，他们往往会在周密思考后果断做出决定或清晰地阐明自己的观点。具有这种特征的管理者往往能使事情或问题得到比较妥当的处理，同时又有利于形成良好的人际关系。

(2) 做事认真，但不事事求"完美"。出色的管理者深知经商和科研不一样。科研侧重追求的是严谨、精益求精；经商侧重追求的是效益、投入产出比。出色的管理者做事非常认真仔细，但他们同时也非常懂得什么事情需要追求"完美"(尽善尽美)，什么事情"差不多就行"(达到基本标准)。具有这种特征的管理者往往能把事情"做对"，并且能比一般人更容易创造出价值。

(3) 关注细节，但不拘泥于小节。出色的管理者善于关注事情的细节，善于留意观察身边的人和事。他们善于抓住问题的要害，善于将问题"扼杀"在萌芽状态。出色的管理者虽然善于关注细节，但他们不会过分拘泥于小节，不会在意别人的一点小过错或小过失。具有这种特征的管理者往往能大幅度减少"问题"的发生，日常管理工作也会井然有序。

(4) 协商安排工作，绝少发号施令。管理者不是发号施令的"监工"。一个能让下属主动"追随"的管理者，依赖的是他(她)的个人魅力和领导力，而不是他(她)手中的"权利"。出色的管理者绝少对下属发号施令,他们往往采用和下属商量的方式布置和安排工作。具有这种特征的管理者往往能让下属真正"心甘情愿"地完成好被安排的任务,这样的管理者也往往能营造出和谐团结的团队氛围。

(5) 关爱下属,懂得惜才爱才。出色的管理者善于尊重和关爱下属,他们往往视同事如"兄弟",懂得怎样去珍惜和爱护与自己朝夕相处、共同拼搏的"战友"。具有这样特征的管理者往往会让下属有一种"如家"的感觉,无形中也让大家更积极、更主动、更无怨无悔地付出。

(6) 对人宽容,甘于忍让。出色的管理者胸怀宽广,对人宽容、甘于忍让,他们善于将心比心,善于考虑别人的难处和利益,善于"挖起荆棘并种下玫瑰"。具有这种特征的管理者往往易于形成良好的人际关系,并往往能在需要时得到别人最真诚的支持和帮助。

(7) 严以律己,以行动服人。出色的管理者不会让自己独立于各种规章制度之外,他们往往身体力行、为人表率,用自己的实际行动来影响和带动身边的人。具有这种特征的管理者往往"其身正,不令而行"。

(8) 为人正直,表里如一。出色的管理者为人正直、表里如一。他们往往对人一视同仁、处事公平公正,没有暗箱操作,也不会当面"抹蜜饯",背后"捅刀子"。具有这种特征的管理者往往使人有"安全感"并能得到别人充分的信任。

(9) 谦虚谨慎,善于学习。出色的管理者不会把自己已有的知识和技能作为管理的资本。他们往往谦虚谨慎,乐于向自己的上司、同事和下属等学习。具有这种特征的管理者往往具有比较强的能力并且能够使自己的能力得到持续的提高。

(10) 不满足于现状,但不脱离现实。出色的管理者不满足于当前的业绩,他们都有比较高远的目标和追求。他们不满足于现状,但决不会脱离现实,他们总是一步一个脚印地为更高更远的目标而奋斗。他们非常清楚自己的将来会是怎样,而怎样才是他们想象中的将来。

(资料来源:http://blog.sina.com.cn/s/blog_6a0b58040101c3os.html)

任务小结

现代企业管理是一门综合性的学科,它涵盖了社会科学与技术学科两大领域,其内容涉及企业生产经营管理的各个方面。本章介绍了现代企业及企业管理的相关概念,通过现代企业组织结构理论,展示了现代企业常见的组织结构构架方式,并介绍了现代企业制度以及现代企业管理思想的新发展等内容。

(1) 企业是指从事生产经营活动或劳务活动,自主经营、自负盈亏、独立核算、具有法人资格的营利性经济组织。企业是社会生产力发展到一定水平的产物,是商品生产和商品交换的产物,是现代社会的基本经济单位。

(2) 从不同角度,按照不同的分类标准,企业可以分为很多种类型。按企业财产组织制度的不同分类,可分为个人独资企业、合伙制企业和公司;按照企业生产力各要素所占的比重划分,可分为劳动密集型、技术密集型和知识密集型企业。

(3) 现代企业制度是指以公司制度为主要表现形式,以产权清晰、权责明确、政企分开、管理科学为特征的新型企业制度。现代企业制度是企业产权制度、企业组织形式和经营管理制度的总和。

(4) 管理是通过计划、组织、控制和领导等环节,协调人力、物力和财力资源以期高效率地达到组织目标的过程。现代企业管理是适应现代生产力发展的客观要求,运用科学的思想、组织、方法和手段,对企业的生产经营活动进行有效的管理,创造最佳经济效益的过程。

(5) 组织结构是描述现代企业组织中具体岗位之间逻辑关系的框架性体系。设计企业组织结构应遵循:目标统一性原则、分工协调原则、管理幅度原则、权责一致原则、统一指挥原则、集权与分权结合原则、精干高效原则、稳定性与适应性结合原则以及均衡性原则。

(6) 现代企业的组织结构有多种形式,常见类型有直线制、直线职能制、事业部制、矩阵制等。每一种类型的组织结构都有其优点和缺点,都有一定的适用范围。

能力自测

一、单项选择题

1. 合伙企业属于(　　)。

A. 自然人企业　B. 法人企业　C. 公司企业　D. 企业集团

2. 技术装备程度低、用人多、产品成本中活劳动消耗比重大的企业,属于(　　)企业。

A. 技术密集型　B. 资本密集型　C. 劳动密集型　D. 知识密集型

3. 公司制企业是由(　　)以上的出资者依法投资、组建的。

A. 一个　B. 两个　C. 三个　D. 四个

4. 按企业财产组织制度的不同分类,可分为(　　)。

A. 劳动密集型企业、技术密集型企业和知识密集型企业

B. 个人独资企业、合伙制企业和公司

C. 特大型企业、大型企业、中型企业和小型企业

D. 私营企业、合资企业和外资企业

5. 我国《公司法》规定公司的基本类型为有限责任公司和(　　)。

A. 无限责任有限公司　B. 合伙公司

C. 两合公司　D. 股份有限公司

6. 零售商业、服务业、杂货店、食品店、餐饮店、修理店适合于以下(　　)企业类型。

A. 个人独资企业　B. 公司　C. 两合公司　D. 合伙企业

7. 企业制度是指以(　　)为基础和核心的企业组织制度。

A. 公司制度　B. 产权制度　C. 企业组织形式　D. 经营管理制度

8. 现代企业制度的基本特征不包括(　　)。

A. 产权清晰　B. 权责明确　C. 政企分开　D. 绩效考评

9. 到霍桑工厂进行一系列实验的是(　　)。

A. 梅奥　B. 马斯洛　C. 麦格雷戈　D. 法约尔

10. 泰罗的科学管理原理主要是致力于(　　)的提高。

A. 劳动技能　B. 心理素质　C. 劳动生产率　D. 劳动积极性

11. 企业管理理论经历了(　　)、科学管理和现代管理三个阶段。

A. 经典管理思想　　B. 传统企业管理思想
C. 古典管理理论　　D. 一般管理理论

12. 每个下属应当而且只能向一个上级直接负责，组织中的任何一个职位只能向其上级汇报工作，这是设计企业组织结构应遵循的(　　)原则。

A. 统一指挥　　B. 管理幅度　　C. 目标统一　　D. 权责统一

13. (　　)是最简单的组织结构。

A. 职能制　　B. 矩阵制　　C. 事业部制　　D. 直线制

14. 每个管理人员要同时受纵、横两方面管理部门的领导，这种结构适合于专项性、临时性的任务，指的是(　　)组织结构。

A. 职能制　　B. 矩阵制　　C. 事业部制　　D. 直线制

15. (　　)从高层管理人员经常碰到的组织经营问题出发，研究如何最佳组织经营从而使组织有效运作，被称为“现代经营管理之父”。

A. 泰罗　　B. 梅奥　　C. 法约尔　　D. 麦格雷戈

二、判断题

1. 企业的目标就是盈利。(　　)
2. 合伙企业对企业债务负有无限连带责任。(　　)
3. 现代公司制企业的主要形式是有限责任公司和无限责任公司。(　　)
4. 个人独资企业是法人企业。(　　)
5. 合伙企业在亏损时，合伙人将以个人的出资额为限偿还企业债务。(　　)
6. 现代企业制度的核心是企业产权制度。(　　)
7. 管理是通过计划、组织、控制和领导等环节，协调人力、物力和财力资源以期高效率地达到组织目标的过程。(　　)
8. 管理的社会属性也称管理的生产力属性或一般性。(　　)
9. 现代企业的组织体制是以股东大会、董事会、监事会和经理人员四大部分组成的法人治理结构。(　　)
10. 产品单一、工艺简单和规模较小的企业适合采用直线制组织结构形式。(　　)
11. 企业是社会发展的产物，因社会分工的发展而成长壮大。(　　)
12. 泰罗被誉为“科学管理之父”。(　　)
13. 行为科学的早期代表人物是美国学者亚当斯。(　　)
14. 传统理论认为，一个管理者的跨度，应当保持不超过6个人的管理跨度。(　　)
15. 事业部制的缺点是与统一指挥原则相矛盾，容易产生职责不清的现象。(　　)

三、简答题

1. 什么是企业？它具有哪些基本特征？
2. 什么是现代企业制度？它有哪些基本特征？
3. 企业组织结构设计的原则有哪些？
4. 现代企业的类型有哪些？
5. 简述有限责任公司和股份有限公司的异同点。

案例分析

（一）德国西门子公司的治理结构

在公司治理结构方面，德国公司有鲜明的特点，即在股东大会、董事会和经理外，还设有监事会，从而实现了所有权、经营权和监事权的相互分离。德国西门子公司是德国乃至欧洲最大的电子电气公司，也是世界十大电子公司之一。据美国《财富》杂志提供的统计数据，1999 年公司以年销售额 753.37 亿美元居全球最大 500 家公司的第 22 位，以年利润 17.737 亿美元居美国《财富》杂志所列世界最大 500 家公司的第 104 位，总资产 654.888 亿美元，居 150 位，股东权益 172.83 亿美元，居第 71 位，雇用人员 443 000 人，居第 9 位。

西门子股份公司的前身是 1847 年创建于柏林的西门子——哈尔斯克电报机制造公司，1897 年该公司改制为股份公司，1966 年正式取名为西门子股份公司。西门子家族拥有西门子股份公司约 10%的股份，但自 1897 年西门子公司由家族公司转变为股份公司以来，一直规定其家族的股票按“一股六票”行使表决权。1981 年，彼德·冯·西门子退休，伯恩哈德·普莱特纳接班，这是西门子家族在掌管公司近 140 年来第一次将管理权交给非家族成员。西门子股份公司是德意志银行财团的主干企业，同时西门子股份公司又是德意志银行的大股东，西门子公司和德意志银行存在密切的人事和业务关系。西门子公司的股票表决权中，银行系统拥有的就占 79.83%，而其中德意志银行、德累斯顿银行和商业银行三大银行总和为 35.52%。2001 年 5 月 19 日公司股东有 70 余万人。

西门子股份公司设有董事会（又称理事会）、监事会和股东大会三个领导机构，分别代表着经营权、监督权和所有权。

监事会是公司股东和职工利益的代表机构和监督机构，类似于英美国家的董事会。西门子股份公司的监事会由 22 名监事组成，其中 11 名由股东大会选出，代表股东的利益；另一半由职工代表大会选举产生，代表职工的利益。职工参与制是德国公司的普遍做法，由于公司员工可以实现其参与企业管理的权利，客观上缓和了劳资关系，有利于调动员工的积极性。监事会是公司的最高决策机构，其主要职责是聘任董事会成员，向董事会提供咨询和同董事会的法律交往中代表公司，根据《德国股份公司法》的规定，监事会的主要权利包括以下几个方面：

（1）任免董事会权。董事会成员由监事会任命，连续或延续任命需监事会在期满前做出决议；有重要理由时，监事会有权撤销董事会成员的任命，更换董事会主席。

（2）知晓权。董事会必须将已定的经营政策、公司业务情况等向监事会汇报，监事会可以随时要求董事会报告公司的各种情况。

（3）监督权。监事会监督公司的业务执行，有权查阅、检查本公司的财势、文件及财产物品等，并在公司利益需要时召集股东大会。

（4）代表权。监事会在法院内外代表公司。

（5）其他权利。如确定董事会成员收入，批准向董事会成员提供贷款等。

西门子股份公司的股东大会一般每年召开一次正式大会，由董事会召集和主持。董事会和监事会全体成员应参加大会。当需要决定重大突发事务时，董事会、监事会可临时召开特别股东大会，股东大会的职责主要表现批准董事会、监事会的工作报告和公司利润分配方案。每个股东原则上按“一股一票制”行使表决权，但西门子家族掌握的股票按“一股六票”行使表决权。

董事会是执行监事会决定，负责公司日常运作的执行机构，类似于美国公司中的经理班子。董事会是公司的法人代表，董事会对外实行集体代表制，对内实行集体领导，决策需经集体讨论决定，基本上实行一致通过原则，避免实行少数服从多数的表决方式。董事会的主要职责有：

(1) 制定公司的方针政策、经营目标和管理原则，并负有定期检查、随时调整的职责。

(2) 挑选和聘任公司高级管理人员。

(3) 协调公司与股东、管理部门与股东之间的矛盾。

(4) 向监事会报告经营状况、经营计划及重大经营业务活动等。

西门子股份公司采取了一系列激励和约束措施：

(1) 对董事会和高级经理人员实行高薪制。在西门子公司，董事会成员的薪金相当于监事会成员的2倍，而高级管理人员的年薪收入也相当于普通职工收入的2～3倍。

(2) 优厚的退休金和抚恤金制度。西门子股份公司规定，如果董事会和高层管理人员为公司服务一直到退休，将可得到一笔数量可观的退休金；如果他们因公殉职，其家属也可以得到非常优厚的抚恤金，从而有力地克服了管理层的短期行为，使他们的目标与公司的目标趋于一致。

(3) 薪金与利润挂钩制度。董事会和高层管理人员的薪金从结构上分为两大部分：一部分是固定的基本薪金，约占全部薪金的30%～70%；另一部分是由企业利润决定的浮动的业绩薪金。如果董事会或高层管理人员违反公司原则，产生渎职行为，不仅薪金大幅减少，情节严重者还应赔偿给公司造成的损失。另外，西门子公司的监事会由于重要理由可以随时解聘董事，形成了对经营者的无形约束。

近年来，西门子公司开始采用股票期权计划，以使经营者与股东的利益一致。1999年的股东大会授权西门子公司实施股票期权计划，该计划包括对应1 000万股票的期权，相当于股票总数的1.7%，该计划有2年的授权期，然后进入5年的行权期，在授权期以后只有当西门子公司的股票价格超过道琼斯指数一定比例时才能行权。2000年，公司授予500名主要经营者118.1万股票期权。

(资料来源：https://wenku.baidu.com/view/eac9353cee06eff9aef8071f.html)

问题：

1. 结合案例说明公司治理结构的内涵及其功能。
2. 结合案例分析西门子公司治理结构模式的特点。

(二) ABB公司的矩阵式组织结构

ABB公司是一家国际化的大型设备制造商，产品涉及从运输机械、自动化工程设备到发电、输电、配电的多个领域，年销售额达到290亿美元，其经营规模比著名的西屋公司(Westing House)还大。ABB公司是瑞典工程集团ASEA与其瑞士的竞争者布朗—博韦里公司(Brown Boveri)于1988年合并后成立的，后来又增加了70多家公司，形成现在的ABB巨人，在高速火车、机器人和环境控制方面，这家公司都是世界的领先者。

作为国际化的大公司，ABB公司的管理当局面临一个新的挑战：对一家遍布世界各地、拥有21万名员工的公司,你如何加以组织?这家公司需要经常性地将经营业务从一个国家转换到另一个国家,而它又试图使其各项经营都能共享技术和产品。ABB公司的董事长珀西·巴内韦克(Percy Barnevic)认为他已经找到了答案。他在公司内大幅度地精简了公司总部的职员,同时大力推行一种两条指挥链的结构,使所有的员工同时接受所在国经理和所属业务经理的双重领导。

ABB公司大约有100个不同国家的经理,在其董事会的领导下,经营着原来的国内公司,这些经理大部分是其所工作国度的公民。另外,公司配备了65名全球经理人员,将他们组织到8个集团中:运输集团、过程自动化与工程集团、环境装置集团、金融服务集团、电子设备集团,以及三个电力事业集团,即发电、输电和配电集团,如下图所示。

ABB公司的组织结构图

巴内韦克认为,这种结构有利于高级经理利用其他国家的技术。比如,格哈特·舒尔迈耶,一个领导ABB美国业务和自动化集团事业的德国人,使用ABB瑞士公司开发的技术服务于美国公司的汽轮机制造,或者使用ABB欧洲地区的技术将美国密歇根州的核反应堆转换为沼气发电厂。

“结构追随战略”,企业的组织结构设计与选择必须适应企业的战略调整和业务发展,有助于调动多方面的积极性和发挥各自的优势,ABB公司面临的问题就是如何通过组织结构的调整更好地配置内部资源以提高整体绩效。但是,在实践中任何结构都不是完美的,都有其局限,充分认识所选结构可能存在的问题与风险,在关键问题上建立合理有效的机制,才能取得预期效果。

(资料来源:http://blog.sina.com.cn/s/blog_6a656bb40102vp59.html)

问题:

1. ABB公司采用矩阵式组织结构的原因是什么?
2. 结合ABB公司例子说说矩阵式组织结构的优点和缺点是什么。

(三)打破家族式管理焕发韩企活力

由中韩三家合资企业整合而成的MT公司,其主要产品为百叶中空玻璃、太阳能超白玻璃及铁艺类玻璃产品。其中,百叶中空玻璃和铁艺中空玻璃为出口产品,2006年开始推向国内市场。基于产品可观的利润和良好的销路,公司规模迅速扩大,现有员工600余人。与很多这样迅速发展的企业一样,扩张的同时也给MT公司带来了一系列的问题,这些问题首先反映在人员配置和整体人力资源规划管理方面。

家族式管理是许多中小型企业的常用管理手段,即使MT公司是比较典型的中韩合资企业,却也不可避免地沿袭了这种管理方式。在公司初建阶段,这种管理方式增强了公司的凝聚力,由于员工与管理者之间以及员工与员工之间彼此都有着充分的信任和了解,使得许多繁杂的问题变得简单和易于操作,省略了许多请示批复的中间环节,工作效率得到了有效保证。但是,随着公司规模的扩大,人员不断增多,管理机构逐渐专业化和制度化。在不断完善公司组织结构的过程中出现了这样两个问题:第一,组织机构的改善没有建立在不断完善的工种流程基础上,如同许多这样迅速发展起来的企业一样,MT公司仅仅简单拆分和设置了一些部门和组织机构,安置了一些人员,而一些简单的、武断的甚至急于求成的膨胀作风不仅没有使得企业的组织结构更完善、更合理,反而由于冗余的职能设置和人员编制影响了企业的经营决策效率,没有从根本上达到完善组织机构的效果;第二,家族式管理缺乏灵活性,在许多沟通环节障碍重重。企业的领导者注意到,闭合的方式不仅不利于管理,而且会阻碍组织机构向程式化和规模化发展。因此,公司高层认识到只有从组织机构的完善到绩效管理手段的运用、培训开发的实施,再到职业生涯规划的设计,建立完整的、适合本企业的科学人力资源管理模式,才能从根本上解决目前的困境,使公司可以在发展过程中不断自我完善,保持良好的竞争优势。

因此,在深入分析该企业存在的问题的基础上,企业领导者应打开思路,针对企业的一些特点,寻求一种顺应企业发展,适合中国环境且相对合理的人力资源管理模式,使MT公司可以不断地提升自身管理水平,保持在行业领域中持久稳定的发展态势。

MT公司在2005年10月成立时,由于人员编制不足,管理机构很简单,其组织机构和人员配置情况如下图所示。

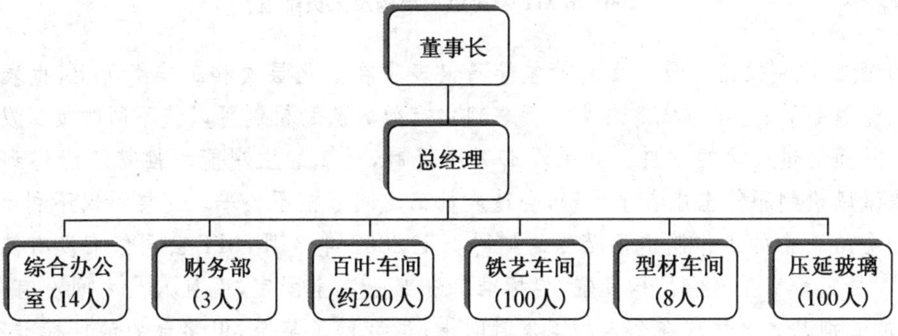

2005年MT公司组织结构及人员配置

到2007年3月,经过一段时间的运转和磨合,人员配置不断完善,经简单调整并局部完善的组织机构及人员配置如下图所示。

2005年,MT公司在人力资源管理方面基本沿袭合并前企业的家族式管理方式,但由于公司规模不断扩大,管理方式的弊端不断凸显。2007年伊始,百叶车间大规模的罢工和集体离职使得这种矛盾更加迫切地摆在管理者面前。此时,公司在人力资源管理方面所面临的问题,从技术角度分析,综合起来有以下几个方面:

(1) 招聘渠道单一。2007 年 1—3 月，由于受公司外部环境影响，股东关系发生了较大的变化，其中一个股东撤资，并无视公司的专利权，到外地重新组建企业并带走了一大批熟练工人。MT 公司为了保证相对正常的经营生产，经历了相当艰难的阶段：一方面，MT 公司要不惜代价保证客户利益，以稳定公司产品销路；另一方面，一部分熟练工人的流失使得生产效率大幅度降低。因此，企业不得不依靠加班加点来保证产量。在这种特殊情况下，公司采取了以内部引荐为主的应急措施来大量招聘人员。这种方式的优点是：第一，引荐人会把公司情况较为详细地介绍给被引荐人，节约了广告招聘的成本；第二，被引荐人是在知晓工作环境和基本薪资情况的前提下来应聘的，有利于招聘的成功。虽然有上述优点的存在，但这种方式的缺陷也不容忽视：首先，应聘人员鱼龙混杂，人力资源部门对应聘人员知识的掌握和技术水平了解不够；其次，这样做会使原本就存在的裙带关系更为复杂，给下一步的培训、评估和激励工作造成了一定的难度，也使得生产管理面临一些不必要的困难；另外，管理不规范，人员档案不健全，人力资源部门对人员流动不能及时做出反应。

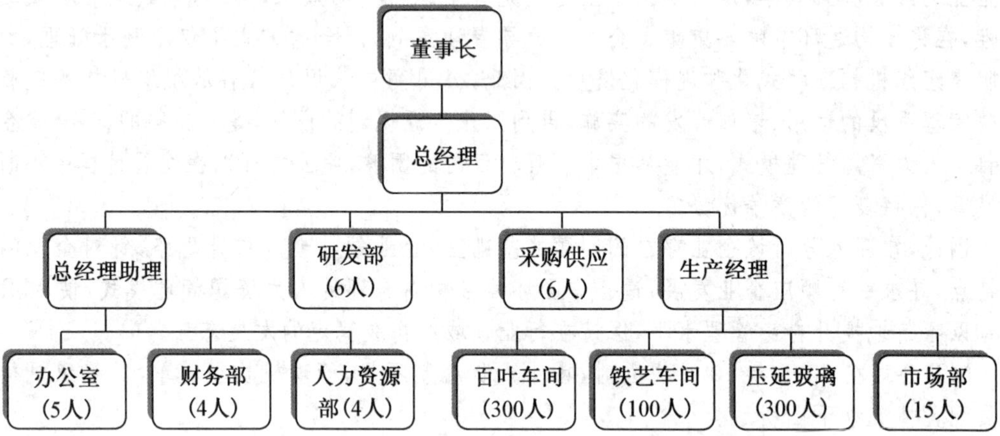

2007 年 MT 公司组织结构及人员配置

(2) 激励机制缺陷。员工之间的差异不仅表现在文化层次和工作经历上，也表现在个人素质、道德品质、思维方式等各个方面。建立有效的激励机制可以使不同的员工发挥不同的作用，从而促进公司的发展。如果没有激励机制，员工的主观能动性就不能得到充分发挥；如果激励机制不健全或者不严密，会造成员工之间考核不公平。这样不仅不利于企业管理，反而会给正常的工作制造不必要的障碍。至 2007 年 3 月，MT 公司依旧没有健全的激励机制。员工薪资虽然有结构设置，但标准工资部分完全固定，而且人员之间没有差别，员工薪资的差别基本只体现在个人的工作时间上；虽设置了奖金，但奖金的给付标准不明确。这种平均主义的薪资标准，使得员工普遍对薪资存在不满，这种情况势必对员工的工作积极性产生不良的影响。

(3) 培训与培训需求评估不足。MT 公司人员结构复杂，员工素质参差不齐，有效的培训显得尤为重要。但是，截至 2007 年 3 月，MT 公司的员工培训工作几乎是空白，没有培训场地，没有培训教材，没有培训需求分析，仅有的一个培训计划，也只是为了应付客户访问而做的一纸空文，员工入职、转岗、晋升都没有相应的培训。因此，做好有效的培训需求分析和评估，着手进行员工培训是目前应该放在第一位的工作。

(4) 管理平台和基础设施有待完善。健全有效的激励机制和薪酬结构重组工作是建立在完整的管理平台和基础设施之上的。MT公司在2007年组织机构重组以后，原来的工作流程基本被打乱重组。由组织机构的变化可以看出，原来综合办公室职能包含了行政、人力资源、采购供应、市场营销、产品研发等几个方面的内容但人员设置并不多。因此，工作流程不清晰，职责交叉合并现象很常见。在公司初创阶段，这是很常见的管理模式，随着管理职能不断健全，工作流程建设就显得越来越重要。MT公司在2007年3月对组织机构进行了调整，调整后的组织机构和工作流程基本符合公司现状，但研发和采购供应仍由总经理直接统领，在今后的发展过程中，随着公司规模的扩大，这样的流程不免会显露弊端。另外，为了完善激励机制，进行有效的绩效考核，MT公司还需要完善生产的工艺流程、工人的操作规范管理等基础建设，以便对一线工人的工作进行量化考核。

由此，MT公司在发展过程中认识到的这些问题，本质上是如何重新构建适合自己本身发展的管理模式，整合人力资源结构，从而使企业在同行业中保持竞争优势，不断良性发展。

（资料来源：https://wenku.baidu.com/view/5f66ffb1c77da26925c5b0b5.html）

问题：

1. MT公司组织架构调整是否合适？

2. 针对以上问题，请提出解决对策。

实践与操作

项目一 综合实训：创建模拟企业。

［**目的**］

通过实践，了解创办企业的过程。

［**内容与要求**］

佩英今年大学毕业，工作找得不太顺利，打算自己创业。她看准了一所大学附近的位置，自己筹集了10万元钱准备在该位置开一家服务性的小企业。请运用所学知识进行分析，从筹划到企业开业，佩英有哪些事情要做？

1. 组成4～6人的实践小组，各组设一个组长，负责组织和协调本小组的讨论、任务分工等，每组完成一份实践报告。

2. 要求在实践报告中提供详细的过程，解释设计过程的每一步，并总结实践体会。

［**成果评定**］

1. 各组相互评分，选出优胜组，教师再分别点评，结合计划书综合评估打分。

2. 评分依据为实践活动态度、小组成员参与度，以及设计方案的可行性、完整性等。

项目二 实地调研一个企业，了解企业的组织结构，分析其存在的问题，提出改进方案。

项目三 前沿问题讨论。

［**内容与要求**］

如何成为一个合格的管理者？

1. 全班同学分成若干小组，每组6～8人。

2. 各组由组长主持，讨论时要联系本章理论与实训内容畅所欲言，做到人人发言。

3. 各组分别指定一人记录，讨论后进行归纳总结，形成集体讨论答案。

[**成果评定**]

老师点评各组讨论总结，将成绩记入小组积分。

任务2 战略管理

请扫描二维码
观看视频

知识目标

为了完成本任务，你需要掌握的理论知识：

1. 战略管理的基本概念与特征
2. 企业战略环境分析的内容
3. 企业战略管理过程

能力目标

通过完成本任务，你应该能够：

1. 了解企业战略管理的内容
2. 熟悉企业战略环境分析的方法
3. 掌握企业战略制定方法
4. 掌握有效的战略实施及控制方法

素质目标

通过完成本任务，你将：

1. 建立现代企业经营理念
2. 培养企业经营的战略思维
3. 树立科学的企业经营价值观

项目任务

2.1 认识现代企业战略管理
2.2 分析企业战略环境
2.3 熟悉企业战略管理过程

◆ 任务导入
◆ 相关链接
◆ 案例研究
◆ 增值阅读
◆ 任务小结
◆ 能力自测
◆ 案例分析
◆ 实践与操作

任务导入

趣味阅读

珍珠港事件

1941年4月，日本开始逐步向东南亚扩张，掠夺物资。这引起了其他强国的不满，为了给日本一些颜色看看，美国禁止对日本的经济贸易，其中重要的是高辛烷石油贸易。这对日本是重大的打击，缺少石油，日本的飞机就无法升天，舰艇就无法在海中行驶，其对外扩张战略也会因此受阻。当时，日本的石油只能维持半年，日本政府明白，要么从中国撤兵，停止对外扩张，外交上向美国靠拢；要么自组旗帜，南下夺取战略资源，继续加强对外侵略。南洋有美国、英国、荷兰的殖民地，进军南洋就等于向美英两国宣战。

太平洋上的珍珠港是主要的交通枢纽，珍珠港位于太平洋东部的夏威夷群岛，夏威夷东距美国西海岸，西踞日本，西南到诸岛群，北距阿拉斯加和白令海峡，都在2 000～3 000海里之间，跨越太平洋南来北往的飞机都以夏威夷为中续站。日本政府认为要想在太平洋上夺取制空和制海权，使进一步南下的道路畅通无阻，就必须先摧毁珍珠港，于是日本秘密策划了袭击珍珠港的行动。

日本联合舰队司令山本五十六负责策划袭击珍珠港这一行动，提出了偷袭珍珠港的设想。此后就和几个参谋一起，秘密地制定"Z"型作战方案。1941年6月，正式方案提出后，曾在日本上层引起争论，一些人不相信庞大的舰队能横渡3 500海里而不被发现，对这一计划的可行性表示怀疑。山本固执己见，甚至以辞职相要挟。日本政府为了"南进"，于10月中旬批准了这个计划。于是，山本指挥联合舰队选择了与珍珠港相似的鹿儿岛湾，开始了充分的准备和严格的模拟训练。

1941年12月7日凌晨，从六艘航空母舰上起飞的第一攻击波的183架飞机，穿云破雾，扑向珍珠港。7时53分，发回"虎、虎、虎"的信号，表示偷袭成功。此后，第二攻击波的168架飞机再次发动攻击。仓促应战的美军损失惨重，8艘战列舰被击中，4艘被击沉，1艘搁浅，其余都受重创；6艘巡洋舰和3艘驱逐舰被击伤，188架飞机被击毁，155架飞机被破坏，数千名官兵伤亡。日本只损失了29架飞机和55名飞行员以及几艘袖珍潜艇。

（资料来源：根据百度百科资料整理改编）

日本虽然在珍珠港事件上大获全胜，但从战争的全局来看，却是重大失误。珍珠港事件发生后，德国的希特勒听到这个消息，立刻感到战争大势已去，非常懊恼。他知道，取得胜利的前提是美国政府保持中立，可珍珠港事件必然促使美国参战。而丘吉尔和斯大林却十分高兴，终于把一个沉睡的巨人唤醒了。因此，从"二战"的总体格局来看，日本在珍珠港事件上战术是赢了，但是在整个战略上却输了，珍珠港事件直接促成了反法西斯联盟的建立。

珍珠港事件告诉我们，战略和战术是不同的，战略事关一个组织发展的全局，必须引起高度重视。企业要在激烈的市场竞争中保持竞争力以实现可持续发展，其根本途径就是在企业发展中树立战略观念，高瞻远瞩，立足长远，着眼大局，统筹安排，把握企业内部条件和外部环境的动态平衡，以实现企业的长期生存和发展。

2.1 认识现代企业战略管理

相关链接 2-1

管理者的战略思维

有一天，母鸡和猪约会，母鸡对猪说："我们合作一个项目吧，我找人做了市场调研也做了策划。"猪问母鸡："那我们合作什么项目呢？"母鸡回答："我们合作做鸡蛋火腿肠。"猪没有深入思考便答应了。他们签订了合作协议还去公证处做了公证，但最后猪输得很惨,因为鸡只需要带着团队下蛋就可以了,而猪则要带着团队贡献出生命。

这个故事告诉我们,作为一名管理者,应具备战略思维能力,面对管理问题,需要用战略的眼光去思考,放眼长远,着眼大局,统筹考虑,而不能只关注当下,追求眼前的利益。否则,就会像上述故事中的"猪"一样,付出惨重的代价。

(资料来源:根据网络故事资料编写)

2.1.1 企业战略的含义与特征

1. 战略的含义

"战略"一词来源于希腊语"stratagia",其含义是"将军指挥军队的艺术"。它的本义是指基于对战争全局的分析而做出的谋划。英国著名军事战略家李德·哈特指出:"战略是运用军事力量以达到政策所确定之目标的一种艺术。"德国著名的军事家克劳塞维茨的代表作《战争论》,运用德国古典哲学理论总结了拿破仑的战争经验,书中指出"战略是使用战役来作为达到战争目的的手段"。毛泽东在《中国革命战争的战略问题》中指出:"战略问题是研究战争全局性、规律性的东西。"《辞海》中对战略的定义是"军事名词,对战争全局的筹划和指挥"。《中国大百科全书·军事》中对战略的定义是"指导战争全局的方略"。《韦氏新国际英语大词典》中对战略的定义是"军事指挥官克敌制胜的科学与艺术"。《简明不列颠百科全书》中对战略的定义是"在战争中利用军事手段达到战争目的的科学和艺术"。

综上可见,"战略"最初指的是军事战略,泛指对战争全局性、高层次的重大问题的筹划和对战争整体性、长远性、基本性问题的谋划。

其实,两千多年前,中国著名的军事家孙武就已从战争的角度,系统地阐述了竞争战略思想。这里借《孙子兵法》中计篇的片段来予以阐述。

相关链接 2-2

计 篇

兵者,国之大事,死生之地,存亡之道,不可不察也。

故经之以五事,校之以计,而索其情:一曰道,二曰天,三曰地,四曰将,五曰法。道者,令民与上同意也,故可以与之死,可以与之生,而不畏危。天者,阴阳,寒暑、时制也。地者,远近、险易、广狭、死生也。将者,智、信、仁、勇、严也。法者,曲制、官道、主用也。凡此五者,将莫不闻,知之者胜,不知者不胜。故校之以计,而索其情,曰:主孰有道?将孰有能?天地孰得?法令孰行?兵众孰强?士卒孰练?赏罚孰明?吾以此知胜负矣。

(资料来源:《孙子兵法》)

2. 企业战略的含义

战略一词运用于企业经营管理,是指一个企业为了实现它的长远目标和使命而做的长期计划和策略。企业要在复杂多变的环境中求得生存和发展,必须对自己的经营管理行为进行长期的、通盘的谋划。

在西方国家,从20世纪50年代起,企业战略研究就成为管理课程中的一个有机部分。60年代,美国人安索夫的《企业战略论》一书出版后,企业战略才作为一个科学性的概念,开始在企业管理学中使用。

西方学者对战略管理的描述主要以安索夫、安德鲁斯和明茨伯格为代表。

(1) 安索夫的观点。

安索夫指出,企业在制定战略时,有必要首先确定自己的经营性质。不论是以产品系列的性质还是按照构成产品系列的技术来确定企业的经营,企业目前的产品和市场与企业未来的产品和市场之间一定存在着一种内在的联系,安索夫将这种内在的联系称为"共同的经营主线",通过分析这种共同的经营主线可以把握企业运行的方向,寻找企业发展的新天地。

他认为,使命是现有产品的一种需求,而用户是产品的实际购买者。因此,企业的使命与用户之间是有区别的,一个用户往往会有一系列不相关的需求,在制定战略的过程中,企业应该在用户需求既定的情况下寻找出存在于用户使命中的产品特征、技术或者需求相似性,作为企业共同的经营主线。企业如果将其经营性质定义得过宽,则会丢失共同的经营主线,也就无法制定企业战略;反之,企业如果将其经营性质定义得过窄,则会由于应变能力不足,而在复杂多变的环境中难以生存。总之,经济发展的现实对企业家和管理学家提出了客观要求,即企业的战略必须一方面能够指导企业的生产经营活动,另一方面能够为企业的发展提供足够的空间。

(2) 安德鲁斯的观点。

安德鲁斯(K. Andrews)是美国哈佛大学商学院的教授。他认为企业总体战略是一种决策模式,决定和揭示企业的目的和目标,提出实现目的的重大方针与计划,确定企业应该从事的经营业务,明确企业的经营方式与商业模式,决定企业应当对员工、顾客和社会做出的经济的与非经济的贡献。

安德鲁斯的观点指出了企业总体战略要解决的主要问题——企业长远发展的使命与实现使命的路径有机结合,使企业能够形成自己的特殊的战略属性和竞争优势,将不确定的环境因素与企业的经营活动很好地结合起来,以便能够集中企业的各种资源形成企业产品和市场的"生长圈",并且能够在较长的时期内相对稳定地执行企业的战略。

(3) 明茨伯格的观点。

明茨伯格是加拿大麦吉尔大学的管理学教授,他认为,在企业经营活动中经营者可以在不同的场合下以不同的方式给企业总体战略赋予不同的定义。他借鉴市场营销学中四要素[即产品(Product)、价格(Price)、分销(Place)和促销(Promotion)](4P's)的提法,提出了战略是由五种规范的定义[即计划(Plan)、计策(Ploy)、模式(Pattern)、定位(Position)和观念(Perspective)]阐明的,即5P's。

① 战略是一种计划。作为计划的战略有两种含义:一方面,战略是有意识地开发出来的,是设计出来的、明确的;另一方面,战略是行动前制定的,供决策者指导企业经营活动的开展。正如冯·纽曼在博弈论中指出的那样:战略是一种全面的计划,是一种说明计划人员在每一种可能的情况下做出选择的计划。这种计划越周详、越全面,将未来可能发生的情况考虑得越详细,计划实现的可能性就越大,把握计划目标的结果也越准确。在企业的实际运

作中，作为计划的战略表现为企业面向未来，设定目标，制定战略方案，然后执行战略方案。

② 战略是一种计策。作为计策的战略是指在特定的环境下，企业把战略作为战胜和超越竞争对手的一种手段，一种战略优势。在土地革命战争时期，毛泽东同志曾经提出的"敌进我退，敌驻我扰，敌疲我打，敌退我追"的十六字方针，其实就是把战略作为一种计策的真实写照。在企业运营中，与竞争对手针锋相对地进行竞争，任何一个竞争对手的重大战略行动，如技术创新、产品换代、管理改革、降低价格等，都会产生一连串的联动反应，进而改变市场的或行业的竞争格局。作为计策的战略就是要在行动前充分考虑对手可能的行为，在行动中采取先发制人的战略行动。

相关链接 2-3

田忌赛马

公元前4世纪的中国，处在诸侯割据的状态，历史上称为"战国时期"。

赛马是当时最受齐国贵族欢迎的娱乐项目，上至齐王，下到大臣，常常以赛马取乐，并以重金赌输赢。田忌多次与齐王及其他大臣赌输赢，屡赌屡输。一天，他在赛马比赛中又输了，回家后闷闷不乐。孙膑安慰他说："下次有机会带我到马场看看，也许我能帮你。"

当又一次赛马时，孙膑随田忌来到赛马场，孙膑了解到，大家的马按奔跑的速度快慢分为上、中、下三等，等次不同装饰不同，各家的马依等次比赛，比赛为三赛二胜制。

孙膑仔细观察后发现，田忌的马和其他人的马相差并不远，只是策略运用不当，以致失败。孙膑告诉田忌："大将军，请放心，我有办法让你获胜。"田忌听后非常高兴，随即以千金做赌注约请齐王与他赛马。

比赛前田忌按照孙膑的主意，用上等马鞍将下等马装饰起来，冒充上等马，与齐王的上等马比赛。比赛开始，只见齐王的好马飞快地冲在前面，而田忌的马远远落在后面，齐王得意地开怀大笑。第二场比赛，还是按照孙膑的安排，田忌用自己的上等马与齐王的中等马比赛。在一片喝彩声中，只见田忌的马竟然冲到齐王的马前面，赢了第二场。关键的第三场，田忌选中等马和齐王的下等马比赛，田忌的马又一次冲到齐王的马前面，结果二比一，田忌赢了齐王。

从未输过比赛的齐王目瞪口呆，他不知道田忌从哪里得到了这么好的马。这时田忌告诉齐王，他的胜利并不是因为找到了更好的马，而是用了计策。随后，他将孙膑的计策说了出来，齐王恍然大悟，立刻把孙膑召入王宫。孙膑告诉齐王，在双方条件相当时，对策得当可以战胜对方；在双方条件相差很远时，对策得当也可将损失降到最低程度。后来，齐王任命孙膑为军师，指挥全国的军队。从此，孙膑协助田忌，改善齐军的作战方法，齐军在与别国军队的战争中屡屡取胜。

（资料来源：根据百度百科资料整理）

③ 战略是一种模式。作为一种模式的战略，不仅可以是行动前制定的，即由人们有意识地设计出来，还可以是人们行为的结果。明茨伯格提出战略是一种模式，用于说明战略执行结果的行为，战略体现为从战略的提出直到战略的完成为止的一系列行为。根据这一观

点，战略可以看作是一种行为过程，作为计划的战略是行动前的战略，而作为模式的战略是已实现的战略，两者之间是战略的实施过程。在战略的实施过程中还会有事前没有设计的自发产生的战略被执行，也有事前计划过而没有被执行或虽然被执行却没有结果的战略，因而战略是一种动态的过程。

在企业的实际运作中，企业战略模式表现为企业面对历史，总结经验，去粗取精，扬长避短，提出企业发展与运作模式。

④ 战略是一种定位。作为定位的战略是指战略应当确定企业在环境中的位置，由此确定企业在产品与市场、社会责任与自身利益、内部条件与外部环境的一系列经营活动和行为，通过正确配置企业资源，形成企业特殊的竞争优势。这种定位从战略意义上讲有两种含义：一是企业经营的行为选择，应该定位在一个具有发展潜力的朝阳行业之中，而避免栖身于一个前景暗淡的夕阳行业；二是在行业中竞争地位的选择，依靠有意识地开发出来的竞争优势，创造出有利的竞争地位。

⑤ 战略是一种观念。作为观念的战略是指战略应当体现企业中人们对客观世界固有的认识方式，是人们思维的产物。战略之所以能够成为企业制胜的法宝，就是因为战略体现了决策者对企业的改革与发展，而这种改革与发展的集中体现就是一种与众不同的观念，有了这种能够使企业员工共享的观念，战略才可以得到准确的执行，才能获得成功。

综上分析，可以把企业战略定义为：企业战略是企业面对激烈变化、充满挑战的内外环境，为求得企业的生存和不断发展而进行的总体性谋划。

3. 企业战略的特点

(1) 全局性。企业战略是以企业全局为研究对象，根据企业的总体发展需要而制定的，它规定了企业的总体目标与行为。从全局实现对局部的指导，使局部达到最优的结果，使全局目标得以实现。

(2) 长远性。企业的战略立足于未来，对较长时期内企业的生存和发展问题进行通盘谋划，从而决定企业当前的行动。凡是为适应环境的变化所确定的、长期基本不变的目标和实现目标的行动方案，都是企业战略；而那种针对当前形势灵活适应短期变化、解决基本问题的方法都是企业战术。企业战略要实现战略与战术的有机统一。

(3) 风险性。战略的风险性是与企业的改革并存的，改革的正确与否关系到企业的生死存亡，而改革的成功与否，往往难以胜券在握，存在风险。如果具有很高的风险性，那么在制定企业战略的时候就必须要采取防范风险的措施。同时，企业战略既是关于企业在激烈的竞争中如何与竞争对手进行竞争的行动方案，也是针对来自企业外部各个方面的压力，应对各种变化的方案；具有明显的抗击风险的特征。

(4) 竞争性。企业战略是直接与竞争对手和各种竞争压力相联系的。企业战略是企业在竞争中为战胜竞争对手、迎接环境的挑战而制定的总体规划，主要研究在激烈的市场竞争中如何强化本企业的竞争力量，如何与竞争对手抗衡，以使得本企业立于不败之地。同时在对未来进行预测的基础上，为避开和减轻来自各方面的环境威胁，迎接未来的挑战制定行为规范。企业只有战胜了竞争对手，才能获得生存和发展。

(5) 稳定性。企业发展战略全局性和长远性的特点决定了其具有相对稳定性。如果企业战略朝令夕改，变化无常，不仅难以保证战略目标和战略方案的具体落实，也会失掉战略的意义，还可能会引起企业经营的混乱，给企业带来不必要的损失。

思政园地

两个"一百年"的奋斗目标

1997 年 9 月 12 日，中共十五大报告首次提出"在中国共产党成立一百年时全面建成小康社会，在新中国成立一百年时建成富强民主文明和谐美丽的社会主义现代化强国"。此后，党的十六大、十七大均对两个"一百年"奋斗目标做了强调和安排。2012 年，中共十八大描绘了全面建成小康社会、加快推进社会主义现代化的宏伟蓝图，向中国人民发出了向实现"两个一百年"奋斗目标进军的时代号召。自此两个"一百年"奋斗目标成为全国各族人民共同的奋斗目标。

党的十九大报告清晰擘画全面建成社会主义现代化强国的时间表、路线图。在 2020 年全面建成小康社会、实现第一个百年奋斗目标的基础上，再奋斗 15 年，在 2035 年基本实现社会主义现代化。从 2035 年到本世纪中叶，在基本实现现代化的基础上，再奋斗 15 年，把我国建成富强民主文明和谐美丽的社会主义现代化强国。

2021 年 2 月 25 日，习近平总书记在全国脱贫攻坚总结表彰大会上庄严宣告："经过全党全国各族人民共同努力，在迎来中国共产党成立一百周年的重要时刻，我国脱贫攻坚战取得了全面胜利。"

2.1.2　企业战略的构成要素和层次

1. 企业战略的构成要素

1965 年，安索夫的《公司战略》一书出版，标志着企业战略理论的正式诞生。书中安索夫提出企业战略一般由四种要素构成，即经营范围、成长方向、竞争优势和协同作用。他认为这四种要素可以形成合力，成为企业共同经营的主线。

(1) 经营范围。

经营范围即产品和市场范围，指企业从事生产经营活动的领域。产品和市场范围不仅包括企业现在所从事的事业活动，还包括企业将要从事的事业范围，以便于明确企业未来的成长空间。

(2) 成长方向。

成长方向也称增长向量，指的是企业从现有产品与市场组合向未来产品与市场组合移动的方向，即企业战略运行的方向和趋势，而不涉及企业目前产品与市场态势。其中既有在一个行业发展的方向，也有跨行业甚至多行业发展的方向。成长方向按照产品和市场组合的方式形成市场渗透、市场开发、产品开发和多元化经营四种类型，如表 2－1 所示。

表 2－1　安索夫矩阵

产品市场	现有市场	新市场
现有产品	市场渗透	市场开发
新产品	产品开发	多元化经营

(3) 竞争优势。

竞争优势指那些可以使企业处于强有力竞争地位的产品和市场特性，常常表现为企业所拥有的资源与竞争企业相比，在数量上或质量上形成的有利差别。一个企业可通过多种战略谋求在原行业或新行业中的重要位置来获得竞争优势。

（4）协同作用。

协同作用指的是企业内各经营单位联合起来所产生的效益要大于各经营单位所创造的效益之和，也就是可实现“1+1>2”的效果。在企业经营中，常见的协同作用主要有生产协同效应、销售协同效应、投资协同效应和管理协同效应。

构成企业战略的四种要素互为补充，经营范围为企业提供获利范围，成长方向为企业提供扩展方向，竞争优势为企业提供获利保证，协同作用为企业获利加速。

2. *企业战略的层次*

企业目标是多层次的，既包括企业的总体目标，也包括企业内各经营单位的目标，各层次目标构成企业完整的目标体系。企业战略，不仅要说明企业整体目标以及实现目标的方法，而且要说明企业内每一层次、每一类业务，以及每个部门的目标和实现方法。因此，企业战略包含三个层次，即企业总体战略、经营单位战略和职能战略。

（1）企业总体战略。

总体战略又称公司战略，是一个企业的整体战略总纲，是企业总体的、最高层次的战略。从企业的经营发展方向到企业各经营单位之间的协调，以及资源的充分利用到整个企业的价值观念、企业文化的建立，都是总体战略的重要内容。

企业总体战略的侧重点有两个方面：一是从公司全局出发，根据外部环境的变化及企业的内部条件，选择企业所从事的经营范围和领域，即要回答：我们应该做什么业务？我们怎样去管理这些业务？二是在确定所从事的业务后，要在各个事业部门之间进行资源分配以及采取何种成长方向，以实现企业整体的战略意图，这也是企业总体战略实施的关键措施。

总体战略主要有稳定战略、增长战略和收缩战略三种。在这三种战略中最重要的是增长战略，包括决定向什么方向发展，是在原行业中进行产品或市场的扩张还是通过一体化、多元化进入新的经营领域；还要决定用什么方式发展，要在内部创业、购并、合资等发展方式中做出战略选择。对于多元化经营的企业，要决定企业整体的业务组合和核心业务。

（2）经营单位战略。

经营单位是指企业内其产品和服务有别于其他部门的一个单位。经营单位战略也称竞争战略，或者是事业部战略，它处于战略结构中的中间层次，是在企业总体战略的指导下，各个战略经营单位制定的部门战略，是总体战略之下的子战略。

一个战略经营单位一般有着自己独立的产品和细分市场，它的战略主要研究的是在选定的业务范围内，应在什么样的基础上来进行竞争，以取得超过竞争对手的竞争优势。为此，战略经营单位的管理者需要努力鉴别并稳固最有营利性和最有发展前途的市场，发挥其竞争优势。为了保证企业的竞争优势，各经营单位要有效控制资源的配置和使用。

企业总体战略是涉及企业的全局发展的、整体性的、长期的战略规划，对企业的长期发展有深远影响。而经营单位战略则关注整体中的有关事业部或子公司，涉及的是某一类具体的产品和市场，是局部性的战略决策。所以，企业总体战略主要由企业的最高层参与决策、制定和组织实施，而经营单位战略的参与者主要是具体的事业部或子公司的决策层。

（3）职能战略。

职能战略又称职能部门战略，是企业内主要职能部门制定的战略。达到一定规模的企业通常都设有若干职能部门,如研发部门、生产部门、财务部门、营销部门、人力资源部等。由于不同职能部门的职责和目标不同,故需制定相应的职能战略以协助企业和事业部门实现其业务目标。

职能战略重在考虑运用什么方式和手段,如何获取和配置资源,从而帮助公司或事业部形成竞争优势,进而实现其战略目标。主要包括研发战略、生产战略、营销战略、财务战略及人力资源战略等。职能战略是由职能管理人员制定的短期目标和规划,其目的是实现公司和事业部门的战略计划。

职能战略属于战术。与企业总体战略相比,职能战略用于确定和协调企业短期的经营活动,期限较短,一般在一年左右;职能战略是由职能部门的管理人员在总部的授权下制定出来的,为负责完成年度目标的管理人员提供具体指导,所以它较经营单位战略更为具体。

一般来讲,企业总体战略是讲企业高层考虑在何处竞争的问题。例如,企业的产品是可乐,那么企业选择是在快餐业、软饮料业,或者其他什么行业来竞争。经营单位战略,要考虑在这个定位好的行业范围内如何进行竞争。职能部门战略考虑的是如何分配资源来保证战略。总体战略也好,经营单位战略也好,都要保证它的实施。从这里可以看出,企业总体战略、经营单位战略与职能战略一起构成了企业的战略体系。这意味着在一个企业内部,企业战略的各个层次之间是相互联系、相互配合的。企业中每一层次的战略都构成下一层次的战略环境,同时,低一级的战略又为上一级战略目标的实现提供保障和支持。所以,一个企业要想实现其总体战略目标,必须把三个层次的战略结合起来。

2.1.3 战略管理的含义及原则

1. 战略管理的含义

战略管理是指企业确定其使命,根据组织外部环境和内部条件设定企业的战略目标,为保证目标的正确落实和实现进行谋划,并依靠企业内部能力将这种谋划和决策付诸实施,以及在实施过程中进行控制的一个动态管理过程。

2. 战略管理的原则

战略管理,主要是指战略制定和战略实施的过程。一般来说,战略管理需要遵循以下指导原则:

(1) 适应环境原则。任何一个企业的经营活动都是在特定的环境下进行的,环境的影响力在很大程度上会影响企业的经营目标和发展方向,而环境又不是一成不变的。成功的战略管理需要重视企业与环境的互动关系,使企业能够适应、利用甚至影响环境的变化。战略管理要求企业随时监控和扫描企业内外部环境的变化,认真分析机会与挑战的存在方式和影响程度,以便确保企业战略的顺利实施及企业目标的实现。

(2) 全员参与原则。战略管理事关企业发展的全局,不仅需要高层管理者的科学决策,也要求企业各层次管理者及全体员工的广泛参与及大力支持。战略制定和选择主要依赖于高层管理者的慎重选择,而战略实施则主要依赖于中下层管理者及全体员工的全心投入。因此,战略管理绝不仅仅是企业领导和战略管理部门的事,而是需要全体员工广泛参与其中的一项工作。

(3) 整体最优原则。战略的全局性特点要求将企业视为一个不可分割的整体来加以管理，以实现各部门资源整合、功能优化、整体效率提升的目的。战略管理不是强调企业某个战略经营单位或某个职能部门的重要性，而是强调通过制定企业的宗旨、使命、目标、战略来协调、统一各部门、各单位的活动，使之形成合力，进而实现“1+1>2”的整体最优的效果。

(4) 全程管理原则。战略管理并不只是简单的制定和选择企业战略，而是要贯穿于企业经营活动的全过程。成功的战略管理要求将战略的制定、实施、控制和修订作为一个完整的过程来加以管理。在这个过程中，各个阶段要相互支持、互为补充，忽略其中任何一个阶段，企业战略管理都不可能成功。

(5) 反馈修正原则。企业战略是对企业发展的长远性、全局性问题的谋划和思考，时间跨度较大。而企业所面临的经营环境又是处于不断变化之中的，这就要求企业在战略的实施过程中需要对战略进行不断的跟踪、反馈和修正，以适应不断变化的环境，进而保证企业战略的有效性。

2.2 分析企业战略环境

案例研究 2-1

诸葛亮的《隆中对》

公元207年冬至208年春，当时驻军新野的刘备在徐庶的建议下，三次到襄阳隆中拜访诸葛亮，但直到第三次方得见。诸葛亮为刘备分析了天下形势，提出先取荆州为家，再取益州成鼎足之势继而图取中原的战略构想。

诸葛亮在登上政治舞台之初，就以《隆中对》的方式为刘备描述出一个战略远景。这一千古名篇，在中国古代的战略思想中具有典范价值。其全文如下：

自董卓以来，豪杰并起，跨州连郡者不可胜数。曹操比于袁绍，则名微而众寡。然操遂能克绍，以弱为强者，非惟天时，抑亦人谋也。今操已拥百万之众，挟天子而令诸侯，此诚不可与争锋。

孙权据有江东，已历三世，国险而民附，贤能为之用，此可以为援而不可图也。

荆州北据汉、沔，利尽南海，东连吴、会，西通巴、蜀，此用武之国，而其主不能守，此殆天所以资将军，将军岂有意乎?

益州险塞，沃野千里，天府之土，高祖因之以成帝业。刘璋暗弱，张鲁在北，民殷国富而不知存恤，智能之士思得明君。

将军既帝室之胄，信义著于四海，总揽英雄，思贤如渴，若跨有荆、益，保其岩阻，西和诸戎，南抚夷越，外结好孙权，内修政理，天下有变，则命一上将将荆州之军以向宛、洛，将军身率益州之众出于秦川，百姓孰敢不箪食壶浆以迎将军者乎? 诚如是，则霸业可成，汉室可兴矣。

《隆中对》中诸葛亮首先对当时总体的战略环境做了分析：自从董卓作乱以来，各地豪杰同时兴起，跨州连郡称霸一方的多得数不清；其次，诸葛亮着重分析了几个主要

的敌人(竞争对手),比如曹操、孙权等人;最后,在战略环境分析的基础上,诸葛亮给刘备提出了战略结论:

(1) 近期战略目标:先取荆州为家;

(2) 中期战略目标:再取益州建立基业,然后成三国鼎足之势;

(3) 远期战略目标:最后连吴抗曹以图进取中原来光复汉室,一统天下。

(资料来源:根据百度百科资料整理改编而成)

2.2.1 企业战略环境的含义

企业战略环境是指对当前企业经营与发展具有战略性影响的变量,主要包括外部环境和内部环境。

企业外部环境是指企业面临的外部条件及环境因素的总和,是众多企业所共同面对的环境,对企业的经营会产生直接或间接的影响;企业内部环境是指企业内部的物质、文化环境的总和,包括企业资源、企业能力、企业文化等因素,也称企业内部条件,即组织内部的一种共享价值体系,包括企业的指导思想、经营理念和工作作风。

2.2.2 企业外部经营环境分析

企业外部环境是指企业面临的外部条件及环境因素的总和。企业外部环境一般可分为宏观环境和微观产业环境。前者是指众多企业所共同面对的环境,对企业的经营会产生间接的影响;后者是指某类企业所面临的特殊经营环境,对个别企业的生产经营产生直接的影响。

1. 企业宏观环境分析

企业宏观环境,是指那些给企业造成市场机会或环境威胁的主要社会力量,直接或间接地影响企业的战略管理。

(1) 政治和法律环境。政治和法律环境是指那些制约和影响企业的政治要素和法律系统,以及其运行状态。例如,国家的政治制度,国家的权力机构,国家颁布的方针政策,政治团体和政治形势、法律、法规、法令以及国家的执法机构等因素。这些因素对企业的生产经营活动具有控制和调节的作用。它规定了企业可以做什么,不可以做什么,同时也保护企业的合法权益和合理竞争,促进公平交易。企业必须时刻注意收集政治和法律信息,并做出正确的分析和决策,才能保证其战略的顺利实施。

(2) 经济环境。经济环境是指构成企业生存和发展的社会经济状况及国家的经济政策,包括社会经济结构、经济体制、宏观经济政策等要素。衡量这些因素的经济指标有国内生产总值、物价水平、就业水平、国民收入水平、消费水平、消费支出分配规模、利率和货币供应量、政府支出总额、汇率等。

(3) 科技环境。科技环境是指企业所处的环境中的科技要素及与该要素直接相关的各种社会现象的集合,包括国家科技体制、科技政策、科技水平和科技发展趋势等。随着国家科学技术的发展,新技术、新能源、新材料和新工艺等的出现与运用,企业在战略管理上需要做出相应的战略决策,以获得新的竞争优势。

(4) 社会文化环境。社会文化环境是指企业所处的社会结构、社会风俗和习惯、信仰和价值观念、行为规范、生活方式、文化传统、人口规模与地理分布等因素的形成和变动。其中,人口因素是一个极为重要的因素,包括人口规模、地理分布、年龄分布、迁移等方面。人口规模制约着个人或家庭消费产品的市场规模,如食品工业市场与人口规模就密切相关,人口的地理分布决定消费者的地区分布。消费者地区分布密度越大,消费者的偏好也越多样化,对市场的商品选择性也越大,这就意味着出现多种多样的市场机会。年龄分布决定以某年龄层为对象的产品的市场规模。各年龄层都使用的产品市场,对商品的选择性大,将带来产品多样化的机会。各年龄构成比例发生变化,市场规模将随之变化,对于以特定年龄层顾客为对象的企业来说将成为市场机会或威胁。

2. 行业环境分析

传统的产业组织理论是以市场结构、企业行为和效益为研究框架的。哈佛商学院著名的战略管理学者迈克尔·波特(M. E. Porter)教授在20世纪90年代末,将传统的产业组织理论与企业战略结合起来,形成了竞争战略与竞争优势的理论。根据他的观点,在一个行业中,存在着五种基本的竞争力量,如图2-1所示,即潜在的进入者、替代品、购买者、供应者以及行业中现有竞争者间的抗衡,彼此之间相互作用。

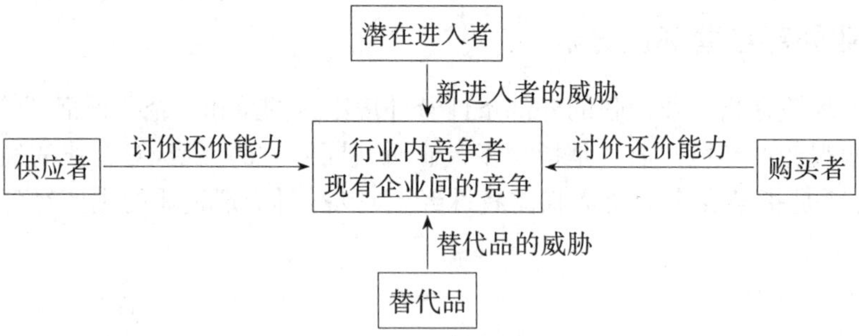

图2-1 波特五力模型

在一个行业里,这五种基本竞争力量的状况及其综合强度,引发行业内在经济结构上的变化,从而决定着行业内部竞争的激烈程度,决定着行业中获得利润的最终潜力。

(1) 潜在进入者。

新加入者的威胁是指潜在的竞争对手进入本产业的可能性。企业所处产业的竞争不是静态的,当有大批的竞争对手进入本产业时,就会大大加剧本产业的竞争,从而威胁现有的企业。对于一个行业来说,潜在的进入者或新加入者会带来新的生产能力,带来新的物质资源,从而对已有的市场份额的格局提出重新分配的要求。特别是,那些进行多种经营的企业从其他的行业进入后,常常运用已有的资源优势对新进入的行业产生强有力的冲击。结果是,行业内产品价格下跌或企业内在成本增加,使得行业的获利能力降低。

潜在竞争者能否进入本产业,以及进入可能性的大小,取决于进入或退出产业的障碍的大小。构成一个行业的进入障碍的因素主要有规模经济、产品差别化、资金需求、转换成本、分销渠道、原材料与技术优势、政府政策等。

企业在分析潜在竞争者进入障碍的同时,也需要考虑退出障碍。退出障碍是指那些迫使投资收益低,甚至是亏损的企业仍然留在行业中从事生产经营活动的因素。构成行业退出障碍的因素主要有固定资产高度专业化、退出成本过高、协同关系密切程度、情感障碍、政府和社会的限制等。

(2) 替代品。

替代品是指那些与本企业产品具有相同功能或类似功能的产品，它们在使用上具有相互替代的特点。在质量相等的情况下，替代品的价格会比被替代产品的价格更具有竞争力。替代产品投入市场后，会使企业原有的市场份额降低，进而使企业的收益下降；替代产品的价格越具有吸引力，价格限制的作用就越大，对企业构成的威胁也就越大。为了抵制替代品对行业的威胁，行业中各企业往往采取集体行动，进行持续的广告宣传，改进产品质量，提高产品利用率，改善市场营销等活动。

随着科学技术的不断进步，替代品的出现是技术发展的必然产物，符合社会需求。比如高铁的普及使得航空业受到严峻的挑战，航空票价大打折扣进而使消费者受益。因此，企业在研究与替代品的竞争关系时，一定要考虑双方产品的寿命周期阶段、企业总的发展方向以及科学技术发展趋势，不能盲目地打价格战。

(3) 购买者的议价能力。

购买者的议价能力是指顾客在交易中讨价还价的能力。在买方市场或买方占据主导地位时，顾客就会有更大的议价能力，企业则处于被动地位。购买者通过要求压低价格、要求较高的产品质量或更多的服务，甚至迫使作为供应者的企业互相竞争等手段，加剧企业同业之间的竞争，降低企业的获利能力。重要的购买集团对行业所产生的竞争能力，取决于该集团所处市场的特性，取决于该集团在该行业的购买活动与其整个业务相比较的重要程度。

(4) 供应商的议价能力。

供应商的议价能力是指企业的供应商向企业提供产品或原材料时的讨价还价能力。当原材料市场供不应求或作为购买方的企业在原材料购买上存在路径依赖时，供应商便可以通过抬高原材料价格或降低原材料质量，对企业施加压力，进而使企业的生产成本加大，竞争力下降。

(5) 现有企业间的竞争。

行业是由提供同类或相似产品或服务的企业组成，它们之间存在着正面的竞争。行业内现有企业间的竞争是指行业内各企业之间的竞争关系与程度。常见的竞争手段主要有价格战、广告战、引进新产品以及增加对消费者的服务等。其中任何一个企业的竞争行动对其竞争对手都会产生显著影响，从而引起其他企业对其行动采取报复或应对办法，进而引发新一轮竞争。

2.2.3 企业内部经营环境分析

相关链接 2-4

“三步走”发展战略

1987 年 10 月，中国共产党第十三次全国代表大会提出经济建设的战略部署大体分三步走。党的十三大报告指出：“在社会主义初级阶段，发展社会生产力所要解决的历史课题，是实现工业化和生产的商品化、社会化、现代化。我国的经济建设，肩负着既要着重推进传统产业革命，又要迎头赶上世界新技术革命的双重任务。完成这个任务，必须经过长期的有步骤分阶段的努力奋斗。党的十一届三中全会以后，我国经济建设的战略部署大体分三步走。第一步，实现国民生产总值比1980年翻一番，解决人民的温饱问题。这个任务已经基本实现。第二步，到本世纪末，使国民生产总值再增长一倍，人民生活达到小康水平。第三步，到下个世纪中叶，人均国民生产总值达到中等发达国家水平，人民生活比较富裕，基本实现现代化。然后，在这个基础上继续前进。”

“三步走”的发展战略的提出，正是中国共产党和国家领导人审时度势，根据国际国内环境的变化提出的指导中国未来发展的战略方针。在“三步走”战略指导下，中国共产党领导中国人民实现从站起来到富起来、强起来的转变，正朝着建设富强、民主、文明的社会主义现代化国家的目标大步前进。

所谓“知己知彼，百战不殆”，在制定企业战略的过程中，企业首先要对内部经营环境有个清晰的认知，即要做到“知己”。通过外部环境分析，企业可以发现正在和将要面对的环境中有哪些机会和威胁，使企业可以意识到“我们可以做什么？”而企业内部环境则是通过对企业内部条件的分析，来回答“我们能够做什么？我们的优势在哪里？”内外部分析的结合可以使企业在认清外部机会和威胁的同时，结合企业自身的特点，更好地制定和执行企业战略。

企业内部环境分析的目的是了解企业自身的各种条件和组织状态，确认企业自身的优势与劣势，在战略的实施过程中注意发掘长处，克服自身的不足。企业内部环境分析是企业内部生产经营活动时制定和实施企业战略的基础。分析企业内部环境的基本方法是：首先，分析企业经营的各种营运范畴；其次，分析企业制度与组织结构；第三，分析企业的文化因素；最后，找出企业的竞争优势与劣势。

1. 企业经营的营运范畴分析

企业的经营活动是一系列具有特定功能的营运活动。通过对这些营运功能的分析，可以挖掘出本企业的竞争优势，并发现劣势。企业的营运范畴主要包括以下几个方面：

(1) 市场营销。市场营销活动是企业经营的关键环节，是将企业与市场连接起来的纽带和桥梁。通过对企业市场营销活动的分析，检验企业的营销思想、营销策略、营销方式和营销手段是否与企业的经营目标相适应，以有效改进营销管理工作。

案例研究 2-2

未来三年，华为要把活下来作为最主要纲领

2022年8月22日下午，华为内部论坛上线了一篇关于《整个公司的经营方针要从追求规模转向追求利润和现金流》的文章。任正非在华为内部发声：“全球经济将面临衰退、消费能力下降的情况，2023年和2024年是华为的生命喘息期，未来整个公司的方针要从追求规模转向追求利润和现金流，把活下来作为最主要纲领。”

任正非在文内表示，未来十年应该是一个非常痛苦的历史时期，全球经济会持续衰退，华为要把活下来作为最主要纲领，从过去恐慌性地自救改为有质量地自救，从追

求规模转向追求利润和现金流，全线收缩和关闭边缘业务，把寒气传递给每个人。

谈及未来两年关键期华为如何活下来，任正非表示："我们的生命喘息期就是2023年和2024年，这两年我们能不能突围，现在还不敢肯定，所以每个人都不要再讲故事，一定要讲实现，尤其在进行业务预判时，不要再抱幻想，讲故事骗公司，损失要从你们的粮食包中扣除，首先要活下来，活下来就有未来。"

文章提到，华为云计算要踏踏实实以支撑华为业务发展为主，走支持产业互联网的道路。数字能源在战略机会窗上加大投入，加强作战队伍。智能汽车解决方案不能铺开一个完整战线，要减少科研预算，加强商业闭环。任正非提到，华为会彻底放弃一部分国家的市场，"我们也有肥肉市场，把原来啃骨头的人员调去啃肥肉"。

华为官方公布的数据显示，华为2021年实现全球销售收入6 368亿元，同比下降28.6%；这是近十年来华为首次出现年度收入下降。但与此同时，净利润为1 137亿元，同比增长75.9%。

华为经营方针的调整源于华为创始人任正非对企业外部经营环境的判断和内部运营条件分析。活下来，这是华为在被美国制裁后一直在喊的口号和一直奋斗的目标，因为这个口号让很多华为人士都始终怀有一种危机感，在这种危机感的督促下，华为将走得更远，变得更强更好。

（资料来源：根据互联网资料整理而成）

(2) 研发。以适销对路的优质产品投放市场，是企业竞争力的核心内容。因此，要认真分析企业的科技开发与产品开发，并重点分析本企业的产品开发是否适应市场需求及其趋势，是否有配套的商品化与市场推广工作。

(3) 生产与作业。生产过程直接关系产品的质量、生产成本、生产效率，对经营活动具有极为重要的作用。对于企业的生产与作业管理，应重点分析生产技术与设备的先进性，原材料与产品的质量和数量，生产成本控制等。

(4) 财务管理。资金活动是企业经营活动与成果的价值表现。对于企业的财务管理，应重点分析筹资管理、投资管理、营运管理、利润分配管理。

(5) 人力资源。人力资源是企业所有资源中最为重要的资源，企业的所有经营活动都需要发挥人的主观能动性。人力资源质量的好坏直接决定了企业经营的成败。人力资源分析是分析企业内部环境不可忽视的因素。

2. 组织与领导

企业制度、组织结构、领导方式等因素是影响企业经营成果的重要因素。科学有效的结构与体制本身，就是企业的竞争优势；结构与体制的僵化与落后，就是企业的最大劣势。

(1) 企业制度。企业制度是决定企业管理机制与管理方式的基础，对企业经营的效率与成果具有决定性影响。建立现代企业制度能为企业的经营创造强大的竞争优势。分析企业制度时应着重分析三产权制度，特别是企业的法人治理结构。

(2) 组织结构。企业的组织结构应与企业产品结构、规模、所在行业及实行的战略相适应。对于企业的组织结构，应重点分析组织结构的模式、职权关系、人员配备等。

(3) 领导方式。领导者的理念、领导方式、集体决策与民主管理的程度等，会在很大程度上影响企业的经营活动与绩效，也应将其列入内部环境分析的重要内容。

3. 企业文化

企业文化是指企业在其长期发展过程中所逐渐形成的，能够被广大员工认可和接受的价值观、思维方式和行为规范等的总称。企业文化是一个企业区别于其他企业的重要特质之一，对于经营活动具有很大的影响，形成了重要的企业内部经营环境。

(1) 企业精神。符合时代发展的企业精神是企业的灵魂，也是企业经营之魂。企业精神将会在经营的所在领域与环节发挥潜移默化的作用。

(2) 员工士气。企业员工的士气是做好经营工作的巨大动力，应着重分析员工对工作的满足程度、认同度和激励度。

(3) 人际关系。企业内良好的人际关系，有利于提升企业的凝聚力与向心力。

4. 价值链分析

美国哈佛大学商学院迈克尔·波特教授认为企业每项生产经营活动都是其创造价值的经济活动；那么，企业所有的互不相同但又互相关联的生产经营活动，便构成了创造价值的一个动态过程，即价值链，如图 2-2 所示。

价值链分析法的目的就是通过分析企业内部条件，找出对顾客最有价值、企业最有优势的活动，加以改进、提高，以达到提高企业竞争力的目的。

从图 2-2 中可以看出，价值链将企业生产经营活动分成基本活动和辅助活动两大类。

(1) 基本活动。

基本活动是指生产经营的实质性活动，一般可以细分成内部后勤(原料供应)、生产作业、外部后勤(成品储运)、市场营销和售后服务五种活动。每一种活动又可以根据具体的行业和企业的战略进一步细分为若干项活动。

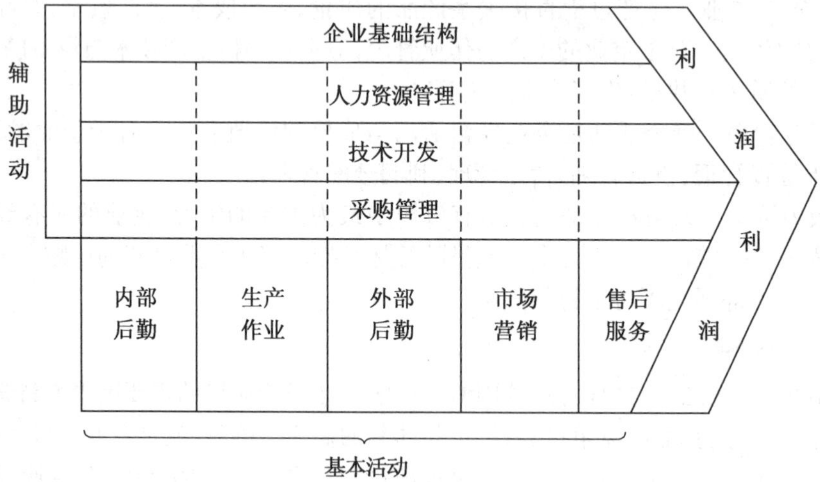

图 2-2 企业价值链分析

① 内部后勤。它是指与原料的进货、仓储和分配有关的活动，如原材料的装卸、入库、盘存、运输以及退货等。

② 生产作业。它是指将投入转换成最终产品的活动，如加工、装配、包装、维修、检测等。

③ 外部后勤。它是指与产品的库存、分销给购买者有关的活动，如最终产品的入库、接收订单、送货等。

④ 市场营销。它是指与促进和引导购买者购买企业产品有关的活动，如广告、定价、销售渠道等。

⑤ 售后服务。它是指与为保持或提高产品价值有关的活动，如培训、修理、零部件的供应和产品的调试等。

由于行业不同，各行业中企业的每项主体活动所体现的竞争优势也不同。对于制造企业来说，内部后勤与外部后勤是最重要的活动；对于一个从事分销活动的企业来说，外部后勤是关键的要素；而对于生产高速复印机的企业来说，售后服务是最为重要的活动。总之，各类基本活动都会在不同程度上体现出企业的竞争实力。

(2) 辅助活动。

辅助活动是指用来支持基本活动，而且内部之间又相互支持的活动，包括企业投入的采购管理、技术开发、人力资源管理和企业基础结构。图 2-2 中的虚线表明人力资源管理、技术开发、采购管理三种支持活动既支持整个价值链的活动，又分别与每项具体的基本活动有着密切的联系。企业的基础结构活动是支持整个价值链的运行，不分别与每项主体发生直接的关系。与基本活动一样，每一种辅助活动又可根据行业不同进一步细分成若干项独具特色的活动。

① 人力资源管理。它是指企业职工的招聘、雇用、培训、提拔、激励和退休等各项管理活动。这些活动支持着企业中每项基本活动和辅助活动，以及整个价值链。人力资源管理在调动职工生产经营的积极性上起着重要的作用，影响着企业的竞争能力。

② 技术开发。它是指可以改进企业产品和工序的一系列技术活动。这也是一个广义的概念，既包括生产性技术，也包括非生产性技术。因此，企业中每项生产经营活动都包含着技术。比如生产方面的工程技术、通信方面的信息技术、领导的决策技术等。这些技术开发活动不仅仅是与企业最终产品直接相关，而且支持着企业全部的活动，成为判断企业竞争实力的一个重要因素。

③ 采购管理。它是指采购企业所需要的投入品的职能，而不是指被采购的投入品本身。这里的采购是广义的，既包括生产原材料的采购，也包括其他资源投入的管理。比如，企业聘请咨询公司为企业进行广告策划、市场预测、管理信息系统设计、法律咨询等都属于采购管理。

思政园地

“一带一路”倡议

“一带一路”(The Belt and Road，缩写 B&R)是“丝绸之路经济带”和“21 世纪海上丝绸之路”的简称，2013 年 9 月和 10 月由中国国家主席习近平分别提出建设“新丝绸之路经济带”和“21 世纪海上丝绸之路”的合作倡议。依靠中国与有关国家既有的双多边机制，借助既有的、行之有效的区域合作平台，“一带一路”倡议旨在借用古代丝绸之路的历史符号，高举和平发展的旗帜，积极发展与沿线国家的经济合作伙伴关系，共同打造政治互信、经济融合、文化包容的利益共同体、命运共同体和责任共同体。

“一带一路”建设秉承共商、共享、共建原则。共建“一带一路”顺应世界多极化、经济全球化、文化多样化、社会信息化的潮流,秉持开放的区域合作精神,致力于维护全球自由贸易体系和开放型世界经济。共建"一带一路"旨在促进经济要素有序自由流动、资源高效配置和市场深度融合,推动沿线各国实现经济政策协调,开展更大范围、更高水平、更深层次的区域合作,共同打造开放、包容、均衡、普惠的区域经济合作架构。共建"一带一路"符合国际社会的根本利益,彰显人类社会共同理想和美好追求,是国际合作以及全球治理新模式的积极探索,将为世界和平发展增添新的正能量。

习近平总书记立足当今国际政治经济发展新格局,以高瞻远瞩的全球视野和卓越的战略决策能力为世界经济发展贡献了中国方案。提出的"一带一路"决策倡议为全球治理提供了新的路径与方向,为新时期世界走向共赢带来了中国方案,为全球均衡可持续发展增添了新动力、提供了新平台。

2.3 熟悉企业战略管理过程

企业战略管理过程可以分为确定企业愿景和企业使命、企业环境分析、战略制定、战略评估与选择、战略实施、战略控制与反馈六个阶段。每个阶段又各自包含若干个不同的步骤,如图 2-3 所示。

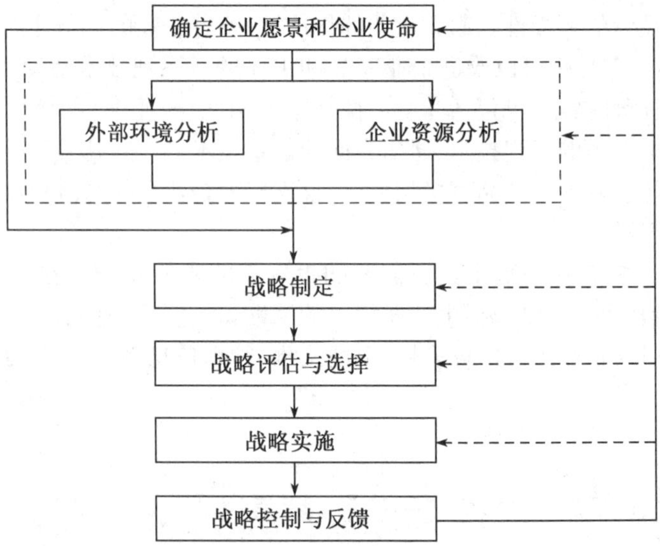

图 2-3　企业战略管理过程

2.3.1 确定企业愿景和企业使命

确定企业愿景和企业使命是战略管理过程的起点,是企业战略管理最重要的环节。确定企业愿景和企业使命,应当重点明确界定企业应该从事什么业务,它的顾客是谁,它要向自己的顾客提供什么样的产品和服务。同时,还要制定与之相配套的系列目标。一般来说,企业使命的表述必须把企业的性质、特点和目的描述清楚,既不能界定过窄,也不能界定过宽。过窄的企业使命会限制企业的行动,使企业不能灵活地适应外界环境的变化;过宽的企业使命则因包罗万象而使企业无所适从,实现不了指导企业经营管理的目的。企业使命必须定位于企业的外部。因为顾客是企业生存的基础,一个企业只有为自己的产品和服务找到足够多的顾客,它才能够生存下去。因此,企业必须根据它所服务的顾客及顾客的需要来确定自己的使命。企业目标的确定是企业战略管理过程中至关重要的一步。只有明确战略目标,企业才能根据实现目标的需要,合理地分配各种资源,正确地安排日常经营活动的优先顺序和时间表,恰当地指明任务和职责。没有确定的企业目标,企业使命就会形同虚设。

案例研究 2-3

中粮集团

经营理念:我们内心始终有不变的原则和坚持。

集团使命:奉献营养健康的食品和高品质的生活服务,建立行业领导地位,使客户、股东、员工价值最大化。

奉献:体现"为国分忧、为民造福、为农谋利"的境界。

营养健康的食品,高品质的生活服务:中粮需要奉献的具体内容,这既是社会各方对中粮的要求,又是中粮必须实现的经营目的。

建立行业领导地位:中粮的使命和企业地位,要求集团不是一般性地参与某一个行业,而是要在所进入的主营行业具有很高的市场占有率,具有竞争力、影响力、控制力。

集团战略目标:国际水准的全产业链粮油食品企业。

全产业链:以客户需求为导向,涵盖从田间到餐桌,即从农产品原料到终端消费品,包括种植、收储物流、贸易、加工、养殖屠宰、食品制造与营销等多个环节,通过对全产业链的系统管理和关键环节的有效掌控以及各产业链之间的有机协同,形成整体核心竞争力,实现全面协调可持续发展。

国际水准:实施"走出去"战略,在全球范围内配置资源,实现商业模式、管理水平、人才素质、创新能力等全方位提升,达到国际一流标杆企业的水准。

集团企业精神:忠于国计,良于民生。

服从和服务国家宏观调控,着眼全球农业资源配置,成为国家粮油市场供应的主渠道,发挥保障中国粮食安全、维护粮油市场稳定的支撑作用。

积极服务"三农",为农民提供信息、技术、金融等服务,推动农业的规模化、集约化发展,带动农民增收,发挥对现代农业的引领作用。

(资料来源:中粮集团官方网站)

分析:通过案例可以看出,中粮集团通过界定其所从事的业务、所服务的顾客以及它要向顾客提供的产品和服务,明晰了企业的愿景和使命,进而指导中粮集团健康有序地发展。

2.3.2 企业环境分析

企业环境分析主要是对企业所处的外部环境和企业自身内部资源条件的准确分析,进而为制定战略、实施战略提供依据。概括地说,企业环境分析是通过对企业内外部环境因素的分析和组合,为制定符合客观条件的企业战略提供依据。这种分析应以能够有效地发挥企业的优势(Strength)、克服劣势(Weakness)、利用机会(Opportunity)、避免威胁(Threaten)为基本原则。

2.3.3 战略制定

企业战略是为实现企业使命和企业目标服务的,它是指导企业经营管理的综合性蓝图,是从企业发展全局出发而做出的较长时期的总体性谋划和活动纲领。战略制定就是要在认清企业外部机会与威胁,认清内部组织资源优势与劣势的基础上,制定出可供选择的战略方案。它涉及企业发展中带有全局性、长远性和根本性的问题。企业战略制定必须解决企业始终面临的四个基本问题。

(1) 面对条件变化可能带来的威胁,企业应当做出什么样的反应,以利用新的机会,减少外界条件变化带来的不良影响。

(2) 在不同业务、不同部门、不同行动之间,企业应当如何分配自己的资源。也就是说,当企业的资源有限时,企业必须确定有限资源分配的优先顺序。

(3) 在企业从事的行业中,企业应当如何与每一个同行业企业竞争。例如,怎样进入市场,怎样争取顾客,用什么样的方式向市场提供产品,以什么样的姿态应对同行业竞争者等。

(4) 为了贯彻实施总体战略,企业应当在每一项业务范围内管理好主要的职能部门,以使企业内部的每一个单元都能为企业战略的实施而努力。

思政园地

新时代“两步走”发展战略

2022年10月16日,中国共产党第二十次全体代表大会在北京胜利召开,习近平总书记代表第十九届中央委员会向党的二十大做报告。习近平总书记说,全面建成社会主义现代化强国,总的战略安排是分两步走:从2020年到2035年基本实现社会主义现代化;从2035年到本世纪中叶把我国建成富强民主文明和谐美丽的社会主义现代化强国。未来五年是全面建设社会主义现代化国家开局起步的关键时期。

党的二十大高瞻远瞩,对新时代“两步走”发展战略做了全面的阐述,也标志着以习近平同志为核心的党中央对中国特色社会主义发展道路的全面诠释,体现了战略管理之于组织发展的重要意义。

2.3.4 战略评估与选择

战略评估与选择是对若干种类的战略分别进行评估,而后做出选择,以筛选出一个相对满意的战略方案的过程。

1. 战略评价的标准

(1) 适用性标准。适用性标准主要用来评估所提出的战略与企业组织情况的适应程度,以及它如何保持和改进企业的竞争地位。

(2) 可行性标准。可行性标准主要用来分析是否能够成功地实现战略,分析企业所拥有的资源是否能够承受该战略的实施。

(3) 可接受性标准。可接受性标准主要用来分析企业战略与企业利益相关者的期望的密切关系,分析企业战略是否能够被企业的利益相关者所接受。

2. 战略选择的方法

战略评价和选择的过程是:首先,要根据企业内各项业务的优势、相应的产业特征及发展阶段,分析企业目前业务组合状况;其次,用一定的评价标准为各业务单位制定出发展前景和目标,得出相应的战略态势选择。考虑到战略的特点及企业所面临的多种战略选择,在进行战略选择过程中,企业一般要借助于战略评价方法或工具来达到选择理想战略的目的。常用的战略评价与选择分析方法有 SWOT 分析法、BCG 矩阵法、GE 矩阵。

(1) 基于 SWOT 分析的战略选择。

SWOT 分析法是由美国哈佛商学院率先采用的一种经典分析方法。它通过对企业外部环境条件和内部资源能力的分析,进行系统评价,来指导企业进行战略选择和制定。这种方法首先对企业外部环境进行分析,找到企业在行业中获得成功的关键因素,认识环境中存在的机会和威胁;其次,正确认识企业内部资源条件,以识别出内部的优势和劣势,最终找到自己的核心能力;第三,把机会(Opportunities)、威胁(Threaten)、优势(Strengths)、劣势(Weaknesses)一一列举出来,并依照矩阵形式排列,如图 2-4 所示;最后,把各种因素相互匹配起来加略。

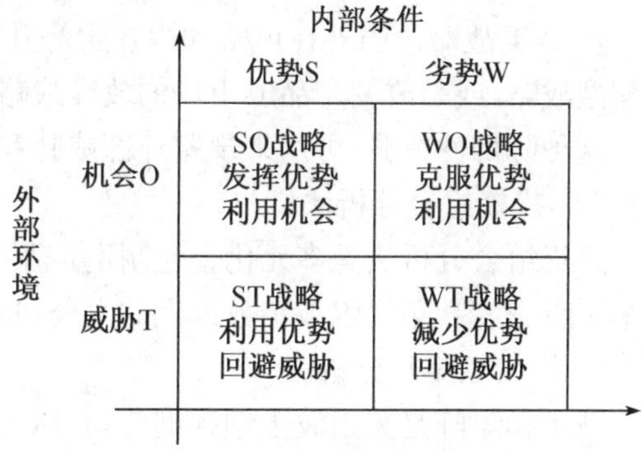

图 2-4 SWOT 分析矩阵

在完成环境因素分析和 SWOT 矩阵的构造后,便可根据 SWOT 矩阵帮助企业做出合适的战略选择。战略选择的基本思路是:运用系统分析的综合分析方法,将排列与考虑的各种环境因素相互匹配起来加以组合,选择出一系列企业未来发展的可选择对策,如图 2-5 所示。

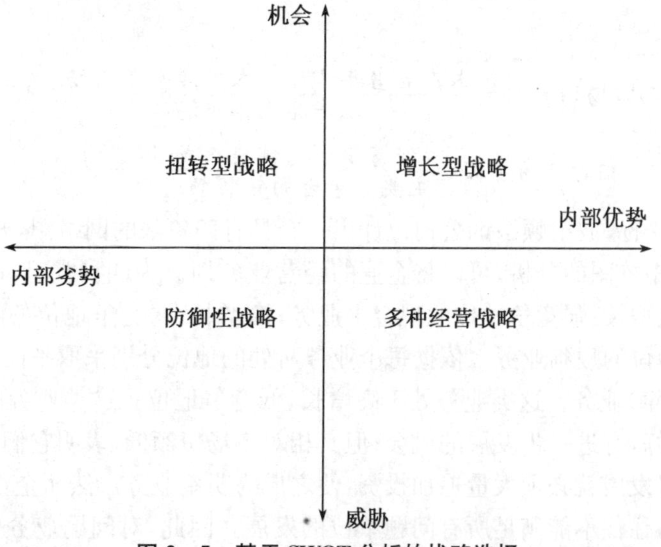

图 2-5 基于 SWOT 分析的战略选择

① SO 战略。当企业发展外部面临机会而内部又具有优势时，通过利用企业内部优势去抓住外部机会，是企业机会和优势最理想的组合。这时的企业可以凭借企业的长处和资源来最大限度地利用外部环境所提供的各种发展机会。此时企业应该采取增长型战略。

② WO 战略。有外部市场机会但缺少内部条件时，企业可以采取扭转型战略，尽快改变企业内部的不利条件，从而有效地利用市场机会。比如，当市场对于汽车某配件的需求大大提升时，某个汽车制造企业因缺乏这方面的技术而无法有效利用市场机会时，企业可以通过 WO 战略来获得这项关键技术，比如通过购买这项技术的专利或与拥有该技术的公司结为战略联盟，来扭转内部条件不足的局面，进而更好地利用市场机会。

③ ST 战略。当企业具有内部优势，但正面对不利环境的威胁时，企业应该运用所具有的优势来规避或减少外部威胁的冲击，此时企业可以考虑采取多元化经营战略。利用现有的优势在其他产品或市场上寻求和建立长期机会。另外，如果企业实力非常强大、优势十分明显的情况下，也可以采用一体化战略，利用企业的优势正面克服环境中所面临的威胁。

④ WT 战略。当外在风险和内在劣势并存的情况下，企业应该采取减少产品或市场的紧缩型战略，或是改变产品或市场的放弃战略，以期能克服弱点或使威胁随时间的推移而消退。这种防御性战略，可用来规避外部威胁和内部劣势带来的不利影响。

(2) 投资组合分析法。

投资组合分析法是多元化企业制定企业战略时最受欢迎的工具之一。该方法在 20 世纪 70 年代和 80 年代曾被半数以上的大公司采用。

① 波士顿矩阵分析法。

波士顿矩阵是美国波士顿咨询公司(BCG)在 20 世纪 60 年代为一家造纸公司提供咨询服务时提出的一种投资组合分析方法。其基本思想是将企业生产经营的全部产品或者业务的组合作为一个整体进行分析，通过分析企业相关经营业务之间现金流量的平衡问题，寻找企业资源的生产单位和这些资源的最佳使用单位。通过该方法，可以帮助企业找到使其内部资源和外部环境结合的适当的业务战略。波士顿咨询公司认为，一个经营单位的相对竞争地位和市场增长率是决定整个经营组合中每一经营单位应当采取什么样战略的两个基本参数。

其中，

$$\text{产品市场增长率}=\frac{\text{本产品当年市场}-\text{本产品上年市场}}{\text{本产品上年市场}}\times 100\%$$

$$\text{相对市场份额}=\frac{\text{经营单位的销售额或量}}{\text{主要竞争者的销售额或量}}\times 100\%$$

以这两个参数为坐标，波士顿咨询公司设计出一个具有四象限的网络图，如图 2-6 所示。

通过波士顿矩阵图的分析，可以将企业的经营业务划分为四种类型：高增长、强竞争地位的明星业务；低增长、强竞争地位的现金牛业务；高增长、弱竞争地位的问题(幼童)业务；低增长、弱竞争地位的瘦狗业务。依据每个业务所处的地位分别采取不同的战略。

A. 问题(幼童)业务。这类业务处于高增长、低竞争地位。这类业务的市场增长率高，表明市场前景美好，有进一步发展的机会；但其相对市场份额低，表明它们的实力不强，利润较低，如果要加以发展就必须大量追加投资，使之成为明星业务。然而企业可用于投资的资金来源是有限的，往往不能满足所有问题单位的发展。因此，对问题业务要一分为二，对于

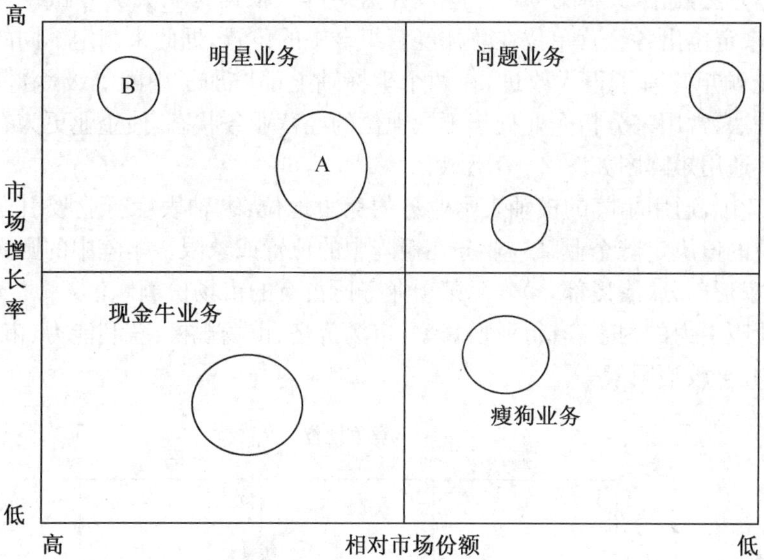

图 2-6　波士顿矩阵

那些确有发展前途的业务应采用扩张型战略，追加投资，增强其竞争地位，使之转变成明星业务；如果认为某些问题业务不可能转变为明星业务，那就应当采取放弃战略。

B. 明星业务。这类业务处于高增长、强竞争地位。通常代表着最优的利润增长率和最佳的投资机会。这些业务的相对市场份额高，反映企业竞争能力强，有优势；而市场增长率高，反映这类业务处于迅速增长的市场，市场前景美好，有进一步发展的机会。明星业务的市场增长率和相对市场份额都较高，因而所需要的和所产生的现金数量都很大。显而易见，最佳战略是对明星业务进行必要的投资，从而维护或改进其有利的竞争地位。当产品的市场的年成长率下降到 10%以下，而如果它继续保持较大的市场份额，明星业务就可能成为现金牛业务。

C. 现金牛业务。这类业务处于低增长、强竞争地位。这类业务的相对市场份额高，反映企业竞争地位强，有优势；但市场增长率不高，表示处于成熟的、增长缓慢的市场中。较高的相对市场份额带来高额利润和现金，而较低的市场增长率只需要少量的现金投入。因此，现金牛业务通常产生出大量的现金余额。对这类业务适合采取维持现状的稳定战略，尽量保持其现有的市场份额，而将其创造的利润加以回收，用来满足其他业务的发展扩张需求。如果现金牛业务突然失去其相对市场份额，企业就必须把大量的货币投入该业务中以维持其市场领先地位。如果公司把全部现金都用来支持其他业务，现金牛业务有可能变成瘦狗业务。

D. 瘦狗业务。这类业务的相对市场份额和市场增长率都较低，表明这类业务处于饱和的市场当中，竞争激烈，可获利润极小，不能成为企业主要资金来源。这类业务既没有多大实力，又无发展前途，再去追加投资已不合算。因此，企业对待瘦狗业务一般采用清算战略或放弃战略。

② 通用矩阵法。

通用矩阵又称行业吸引力矩阵，是由美国通用电气公司与麦肯锡咨询公司共同提出的一种战略选择方法，通常又称为GE矩阵或九盒矩阵。根据行业吸引力和经营单位的竞争能力，用矩阵来定位出各经营单位在总体经营组合中的位置，据此来制定不同的战略。通用矩阵相对波士顿矩阵有了很大改进，在两个坐标轴上都增加了中间等级，增多了战略的变量。通用矩阵法，常用来分析企业处于不同地位的经营业务状态，使企业更为有效地分配其有限的资源。通用矩阵图如图2-7所示。

在图2-7中，通用矩阵的横轴表示业务的竞争地位，纵轴表示行业吸引力。行业吸引力和竞争地位的值决定着企业某一业务在矩阵中的位置或象限。矩阵中的圆圈面积代表行业规模，其中扇形部分(涂黑部分)表示某项业务所占有的市场份额。

影响行业吸引力的因素，有行业增长率、市场价格、市场规模、获利能力、市场结构、竞争结构、技术及社会政治因素等。

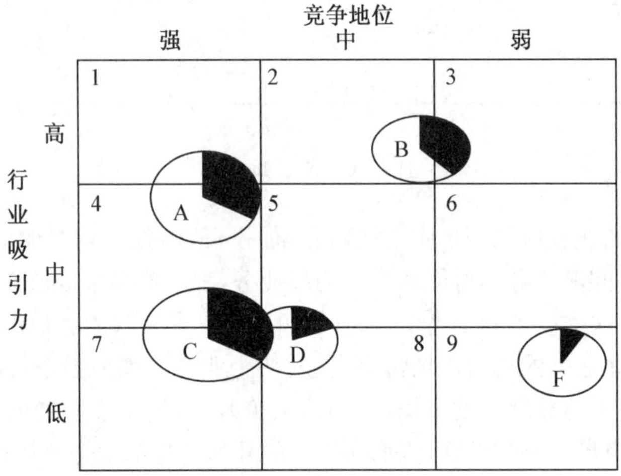

图2-7 通用矩阵图

影响经营业务竞争地位的因素，有相对市场份额、市场增长、买方增长率、产品差别化、生产技术、生产能力、管理水平等。

企业利用通用矩阵比较其经营业务以及决定其资源的分配方式时，必须估测行业吸引力及经营业务的竞争地位。

在图2-7中，通用矩阵把企业的各项业务分成九类或九个象限。不同象限的业务，有着不同的业务特征或经营特征。左上方三个象限(1、2、4)内的业务一般都是处于行业吸引力较大、竞争地位较强的战略地位，不仅行业有发展前景，而且自身还有经营实力，一般采取优先投资战略，以促进其进一步发展，为企业创造更多的收益。对角线上的三个象限(3、5、7)中的业务，有的行业吸引力不大，处于成熟或饱和期甚至衰退期，但在同行中实力却很强；有的在同行中实力不强或很弱，但所处的行业却有前景或吸引力；有的所处行业吸引力及在行业中实力皆处于中间状态。对这三类业务应有选择地投资，作为次优投资对象；对那些经分析确能为企业带来收益的业务应投资扶持；其余的应抽资转向或退出。右下方三个象限(6、8、9)内的业务，普遍处于行业吸引力不高、竞争实力也不强甚至很差的地位。一般应采取不投资战略，对一些还有利的业务，应采取逐步收回资金的转向战略，而对不盈利又占用资金的业务，应采取放弃战略或清算战略。

2.3.5 战略实施

战略实施是战略管理的行动阶段，是在企业最高管理层的监督和指导下，由企业中下层管理人员组织实施的。但是，作为企业的最高层管理者，企业的高层经理仍必须对企业战略的实施承担最为主要的责任。实际上，对于大多数企业家来说，较之制定企业战略，他们不得不将更多的时间用于将战略计划付诸行动，努力在客观条件允许的情况下顺利地实现企业预期使命和目标体系。战略实施活动包括建立有效的组织结构，建立和使用信息系统，培育支持战略实施的企业文化，以及将员工报酬与组织绩效挂钩等。

“相比于一流的创意加上三流的执行，我更喜欢三流的创意加上一流的执行。”战略无论多么正确，如果不能付诸行动将毫无意义。战略实施的过程与其说是一门科学，不如说是一门艺术。企业战略实施过程中，战略管理者有以下三项重要任务：

(1) 确认实施所选择的战略对行政管理的要求。企业管理者要注重探讨并解决企业战略实施过程中可能产生的问题。

(2) 协调企业战略与企业组织结构的关系。在充分把握战略前导性和结构滞后性关系的基础上，企业要注意选择合适的纵向组织结构类型和组织结构的横向分工机制。

(3) 建设保证特定战略实施所必需的企业文化。企业战略管理者要正确把握企业文化与企业战略的相互适应性，努力创建有利于战略实施的企业文化。

2.3.6 战略控制与反馈

战略控制与反馈就是将经过信息反馈回来的实际战略实施成效与预定的战略目标进行比较，检查两者之间的偏离程度以及产生偏离的原因，并采取有效措施纠正战略偏差，以便完成企业使命，实现战略目标。因为战略管理过程是动态的、连续的，任何一个环节的变化都可能导致其他某些要素的变化，甚至所有的要素发生变化，所以战略控制与反馈工作也应当是连续的。

战略控制与反馈可以分为以下四个步骤：

(1) 制定绩效标准。战略评价标准是用以衡量战略执行效果好坏的指标体系，包括定性指标和定量指标两大类。

(2) 衡量实际绩效。实际工作成效是战略在执行过程中达到目标程度的综合反映。要想掌握准确的成果资料和数据，必须建立管理信息系统，并运用科学的控制方法和控制系统。衡量实际工作成效要用取得的实际成果与预定的目标进行比较。

(3) 评价实际绩效。用实际绩效与计划绩效相比较，发现两者差距，并初步分析造成这种差距的真实原因。

(4) 纠正战略偏差。如果没有达到预定目标，存在明显的战略偏差，必须采取有效措施进行调整。在战略反馈控制过程中，企业管理者要经常性地检查战略管理过程中所存在的偏差。因为战略偏差可能出现在任何一个环节上，如企业使命定位、企业经营环境分析、企业战略制定、企业战略评价与选择、企业战略实施等环节，都可能发生个别的甚至全局性的错误。因此，战略控制也并不是一项轻松的工作，战略修正既可能是战略个别性环节修正，也可能是部分战略环节修正，还可能是总体战略修正。不过，总体战略修正涉及事关全局的、长期基本方向的修改，不可轻举妄动，如需要变动大方向，必须在掌握充分的数据与论证基础上方可进行。

战略控制的任务既是战略管理周期的结尾,也是战略管理新周期的开始。随着企业内外部环境的变化和出现进一步改善公司的观点和思维,企业管理者必须思考:未来的发展究竟是继续保留从前的企业使命、目标体系、战略以及战略实施方案,还是对它们进行修正?因此,战略是一个不断循环,没有终点的过程。

增值阅读

企业的基本竞争战略

20世纪80年代初,波特教授提出了竞争战略理论,认为企业要通过产业结构的分析来选择有吸引力的产业,然后通过寻找价值链上的有利环节,利用成本领先或性能差异来取得竞争优势。在这种指导思想下,波特提出了赢得竞争优势的三种最一般的基本竞争战略:成本领先战略、差异化战略和目标集聚战略。

◆ **成本领先战略**

成本领先战略是指企业通过在内部加强成本控制,在研究开发、生产、销售、服务和广告等各个环节把成本降低到比所有竞争对手更低的水平,成为行业中的成本领先者。

成本领先战略是企业构建竞争优势的基础,主要倡导的是企业应关注自身在经营过程当中所涉及的所有成本,努力通过企业的各种措施来降低这些成本,使得企业以比较低廉的价格来销售产品,并使顾客认同企业的这种价格策略,从而使企业在满足顾客需求的前提下实现自身的利润回报。

成本领先的原因是多方面的,即使是相互竞争的公司,生产类似的产品,也可能各自的成本优势有所不同。成本优势的重要来源主要是规模经济和学习效用。通常认为,在较高的产出水平下,企业能够使用更专业化的机器设备,能够建立规模更大的工厂,能够实现员工的专业化分工,能够在更多产品中分摊管理费用,这就是规模经济。当然,也存在规模不经济的现象。换言之,规模经济存在临界点。

◆ **差异化战略**

差异化战略是提供与众不同的产品和服务,满足顾客独特的需求,形成竞争优势的战略。企业形成这种战略主要是依靠产品和服务的特色,而不是产品和服务的成本。但是应该注意,差异化战略不是讲企业可以不重视或忽略成本,只是强调这时的战略目标不是成本问题,或者说成本是次要问题。

差异化战略的核心是取得某种对顾客有价值的独特性。企业要突出自己产品与竞争对手之间的差异性,主要有四种基本途径:产品、服务、人员与形象。

◆ **目标集聚战略**

目标集聚战略是指把经营战略的重点放在一个特定的目标市场上,为特定的地区或特定的购买者集团提供特殊的产品或服务。

与低成本战略、差异化战略面向全行业有所不同,目标集聚战略只是锁定某个细分市场,要求能够比竞争对手提供更为有效的服务。企业一旦选择了目标市场,便可以通过产品差别化或成本领先的方法，形成目标集聚战略。这就是说，采用目标聚焦战略基本上就是特殊的差别化或特殊的成本领先企业，即低成本集中化，或差异化集中化。

目标集聚战略在获得市场份额方面有某些局限性。选择目标集聚战略，尽管能在其目标市场上保持一定的竞争优势，获得较高的市场份额，但由于目标市场相对于整体市场是相对狭小的，选择目标集聚战略的企业在整体市场上的市场份额还是较低的。因此，企业选择目标集聚战略时，需要在产品获利能力与销售量之间进行权衡和取舍，有时还需要在产品差别化和成本状况中进行权衡。

具体来说，目标集聚战略可以分为产品线目标集聚战略、顾客目标集聚战略、地区目标集聚战略。

（资料来源：张平淡，吕海军.战略管理.北京：中国人民大学出版社，2013）

任务小结

企业战略是企业面对激烈变化、充满挑战的内外环境，为求得企业的生存和不断发展而进行的总体性谋划。战略管理是指企业确定其使命，根据组织外部环境和内部条件设定企业的战略目标，为保证目标的正确落实和实现进行谋划，并依靠企业内部能力将这种谋划和决策付诸实施，以及在实施过程中进行控制的一个动态管理过程。

(1) 企业总体战略主要考虑两大问题：一是企业应该选择在哪些行业领域从事生产经营以使其长期利润最大化；二是企业应该选择哪种战略进入与退出所选定的行业领域。企业总体战略包括发展型战略、稳定型战略和紧缩型战略三大类。其中，发展型战略又可以细分为集中战略、一体化战略、多种经营战略。

(2) 企业战略环境是指对当前企业经营与发展具有战略性影响的变量，主要包括外部环境和内部环境。企业外部环境一般可分为宏观环境和微观产业环境。

(3) 基本竞争战略是企业在一个具体业务或市场领域中所采取的基本竞争战略。根据迈克尔·波特的观点，基本竞争战略可以分为三种：成本领先战略、差别化战略和重点集中战略。

(4) 战略管理的过程可以分为相互关联的六个阶段，即确定企业使命与企业目标、战略环境分析、战略制定、战略评估与选择、战略实施、战略控制与反馈等。

(5) 战略评价和选择的过程是：首先，根据企业内各项业务的优势、相应的产业特征及发展阶段，分析企业目前业务组合状况；其次，用一定的评价标准为各业务单位制定出发展前景和目标，得出相应的战略态势选择。常用的战略评价与选择分析方法包括SWOT分析法、BCG矩阵法、GE矩阵。

能力自测

一、单项选择题

1. 市场渗透战略是由企业现有产品和（　　）结合而成的战略。

A. 原有市场　　B. 现有市场　　C. 相关市场　　D. 新市场

2. (　　)在《竞争战略》一书中提出了著名的五种竞争力量模型。

A. 波特　B. 钱德勒　C. 奎因　D. 安索夫

3. 所谓差异化战略，是指为使企业产品与(　　)有明显的区别，形成与众不同的特点而采取的一种战略。

A. 原产品　B. 竞争对手产品　C. 本企业产品　D. 同行业产品

4. 美国P&G公司在"二战"后推出"汰涤"牌洗衣粉获得成功，20世纪50年代又推出"快乐"牌洗衣粉，这种品牌战略是(　　)。

A. 多族品牌　B. 家庭品牌　C. 个别品牌　D. 多品牌

5. 战略分析包括企业外部环境分析和(　　)两部分。

A. 企业内部环境或条件分析　B. 企业经营情况分析

C. 企业管理情况分析　D. 市场环境分析

6. 以下不是宏观环境分析考虑的因素是(　　)。

A. 政治—法律因素　B. 经济因素

C. 技术因素　D. 产业因素

7. 在波士顿矩阵法中，(　　)类象限是指那些相对市场占有率较高和市场增长率较低的经营单位。

A. 明星　B. 金牛　C. 幼童　D. 瘦狗

8. 下列(　　)不属于基本竞争战略。

A. 低成本战略　B. 差异化战略　C. 集中化战略　D. 多元化战略

9. 内部分析可以使企业决定(　　)。

A. 可以做什么　B. 应该做什么　C. 应该完成什么　D. 应该在什么时候行动

10. SWOT矩阵分析属于(　　)分析工具。

A. 战略　B. 机会　C. 环境　D. 威胁

11. 以下不属于向后一体化战略的是(　　)。

A. 钢铁厂自己轧制各种型材，并制成各种不同的最终产品

B. 钢铁厂自己拥有矿山和炼焦设施

C. 纺织厂自己纺纱、洗纱

D. 糖厂自己拥有甘蔗田

12. 战略管理过程的核心问题是(　　)。

A. 企业使命的确定　B. 外部环境分析

C. 资源的协同配置　D. 外部环境和内部环境的匹配

13. 电视机制造企业兼并显像管制造企业，这种一体化类型属于(　　)。

A. 前向一体化　B. 后向一体化　C. 横向一体化　D. 混合一体化

14. 某牙膏厂原来只生产两面针药物牙膏，现在又增加牙刷生产，这属于(　　)。

A. 同心多元化　B. 水平多元化　C. 集团多元化　D. 一体化

15. 在成熟产业中选择竞争战略时，如果是大批量生产则采用(　　)战略较好。

A. 差异化战略　B. 集中战略　C. 成本领先战略　D. 市场开发战略

二、判断题

1. 在一个具有多项经营业务的公司内，只要公司最高管理层制定了全公司的长期战略

目标和短期战术目标就可以了，无须再制定各战略经营单位或职能部门自己的目标。（ ）

2. 制定企业战略目标的前提是确定企业的使命。（ ）

3. 差异化战略是指企业通过有效途径降低成本，使企业的全部成本低于竞争对手成本，从而获得竞争优势的一种战略。（ ）

4. 所谓企业文化是基于共同价值观之上，企业全体职工共同遵循的目标、行为规范和思维方法的总称。（ ）

5. 相关多样化战略是指公司增加与现有的产品或服务、技术或市场都没有直接或间接联系的大不相同的新产品或服务。（ ）

6. 市场开发战略是由新市场领域和现有产品领域结合而成的一种企业成长战略。（ ）

7. 所谓市场补缺者是指精心服务于市场的某些细小部分，通过多元化经营来占据有利的市场位置的企业。（ ）

8. 所谓战略集团，是指一个产业内执行同样或类似战略并具有类似战略特征的一组企业。（ ）

9. 通过外部环境分析，企业可以解决“应该做什么”的问题。（ ）

10. 企业环境分析主要是对企业所处的外部环境和企业自身内部资源条件的准确分析，进而为制定战略、实施战略提供依据。（ ）

11. 战略管理仅仅是企业高层管理者的任务，和其他员工无关。（ ）

12. 波特认为企业的获利能力很大程度上取决于企业所在行业的竞争强度，而竞争强度取决于市场上存在的五种基本竞争力。（ ）

13. 市场渗透战略是由新市场领域和新产品结合而成的一种企业成长战略。（ ）

14. 企业战略是企业面对激烈变化、充满挑战的内外环境，为求得企业的生存和不断发展而进行的总体性谋划。（ ）

15. 由于环境处于不断变化之中，所以企业战略不具有稳定性。（ ）

三、简答题

1. 波特指出行业的五种竞争力量是指哪五种？
2. 决定行业新加入者进入障碍大小的主要因素有哪些方面？
3. 企业战略管理的过程包括哪些因素？
4. 什么是战略管理？
5. 简述企业战略的特点。
6. 企业战略分析的宏观环境包括哪些方面？
7. 企业价值链由哪些活动组成？

案例分析

（一）山居小栈的经营策略

山居小栈位于一个著名的风景区边缘，旁边是国道，每年有大批旅游者通过这条公路来到这个风景名胜区游览。

罗生两年前买下山居小栈时是充满信心的，作为一个经验丰富的旅游者，他认为游客真正需要的是朴实但方便的房间——舒适的床、标准的盥洗设备以及免费有线电视，像公共游泳池等没有收益的花哨设施是不必要的。而且他认为重要的不是提供的服务，而是管理。但是在不断接到顾客抱怨后，他还是增设了简单的免费早餐。

然而经营情况比他预料的要糟，两年来的入住率都维持在55%左右，而当地的旅游局统计数字表明这一带旅店的平均入住率是68%。毋庸置疑，竞争很激烈，除了许多高档的饭店、宾馆外，还有很多家居式的小旅社参与竞争。

其实，罗生对这些情况并非一无所知，但是，他觉得高档宾馆太昂贵，而家庭式旅社则很不正规，像山居小栈这样既具有规范化服务特点又价格低廉的旅店应该很有市场。但是，他现在感觉到事情并不是他想得这么简单。最近又传来旅游局决定在本地兴建更多大型宾馆的风声，罗生越来越发觉处境不利，甚至决定退出市场。

这时他得到一大笔亲属赠与的遗产，这笔资金使得他犹豫起来。也许这是个让山居小栈起死回生的机会呢？他开始认真研究所处的市场环境。

从一开始罗生就避免与提供全套服务的度假酒店直接竞争，他采取的方式就是削减"不必要的服务项目"，这使得山居小栈的房价比它们要低40%，住过的客人都觉得物有所值，但是很多游客还是转转然后去别家投宿了。

罗生对近期旅游局发布对当地游客的调查结果很感兴趣：

(1) 68%的游客是不带孩子的年轻或年老夫妇；

(2) 40%的游客两个月前就预定好了房间和旅行计划；

(3) 66%的游客在当地停留超过三天，并且住同一旅店；

(4) 78%的游客认为旅馆的休闲娱乐设施对他们的选择很重要；

(5) 38%的游客是第一次来此地游览。

得到上述资料后，罗生反复思量，到底要不要退出市场，拿这笔钱来养老，或者继续经营？如果继续经营的话，是一如既往，还是改变山居小栈的经营策略？

(资料来源：http://www.doc88.com/p-416988897493.html)

问题：

1. 导致山居小栈经营不理想的主要原因是什么？

2. 你认为山居小栈的发展前景如何？

3. 如何改变山居小栈现在的不利局面？结合习近平总书记提出的"绿水青山就是金山银山"，从绿色环保的视角思考。

(二) 俄亥俄州牛排包装公司

在牛排包装行业中，传统的成本链包括在分布很稀疏的各个农庄和农场饲养牛群，将这些活牛运到劳动密集型的屠宰场，然后将整块牛排送到零售商处，它们的屠宰部再把牛排砍得小一些，包装起来卖给购物者。俄亥俄州牛排包装公司采用了一个完全不同的战略，改造了传统的价值链，建立大型的自动化屠宰场，并将屠宰场建在便于经济运输牛群的地方，在加工厂将部分牛肉砍成更小一点从而数量会随之增多的牛肉块，之后装盒，然后再装运到零售商那里。该公司的入厂牛群运输费用在传统价值链下是一个主要的成本项目，但现在因减少了长途运输而大大降低了；同时，不再整块运送牛肉因而也减少了高额的牛肉废弃，大大减少了出厂成本。该公司采取的战略非常成功，从而取得了美国最大的牛肉包装公司的地位，一举超越了先前的行业领先者。

（资料来源：http://www.doc88.com/p-3137187676912.html）

问题：

根据以上案例说明如何实现低成本。

实践与操作

项目一 综合实训：战略真的重要吗？

［**目的**］

组建项目团队，自主搜集资料，用实例检验企业战略之于企业发展的重要性。

［**内容与要求**］

由4～6人组建项目团队，每个团队在老师给定的行业分类中选定一个行业，然后挑选该行业内的代表性企业在战略管理过程中成功的案例和失败的案例，分析说明战略管理对企业发展的重要性。

［**成果评定**］

各组互评打分，老师对每组成果进行评析。

项目二 由4～6人组建项目团队，以团队为单位进行。每组选定一个行业，并以该行业内的代表性企业为基础进行资料搜集，结合企业的实例，分析行业内三家以上企业的竞争战略的异同。分析企业常见的三种竞争战略各自的优点、不足及适用条件。

项目三 模拟操作。

［**组织方式**］

由4～6人组建项目团队，以团队为单位进行。

［**内容与要求**］

每组在老师的指导下分别选定一个企业为研究案例，进行资料搜集，并结合企业的实际，应用所学知识对所选企业进行SWOT分析，然后提出战略对策。

［**时间安排**］

课后完成，课堂上展示。

［**成果评定**］

各组互评打分，老师点评。

任务3　人力资源管理

请扫描二维码
观看视频

知识目标

为了完成本任务，你需要的理论知识：

1. 人力资源的含义与特征
2. 人力资源管理的含义与过程
3. 员工招聘的程序和途径
4. 员工培训的原则和方法
5. 绩效考评的内容与方法

项目任务

3.1　认识人力资源管理
3.2　开展员工招聘与甄选
3.3　熟悉员工培训与发展
3.4　实施员工绩效考评

能力目标

通过完成本任务，你应该能够：

1. 了解人力资源规划的内容
2. 熟悉招聘过程和甄选方法
3. 熟悉员工培训的方法
4. 掌握绩效考评方法
5. 进行职业生涯规划

素质目标

通过完成本任务，你将：

1. 培养大局意识和责任担当意识
2. 培养正确的择业观、公平参与人才市场竞争的发展观
3. 树立终身学习的自我发展意识、诚信就业的法律意识

◆ 任务导入
◆ 相关链接
◆ 案例研究
◆ 增值阅读
◆ 任务小结
◆ 能力自测
◆ 案例分析
◆ 实践与操作

任务导入

趣味阅读

最优秀的草

有一家大型工厂的老板，种田人出身。在他的厂区里有块空地，因为觉得空着可惜，便自己动手在闲暇的时候在上面种些花草。他从天南地北引来不同种类的草，亲自耕耘，就像他当年种庄稼那样。

第一年，他的辛勤劳动换来了这样的景象：一丛丛一蓬蓬不同品种的草儿长起来了，长得杂乱无章，一片狼藉。以后每逢节日闲暇之日，老板便召集手下大小头目，到草地整沟挖墒，施肥浇水，大伙一同将那些长势不旺、病怏怏乱蓬蓬的草除掉，留下那些生命力特别旺盛、出类拔萃的草，在草地繁衍生息。

第三年的早春，当田野里的野草刚刚绽芽，老板的草地已是芳草青绿，春意盎然了。大家这才明白，老板留下的是最优秀的草。

就在这一年的春天，一个考察团到他的企业取经。老板闭口不谈企业管理经营，却把考察团引到他的草地上，大谈起种草经验来，弄得人家丈二和尚摸不着头脑。老板说，我在这块空地上引进了不同种类的草，让草儿自由生长，不管它是名贵的还是普通的，谁在咱地盘上长得最好就留下，不好的则淘汰。我不光自己种，还让属下来种。结果，大家通过种草都明白了一个理儿……老板说到这儿卖起了关子，不说了。倒是考察团的团长接过话茬说："明白了，这个理是——发现、留住并养好最优秀的草，这和选人、留人、育人并用好人才是一个道理啊！"

（资料来源：http://www.hr668.com/zcwz/zcwz120820.html）

人力资源是当今社会最有价值的资源，做好人力资源管理，吸引和留住优秀人才是企业管理中一项至关重要的工作。聪明的领导人应该学会发现人才的优点，使得人尽其才，尽量避免人才浪费。审慎选择适当人选是非常重要的，而这必须靠平日不断地观察，留意每个人的发展动态。在检视的过程中，不仅要发掘能干的部属，还要剔除办事不力的员工。下面我们来学习管理中最灵活的一个要素——人的管理。人是组织中最重要的资源之一，没有有效的人力资源管理，一切管理都无从谈起。

3.1 认识人力资源管理

3.1.1 人力资源的含义与特征

1. 人力资源的含义

一般认为，组织活动中的基本资源有四种，即人、财、物、信息。若把这四种要素按其本质加以归类，又可以分为两个大类，即物力资源和人力资源。人力资源有广义与狭义之分：广义的人力资源，是指以人的生命为载体的社会资源，凡是智力正常的人都是人力资源；狭义的人力资源，是指智力和体力劳动能力的总称，也可以理解为创造社会物质文化财富的人。组织的全体成员都属于人力资源，而不仅限于“人才”。

2. 人力资源的基本特征

(1) 人力资源的双重性。人力资源的双重性——生产性和消费性是人力资源的重要特征之一，也是不同于其他非人力资源的重要区别。人力资源的生产性强调其首先是物质财富的创造者，而且是有条件的创造。人力资源的消费性则强调人力资源的维持需要消费一定量的物质财富，并且是无条件的消费。

(2) 人力资源的能动性。所谓能动性，就是指人的体力与智力结合在一起，具有主观能动性，而且还有不断开发的潜能。人是组织最宝贵的资源，它将决定其他资源作用的发挥。

(3) 人力资源开发过程的持续性。所谓人力资源开发过程的持续性，是指人力资源是可以不断开发的资源。它不像物质资源那样，通过一次开发、二次开发、三次开发，直至形成最终产品之后，就不能再继续开发下去了。

相关链接 3-1

微软公司的人力资源管理

“现代企业的竞争是人才的竞争”，“人”是财富的焦点。因为企业的“财富”归根结底源于人力资源，人才才是企业最宝贵的智力资本。微软公司总裁比尔·盖茨说，在我的公司里，我更愿意雇用有潜质的人，而不是那些有经验的人，因为从长远来看，潜质更有价值。如果雇员以加薪或提升作为条件威胁要辞职，那么即使会造成短期的麻烦局面，我也让他们走，因为不受眼前因素左右的雇佣政策将有利于公司长远的发展。比尔·盖茨经常讲，他的主要工作就是迅速发掘和雇用最优秀的人才。当年为帮助IBM开发个人计算机操作系统，盖茨购买了西雅图另一家公司的早期成果，雇用了该公司最顶尖的工程师蒂姆·帕特森，在此基础上推出了MS-DOS操作系统。微软公司有244名专职招工人员，他们每年要访问130多所大学，阅读12万多份简历，举行7 400多次面谈。而这一切仅仅是为了招聘2 000名新雇员。

(资料来源：http://www.docin.com/p-1408067133.html)

3.1.2 人力资源管理的含义与过程

“我们的员工是我们最重要的资产。”许多组织都用这种语言来表达员工在组织中的重要作用。美国钢铁大王卡内基宣称：“你可以剥夺我的一切：资本、厂房、设备，但只要留下我的组织和人员，四年以后我将又是一个钢铁大王。”人员对于企业成功之重要，由此可见一斑。人力资源管理能成为一个重要的战略工具吗？它是否有助于组织建立持久的竞争优势？对这些问题的答案都是肯定的。多项研究结果表明，组织的人力资源会成为竞争优势的重要源泉。

1. 人力资源管理的含义

所谓人力资源管理就是在既有的组织结构框架下，通过招聘、解聘和人员调动以及培训，使每个岗位配备适当的人员，以高效完成组织任务，实现组织目标的管理活动。人力资源管理的基本目的就是"吸引、保留、激励与开发"组织所需要的人力资源。在每个组织中，都有专门负责人力资源管理的职位或部门。在大型组织中，人力资源管理主要由人力资源部或人事部来执行。而在小型组织中，很可能并没有专门的人力资源管理部门，但总要有相关责任人专职或兼职负责人力资源管理。人力资源管理对于实现组织战略具有重要的意义。

相关链接3-2

海尔集团的"赛马不相马"理念

海尔集团在人力资源管理方面的理念是"赛马不相马"。对人才是"赛马"而不是传统意义上的"相马"，给每一位员工创造一个发挥才能的机会和公平竞争的环境，建立竞争机制。在这一理念的基础上，海尔集团建立了一套完整的人才培养、使用制度。张瑞敏说得很形象："你能翻多大的跟头，我就给你搭多大的舞台。"竞争上岗选人才，"赛马场上挑骏马"，实行管理人员公开招聘。海尔对科技人才包括项目开发、项目组织人员，在"赛马场"上实行的是"负债开发"的规则。即企业给你这么多资源，你要创造出相应的价值，你要按时开发出产品，开发出的产品要有质量保证和销售额的保证。这就最终把产品开发人员推上了市场，他们的收入只能由市场说了算。所以，他们在开发产品时处处想着市场的需要。

（资料来源：https://wenku.baidu.com/view/066d4eac79563c1ec4da7178.html）

2. 人力资源管理过程

为了保证人力资源管理效率，每个组织一般都有较为完备的人力资源管理制度，人力资源管理制度的基本内容就是人力资源管理过程。按照人力资源规划，将不需要的人员解聘，通过招聘增补人员，对人员进行甄选，就可以选聘到有能力的人员。为了保证选聘人员的知识、技能满足组织需要，还必须通过定向的培训使人员素质符合组织要求，并利用组织的相关制度对人员的工作业绩进行考评，奖优罚劣，使人员在整个职业过程中保持较高的业绩水平。典型的人力资源管理过程如图3-1所示。

(1) 选聘有能力的员工。经过人力资源规划、招聘或解聘以及人员甄选，组织就可以确定和选聘有能力的员工。人力资源管理工作同其他管理工作一样，也是始于计划的制订与实施。人力资源规划是人员选聘工作的依据，它是在人员选聘工作开始前必须事先予以明确制定的。根据人力资源规划所确定的员工队伍规模和结构的要求，管理者要采取各种增补人员的招聘手段以及解聘或减少人员的减员手段，并通过对空缺职位候选人的合理的甄别和挑选，为组织选配到足够数量的有能力的员工。这些员工可能来自企业内部，也可能来自外部社会。从外部新聘员工或从内部进行调整，各有其优势和局限性。候选人实际工作能力的辨识困难告诉我们必须谨慎、认真、细致地进行人员选聘。把不合适的人安排在不合适的岗位上，不论对个人还是对组织，都会带来灾难性的后果。

(2) 加强员工培训。人的发展是一个过程，组织成员在明天的工作中表现出的技术和能力需要在今天培训，组织发展所需的员工要求现在就开始准备。维持员工对组织忠诚的一个重要方面是使他们看到自己在组织中的发展前途，人员的培训无疑是人力资源管理中的一项重要工作。培训，既是为了适应组织技术变革、规模扩大的需要，也是为了实现员工个人的充分发展。因此，要根据组织的员工、技术、活动、环境等的特点，利用科学的方法，有计划、有组织、有重点地进行全员培训，特别是针对有发展潜力的未来管理人员的培训。

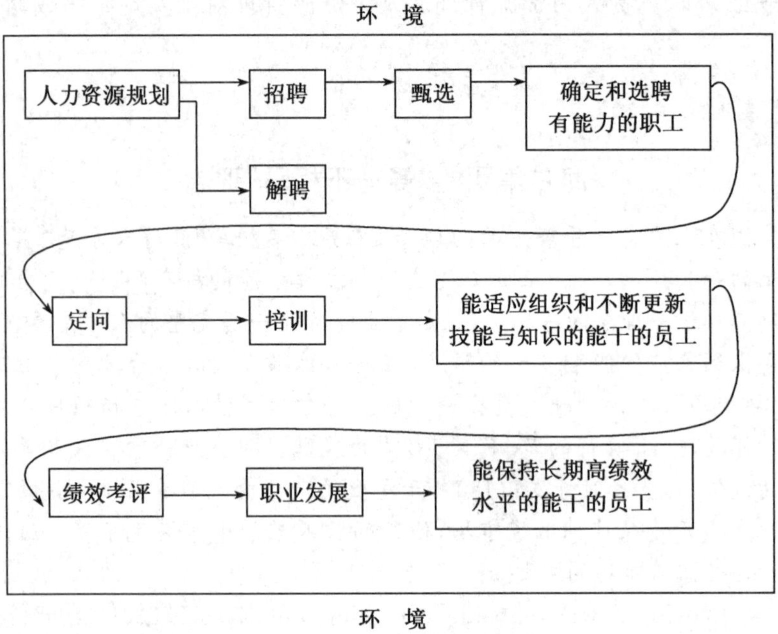

图 3-1　人力资源管理过程

(3) 实施绩效考评。管理者对员工在组织中的工作情况要定期和不定期地进行绩效考评，以便制定客观公正的人事决策。因此，绩效考评在人力资源管理过程中占有十分重要的地位。比如，绩效考评可直接帮助管理者决定谁将得到各种物质和非物质的奖酬与激励，并给员工提供有关其工作的反馈，使他们了解组织如何看待其工作表现。绩效考评还为人力资源规划的制定提供了依据，它指明了员工的现有技能有哪些目前已不合适但可通过一些办法予以补救或开发。这样就有助于组织确定员工培训和发展的需要及具体方案，并指导员工的晋升、岗位轮换及解聘决策，同时它还可以用作检验前期人员选聘和培训发展方案是否合理的一个标准。对员工工作的绩效考评、公平合理的报酬，辅以职业发展历程的管理和劳资关系的妥善协调，这些措施的落实将使组织获得和保持一支高绩效水平的、杰出能干并富有奉献精神的员工队伍。

3.1.3　人力资源规划

1. 人力资源规划的含义

任何管理人员都知道，资源来之不易，需要珍惜和合理使用，人力资源尤其如此。尽管不同的人对人力资源规划的认识不同，但对其最终目标的认识是基本一致的，即为了组织和工作者的利益，最有效地利用人才，形成高效率—高士气—高效率的良性循环，确保组织的战略目标的实现。人力资源规划就是确保组织根据自身的需要，在适当的时候为适当的职位选配到合适数量和类型的人员，并为促进人员的不断发展而进行的对组织人力资源的全面规划与安排。只有通过人力资源规划，才能够使组织的目标转变为具体职位的任务，转变为具体人员的素质要求。

相关链接 3－3

深入实施人才强国战略

习近平总书记在中国共产党第二十次全国代表大会上所做的报告中强调："实施科教兴国战略，强化现代化建设人才支撑。"要坚持教育优先发展、科技自立自强、人才引领驱动，加快建设教育强国、科技强国、人才强国，坚持为党育人、为国育才，全面提高人才自主培养质量，着力造就拔尖创新人才，聚天下英才而用之。深入实施人才强国战略，坚持尊重劳动、尊重知识、尊重人才、尊重创造，完善人才战略布局，加快建设世界重要人才中心和创新高地，着力形成人才国际竞争的比较优势，把各方面优秀人才集聚到党和人民事业中来。

（资料来源：https://www.12371.cn/special/20da/bg/）

2. 人力资源规划的内容

人力资源规划的内容一般包括两个层次，即总体规划与各项业务规划（见表 3－1）。人力资源总体规划是有关计划期内人力资源开发利用的总目标、总政策、实施步骤及总预算的安排。人力资源规划包括人员补充规划、人员使用规划、提升/降职规划、教育培训规划、薪资规划、退休规划、劳动关系规划等。这些业务规划是总体规划的展开和具体化。

表 3－1 人力资源规划内容一览表

规划类别	目 标	政 策	预 算
总体规划	总目标（绩效、人员总量和素质、员工满意度）	基本政策（扩大、收缩、保持稳定）	总预算（××万元）
人员补充规划	类型、数量、层次，对人力资源结构及绩效的改善	人员素质标准、来源范围、起点待遇	招聘、选拔费用
人员分配规划	部门编制、人力资源结构优化及绩效改善	任职条件、职务转换范围及时间	按使用规模及差别决定的工资、福利
人员培训规划	素质及绩效改善、培训类型及数量、转变态度及作风	培训时间的保证、培训效果的保证	培训总投入、脱产培训损失
薪酬激励规划	人才流失减少、士气提高、绩效改进	薪酬政策、激励政策	增加的薪酬预算
劳动关系规划	减少投诉和不满，降低非期望离职率	参与管理、加强沟通	法律诉讼费和可能的赔偿费
退休解聘规划	劳动成本降低、劳动生产率提高	退休政策、解聘程序	安置费、重置费

3.2 开展员工招聘与甄选

在编制出组织人力资源规划后，对组织人员的需求和来源就有了一个大致的轮廓，在此基础上，就可以进行组织人员的招聘与甄选工作了。一个组织的能力大小，在很大程度上取决于组织所聘用与保有的人员素质。组织结构的设计为贯彻落实组织目标奠定了基础，但若不能根据各岗位的要求选配到合适的人员，再好的组织结构也无法有效地发挥作用。

3.2.1 人员招聘

1. 人员招聘的含义

所谓人员招聘，就是安置、确定和吸引有能力的申请者的活动过程。人员招聘实际上是一个企业与应聘者个人之间双向选择和匹配的动态过程。人力资源招聘的最终目的是要实现员工个人与岗位的匹配，也就是人与事的匹配。这种匹配包含两层意思：一是岗位的要求与员工个人素质相匹配；二是工作报酬与员工个人的需要相匹配。实现这双重匹配，才能既保证员工胜任某一岗位，又使岗位对员工保持长久的吸引力。在招聘的过程中要遵循公开、公平、全面考评、择优录取的原则。

相关链接 3-4

Chiron 公司的招募

Chiron 公司是美国一家生物制药企业，安东尼是这家企业的招募主管。长期以来，安东尼的工作主要是寻找那些极少数富有潜力的研究人员以填补专业的工作岗位。随着公司规模的扩大，公司需要大量的药剂师。最初，安东尼认为招募药剂师的工作很简单，但在尝试了互联网和很多其他的搜寻方式之后，他惊讶地发现，在劳动力市场，普通药剂师竟然非常紧缺。于是，他不得不更有创造性地开展工作。安东尼让他的下属跟柜台后的药剂师聊天——不是要雇用他们，而是获取他们的想法。谈话的内容包括“我们应如何与药剂师取得联系？”“药剂师喜欢访问哪些网站？”“如果要你们雇用另外的药剂师，你们将如何做？”……通过这种方法，安东尼不仅获得了所需人员的简历，而且也被安东尼在随后的招募专业人员的活动中加以运用。例如，通过举行 Chiron 员工的参照组面谈，安东尼了解到，医学博士们喜欢在晨会时收听国家公众电台(National Public Radio)的新闻节目，而不喜欢摇滚乐或体育谈话节目。结果，当 Chiron 公司要开展一项旨在发现更合格的专业人士的招募活动时，公司通过赞助本地公众电台，向外界发出了招募信息。安东尼原希望有 100 名候选人露面，结果他在一周内就得到了 345 名候选人。一个组织若要招募到足够的所需人员，必须具备两个必要条件：一是招募信息能够与招募对象见面，即组织必须与招募对象取得某种联系；二是组织必须有足够的吸引力(很多时候吸引力主要来自报酬)，使得已取得联系的招募对象加盟到组织中来。对于紧缺人才的招募，公司往往不惜重金，因此上述第二个条件常常是能够满足的。

（资料来源：http://www.job1001.com/ViewArticle.php? id=8896）

2. 人员招聘的程序

人员招聘过程由若干个先后衔接的环节所组成，大致分为招募、选拔、录用、评估四个阶段，这四个阶段可用图3－2来表示。

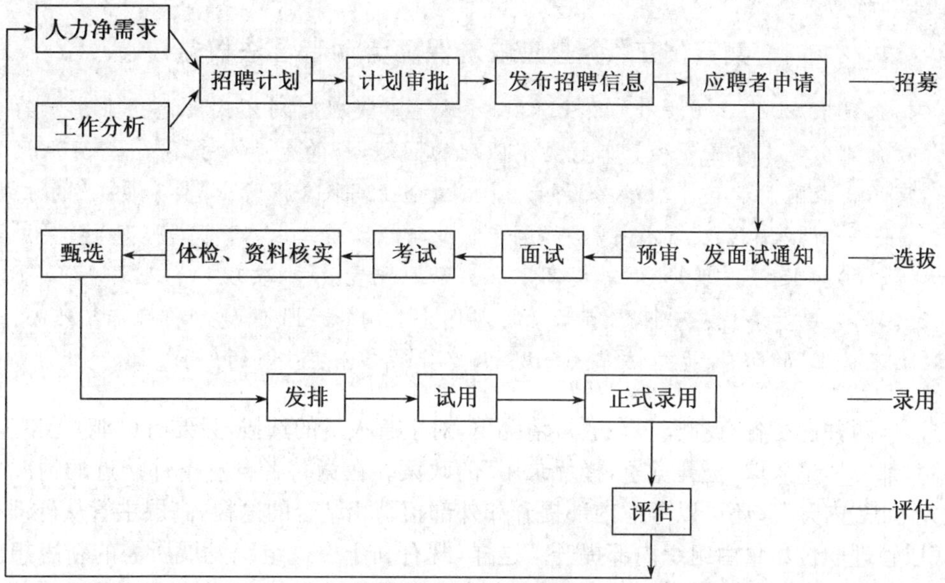

图3－2　员工招聘流程图

这里需要说明的是，在招聘过程中，传统的人事管理与现代人力资源开发与管理的工作职责是不同的。在过去，员工招聘的决策与实施完全由人事部门负责，用人部门的职责仅仅是负责接收和安排人事部门招聘的人员，完全处于被动的地位。在现代组织中，起决定性作用的是用人部门，它直接参与整个招聘过程，并在其中拥有计划、初选与面试、录用、人员安置与绩效评估等决策权，完全处于主动地位。人力资源部门只在招聘过程中发挥组织和服务的功能。

3. 人员招聘的途径

人员招聘的途径主要有两种：一是来自组织内部的提拔，即内部提升，是指当组织出现空缺的职位时，从组织内部提拔那些能够胜任的人员来升任填补；二是来自组织外部的招聘，即外部招聘，是指当组织出现空缺职位时，向外界公开选聘合适的人员填补。这两种途径各有优缺点。

（1）内部提升。内部提升的优点主要有：利于鼓舞内部成员的士气（给每个人带来发展机会）；有利于吸引外部人才（外部人才愿意到有发展机会的企业）；有利于保证选聘工作的正确性，避免误选；有利于被聘者迅速开展工作。内部提升的弊端主要有：有可能挫伤组织成员的积极性;可能造成“近亲繁殖”的现象,不利于组织的管理创新;选才的范围有限,有可能失去更能胜任的人才。

(2) 外部招聘。外部招聘的优点主要有:被聘人员具有“外来优势”,如果确定有能力,便可迅速打开局面;有利于平息和缓和内部竞争者之间的紧张关系;能够给管理者带来新的管理方法和经验。外部招聘的局限性主要表现在:外聘者不熟悉组织内部情况,同时也缺乏一定的人事基础,往往需要一段时间和适应才能有效地工作;组织对应聘者的情况不能深入了解,可能产生聘用失误的问题;外聘最大局限性莫过于对内部员工的打击,会挫伤组织内部成员的积极性。

思政园地

“共享员工”企业应依法保障劳动者合法权益

《工人日报》2022年6月13日报道,由于新冠肺炎疫情对不同业态企业影响存在差异,导致企业出现工作任务和员工数量不匹配的问题,有的企业人手不足,如互联网零售企业,有的企业则大量冗员,如餐饮企业。为此,企业间联合探索出“共享员工”的方式,实现“三赢”——调入企业获得人员补充,调出企业减轻了用工成本,员工则获得稳定就业和劳动报酬。疫情之下,“共享员工”提高了人力资源配置效率,实现了企业与企业、企业与员工之间的互助共济、共克时艰,有助于实现保企业、保就业、保稳定的目标。然而,企业之间“共享员工”的同时,也应该守法合规,做好劳动者合法权益的保障。

总之,两种途径各有利弊。在通常情况下,对主管人员的选拔,只要有可能,无论内升还是外聘,都要尽量采取“公开竞争,择优录用”的政策。在竞聘者自身条件接近的情况下,可以优先考虑“内升”。还可以考虑内部提升和外部招聘相结合的途径,高层主管从外部招聘,中、底层管理职位尽量由组织内部提升。这样,既有利于引进组织发展所需的新思想、新技术、新方法,又有利于激励下属成员不断提升自我的积极性,便于留住和吸引优秀人才。

案例研究 3-1

鲶鱼效应

西班牙人爱吃沙丁鱼,但沙丁鱼非常娇贵,极不适应离开大海后的环境。在渔民们把刚捕捞上来的沙丁鱼放入鱼槽运回码头后,过不了多久沙丁鱼就会死去。而死掉的沙丁鱼味道不好、销量也差,倘若抵港时沙丁鱼还存活着,鱼的卖价就要比死鱼高出若干倍。为延长沙丁鱼的活命期,渔民想方设法让鱼活着到达港口。后来,渔民想出一个法子,将几条沙丁鱼的天敌鲶鱼放在运输容器里。因为鲶鱼是食肉鱼,放进鱼槽后,鲶鱼便会四处游动寻找小鱼吃。为了躲避天敌的吞食,沙丁鱼自然加速游动,从而保持了旺盛的生命力。如此一来,沙丁鱼就一条条活蹦乱跳地回到渔港。这在经济学上被称作“鲶鱼效应”。

其实用人亦然。一个公司,如果人员长期固定,就缺乏活力与新鲜感,容易产生惰性。尤其是一些老员工,工作时间长了就容易厌倦、疲惰、倚老卖老,因此有必要找些外来的“鲶鱼”加入公司,制造一些紧张气氛。当员工们看见自己的位置多了些“职业杀手”时,便会有种紧迫感,知道该加快步伐了,否则就会被挤掉。这样一来,企业自然而然就生机勃勃了。当压力存在时,为了更好地生存发展下去,惧者必然会比其他人更用功,而越用功,跑得就越快。适当的竞争犹如催化剂,可以最大限度地激发人们内在的潜力。

(资料来源:https://wenda.so.com/q/1533943078214903)

3.2.2　人员甄选

招聘过程吸引来一批申请者后,人力资源管理过程的下一步就是要确定谁是该职位最合格的人选,这一步骤称为甄选。甄选是对申请者进行甄别和筛选,以确保最合适的候选人得到这一职务。

1. 甄选的含义

通过范围广泛的招聘,往往会获得一定数量具体职位的候选人。特别是,当候选人数量远远超过招聘岗位时,展开甄选成为可能,以确保最合适的候选人成为缺编职位的人选。甄选就是根据申请人的具体特征和职位的要求,实现候选人与职位匹配的过程。但是,申请人的具体特征是否能够使具体职位充分发挥作用,是一个未知数。甄选的实际效果主要取决于人力资源部门主管的判断力。例如,为一个销售职位配备人员,其甄选过程应当能够预见到哪位申请者会产生更大的销售额。对于一个网络管理职位而言,甄选过程应当能预见哪位申请者能有效地建立组织的计算机网络,并能排除故障,实施良好管理。

2. 人员甄选方法

人力资源主管对申请者进行甄别,常用的手段包括应聘者申请表分析、笔试、面谈、绩效模拟测试,以及某些情况下的体格检查等。下面简要介绍几种甄选手段。

(1) 申请表。申请表是最为常用的一种甄选方法。通过求职者填写申请表,可以较为详细地列举求职者的较多信息,包括自然背景、受教育背景和工作经历等诸多方面,同时还可以列明申请者希望的岗位,更容易使人力资源主管减少岗位错配的概率。人力资源管理部门可根据申请表提供的资料,对求职者进行初选,筛选出较适合人选,再进行笔试、面谈等手段甄选。但申请表具有的一个重要缺点就是真实性问题,特别是工作履历的真实性。求职者的工作经历因时间、地点和市场竞争甚至商业机密的限制,很难得到证实。一旦求职者的工作履历存在造假,而又没有采取其他辅助措施予以控制,就大大降低了招聘效果。

(2) 笔试。很多组织的人力资源部门还要组织笔试,对求职者的智商、悟性、兴趣、工作经验、解决问题的能力等方面进行现场检验。为了保证笔试对具体职位的信度,需要人力资源部门主管投入较多的精力来设计试卷,甚至必要时要聘请相关的专家帮助完成。对于求职者的笔试答案,实际上很多时候并不是对与错,需要进行仔细分析,同样还要借助于专家的力量来做出评价。不过,对于笔试也存有一种不间断的批评,即智商及其他测试指标可能在一定程度上与来自工作的实际业绩相脱钩。例如,智商测试的高分并不一定能很好地预见申请者会出色地完成计算机程序编制员的工作。另外,求职者的工作意愿和动机水平很难通过笔试了解到。

(3) 面谈。有效的面谈往往可以获得其他方式得不到的有用信息。在面谈过程中,不仅能够直接了解求职者的言谈举止,还能够就某些实际问题考评求职者的应变能力、解决问题的思路和所具备的知识结构等。一次有效的面谈需要人力资源主管具有丰富的工作经验,在面谈前也要做好充分准备,才能够保证面谈的效度和信度。但是,面谈对申请者的评价带有一定的主观性。如果没有加以良好的组织并按标准化的方式进行,面谈可能存在各种潜在的偏见和障碍。精明的求职者往往会突出其最佳的一面,而掩盖其缺点,面谈的效度会因此而降低。为此,我们提出如下具体建议:对所有应聘者设计一些固定的问题;取得对应聘者面谈的有关工作的更详细信息;尽量减少对应聘者履历、经验、兴趣、测试成绩或其他方面的先前认识;多提问那些要求应聘者对实际做法给予详尽描述的行为问题;采用标准的评价格式;面谈中要做笔记;避免短时间面谈造成过早形成决策;等等。

相关链接 3-5

海尔新员工培训"四部曲"

第一步:端正心态。

海尔在新员工入职之初就肯定待遇和条件,让新员工做到心里有数,把心放下来,之后海尔举行新老员工见面会,通过互相交流,新员工能够尽快地客观地了解海尔。同时参加见面会的还包括人力中心和文化中心的主管领导,通过与新员工面对面沟通,解决他们的疑问,企业领导并不回避海尔存在的问题,并且鼓励新员工去发现问题、提出问题。

让新员工真正地把心态端平放稳,认识到没有问题的企业是不存在的,企业就是在发现和解决问题的过程中发展的。

第二步:说出心里话。

海尔给新员工每人都发了"合理化建议卡",员工有什么想法都可以提出来,无论制度、管理、工作、生活等方面,只要是合理化的建议,海尔会立即采纳并实行,并且对提出人给予一定的物质和精神奖励;而对不适用的建议也给予积极回应,因为这会让员工知道自己的想法已经被考虑过,他们会有被尊重的感觉,更敢于说出自己心里的话。

第三步:培养归属感。

敢于说话是一大喜事,但那也仅是"对立式"的提出问题,有了问题可能就会产生不满、失落的情绪,员工在观念上并没有把问题当成自己的"家务事",这时海尔就需要帮助员工转变思想,培养员工的归属感。

第四步:树立职业心。

当一个员工真正认同并融入企业当中后,企业就该引导员工树立职业心,让他们知道怎样去创造和实现自身的价值。海尔对新员工的培训除了开始的导入培训,还有拆机实习、部门实习、市场实习等一系列的培训。

(资料来源:https://ishare.iask.sina.com.cn/f/2loBSGJAw39.html)

(4) 绩效模拟测试。有什么更好的办法能在应聘者实际做一项工作之前就发现他是否具备相应的能力?绩效模拟测试无疑是一种较好的方法。因为绩效模拟测试是基于职务分析资料做出的，所测验的是人的实际工作行为，而不是其替代物，因此自然应当比笔试更能满足工作表现相关性的要求。最有名的绩效模拟测试方法——测评中心法，是由直线主管人员、监督人员及受过训练的心理学家组成一个测评中心，模拟性地设计出实际工作中可能面对的一些现实问题，让应聘者经受几天的测试练习，从中评价其管理能力。练习活动根据实际工作者会遇到的一系列可以描述的活动要素来设计，可能包括与人面谈、解决出现的问题、小组讨论和经营决策博弈等。有关测评中心的有效性的证据，能预见应聘者后来在管理职位中工作表现的结果，特别适用于评价应聘者的管理潜能，但这种方法的使用成本较高。

对于四种常用的甄选手段，在不同职位的人事决策中可能有所差异。例如，对于低级职位，在甄选过程中，往往只要一份申请表就可能被录用，因为这种职位即使出错，产生的影响范围也不大，但对于高级职位则采取多种甄选方法可能更加有效。

3.3 熟悉员工培训与发展

3.3.1 员工的培训

在现代化大生产条件下，对任何一个组织来说，无论是主管人员，还是一般员工，都只有通过不断的学习、进步、充实和提高，才能适应组织内外环境日新月异的变化，才能胜任要求不断提高的各项工作。培训是一个组织为改善内部员工的价值观、工作能力、工作行为和工作绩效而进行的有计划的学习活动和过程。员工的培训正是保持组织人力资源优势，培养员工适应不断变化的工作环境的能力，从而有效实现组织目标的重要措施。因此，组织要在了解人力资源状况和特点的基础上重视开展员工培训。

相关链接 3-6

摩托罗拉公司的员工培训

摩托罗拉公司首席执行官克里斯托夫·高尔文经常对技术人员讲："摩托罗拉需要的不再是有4年学历的工程师，而是有40年学历的工程师。"他认为，摩托罗拉这样的公司必须强调"终身不断学习"，才能使人们向传统发出挑战。1993年7月公司设立摩托罗拉大学，1996年6月摩托罗拉(中国)有限公司在天津生产基地设立了培训中心，1999年11月摩托罗拉在中国成立了中国研究院，目的是培养本土化的中国工程师。摩托罗拉大学校长魏格豪介绍："公司对员工的培训是不管职位高低，任何人每年都必须接受至少5个工作日的培训。"摩托罗拉大学在中国远远超过了这个目标，中国员工平均每年参加100个课时的培训。目前摩托罗拉大学每年提供170多门培训章程，摩托罗拉公司每年用于员工的培训支出超过10亿美元。

(资料来源：http://www.doc88.com/p—9963305758572.html)

1. 员工培训的作用

员工的培训，不仅可以为组织的发展准备后备军，有助于组织目标的实现，而且能满足员工成长和发展的需要。培训在组织发展和人力资源管理中具有以下几个方面的作用：

(1) 通过员工知识与技能的培训，开发员工的潜能，增强他们适应岗位的能力。通过培训，不但可直接丰富个人的知识，增强个人的素质，提高个人的技能，而且可以辨识个人的发展潜力，使那些在培训中表现突出的员工在培训后有更多的机会被提拔担任更重要的职务。

(2) 培训有助于员工自我发展目标的实现，从而有利于员工队伍的稳定。由于培训为每个人的发展和职务晋升提供了美好的前景，使每个人的未来在一定的程度上有了保障，增强了员工在职业方面的安全感。因此，它有利于维持员工对组织的忠诚，能够促进员工队伍的稳定性。

(3) 通过培训可以强化组织成员对组织价值观的认同，增强组织的运作效率。每个组织都有自己的文化、价值观念、行为准则，员工只有了解并接受本组织的文化理念，统一思想，才能在其中有效地工作。各层次人员经过培训，可以增强协调配合能力，保证组织高效、有序地运转。

(4) 通过培训可以增强组织的竞争力。现代社会是一个充满竞争的社会。这种竞争不仅表现在经济领域，还也体现在政治、文化、军事等方面；不仅体现在一个国家内部，还体现在国与国之间。竞争的决定因素是人才，因此，培养人才，并通过各种培训提高管理者的水平，是组织增强其竞争力的重要途径。

2. 员工培训的原则

员工培训的原则是组织在培训过程中应遵循的基本指导思想和指导方针，一般包括以下几个方面：

(1) 目标明确原则。为接受培训的人员设置明确且具有一定难度的培训目标，可以增强培训效果。培训目标设得太难或太容易都会失去培训的价值。所以，培训的目标设置要合理、适度，同时与每个人的具体工作相联系，使接受培训的人员感受到培训的目标来自工作又高于工作，是自我提高和发展的高层延续。

(2) 激励原则。真正要学习的人才会学习，这种学习愿望称之为动机。一般而言，动机多来自需要，所以在培训过程中就可应用种种激励方法，使受训者在学习过程中因需要的满足而产生学习意愿。培训是一种重要的人力资本投资方式，它不但可以满足组织发展需要，而且可以使受训者个人的人力资本增值。从这个角度讲，培训可使员工个人受益，增强其自身价值，从而对员工产生一种激励作用。一般情况下，组织可把培训与员工个人的任职、晋升、奖惩、工资福利等衔接起来。当员工受训完毕达到预期效果后，可通过增加报酬或职务晋升来鼓励员工，让员工充分了解培训对自己的益处，进一步调动员工的积极性、主动性和创造性，最大限度地发挥自身潜能。

(3) 因人施教原则。公司从普通员工到最高决策者，所从事的工作、创造的绩效、能力和应当达到的工作标准也不相同，而且员工在人格、智力、兴趣、经验和技能方面均存在个别差异。所以员工培训工作应充分考虑他们各自的特点，做到因人施教。也就是说，要针对员工的不同文化水平、不同的职务、不同要求以及其他差异，选择不同的培训内容和培训方式，有的甚至要针对个人制订培训发展计划。

(4) 注重实践原则。企业员工培训与普通教育的根本区别在于员工培训特别强调实践性。所以，不能仅仅依靠简单的课堂教学，更要为接受培训的员工提供实践或操作的机会，使他们通过实践，体会要领，真正地掌握要领，达到操作的技能标准，较快地提高工作能力。

遵循注重实践原则，才能够切实提高培训的效果，从而实现组织与个人的双赢。

思政园地

终身学习

2020年9月22日，习近平总书记在教育文化卫生体育领域专家代表座谈会上的讲话中指出：要完善全民终身学习推进机制，构建方式更加灵活、资源更加丰富、学习更加便捷的终身学习体系。2020年11月24日，在全国劳动模范和先进工作者表彰大会上，习近平总书记强调，要努力建设高素质劳动大军。劳动者素质对一个国家、一个民族发展至关重要。我国工人阶级和广大劳动群众要树立终身学习的理念，养成善于学习、勤于思考的习惯，实现学以养德、学以增智、学以致用。要适应新一轮科技革命和产业变革的需要，勤学苦练、深入钻研，不断提高技术技能水平。要完善和落实技术工人培养、使用、评价、考核机制，培养更多高技能人才和大国工匠。要增强创新意识、培养创新思维，展示锐意创新的勇气、敢为人先的锐气、蓬勃向上的朝气。要推进产业工人队伍建设改革，造就一支有理想守信念、懂技术会创新、敢担当讲奉献的宏大产业工人队伍。

3. 培训的方法

对新员工的大多数培训都是以在岗培训和脱岗培训的方式来完成。在岗培训是指受训者通过实际参与某项工作、操作某种设备，并接受相应现场指导来学会有关技能；脱岗培训是指受训者脱离工作岗位，在工作场所以外的环境下接受培训。下面我们详细分析在岗培训和脱岗培训。

(1) 在岗培训。大量的培训是在工作岗位上进行的，这是一种将学习和应用直接结合起来的培训方法，不存在从理论到实践的转化问题。在岗培训是指通过聘请有经验的人员或专职教师指导员工边学习边工作的培训方式。下面是几种在岗培训的常用方式：

① 示范。受训者先观摩演示者的工作示范，然后自己逐渐动手练习。对于新员工而言，通常跟随经验丰富的老师傅学会如何工作，这在作业活动领域通常称作师徒关系。这种方法的优点是学习的内容与工作直接相关，针对性强；缺点是可能会由于演示者自身的不足而造成失误。要避免失误的发生，应在示范之后进入辅导教育阶段，建立受训者与培训者之间的互动关系，以促使受训者尽快掌握操作技能。

② 指导。这是受训者先通过观察指导者的工作过程，再模仿其举止行为，而指导者在受训者完成一系列练习过程中提供必要的支持和帮助。受训者是在富有经验的人的指导下开展工作的，如果指导者在组织中有一定的地位，则通过两者之间的持续对话，使指导者施加其影响于受训人，并为其争取更多的锻炼机会，使其增强自信，同时对组织方针和文化有更透彻的了解。

③ 工作轮换。工作轮换是在提拔某员工担任较高层次的职务以前，让他先在一些较低层次的部门工作，以积累不同部门的工作经验，了解各部门在整个公司中的地位、作用及其相互关系。工作轮换一般用于提高管理人员的技能，不但可以使受训人丰富技术知识和管理能力，掌握公司业务与管理的全貌，而且可以培养他们的协作精神和系统观念，使他们明确系统的各部分在整体运行和发展中的作用，从而在解决具体问题时能自觉地从系统的角度出发，处理好局部与整体的关系。为了有效地实现工作轮换的目的，要对受轮换训练的人

员提出明确的要求，并据此对他们在各部门工作期间的表现严格考评，以防止他们产生“做客”“体验生活”的思想，从而在各部门匆匆而过，没有很好地利用这种机会。

相关链接 3-7

英特尔公司的工作调换

工作调换为了让员工保持最佳的工作状态，英特尔公司经常让员工调换工作。一年时间内，公司的 67 万名员工中，有 10%曾在公司内部进行了工作调换。这个做法让“英特尔”的组织保持一种流动状态。因为公司一直在超速运行，它的产品开发升级仅有 6 个月。每一个身处其中的人都要求有极强的适应力。如果做不到这一点就无法在公司里生存。为了让新手更快地适应高速运转的工作环境，“英特尔”有一系列的程序，帮助新人共同熟悉公司的日常运作，掌握当今科技发展的方向。公司里还设有奖励先进个人与集体的专项奖金。每一个“英特尔”的员工还有公司股票的选择权，这是公司给员工的一种福利。

（资料来源：http://www.docin.com/p-673487723.html）

④ 临时职务。当组织中某个主管由于出差、生病或度假等原因而使某个职位在一定时期内空缺时，则可考虑让受培训者临时担任这项工作。安排临时性的代理工作，可以使受培训者进一步体验高层管理工作，并在代理期内充分展示，或迅速弥补他所缺乏的管理能力。设立代理职务不仅是一种培训管理人员的方法，还可以帮助组织进行正确的提升，防止“彼得现象”的产生。

相关链接 3-8

彼得现象

英国幽默大师劳伦斯·J. 彼得曾经发现“在实行等级制度的组织里，每个人都崇尚爬到能力所不及的层次”。他把自己的这个发现写成了著名的《彼得原理》一书。由于组织中经常有一些管理人员在提升后不能保持原先的成绩，因此可能给组织带来效率的大滑坡。彼得原理描述的实际上是这样一种事实：某个人被提拔担任管理工作后，任职初期由于缺乏经验，只能表现平平，甚至有点不自在。但是随着工作时间的延长，管理经验不断丰富，能力不断提高，从而政绩不断改善。如果说，初期他的能力与成绩只能勉强符合职务要求的话，那么现在已可能远远地超过了职务要求的水平。这时，组织便可能考虑将其提升。提升后可能经历与前阶段类似的过程，即逐渐从“表现平平”到“超越职务需要”，这样便可再度获得晋升的机会。这样一直延续下去，直至有一天，他被晋升到某个高层次的职位以后，能力不能继续提高，政绩不能继续改善，甚至不符合职务的要求，工作表现在职务要求的“水平以下”，即彼得的所谓“爬到了能力所不及的阶层”。出现这种情况，对个人来说，失去了继续晋升的机会，对组织来说，则会引起效率的下降，甚至滑坡。

（资料来源：http://blog.sina.com.cn/s/blog_be7893ef0101j962.html）

大多数的培训是以在岗培训方式进行的，这可以归因于该类方法的简单易行及成本通常较低。但是，有些技能的培训相当复杂，难以做到边工作边学习，在这种情况下就需要脱岗培训。

（2）脱岗培训。

有选择地让部分员工在一段时间内离开原工作岗位，进行专门的业务学习的培训方式，称为脱岗培训。脱岗培训的优点是比较系统、正规、有深度，培训效果较好，尤其对提高管理人员和技术人员的素质非常有效；缺点是短期内会在一定程度上影响单位工作，培训成本较高。下面是几种脱岗培训的常用方式：

① 课堂讲授法。这是一种最普遍采用的传统培训方法，由教师在课堂上讲解培训课程的概念、知识和原理。该方法的优点是：在时间、资金、人力上都很经济，成本较低；适用于理念性知识的培训。其缺点是：单向信息沟通，学员比较被动，参与程度低；缺少实践机会，反馈效果差；效果在很大程度上取决于培训教师的演讲水平。

② 研讨法。这是指先由专家或专业人士就某一培训专题举办讲座，随后由培训对象就此主题进行自由讨论，以达到深入理解的目的。该方法并不注重知识的传播，其重点在于意识的培养和灵感的激发。这种方法的优点是：学员参与程度高，学习兴趣浓厚；鼓励学员积极思考，促进能力开发；能提高学员口头表达能力和与他人交流的能力。其缺点是：不利于学员系统地掌握知识和技能。

③ 角色扮演法。这是指为受训者提供某种工作情景，要求某些受训人担任工作角色并现场表演，其余受训者观看表演，并观察与模仿培训对象有关的行为，培训师则予以现场指导和评价。其优点是：提供机会让学员实践其所学，并通过实际操作加深对技能的理解和掌握，实践性非常突出，效果明显；费用相对较低。其缺点是：强调个体，不重视集体，不利于学员团队精神、集体意识的培养；操作复杂。

④ 案例分析法。围绕一定的培训目的，把实际工作中面临的问题加以典型化并形成案例，提供给培训对象，让他们通过阅读、思考、分析与讨论，发现问题、分析问题并提出解决问题的办法。这种方法的优点是：费用低，反馈效果好。其缺点是：占用的时间较多，对培训讲师及学员双方的要求都比较高。

⑤ 网络培训法。这是以多媒体和互联网技术为媒介，依靠局域网或互联网提供的交互式环境进行员工培训的方法。网络培训是以自我学习为中心的一种培训方式，即在公司的网站上设立虚拟课堂，所有的培训活动都在网上进行。这种方法的优点是：使用灵活，符合分散式学习的新趋势，节省学员集中培训的时间与费用；信息量大，尤其适用于新知识、新理念的传递。其最大的缺点是：需要投入大量成本进行建设，需要技术支撑，中小企业难以承担。

⑥ 虚拟现实法。虚拟现实法通过使用专业设备和观看计算机屏幕上的虚拟模型，向受训者提供三维学习方式，受训者可以感受模拟的环境并同各种虚拟的要素进行沟通，同时还可利用技术来刺激受训者的多重知觉的方法。例如，可以通过可视界面、可真实传递触觉的手套、踏板或运动平台来创造一个虚拟环境。利用各种装置，将受训者的运动指令输入电脑，这些装置可以让受训者产生身临其境的感觉。受训者获得的知觉信息的数量、对环境传感器的控制力以及受训者对环境的适应能力都会影响到这种身临其境的感觉。该方法的优点在于：它可使员工在安全的环境情况下进行危险性操作，可以让受训者进行连续性学习。

其缺点是：设备会影响人们身临其境的真实感（如触觉反馈不佳，感觉和行动反应的时间间隔不合理），由于受训者的感觉被歪曲，因此有时他们可能会产生模拟病（如恶心、头痛等）。

案例研究 3-2

诺基亚的员工培训规划

在诺基亚，很多员工都是边工作边学习，以积极主动的态度去不断更新自己的知识结构，这不仅与公司的发展目标相符，也是与自己的人生理想相适应的。例如，在人力资源部的许多员工都去参加心理、管理等方面的培训。此外，诺基亚还与北京大学合作建立了 EMBA 项目，旨在通过世界一流的管理教育帮助学员更好地面对当今中国电信产业管理的挑战。诺基亚还有自己的诺基亚学院，为内部员工提供技术和非技术课程培训，这些培训与业务发展密切相关。每一个进入诺基亚的新员工，都要经历一个入职培训阶段，培训时间在 3～6 个月之间。在这一阶段中，新员工将在与老员工、高级技术人员甚至专家的共同合作中学习，如果有必要，他们还有可能被派往国外学习几个月。诺基亚是一个学习型的公司，它强调的是团队型的工作。也就是说，每一个人在与他人合作完成一个项目的同时也是一个学习的过程。

员工留在一个公司，有多方面的影响因素，薪酬是一个重要的方面，但仅靠高薪并不一定能留住人才，当然薪酬一定要有较强的竞争力。除此以外，培训对于吸引和留住人才也至关重要。从全球来看，诺基亚对员工个人的培训投资算是很高的，在一年的时间里，诺基亚实现了一个人平均有 15 天培训时间的目标。培训主要是由人力资源部和诺基亚中国学院来进行。

（资料来源：http://www.cnki.com.cn/Article/CJFDTotal-ZHGN200011023.htm）

3.3.2 员工职业生涯发展

1. 员工职业生涯发展阶段

职业生涯指一个人在一生中从事的各种工作的总称。研究表明，一个人的一生总是要经历若干职业生涯阶段而最终退出其职业生活。而任何个人都需要在相对稳定的职业生涯中发展自己的技能，并取得比较稳定的工作收入。管理者要有针对性地开展人力资源管理工作，就必须了解员工的职业生涯发展阶段，并据此制订合理的人力资源计划和政策。一个人可能经历的职业生涯发展阶段大体可总结如下：

(1) 成长阶段。成长阶段大致可以界定在从一个人出生到 18 岁。在这一阶段，个人通过对家庭成员、朋友以及老师的认同及他们之间的相互作用，逐渐建立起了自我的概念。在这一阶段的一开始，角色的扮演是极为重要的，这一时期，儿童将尝试各种不同的行为方式，而这使得他们形成了人们如何对不同的行为做出反应的印象，并且帮助他们建立起一个独特的自我概念或个性。到这一阶段结束的时候，进入青春期的青少年已经形成了对他们的兴趣和能力的某些基本看法，开始对各种可选择的职业进行带有某种现实性的思考。

(2) 探索阶段。探索阶段大约处在一个人 19～25 岁之间的这一年龄段上。探索阶段的最重要任务，就是个人对自己的能力和天资形成一种现实性的评价。在这一时期，个人将认真地探索各种可能的职业选择,他们试图将自己的职业选择与他们对职业的了解以及通过学校教育、家人朋友沟通、媒体影响等途径所获得的个人兴趣与能力匹配起来。在这一阶段的开始时期,他们往往做出一些带有试验性质的较为广泛的职业选择,然而,随着个人对所选职业以及对自我的进一步了解,他们的这种最初选择往往会被重新界定。到这一阶段结束的时候,一个看上去比较合适的职业就已经选定,他们也已做好开始这一工作的准备。人们在这一阶段上以及以后的职业阶段上需要完成的重要任务也许就是对自己的能力和天资形成一种现实性的评价。类似地,处于这一阶段的人还必须根据来自各种职业选择的可靠信息来做出相应的教育决策。

(3) 确立阶段。确立阶段大约发生在一个人的26～44岁之间,这一年龄段是大多数人工作生命周期的核心部分。通常个人会在这一期间找到适合自己的职业,并全身心地投入有助于自己在此职业中取得永久发展的各种活动中去。然而实际生活中,这一阶段的人们仍然在不断地尝试与自己最初的职业选择不同的各种能力和理想。这一阶段可以分为尝试、稳定和职业中期危机几个分阶段。尝试阶段大约在一个人的26～30岁之间,是个人确定当前所选择的职业是否适合自己,如果不合适,他会准备换一下工作。稳定阶段大约在一个人的30～40岁之间,是个人已经给自己确立了较为坚定的职业目标,并制定较为明确的职业规划来确定自己晋升的潜力、工作调换的必要性和所需的教育培训等。职业中期危机阶段大约在一个人的40～44岁之间,他可能根据自己最初的理想和目标对自己的职业选择做一次重要的重新评价,如果发现不能朝着自己所梦想的目标前进,或者当初所梦想的并不是自己真正想要的东西,这时他就会开始一个新的职业选择,或者重新思考工作和职业到底在自己的全部生活中占有多大的地位,据此调整今后努力的方向。通常情况下,处在这一阶段的人们不得不面对一个艰难的抉择,即判定自己到底需要什么,什么目标是可以达到的,以及达到这一目标自己需要做出多大的牺牲。

(4) 维持阶段。到45～55岁这一年龄段上,许多人就很简单地进入了维持阶段。在这一职业的后期,个人已经趋向于有所放松,并普遍为自己在工作领域中创下的一席之地感到愉悦,有的人开始扮演元老的角色。对于那些在前一阶段绩效水平已经停滞或有所下降的人,他们逐渐认识到这样一个事实,他们对于现实世界将不再拥有曾经想象的影响或改变能力。所以,人们会意识到需要减少工作的流动,从而可能安心于现有的工作。管理者一方面应当开发利用这种资源,另一方面应该认识到,这一阶段的人们会将主要精力放在保有现时的位置,而不再表现出先前的闯劲,他们可能变得对工作不再有很大的兴趣,或者不在乎工资的高低,而希望有更多的自由时间或从事压力更轻一些的工作。

(5) 下降阶段。当退休临近的时候,人们就不得不面临职业生涯中的下降阶段。在这一阶段,许多人都不得不面临这样一种前景:接受权力和责任减少的现实,学会接受一种新角色,学会成为年轻人的良师益友。再接下去,就是几乎每个人都不可避免地要面对的退休,这时,人们所面临选择的就是如何去打发原来用在工作上的时间。出现沮丧是极为常见的,员工还可能变得敌意十足,充满挑衅。对处于这一时期的员工,管理者需要帮助他们学会接受权力交接和责任减少的现实。

案例研究3-3

两个和尚挑水

有两个和尚分别住在相邻的两座山上的庙里。两山之间有一条溪,两个和尚每天都会在同一时间下山去溪边挑水。久而久之,他们便成为好朋友了。弹指一挥间,不知不觉,时间在每天挑水中流逝,一晃就是五个春秋。忽然有一天,左边这座山的和尚没有下山挑水,右边那座山的和尚心想:"他大概睡过头了。"便不以为意。哪知第二天,左边这座山的和尚,还是没有下山挑水,第三天也一样,过了一个星期,还是一样。直到过了一个月,右边那座山的和尚,终于按捺不住了。他心想:"我的朋友可能生病了,我要过去探望他,看看能帮上什么忙。"于是他便爬上了左边这座山去探望他的老朋友。等他到达左边这座山的庙看到他的老友之后,大吃一惊。因为他的老友正在庙前打太极拳,一点也不像一个月没喝水的人。他好奇地问:"你已经一个月没有下山挑水了,难道你可以不用喝水吗?"左边这座山的和尚说:"来来来,我带你去看看。"于是,他带着右边那座山的和尚走到庙的后院,指着一口井说:"这五年来,我每天做完功课后,都会抽空挖这口井。虽然我们现在年轻力壮,尚能自己挑水喝,倘若有一天我们都年迈走不动时,我们还能指望别人给我们挑水喝吗?所以,即使我有时很忙,但也没有间断过我的挖井计划,能挖多少算多少。如今,终于让我挖好了井,我就不必再下山挑水,我可以有更多的时间,来练习我喜欢的太极拳了。"

我们在工作领域上,工作挣薪水就像是挑水;而我们常常会忘记把握下班后的时间,挖一口属于自己的井,培养自己另一方面的实力,给自己多铺一条路。这样在我们年纪大了,即使体力拼不过年轻人时,我们依然还会有水喝,而且还能喝得很悠闲,且源源不断。企业在经营时,是否也要为自己"挖一口井"呢?培养新人,给未来投资,这何尝不是企业的长远之"井"呀!多种一块田,就是为自己多留一条路。

(资料来源:https://wenda.so.com/q/1414953989725820)

2. 职业生涯管理

职业生涯管理是指组织和个人对职业生涯进行计划、发展和评估的过程,既包括个人的管理,也包括组织的管理。由于个人所进行的职业生涯管理都需要通过组织才能最终得以实现,所以组织方面的生涯计划和生涯发展才是职业生涯管理的重要方面。从组织的角度看,职业生涯管理具体内容包括设定职业生涯目标、帮助职业适应、提供培训机会、轮岗与升迁、及时评估绩效、调整职业生涯计划和员工退休管理等。

(1) 设定职业生涯目标。职业生涯目标是指个人在选定的职业领域内未来时点上所要达到的具体目标,包括短期目标、中期目标和长期目标。职业生涯目标一般都是在进行个人评估、组织评估和环境评估的基础上,由组织里的部门负责人或人力资源部负责人与员工个人共同商量设定。注意:生涯目标要具体明确、高低适度、留有余地,并与组织目标相一致。职业生涯目标的设定,为职业发展指明了奋斗方向,犹如海洋中的灯塔,引导人们避开险礁暗石,走向成功。

(2) 帮助职业适应。任何一个人从学校毕业进入一个职业,其初始阶段都有一个适应期。为了帮助新人尽快度过适应期,组织都要先做一些工作,如招聘时就把有关工作内容和工作环境描述尽可能多地展现给应聘者，管理人员多给新员工提出希望和给予信任，提供具有挑战性的初始工作，同时进行一些心理疏导等。

(3) 提供培训机会。随着知识经济时代的到来，终身教育已成为促进每个人职业发展的一把金钥匙。任何员工从一个层次上升到另一个更高的层次，由于知识和能力要求的不同，都需要进行相应的培训。因此，从职业发展的角度来说，制订与职业生涯计划相配套的培训计划是一个不错的选择。

(4) 轮岗与升迁。轮岗与升迁是职业生涯管理的重要内容，也是促进员工职业发展的一个主要手段。所以组织要建立和完善员工的轮岗与升迁制度，要研究开辟多种升迁渠道，如行政管理系列、技术职务系列、实职领导岗位、非领导岗位等，促进员工职业生涯目标得到实现，调动员工的工作积极性。

(5) 及时评估绩效。人人都希望自己的工作状况能有一个反馈，以便从中看到自己的优势和不足。对于组织来说，通过评估，可以发现员工个人工作绩效好在哪，或绩效差的原因，以便有针对性地进行反馈和调整。

(6) 调整职业生涯计划。影响职业生涯计划的因素很多，其中环境变化是最为重要的一个因素。俗话说，"计划不如变化快"，整个社会每天都在发生纷繁复杂的变化，但有的变化是可以预测的，而有的变化却难以预测。在这样的状况下，要使职业生涯计划行之有效，就必须不断地进行评估与调整。

(7) 员工退休管理。随着员工年龄的增长，任何一个组织都会面临员工离退的问题。所以从职业生涯管理的角度来说，一是要帮助员工进行退休前的准备，如心理适应、老年健康和联谊等；二是同时关注已经退休的员工，对他们给予关心和提供发挥余热的机会，或组织一些慰问等。

思政园地

用发展眼光看"35岁现象"

《人民日报》2019年12月20日版评中年危机，当你准备跳槽，却发现不少用人单位将招聘门槛设置为"年龄在35周岁以下"。本想再拼拼，无奈身体机能和学习能力不如从前……遭遇"35岁现象"，让不少打拼多年的白领倍感压力。如何纾解职业困境、更好成就自我？畅通职业发展渠道、勇于走出"舒适区"、保持终身学习的姿态……

北京市社会科学院助理研究员王鹏指出，"35岁现象"表面上是个人职业发展的困境，从深层次来看，也和职场生态、社会舆论等外部环境分不开。

在充满变化的时代，未雨绸缪不失为明智之举。但除了个人端正心态、自觉加强学习外，也需要政府、社会、用人单位形成合力，为个人职业发展提供良好条件。要依据劳动法、劳动合同法等法律抓好落实，创造更为公平的就业机会，也要通过政策引导技能培训制度化、规范法、长期化，开拓更多职业发展渠道。用人单位需在激励和培训机制上下功夫，帮助员工纾解职场焦虑。

重庆市第三中级人民法院法官助理刘永集指出，身处信息化时代，知识、技能以及各类生产要素加速迭代，对个人能力提出了更高要求。不论是35岁左右的职员，还是初入职场的年轻人，都难免会遇到本领恐慌。牢固树立终身学习的理念，才能适应不断变化发展的职场要求。

3.4 实施员工绩效考评

当人力资源部门对人员招聘完毕后，还必须按照事先预想的目标来考评员工，使员工的努力始终符合组织的要求。

案例研究 3-4

黑熊和棕熊的绩效考评

黑熊和棕熊喜食蜂蜜，都以养蜂为生。它们各有一个蜂箱，养着同样多的蜜蜂。有一天，它们决定比赛看谁的蜜蜂产的蜜多。

黑熊想，蜜的产量取决于蜜蜂每天对花的"访问量"。于是它买来了一套昂贵的测量蜜蜂访问量的绩效考评系统，在它看来，蜜蜂所接触的花的数量就是其工作量。每过完一个季度，黑熊就公布每只蜜蜂的工作量；同时，黑熊还设立了奖项，奖励访问量最高的蜜蜂。但它从不告诉蜜蜂们它是在与棕熊比赛，它只是让它的蜜蜂比赛访问量。

棕熊与黑熊想的不一样。它认为蜜蜂能产多少蜜，关键在于它们每天采回多少花蜜——花蜜越多，酿的蜂蜜也越多。于是它直截了当地告诉蜜蜂：它在和黑熊比赛，看谁产的蜜多。它花了不多的钱买了一套绩效考评系统，测量每只蜜蜂每天采回花蜜的数量和整个蜂箱每天酿出蜂蜜的数量，并把测量结果张榜公布。它也设立了一套奖励制度，重奖当月采花蜜最多的蜜蜂。如果一个月的蜂蜜总产量高于上个月，那么所有蜜蜂都受到不同程度的奖励。

一年过去了，两只熊查看比赛结果，黑熊的蜂蜜不及棕熊的一半。

黑熊的评估体系很精确，但它评估的绩效与最终的绩效并不直接相关。黑熊的蜜蜂为尽可能提高访问量，都不采太多的花蜜，因为采的花蜜越多，飞起来就越慢，每天的访问量就越少。另外，黑熊本来是为了让蜜蜂搜集更多的信息才让它们竞争，由于奖励范围太小，为搜集更多信息的竞争变成了相互封锁信息。蜜蜂之间竞争的压力太大，一只蜜蜂即使获得了很有价值的信息，比如某个地方有一片巨大的槐树林，它也不愿将此信息与其他蜜蜂分享。

而棕熊的蜜蜂则不一样，因为它不限于奖励一只蜜蜂，为了采集到更多的花蜜，蜜蜂相互合作，嗅觉灵敏、飞得快的蜜蜂负责打探哪儿的花最多最好，然后回来告诉力气大的蜜蜂一齐到那儿去采集花蜜，剩下的蜜蜂负责贮存采集回的花蜜，将其酿成蜂蜜。虽然采集花蜜多的能得到最多的奖励，但其他蜜蜂也能捞到部分好处，因此蜜蜂之间远没有到人人自危、相互拆台的地步。

激励是手段，激励员工之间竞争固然必要，但相比之下，激发起所有员工的团队精神尤显突出。绩效评估是专注于活动，还是专注于最终成果，管理者须细细思量。

（资料来源：https://iask.sina.com.cn/b/1GYlIEKvnrHP.html）

3.4.1 绩效考评的含义与作用

1. 绩效考评的含义

绩效考评是指相关部门或人员按照一定的方法和程序，对组织中各部门、各岗位在一定时期内表现出来的工作绩效或能力素质所做的评价。在企业和非营利性组织的管理实践中，绩效考评作为评价每一个员工工作结果及其对组织贡献大小的一种管理手段，不仅可以获得有关员工努力的效果，还可以将绩效考评信息反馈给员工，为其今后改进工作指明方向。更重要的是，绩效考评往往是人力资源部门确定薪水、晋升、岗位轮换和解聘决策的基本根据。在人力资源管理已经得到越来越广泛重视的今天，绩效考评也自然成为企业在管理员工方面的一个最核心的职能，成为企业鼓励员工积极性、获取竞争优势的一个重要来源。任何组织要想有效地实现目标，就必须重视和搞好人员的绩效考评。

2. 绩效考评的作用

(1) 为确定员工的工作报酬提供依据。这是许多组织进行绩效评估的主要目的。工作报酬必须与工作者的能力和贡献结合起来，只有通过客观公正的考评才能确切地了解、估价各管理人员的贡献，使报酬的确定有较为客观的依据，这是企业分配的一条基本原则。

(2) 为人事调整提供依据。人员绩效考评可以为我们制订包括降职、提升或维持现状等内容的人事调整计划提供依据。期初配备的人员有时并不一定与工作要求完全相符。有些人员在选聘时表现出令人印象颇深的工作能力，而在管理实践中并未得到充分证实。相反，另一些管理人员在工作过程中，其素质和能力不断得到提高，表现出强烈的担负更重要工作的欲望，并试图证明自己是有能力担负更大责任的。必须根据人员在工作中的实际表现，适时对组织的人事安排进行调整。

(3) 为员工的培训提供依据。员工的社会阶层、文化背景、过去经历以及受教育程度等因素决定了他们在具备一定优秀素质的同时，也存在着某些方面的素质缺陷。这些素质缺陷影响了他们技能的提高，对他们现在的工作效率或未来的提升机会构成了不同程度的障碍。这些缺陷往往是由于缺少学习和训练的机会而形成的，因此可以通过企业的人事培训来消除或改善。绩效考评可以帮助企业了解每个管理人员的优势、局限、内在潜力，因而能够指导企业针对队伍的状况和特点，来制定相应的培训和发展规划。

(4) 改进工作绩效。客观公正的考评，不仅能把员工的工作业绩描述下来，而且能起到督促作用，可以使员工明了自己工作的优点和缺点。成绩的描述实际上是对员工业绩的肯定，对员工能起到正面激励作用，能提高员工工作的满足感和胜任感，使员工乐于从事这项工作。绩效考评所发现的缺点，能使员工了解自己的工作缺陷，充分认识到自己的不足，对员工产生压力，鞭策他今后更加努力地工作，消除差距。当然，这需要依赖评价者和被评价者的良好沟通，最好能于评价后，立即进行沟通讨论。

(5) 有利于促进组织内部的沟通。制度化的绩效考评，可以使下级更加明确上级或组织对自己的工作和能力要求，从而了解努力的方向；可以使上级更加关心下属的工作和问题，从而更关注他们的成长；可以使上下级经常对某些问题加以讨论，从而促进理解的一致性。这些由于考评而带来的沟通的增加，必然会促进人们对组织目标与任务的理解，融洽组织成员之间的关系，从而有利于组织活动的协调进行。

3.4.2 绩效考评的内容

在具体的考评过程中，绩效考评的内容及侧重点随着考评目的的不同而有区别。这些内容并不是孤立存在的，它们是相互关联的。绩效考评的基本内容如下。

1. 工作业绩考评

对工作业绩的考评实质上是对员工行为的结果进行评价和认定，也就是考评员工在一定时间内对企业的贡献和价值。对员工工作业绩的考评通常从以下方面入手：量的方面，即员工完成工作量的大小；质的方面，即员工完成工作的质量；员工对下属的指导和教育作用；员工在本职工作中的自我改进和提高等。员工的绩效或贡献除了取决于员工的能力以外，还受他所在的环境的影响。

2. 工作能力考评

能力考评是对员工在一定时期从事工作的能力进行的考评，评估他们的现实能力和发展潜力，即分析他们是否符合现任职务所具备的要求，任现职后素质和能力是否有所提高，从而能否担任更重要的工作。通常，员工的能力包括三个方面：基础能力、业务能力和素质能力。其中，前两种能力属于能力考评的范围，第三种能力即素质能力则主要通过适应性考察来评价。由于员工的能力要通过日常的具体工作来表现，而处理这些工作的技术与方法又很难与那些抽象的描述员工素质特征或能力水准的概念对上号，因此，能力考评中要切忌只给抽象概念打分。在设计考评时，要注意在具体、明确的基础上用简洁的语言准确地提出能够反映管理人员能力特点或素质状况的问题。

3. 工作潜力考评

潜力是“在工作中没有发挥出来的能力”。在企业中，人力资源部门除了要了解员工的现任职务上具有何种能力以外，还要关注员工未来的发展空间，也就是说，员工是否具有担任高一级职务或其他类型职务的潜质。对员工潜力的考评可以求助于专业咨询机构对企业的人员功能进行测评，也可以用下述四个方面的综合评价方法来进行：① 根据参加“能力考评”的结果进行推断；② 根据其工作年限及担任职务工作的业绩等表现来推断，这是一个综合反映员工经验多寡的指标；③ 通过考试、测验和面谈等方式来进行员工潜力查证和判断；④ 通过员工的受教育证明、培训研修的结业证明和官方的资格认定证明等判断其应具有的潜力，不过这种手段往往只能作为参考。

4. 工作态度和适应性考评

工作态度包括工作积极性、工作热情、纪律性、责任心、主动性等，它决定着人的能力发挥程度。由于这些因素较为抽象，因此通常只能通过直接上级主观性评价来考评。对员工适应性的评价通常涉及两个方面的内容：一是人与工作之间，即员工的能力与其工作要求是否相称；二是人与人之间，即员工与合作同事之间在个性特征方面的差异是否会影响其工作能力的发挥。把这种“适应”或“不适应”的问题反映出来，在若干个评价过程结束之后，从整体上把握所有员工适应性的状态，一旦企业内部有调整机会，就可不失时机地做出合理的调整。

3.4.3 绩效考评的方法

组织员工绩效考评的结果是否准确，在很大程度上取决于考评的方法和考评系统的设计。随着人力资源管理理论的发展，绩效考评的方法也更加系统完善。常用的员工考评方法主要有以下几种。

相关链接 3-9

微软公司的业绩考评

微软公司对员工的业绩考评采取经理和员工双方沟通的形式。在每个财政年度伊始，经理会和员工总结上一年度的工作得失，指出改进的地方，然后定出下一年的目标。目标以报表的形式列出员工的工作职能和工作目的，经双方共同讨论后确定下来。半年后，经理会拿出这张表来和员工实际的工作对照，做一次年中评价。年底时经理还会和员工共同进行衡量，最后得出这个员工的工作表现等级，依此来决定员工的年度奖金和配股数量。这种办法的好处在于能使公司的发展目标和员工的业务目标结合在一起，也使员工有了努力的方向。另一方面，员工也可以提出，要实现目标希望公司给予什么样的发展机会和培训机会。这种形式不是一个简单的目标制定，而是双向沟通，更好地体现了公司尊重员工的理念，发挥了员工主动性的一面。

（资料来源：https://www.docin.com/p-1384465531.html）

1. 目标考评法

目标考评法是根据被考评人完成工作目标的情况来进行考评的一种考评方式。在开始工作之前，考评人和被考评人应该对需要完成的工作内容、时间期限、考评的标准达成一致。在时间期限结束时，考评人根据被考评人的工作状况及原先制定的考评标准来进行考评。目标管理考评制度以三个假定为根据：第一，如果在计划与设立各种目标和确定衡量标准的过程中，让员工也参与其中，那么就可以增强员工对组织的认同感和工作积极性。第二，如果所确定的各种目标十分清楚和准确，那么员工就会更好地工作以实现理想的结果。第三，工作表现的各种目标应该是可衡量的并且应该直接针对各种结果。

2. 排序法

它是指在工作实绩考评中将各个被考评者相互比较，按照某一标准由高到低进行排列的一种绩效评价方法。其优点在于简便易行，完全避免趋中、严格或宽松的误差。但缺点在于标准单一，不同部门或岗位之间难以比较。

（1）分组排序法要求评价者按特定的分组将员工编入诸如“前 1/5”“次 1/5”之类的次序中。管理者可以使用这种方法将其所有的下属做一排列，假定他有 20 名下属，那么只能有 4 人可排在前 1/5，同样，也只有 4 人被排在末 1/5 的范围内。

（2）个体排序法要求评估者将员工按从高到低的顺序加以排列，因此只有 1 人可以是“最优的”。如果要对 30 个下属做出评价，第 1 名和第 2 名之间的差别就被假定为与第 21 名和第 22 名之间的差别是一样的。尽管某些员工的水平可能非常接近，以致可以将他们编入同一个组中,但个体排序法并不考虑这种关系。

(3) 配对比较法是把每个员工一一与比较组中的其他每一位员工结对进行比较,评出其中的"优者"和"劣者"。在所有的结对比较完成后,将每位员工得到的"优者"数累计起来,就可以排列出一个总的顺序。这种方法确保每一位员工都与其他的所有人做对比,但当要评估的员工人数相当多时,配对比较法就很不容易进行。

3. 叙述法

叙述法是考评者以一篇简洁的记叙文的形式来描述员工的所长、所短、过去的绩效和潜能等,然后提出予以改进和提高的建议。这种方法集中描述员工在工作中的突出行为,而不是日常每天的业绩。不少管理者认为,叙述法不需要采取某种复杂的格式,也不需要经过多少培训就能完成,不但简单,而且是最好的一种考评方法。然而,叙述法的缺点在于考评结果在很大程度上取决于考评者的主观意愿和文字水平。此外,由于没有统一的标准,不同员工之间的评估结果难以比较。

4. 关键事件法

关键事件法是指评估者把注意力集中在那些区分有效的和无效的工作绩效的关键行为方面。此法需对每一待考评员工建立一本"考评日记",由考察与知情的人(通常为被考评者直属上级)随时记载。在关键事件法中,管理者要将员工在考评期间所有的对部门效益产生重大积极或消极影响的关键事件都真实记录下来。其优点在于针对性强,结论不易受主观因素的影响。缺点在于基层工作量大。另外,要求管理者在记录中不能带有主观意愿,在实际操作中往往难以做到。事件的记录本身不是评语,只是素材的积累,但有了这些具体事实做根据,经归纳、整理,便可得出可信的考评结论。从这些素材中不难得出被考评者的长处与不足,在对此人进行反馈时,不但因有具体事实做支持而易于被接受,而且还可以充实那些抽象的评语,并加深被考评者对它们的理解,有利于以后的改进。

5. 评分表法

评分表法是一种最古老也最常用的绩效考评方法。它根据工作分析,将被考评岗位的工作内容划分为相互独立的几个模块,在每个模块中用明确的语言描述完成该模块工作需要达到的工作标准。同时,将标准分为几个等级选项,如"优、良、合格、不合格"等,考评人根据被考评人的实际工作表现,对每个模块的完成情况进行评估,总成绩便为该员工的考评成绩。这种方法设计和执行的总时间耗费较少,而且便于做定量分析和比较,因此,这种方法得到了普遍的采用。

6. 行为定位评分法

行为定位评分法是近年来日益得到重视的一种绩效考评方法。这种方法综合了关键事件法和评分表法的主要长处,考评者按某一序数值尺度对某人从事某项职务的具体行为事例打分,而不是一般的个人特质描述。行为定位评分法侧重于具体而可衡量的工作行为,它将职务的关键要素分解为若干绩效因素,然后为每一绩效因素确定有效果或无效果行为的一些具体示例。

例如,顾客购买围巾,原以为是羊毛的,实则不是,要求退货。售货员表现出以下的工作行为,每一种工作行为都对应一定的分值:

1——始则不理,继而拒绝、争吵、大骂;

3——谎称过期，无法退换；

5——顾客退换的商品已见损毁，在顾客坚持下退货；

7——用理性的方式接待了顾客，让顾客满意而归；

9——圆满地处理顾客的退换要求，让其深受感动，当即又购买其他商品。

这些典型说明词的数量毕竟有限（一般不会多于10条），不可能涵盖千变万化的员工实际表现，一般很难做到被考评者的实际表现恰好与说明词所描述的完全吻合，但有了量表上的这些典型行为，考评者给分时便有了分寸感。这些代表从最劣到最典型绩效的、有具体行为描述的说明词，不但使被考评者能较深刻而信服地了解自身的现状，还可找到具体的改进目标。

增值阅读

发达国家的职业生涯规划

职业规划起源于20世纪初的美国，是伴随着市场经济的迅速发展应运而生的。发达国家的职业指导随着本国的社会、经济的发展，经历了近百年的历史，逐渐改变了最初的职业指导形象。尤其是在20世纪50年代后，职业规划走上了国际舞台，国际间的探讨和交流不断加深，不同的国家也不断丰富着各自的实践。

◆ 日本：20世纪中后期，随着教育改革的深入，职业生涯指导被正式列入学校的教育计划，职业生涯教育开始进入“课程化”时期。1958年和1960年，文部省分别对初中和高中的学习指导大纲进行了全面修订。在这两个大纲中，正式把职业指导更名为“出路指导”，目的在于使学校的职业指导与社会上的职业指导有所区别。学校进行的职业指导，实际上既包含着就业指导又包含着升学指导。进入70年代以后，根据日本社会产业结构和就业结构的变化，文部省曾多次提出加强、改善和充实学校出路指导的意见。强调要有计划、有组织地进行指导；要着重培养学生的职业观和价值观以及自主选择决定将来出路的能力。

◆ 美国：在美国的教育历史上，曾两次专门以政府法案的形式进行了职业生涯教育改革，对美国的教育产生了重大影响，它们分别是20世纪70年代的《生计教育法案》以及90年代的《学校就业法案》。

◆ 英国：教育部门在教育改革的实践中也注意到社会与教育的相互作用，注意利用各方力量。在一些相关法令中规定，相关社会各部门要为学生熟悉各种职业提供便利条件。大学校园、各企业、事业单位、工厂要和学校建立广泛的合作关系，给学生们提供参观和就地实习，以熟悉各专业、职业和工种的机会，以利于学生做出正确的选择。同时，学校也注意赢得学生家长的支持。定期举办家长的培训，使他们注意从小对学生进行职业意识的灌输，锻炼他们的独立能力，只靠学校单方是难以完成的，这些都保证了学校教育改革得以有序地进行。

◆ 瑞典：学校设置职业指导课程，帮助学生根据个人的知识和能力选择职业。职业指导课程在义务学校中设置，也在高中设置，这种课程每校必备，不是职业指导专家进行的个别行为。该课程贯穿在全部学习中，老师的责任不但是教理论课，也教职业指导课。其中

20%的职业指导课程在校外进行，由职业指导老师自己设置。同时，增强家长和学生对职业与培训选择的全面了解。请家长到校听职业指导课，对家长进行职业、培训方面的宣传，使家长帮助学生确定职业和学习科目的选择；安排学生到父母工作的工厂参观，增强其对社会的了解；聘请职业指导专家帮助学生确定所选专业，帮助学生制订个人发展计划。让学生先试选职业培训课程，试读后再确定课程，做到职业培训与学校文化教育相结合，并将职业培训融会于3年学制之中，逐步提高。

（资料来源：http://blog.sina.com.cn/s/blog_475dc47901000354.html）

任务小结

人力资源管理旨在吸引和选拔能干的员工并激发他们的献身精神。在竞争日趋激烈的时代，具有杰出才干和献身精神的员工，已经成为企业竞争力的主要源泉，而如何吸引和留住能干的员工并激发他们的献身精神，就是人力资源管理的使命。人力资源管理的过程就是确定和选聘有能力的员工，加强员工培训，塑造能适应组织和不断更新技能的能干的员工，以及实施绩效考评，使员工长期保持高绩效。

(1) 招聘就是根据人力资源规划，为人员欠缺的岗位招募合适人选的过程。人员招聘过程由若干个先后衔接的环节所组成，大致分为招募、选拔、录用、评估四个阶段。人员招聘的途径主要有两种：内部提升和外部招聘。

(2) 通过范围广泛的招聘，往往会获得一定数量具体职位的候选人。甄选就是根据申请人的具体特征和职位的要求，实现候选人与职位匹配的过程。常用的甄选手段包括应聘者申请表分析、笔试、面谈、绩效模拟测试等。

(3) 为了不断提高管理人员的业务能力，以胜任管理工作，企业组织还要遵循一定的培训原则，采用多种方法对人员进行培训。

(4) 职业生涯指一个人在一生中从事的各种工作的总称。员工的职业生涯发展阶段包括成长阶段、探索阶段、确立阶段、维持阶段和下降阶段等五个阶段。

(5) 绩效考评是指相关部门或人员按照一定的方法和程序，对组织中各部门、各岗位在一定时期内表现出来的工作绩效或能力素质所做的评价。绩效考评的基本内容包括业绩、能力、潜力、态度和适应性等方面的考评。常用的员工考评方法主要有目标考评法、排序法、叙述法、关键事件法、评分表法、行为定位评分法。

能力自测

一、单项选择题

1. 为了提高企业的经济效益，在进行人力资源管理时应该（　　）。

A. 因人设事　　　　B. 因事择人

C. 因人设事和因事择人相结合　　　　D. 以上答案都不对

2. “尺有所短，寸有所长”说明在进行人员配备时（　　）。

A. 不能对员工的工作要求过于苛刻，宽松的环境更能使员工超常发挥

B. 应该允许员工犯错误，特别是高层员工

C. 学历高的人往往工作表现不好，学历低的人也会有惊人表现

D. 就具体的工作职位来说，应安排最擅长该工作的人

3. 人力资源是指存在于人身上的能够创造社会财富的(　　)。

A. 体力　　B. 技能　　C. 知识　　D. 以上所有选项

4. 企业进行人力资源管理的目的是为了(　　)。

A. 发现不忠于企业领导人的异己分子，并予以处罚

B. 评价员工的工作绩效，对业绩不佳者给予处罚

C. 发挥组织的团队精神，提高工作效率

D. 发现和培养企业中的优秀人才，给予奖励和晋升

5. 企业对人力资源开发的主要方式为(　　)。

A. 长期正规教育　　B. 短期技能培训

C. 教育和培训相结合　　D. 合理配置，提高边际产出

6. 相比于外部招聘，内部提升的优点是(　　)。

A. 来源广泛，选择余地大　　B. 不会产生不满情绪

C. 更快地胜任工作　　D. 以上所有选项

7. 工作轮换一般用于提高(　　)的技能。

A. 工程技术人员　B. 管理人员　　C. 学徒　　D. 普通职员

8. 某商店的某售货员长期以来服务态度不好，当某一天她因再次对顾客不理不睬而被经理解雇时，她声称没有听到过有关她工作表现不令人满意的评价，这种事情可借助于何类措施来避免？(　　)。

A. 组织结构设计　B. 人员配备　　C. 人员培训　　D. 绩效考评

9. 从外部选聘主管人员是人员配备的一条重要途径，这种做法具有若干有利之处。下面所列举的几条优点中哪一条不对？(　　)。

A. 为组织带来新鲜血液

B. 利用外来优势

C. 有利于提高组织成员的士气，调动工作的积极性

D. 有可能缓和内部竞争职位者之间的矛盾

10. 在一场胜负攸关的与敌交锋中，某炮兵连长亲自充当阻击炮手，英勇无比地发挥了他在前些年炮兵生涯中超群的炮击本领。战斗终于胜利了，在庆功会上这位一心等待着褒奖的炮兵连长不曾料想竟得到了撤职的处分。对这件事最合理的解释是(　　)。

A. 该军领导因不了解炮兵连长的表现而错误地处分了他

B. 炮兵连长因过分地邀功自傲，激怒了该军领导

C. 炮兵连长的英勇战斗行为不符合军事指挥官的职责要求

D. 炮兵连长没有成功地培养出杰出的炮手

11. 招聘与甄选是一个(　　)的选择过程。

A. 单项　　B. 双向　　C. 定向　　D. 静态

12. 个人找到适合自己的职业，并全身心地投入有助于自己在此职业中取得永久发展

的各种活动中去，这是描述职业生涯发展的哪个阶段？（　　）。

A. 成长阶段　　B. 探索阶段　　C. 确立阶段　　D. 维持阶段

13. 下列不属于脱岗培训方式的是（　　）。

A. 工作轮换　　B. 课堂讲授　　C. 角色扮演　　D. 案例分析

14. （　　）为职业发展指明了奋斗方向。

A. 设定职业生涯目标　　B. 提供培训机会

C. 及时评估绩效　　D. 调整职业生涯计划

15. 在工作实绩考评中将各个被考评者相互比较，按照某一标准由高到低进行排列，是下列哪一种绩效评价方法的做法？（　　）。

A. 目标考评法　　B. 评分表法　　C. 叙述法　　D. 排序法

二、判断题

1. 员工招聘是指企业到外部寻找、吸引那些有能力又有兴趣到本单位任职的人，并从中选出适宜人员予以录用的过程。（　　）

2. 企业员工能否有效地完成工作任务，达成企业目标，在很大程度上取决于企业的激励机制是否合理。（　　）

3. 在预见到企业的工作岗位将出现空缺时，人力资源管理部门应立即着手到人才市场进行招聘。（　　）

4. 自然资源随着开发和利用，其总量会逐步减少，人力资源通过人口的再生及劳动力的再生产，总量反而有可能增加。（　　）

5. 对于类别不同的员工，如技术工人和职工等，应采用不同的培训方式。（　　）

6. 内部招聘或提升可激励员工努力进取，因为他们对组织的政策和期望都能明确了解。（　　）

7. 企业的培训内容只是技能性培训，因为在企业需要员工具备某种理论知识时大可以去外部招聘。（　　）

8. 外部招聘比内部招聘的选择范围更大，所以总能够找到更优秀的人才。（　　）

9. 绩效考评不仅可以作为加薪、晋升、调职、开除的依据，还可以为分析员工的优缺点，从而制订相应的培训计划提供依据。（　　）

10. 好的报酬制度总是给予员工高薪，这样才能激励员工取得好的绩效。（　　）

11. 笔试有助于人力资源部门，对求职者的智商、悟性、兴趣、工作经验、解决问题的能力、工作意愿和动机水平等方面进行现场检验。（　　）

12. 大多数的培训是以在岗培训方式进行的，这是因为该类方法简单易行且通常成本较低。（　　）

13. 26～44 岁这一年龄段属于职业生涯发展的探索阶段，这一阶段最重要的任务，就是个人对自己的能力和天资形成一种现实性的评价。（　　）

14. 影响职业生涯计划的因素很多且变幻莫测，因此，要使职业生涯计划行之有效，就必须不断地进行评估与调整。（　　）

15. 对员工潜力的考评，既可以求助于专业咨询机构进行测评，也可以通过直接上级主观性评价来考评。（　　）

三、简答题

1. 如何理解人力资源的含义？它具有哪些基本特征？
2. 内部提升和外部招聘各有什么优缺点？
3. 什么是甄选？人员甄选常用的方法有哪些？
4. 员工培训的原则和方法有哪些？
5. 如何理解“彼得现象”？怎样预防其发生？
6. 职业生涯管理具体内容包括哪些？
7. 你认为实施绩效考评有哪些作用？
8. 常见的绩效考评方法有哪些？

案例分析

(一) 冯氏超级市场

苏珊是冯氏超级市场的南方地区分部经理，手下有5位片区主管人员向她汇报工作，而每个片区主管人员分别监管8～12家商店的营业状况。

一个春季的早上，苏珊正在查看送来的早晨工作报告，内部通信联络系统传来了她的秘书的声音：“苏珊女士，你看过今天晨报的商务版了吧？”苏珊应答：“没有，什么事啊？”“噢，报上说查克已经接受了安途公司亚利桑那地区经理的职位。”苏珊马上站起来去看与她有关的这篇文章。

苏珊的关心并不是没有根据的。查克是她属下的一位片区主管，他已为冯氏公司在目前职务上干了4年。冯氏是从阿尔法商业中心将他聘过来的，他那时是个商店经理。苏珊从报纸上得知查克离职的消息，觉得内心受到了伤害，但她知道自己需要尽快恢复过来。对她更重要的是，查克是位很有成效的监管人员，他管辖的片区一直超过其他4个片区的绩效。苏珊该到哪儿去找这样一位能干的顶替者？

几天过去了。苏珊同查克谈了一次话，诚恳地祝愿他在新工作岗位上顺利，她也同他谈到顶替者的问题。最后，苏珊决定将她属下的一个小片区的主管人员调换到查克分管的片区，同时她也立即着手寻找合适的人选填补该小片区主管的空缺。

苏珊翻阅了她的案卷，找出片区主管人员职位的职务说明书(没职务规范)。该项职务的职责包括确保达到公司订立的整洁、服务和产品质量的标准；监管商店经理的工作并评价其绩效；提供片区的月份、季度和年度收入和成本预估；为总部或下属商店经理提出节约开支建议；协调借贷；与供应商协商广告宣传合作方案；参与同工会的谈判。

(资料来源：https://wenku.baidu.com/view/eac9353cee06eff9aef8071f.html)

问题：

1. 你建议苏珊采用哪一种招聘渠道，为什么？
2. 该片区主管工作成功的决定因素是什么？
3. 你建议苏珊使用何种人员甄选手段甄别应聘者，为什么？
4. 从职业发展角度看，苏珊为确保查克继续为冯氏公司工作应该采取什么措施？

(二)如何对待员工请假?

工厂主任莫瑞一大早就满肚子火,他手下的人竟然有一大半都没来上班。这几个礼拜以来,员工们总是聚在一起谈论着即将举行的冰球冠军争夺战。事实上,莫瑞推测,很多人明天也可能不来上班。因为万一本地的队伍赢了,当天晚上一定有不少庆祝活动,就算是输了球,球迷们也会饮酒作乐,自我安慰一番。

莫瑞对总经理雷安说:"我们尽可以订上成打的生产计划书,可是工厂里要是连个人影也没有,一切工夫还不全部是白费。如果公司去年采纳了我的建议,根本不会有今天这种事。"

雷安想起当初莫瑞的意见,向公司建议拟订一种制度。让员工事先告诉主管,他打算在哪一天请假。莫瑞觉得,不如让属下先和他打个招呼,他也好另做安排。

"缺席并非坏事,"莫瑞在主管会议说,"糟糕的是生产作业可能因而停顿。如果事先知道某一天谁不能出席,我就可以采取权宜办法。或许我们可以把本地的家庭主妇组织起来,必要的时候,请她们来帮忙。"会议上,只有人事主任赖理赞同这个主意。他说:"我们不应该让员工觉得,休息一天就算是多大的罪过。他们可能有充分的理由不来上班。不管怎么说,我们这儿是工厂,又不是监狱。"

"你不要忘了,这里可不是夏令营喔!"雷安提醒赖理说。

事实很明显了,允许员工缺勤是一种不切实际的想法。雷安做了一番解释,最重要的,缺席必须有充足的理由,"即使我们采纳了你的建议,"雷安对沮丧的莫瑞说,"我们也不能把球类比赛列为缺席的正常理由啊,你说是不是?"

"为什么不能?"莫瑞问道。

"我绝不管什么理由呢,"莫瑞接着说,"问题是生产部门现在动弹不得。如果我们早先订下一个制度,虽然有少数人趁机浑水摸鱼,至少还能有办法对付这种局面,下礼拜开会的时候,我要把我的主张提出来讨论。希望届时你能批准我的建议,否则交不出货来,你可别怪我。"

雷安对这种有计划的缺席制度是否能收效,始终抱着保留的态度,不过事实非常明显,他不得不采取行动以阻止因工人缺席而带来的困扰。

(资料来源:https://www.taodocs.com/p-38988571.html)

问题:

1. 从案例反映的情况来看,公司领导层对其员工的人性假设是(　　)。

   A. 经济人　　B. 社会人　　C. 自我实现人　　D. 复杂人

2. 人事主任赖理的管理风格属于(　　)。

   A. 协商式　　B. 放任式　　C. 民主式　　D. 群体参与式

3. 如果让你来代替莫瑞去处理球赛缺席一事,你认为下列哪种措施最为可取?(　　)。

   A. 冰球比赛日干脆放假,以此作为一种激励措施,也许能提高平时的劳动效率

   B. 对球赛当日来的人实行奖励,以正强化的方法扭转缺席局面

   C. 对球赛当日没来上班的人实行处罚,以负强化的方法扭转缺席局面

   D. 另外找人代替缺席员工的工作,并扣除缺勤人员的工资

4. 该工厂员工缺席的最根本原因是(　　)。

   A. 工厂缺乏有效的规章制度和监督机制

   B. 企业中存在同企业目标抵触的非正式组织

   C. 他们的员工都属于"经济人"

D. 企业领导不注重平时提高员工的满意度

5. 对莫瑞向公司建议拟订的制度,下面哪种说法较为中肯?(　　)。

A. 切实可行,最起码可以让公司有个思想准备

B. 简直是"荒唐",这种做法无异于骄纵员工,因为一旦成为制度,员工已不是请假而是通知厂方他哪一天不来上班,局面将更加不好控制

C. 家庭主妇帮忙的主张不错,也算是一种应急方案

D. 只要公司上下思想一致,莫瑞的制度,还是很值得一试的,因为他属于民主式的管理

(三) T公司的绩效考评制度

T公司以开发和销售ERP软件为主要业务。在1998年年底以前,该公司没有系统的绩效考评制度。到了年底,人力资源部让员工回顾一下本年度的工作,每人写一个书面总结,然后由部门主管就绩效总评签个意见(尽管有优、良、中、差、劣五等,但几乎所有的主管给的都是"良"),最后交给人力资源部算是完事。至于红包的多少,全凭主管所定的考评等级,也就是"吃大锅饭"。老板要求部门主管与员工做一对一的沟通,很多主管采用非正式的谈话方式,将沟通的地方安排在饭桌上或打牌时进行。这种方法实行了两年,员工完全不把它当回事了。

为了解决上述问题,T公司开发了一个新的评估系统。尽管仍有少部分人对新系统持有异议,但总体评价还算公正、合理,能为薪酬管理、人员调配和奖惩以及员工培训提供依据,有助于保障组织目标的实现。

新的绩效考评系统主要包括三个表格:业绩考评表、能力和态度评价表、未来发展建议表。

(1) 业绩考评表列出了员工的年度工作项目、每项工作所占的权重、完成该项工作所需要的资源和前提条件、完成时间、关键保证措施。在年初,按照明确的、可衡量的、可达到的、与总目标相关的原则设计个人目标,在考核期内,主管对下属的目标完成情况进行打分。年底,通过加权平均计算出总的得分,然后归入相应的总评档次,业绩考评结果与调薪比例相挂钩。

(2) 能力和态度评价表不仅列出了公司所要求的核心价值观,还列出了具体职位所要求的能力和态度。而且,公司列举出了具体的能力行为指标作为评估标准和例子。员工对照自己和职位要求,先进行自我评价。同时,还需要上级、同级同事、服务客户、被评估人的下属提供相应的评价。公司将这些评价结果汇总分析,最后给员工一个关于优点和缺点的评价报告。此评价结果只与晋升、换岗、培训挂钩,不与薪酬和奖励挂钩。

(3) 未来发展建议表列出了为改善工作绩效员工所应采取的措施建议,以及未来的一些行动计划,包括员工的近期发展目标、工作兴趣和职业发展设想。此表和上个表结合使用,为制订新一年的培训计划、换岗计划和绩效考评方案提供了依据。

(资料来源:https://wenku.baidu.com/view/8331ea49e518964bcf847cdd.html)

问题:

1. T公司老的绩效考评制度存在哪些缺陷?

2. 在人力资源管理中,绩效考评有什么意义?

实践与操作

项目一 综合实训:模拟企业招聘。

[**目的**]

结合自身情况,了解企业用人的实际要求,加深对企业人力资源管理的理论与方法的认识;了解如何根据自己的专业,结合社会用人单位的情况,进一步完善自身的知识结构,设计好自己未来的职业生涯;培养人员招聘工作的能力;训练应聘者的能力与心理素质。

[**内容与要求**]

1. 自愿组成小组,每组8～10人,利用课余时间,选择去一到两个招聘会现场,一方面根据自身的条件模拟选择应聘企业,另一方面收集用人单位招聘信息,整理选择招聘要求,并对招聘单位的工作人员进行调查访问。

2. 在调查访问之前,每组需根据课程所学知识,经过讨论制定调查访问的提纲,具体问题的设置可参考下列内容:

(1) 该企业招聘目的;

(2) 该企业招聘岗位的有关要求;

(3) 该企业招聘程序;

(4) 该企业员工任用条件;

(5) 该企业聘用的决定办法;

(6) 该企业员工激励方面的具体措施。

3. 每组根据收集的资料写出一份800字左右的招聘宣传材料,每人根据其他小组的招聘宣传材料写出一份个人的应聘材料。

[**成果评定**]

1. 调查访问结束后,以班为单位组织一次模拟招聘会,每组成员分配角色充当一次模拟招聘单位的工作人员实地招聘。

2. 每人根据其他小组的招聘要求充当一次应聘者。

3. 在班级里选出一到两个模拟招聘组织的比较好的组,进行实地招聘,每组选择一个优秀者参加应聘,可通过优秀者加分的方式激励参与者。

4. 由组长和每个成员根据各成员在调研与模拟活动中的表现互相进行评估打分。

5. 本次实训成绩由教师根据各成员的调研报告与在模拟活动中的表现分别评估打分。

项目二 了解一家企业近年来的培训状况,包括培训人员的数量、培训的内容、培训的方式以及培训的期限和目的等。

项目三 在班里组织一个8～10人的学习小组,以小组为单位进行职业生涯规划比赛。

项目四 对所熟悉的人员岗位情况进行分析,运用所学的知识分组讨论"让合适的人做合适的事,并取得满意的工作绩效"的方法,并形成相应的策略措施。

任务4 生产管理

请扫描二维码
观看视频

知识目标

为了完成本任务,你需要的理论知识:

1. 现代企业生产管理的内容与目标
2. 现代企业生产计划的内容和编制步骤
3. 生产过程组织的基本要求
4. 常见生产过程组织的形式
5. 生产控制的内容

项目任务

4.1 认识现代企业生产管理
4.2 制订现代企业生产计划
4.3 组织现代企业生产过程
4.4 实施现代企业生产控制

能力目标

通过完成本任务,你应该能够:

1. 熟练运用组织生产过程的基本方法
2. 熟练进行生产计划的简单编制
3. 熟悉和掌握生产过程的两种组织形式
4. 学会进行生产控制

素质目标

通过完成本任务,你将:

1. 增强实践能力,培养创新精神
2. 具备环保、节能和安全意识
3. 培养诚实、守信、善于沟通和合作的团队意识

◆ 任务导入
◆ 相关链接
◆ 案例研究
◆ 增值阅读
◆ 任务小结
◆ 能力自测
◆ 案例分析
◆ 实践与操作

任务导入

趣味阅读

饮水机的故事

一个车间是长方形的,饮水机放在南北两侧。对于靠近饮水机的员工来说,当他们需要添加饮水时,确实是挺方便的。但是,对于处在中间三分之一区域的员工来说,往南或往北,

距离都是一样的。员工们有个很好的习惯,就是除非饮水机上的绿灯亮了(表示水已经煮开),他们才会去添水,否则就会等待,直到红灯熄灭。对于南北两处的人员,当他们走到饮水机前,发现红灯还亮着的时候,往往就是再走回头。但是,对中间区域的员工来说,再走回头路,实在是一段遥远的路程。

有一天,负责中间区域生产线的主管跑来跟生产经理说:"我的组员只要一离开岗位去倒茶水,没有10分钟是回不来的!""为什么?"生产经理问。"因为他们要么在那里等绿灯亮,要么就趁机会上个洗手间,反正水要开没那么快!"

这位组长有几天被这种糟糕的生产效率逼急了,就找生产经理。于是生产经理找来大家讨论这个问题。

"没有办法!"电工先这样说:"一定要走到饮水机前才能知道水到底开了没有。"

"那就在车间中央再装一台饮水机。"那位组长这样提议。

"不行!"负责安全生产的人首先反对:"那是违反安全规定的。"

"水开没开怎么确认?"生产经理问。

"……"他们瞪大眼睛地看着生产经理,好像对于生产经理这样"幼稚"的话感到丧气。"看饮水机上的指示灯是亮红灯还是亮绿灯啊……"电工这样说。

"什么时候看呢?"生产经理又问。

"走近饮水机的时候啊!"电工一脸无语的表情。

"一定要走近饮水机才看得到吗?"生产经理又问。"啊……"他们张大嘴巴,表情很难形容,好像是被生产经理搞得快发神经,又好像是有所顿悟的样子。

后来,他们把饮水机那个显示红绿灯的线路延长出来,装上一个大红灯泡,挂在饮水机的上头。从此,从很远的地方就可以看到那个红灯泡,只要它还亮着的,那就表示水还没开。因此,就有很多人连头也不抬地问他们组长:"水开了没?"然后继续工作。

(资料来源:http://toutiao.manqian.cn/wz_dehIyxkzHr.html)

这是一个很小很简单的改造,但就是企业生产管理的现场管理的体现。在实际工作中,我们常常片面地理解了管理。就拿这个小故事来说,员工常常因为水没烧开,而跑来跑去影响正常生产,小组长对此也是一筹莫展。在会议之初,大家也是没有头绪,但在生产经理启迪之下,大家终于抓住了问题关键点:将水烧开的信号更方便地传递给需要喝水的员工。于是解决的办法立刻就出来了。

企业的生产管理是一切组织正常发挥作用的前提,任何一个有组织的企业活动,不论其性质如何,都只有在管理者对它加以管理的条件下,才能按照所要求的方向进行。

4.1 认识现代企业生产管理

4.1.1 现代企业生产管理的相关含义

1. 生产的含义

生产是指通过劳动,把资源转化为能满足人们某些需求的产品和服务的过程。需要指出的是，生产过程的输出不仅指有形的实物产品，还包括无形的产品——服务。

2. 生产的类型

从管理的角度出发，生产可以分为两大类：制造性生产和服务性生产。

（1）制造性生产。制造性生产是通过物理或化学作用将有形输入转化为有形输出的过程。例如，通过切削加工、装配、焊接、弯曲等物理或化学过程，将有形原材料转化为有形产品的过程。通过制造性生产能够产生自然界原来没有的物品。按其生产工艺特性，可以分为加工装配型和流程型；按生产组织特点，可以分为订货型和存货型；按生产是否连续，可以分为连续型和间断型；按生产专业化程度，可以分为大量生产型、成批生产型和单件生产型，或大量大批生产、成批生产和单件小批生产。其特点如表4-1所示。

表4-1　生产类型及其比较

项　目	大量生产	单件生产	成批生产
产品品种和产量	品种单一，数量多	品种多，数量少	品种较多，数量中等
生产重复性	产品重复生产	生产重复性低	有一定的重复性
工作的专业化程度	工作的完成需要极少数工序	工作的工序数目多	工作的工序数目较多
设备和工艺装备	广泛采用专用设备和工装	多采用通用设备和工装	部分采用专用设备和工装
工人技术和熟练要求	技术水平要求较低，但熟练程度要求很高	技术水平要求较高，熟练程度要求较低	要求有一定的技术水平和一定的操作熟练程度
设备布置	对象专业化为主的流水线	工艺专业化为主	工艺＋对象
应变能力	差	好	较好
产品成本	低	高	较高

思政园地

习近平总书记指出："制造业是国家经济命脉所系""要坚定不移把制造业和实体经济做强做优做大""加快建设制造强国"。党的十八大以来，习近平总书记多次强调要大力发展制造业和实体经济，深刻阐明制造业是实体经济的基础，实体经济是我国发展的本钱，是构筑未来发展战略优势的重要支撑，为我国从制造大国向制造强国迈进指明了方向、明确了路径。

（2）服务性生产。服务性生产也称非制造性生产，其基本特征是提供服务而不是制造有形产品。按是否提供有形产品，服务性生产分为纯劳务生产和一般劳务生产。纯劳务生产不提供任何有形产品，如法官法庭辩护、教师讲课。一般劳务生产则提供有形产品，如批发、零售等。按顾客是否参与，服务性生产可分为顾客参与的服务生产和顾客不参与的服务生产。前者如理发、保健、旅游、客运等，没有顾客的参与则服务不可能进行；后者如修理、洗衣等。制造性生产与服务性生产的不同之处表现在以下方面，如表4-2所示。

表 4-2 服务性生产与制造性生产的区别

项 目	制造性生产	服务性生产
产出的物理性质	有形,可储存,生产先于消费	无形,不能保存,消费与生产同时
与顾客的接触程度	生产者与最终用户极少直接联系	与最终用户保持直接联系
对顾客的响应时间	数天、数周甚至数月	快速响应
生产率	易度量	难以度量
质量标准	较易建立	难以建立
区域	不受区域限制	地点顾客分布影响

3. 企业生产过程

企业生产过程就是在企业活动过程中,把资源转化为产品和服务的过程,这一过程也是增值过程。不论哪一类生产过程,其组成可按其在生产阶段中的不同作用,分为基本生产过程、辅助生产过程、生产技术准备过程和生产服务过程。

(1) 基本生产过程。它是指直接为完成企业的基本产品所进行的生产活动,如纺织企业的纺纱、织布,钢铁企业的炼铁、炼钢,轧钢,机械制造企业的铸锻、加工、装配等。基本产品代表着企业的专业方向。

(2) 辅助生产过程。它是指为保证基本生产过程的正常进行所必需的各种辅助性生产活动,如机械制造企业中的动力生产、工具制造、设备维修等。

(3) 生产技术准备过程。它是指产品在投入生产前所进行的各种生产准备工作,如产品设计、工艺设计、工艺装备的设计与制造、标准化工作、定额工作、调整劳动组织和设备布置等。

(4) 生产服务过程。它是指为基本生产和辅助生产服务的各种生产服务活动,如原材料、半成品的供应、运输、保管等。

4. 现代企业生产管理的含义

现代企业生产管理是指在企业的特定环境下,有效地利用生产资源,对企业生产过程进行有效的计划、组织与控制,实现企业经营目标的管理活动的总称。它是整个现代企业管理的重要组成部分。现代企业的生产活动广泛,其中各项工作的好坏,都直接关系到企业的生产经营效果。

相关链接 4-1

制造强国 步履铿锵

前不久,我国工业和信息化十年发展成绩单公布。从 2012 年到 2021 年,制造业增加值从 16.98 万亿元增加到 31.4 万亿元,占全球比重从 20%左右提高到近 30%;500 种主要工业产品中,我国有四成以上产量位居世界第一;建成全球规模最大、技术领先的网络基础设施……一个个亮眼的数据,一项项提气的成就,勾勒出十年间大国制造的非凡足迹,标志着我国迎来从“制造大国”“网络大国”向“制造强国”“网络强国”的历史性跨越。

制造业决定了一个国家的综合实力和国际竞争力,是我国经济命脉所系,是立国之本、强国之基。制造业价值链长、关联性强、带动力大，为农业、服务业提供原料、设备、动力和技术保障，在很大程度上决定着现代农业、现代服务业的发展水平。可以说，现代化经济体系的建设离不开制造业的引领和支撑。不仅如此，制造业的发展也显著增强了人民群众的获得感，从智能家电全面普及，到汽车进入千家万户；从宽带网络村村通，到5G手机加速推广应用……制造业实力的显著增强，有效提升了供给体系质量，提高了整个国民经济的发展效益。

当前，新一轮科技革命和产业变革深入发展，全球产业链供应链面临重构，国际竞争更趋激烈。全新的考卷已然铺展，更难的考题等待解答。站在新的历史起点上，把制造业高质量发展放到更加突出的位置，坚定不移地建设制造强国，就一定能抢占新一轮科技革命和产业变革的先机，构筑未来发展战略优势。

（资料来源：http://www.gov.cn/xinwen/2022—08/15/content_5705364.htm）

4.1.2 现代企业生产管理的基本问题

1. 现代企业生产管理的内容

现代企业生产管理的内容主要包括两个方面：

(1) 生产系统的设计。生产系统是一种人造系统，在设计时包括产品或服务的选择和设计、生产设施的选择、生产设施布置和工作设计与工作研究。生产运作系统的设计对生产系统的运行有先天影响。

(2) 生产系统的运行。主要是在现行生产系统中，组织如何适应市场变化，按用户的需求生产合格的产品和提供满意的服务。生产系统运行主要涉及生产计划、组织与控制三个方面；计划解决生产什么、生产多少和何时出产的问题；组织解决如何合理组织生产要素，使有限资源得到充分而合理的利用的问题；控制方面解决如何保证系统按计划运行，包括进度控制、质量控制、库存控制以及成本控制等。

2. 现代企业生产管理的主要任务

现代企业生产管理的主要任务包括以下三个方面的内容：

(1) 按照规定的产品品种质量完成生产任务。

(2) 按照规定的产品计划成本完成生产任务。

(3) 按照规定的产品交货期限完成生产任务。

产品质量(Quality)、成本(Cost)、交货期(Delivery)，三者合称QCD，是衡量企业生产管理成败的要素。达到QCD三个方面的要求，就是企业管理中生产管理的基本任务。保证质量、成本、交货期要求的三种职能，是互相关联、互相制约的。提高质量，可能引起成本的增加；增加数量，可能降低成本；但为了保证交货期而过分赶工，也可能引起成本的增加和质量的降低。为了取得更好的经济效益，就需要在生产管理中加以合理的组织、协调和控制。

3. 现代企业生产管理的基本问题

(1) 如何保证和提高质量。质量包括产品的使用功能、操作功能、安全性能和保全性能等多方面的含义。这些特性在企业生产管理中相应地转化为产品的设计质量、制造质量和服务质量问题——质量管理。

（2）如何保证适时、适量地将产品投放到市场。在现代化大生产中，生产所涉及的人员、物料、设备等资源成千上万，如何将全部生产要素在需要的时候组织起来，筹措到位，是一项十分复杂的系统工程，也是生产管理所要解决的一个最重要的问题——产品数量与交货期管理。

（3）如何才能使产品价格既为顾客所接受，同时又为企业带来利润。它涉及人员、物料、设备、能源、土地等资源的合理配置和运用，涉及生产率的提高，资金的运营和管理问题。归根结底，它可以归结为一个问题：如何努力降低生产成本——成本管理。

（4）如何提供独具特色的附加服务。对于产品制造企业而言，随着产品技术含量、知识含量的提高，在产品销售过程和顾客的使用过程中，所需要的附加服务增多。对于服务业企业来说，在基本服务之外提供附加服务也会赢得更多的客户。我国的企业，如海尔，也是大打服务牌，赢得了消费者的青睐。

（5）如何保护环境和合理利用资源。企业在生产对社会有用的产品的同时，生产出一些副产品，如废水、废气、废渣等，从而对环境造成污染。当今，保护我们共同生存的环境，合理获取、节约利用资源，保持可持续发展已经是人类所面临的重大课题，企业对此也责无旁贷。为了实现保护环境的目的，企业应当在生产运作管理中注意兼顾经济效益、社会效益和生态效益，合理利用资源。

相关链接 4－2

加快发展方式绿色转型

习近平总书记在党的二十大报告中指出：“必须牢固树立和践行绿水青山就是金山银山的理念，站在人与自然和谐共生的高度谋划发展。”加快发展方式绿色转型，是党中央立足全面建成社会主义现代化强国、实现第二个百年奋斗目标，以中国式现代化全面推进中华民族伟大复兴做出的重大战略部署，具有十分重要的意义。

习近平总书记指出，“杀鸡取卵、竭泽而渔的发展方式走到了尽头，顺应自然、保护生态的绿色发展昭示着未来。”推动绿色低碳发展是国际潮流所向、大势所趋，绿色经济已成为全球产业竞争制高点。加快发展方式绿色转型，就是要尽快彻底改变过去那种以牺牲生态环境为代价换取一时一地经济增长的做法，推动形成绿色低碳的生产方式和生活方式，从根本上缓解经济发展与资源环境约束的矛盾。

人与自然和谐共生是中国式现代化的重要特征。回顾历史，几百年来工业化进程创造了前所未有的物质财富，但大量消耗资源能源，也带来了触目惊心的环境污染和生态破坏，造成了难以弥补的生态创伤。中国式现代化坚持推动绿色发展，同步推进物质文明和生态文明建设。加快发展方式绿色转型，就是要深刻把握自然规律和经济社会可持续发展一般规律，加快形成节约资源和保护环境的产业结构、生产方式、生活方式、空间格局，走出一条生产发展、生活富裕、生态良好的文明发展道路。

（资料来源：https://baijiahao.baidu.com/s?id=1748825980457202513&wfr=spider&for=pc）

4.1.3 现代企业生产管理理论的发展

随着现代社会的技术发展以及人民需求的不断变化，生产管理理论与方法也在不断革新。

1. 最优生产技术

最优生产技术(Optimized Production Technology，OPT)为一种改善生产管理的技术，由以色列物理学家戈德拉特博士于20世纪70年代提出，最初被称作最佳生产时间表(Optimized Production Timetable)，80年代才改称为最佳生产技术。后来戈德拉特又进一步将它发展成为约束理论。

最优生产技术是由一组管理理念和规则组成的理论体系，逐渐形成了一种面向增加产销率而非传统的面向减少成本的管理理论工具，并且最终覆盖到企业管理的所有职能方面。

OPT的倡导者强调，任何企业的真正目标都是现在和未来都赚钱；要实现这个目标，必须在增加产销率的同时，减少库存和营运费用。OPT的基本思想是识别企业的瓶颈资源与非瓶颈资源，生产管理与控制基于瓶颈资源(约束)。其中，瓶颈资源是指实际生产能力小于或等于生产负荷的资源。这一类资源限制了整个企业产出的数量，其余的资源则为非瓶颈资源。

2. 准时生产方式

准时生产方式(Just in Time，JIT)，其实质是保持物质流和信息流在生产中的同步，实现以恰当数量的物料，在恰当的时候进入恰当的地方，生产出恰当质量的产品。这种方法可以减少库存，缩短工时，降低成本，提高生产效率。准时化生产是“二战”以后最重要的生产方式之一。由于它起源于日本的丰田汽车公司，因而曾被称为“丰田生产方式”，后来随着这种生产方式的独特性和有效性，被越来越广泛地认识、研究和应用，人们将其称为JIT。

(1) 准时生产方式的目标。

JIT生产方式将“获取最大利润”作为企业经营的最终目标，将“降低成本”作为基本目标。在福特时代，降低成本主要是依靠单一品种的规模生产来实现的。但是，在多品种、小批量生产的情况下，这一方法是行不通的。因此，JIT生产方式力图通过“彻底消除浪费”来达到这一目标。所谓浪费，在JIT生产方式的起源地，被定义为“只使成本增加的生产诸因素”，也就是说，不会带来任何附加价值的诸因素。任何活动对于产出没有直接的效益便被视为浪费。

(2) 准时生产方式的原则。

① 物流准时原则。要求在需要的时间段内，一般指15分钟至30分钟内，所有的物品按照需要的规格、规定的质量水平和需要的数量，按规定的方式送到生产现场，或在指定的地点能提取货物。

② 管理的准时原则。要求在管理过程中，能够按照管理的需要，遵照管理规定的要求收集、分析、处理和应用所需的信息和数据，并作为指令来进行生产控制。

③ 财务的准时原则。要求在需要时候，及时按照需要的金额调拨并运用所需的周转资金，保证企业的财务开支适应生产运行的需求。

④ 销售的准时原则。要求在市场需求的供货时间内，组织货源和安排生产，按照订单

或合同要求的品种和数量销售和交付产品，满足顾客的需求。

⑤ 准时生产原则。企业通过实施劳动组织柔性化来坚持多机床操作和多工序管理的生产方式，通过培训使操作工掌握一专多能的技艺，形成一支适应性强、技术水平高和富有创造性的工作团队，以保证各项特殊要求的生产任务能出色和按时地完成。并且在生产组织上实行工序间“一个流”的原则或成品/半成品储备量逐年下降的原则，最终实现“零库存”的管理目标。

3. 敏捷制造

敏捷制造(Agile Manufacturing, AM)是指制造企业采用现代通信手段，通过快速配置各种资源(包括技术、管理和人)，以有效和协调的方式响应用户需求，实现制造的敏捷性。敏捷性是核心，它是企业在不断变化、不可预测的经营环境中善于应变的能力，是企业在市场中生存和领先能力的综合表现，具体表现在产品的需求、设计和制造上具有敏捷性。

敏捷制造的特点是在包括产品开发在内的生产周期全过程满足用户要求，多采用多变的组织结构战略，着眼点在于长期获取经济效益，建立新型的标准基础结构，实现技术、管理和人的集成，最大限度地调动、发挥人的作用。敏捷制造方式把有关生产过程的各种功能和信息集成扩展到企业与企业间不同系统的集成，使企业的生产与管理集成提高到了一个更高的阶段。

思政园地

工信部发布的《工业互联网创新发展行动计划(2021—2023年)》提出：“鼓励消费品、汽车、钢铁等行业企业基于用户数据分析挖掘个性需求，打造模块化组合、大规模混线生产等柔性生产体系，促进消费互联网与工业互联网打通，推广需求驱动、柔性制造、供应链协同的新模式。”一些业内人士表示，作为智能制造的重要内容，随着工业互联网应用的深入，柔性制造将成为制造业未来发展的驱动力。

4. 柔性生产

柔性生产(Flexible Production, FP)是指主要依靠有高度柔性的、以计算机数控机床为主的制造设备来实现多品种、小批量的生产方式。柔性生产是英国的 Molins 公司于 1965 年首次提出的，它是在柔性制造的基础上，为适应市场需求多变和市场竞争激烈而产生的市场导向型的按需生产的先进生产方式。其优点是增强制造企业的灵活性和应变能力，缩短产品生产周期，提高设备利用率和员工劳动生产率，改善产品质量。因此，柔性生产是一种具有旺盛需求和强大生命力的生产模式。

柔性生产模式的内涵实质表现在两个方面，即虚拟生产和拟实生产。虚拟生产是指面对市场环境的瞬息万变，要求企业做出灵敏的反应，而产品越来越复杂、个性要求越来越高，任何一个企业已不可能快速、经济地制造产品的全部，这就需要建立虚拟组织机构，实现虚拟生产。拟实生产也就是拟实产品开发，它运用仿真、建模、虚拟现实等技术，提供三维可视环境，从产品设计思想的产生、设计、研发，到生产制造全过程进行模拟，以实现在实体产品生产制造以前，就能准确预估产品功能及生产工艺性，掌握产品实现方法，减少产品的投入、降低产品开发及生产制造成本。这两点是柔性生产模式区别于刚性生产模式的根本所在。很明显，柔性生产的精髓在于实现弹性生产，提高企业的应变能力，不断满足用户的需求。

相关链接 4-3

海天轻纺集团的敏捷制造

福建海天轻纺集团是福建面料供应龙头企业，2014 年产值为 8.6 亿元，客户包括优衣库、迪卡侬、哥伦比亚等知名品牌。但相对销售额，利润却只有 5%，在产能过剩的压力之下，海天轻纺开始尝试“敏捷制造”。

海天轻纺的“敏捷制造”是一种类似于自助餐的销售模式，即按照用户的需求来提供服务，在解决库存问题的同时，又能够在出现“爆款”缺货现象时做出快速反应。其核心是对市场需求的快速反应，先生产一部分的成衣测试市场，比如三分之一，然后依据市场实际销售情况来决定是否补货，补货部分并不是成品而是原材料(可能是衣服裁片或布匹)。这样，一方面可以通过快速生产实现快速供货；另一方面如果销售情况不理想，设计师可以直接通过和客户进行互动将原材料进行改款。

海天轻纺通过对生产经营全链条的信息化、智能化进行改造，引进了数控技术生产线和信息化设备管理系统；在销售渠道方面，依托“互联网+”的电商模式，同时在线下只开设少量的实体体验店。事实证明，与改造前相比，车间的日产量比去年提高了 2 t，而用工数量却从 40 人减少到 28 人，既节省了企业成本，又大幅提高了生产效率和合格率。据测算，“敏捷制造”方案可将其利润提高到 15%。

(资料来源：http://www.ctainfo.cn/html/2015/trends_0520/724.html)

4.2 制订现代企业生产计划

4.2.1 现代企业生产计划的含义及主要指标

1. 现代企业生产计划的含义

生产计划也称基本生产计划，就是企业为了生产出符合市场需要或顾客要求的产品，所确定的在什么时候生产、在哪个车间生产以及如何生产的总体计划。现代企业生产计划是现代企业实施生产管理的依据，一般包括综合计划、主生产计划、物料需求计划。

(1) 综合计划。综合计划又称为生产大纲，它是对企业未来较长一段时间内资源和需求之间平衡所做的概略性设想，是根据企业拥有的生产能力和市场需求预测对企业未来较长时间内产出内容、产出量、劳动率水平、库存投资等问题做出的决策性描述。综合计划并不具体制定每一品种的生产数量、生产时间和每一车间及人员的具体工作任务，而是按照产品大系列，以年度为时间范围对人员类别做安排，因此也称年度生产计划或年度生产大纲。

(2) 主生产计划。主生产计划要确定每一具体的最终产品在每一具体时间段内的生产数量。这里的最终产品是指对企业而言必须最终完成、可以马上出厂的完成品，它可以是直接用于消费的消费产品，也可以是作为其他企业产品的部件或配件。这里指的具体时间段通常是日、周、旬或月。

(3) 物料需求计划。主生产计划制订后，就要确定物料需求计划。物料需求计划

(Material Requirement Planning，MRP)是指在产品生产中，对构成产品的各种物料需求量与需求时间所做的计划。MRP是根据市场需求预测和顾客订单制订产品的生产计划，然后基于产品生成进度计划，组成产品的材料结构表和库存状况，通过计算机计算所需物资的需求量和需求时间，从而确定材料的加工进度和订货日常的一种实用技术。

相关链接 4-4

某企业物料需求计划表

需求部门： 日期：

项目名称： 编号：

序号	物料名称	规格	单位	需求用量		采购估价		需求日期	请购原因	备注
						单价	总价			
1										
2										
3										
说明：需求部门填写计划表，采购估价，公司领导核准后，采购根据库存量制成采购订单并进行采购。该表格适用特定项目物料、主料需求请购。										

核准： 采购： 需求部门领导： 需求人：

（资料来源：https://wenku.baidu.com/view/d76c2a3d453610661ed9f467.html）

2. 生产计划的主要指标

生产计划是由生产指标表现的，为了能更有效和全面地指导工业企业计划期的生产活动，生产计划应建立包括产品品种、产品质量、产品产量及产值四类指标为主要内容的生产指标体系。

(1) 产品品种指标。产品品种指标是企业在预定计划期内规定生产的产品名称、型号、规格、种类和数量等。品种指标能够在一定程度上反映企业适应市场的能力，一般来说，品种越多，越能满足不同的需求。

(2) 产品质量指标。产品质量指标包括两大类：一类是反映产品本身内在质量的指标，主要是产品平均技术性能、产品质量分等；另一类是反映产品生产过程中工作质量的指标，如废率、成品返修率等。产品的质量指标是衡量一个企业的产品满足社会需要程度的重要标志，是企业赢得市场的关键因素。

(3) 产品产量指标。产品产量指标是指企业在一定时期内生产的、符合产品质量要求的实数量和工业性劳务的数量。

(4) 产值指标。产值指标是指用货币表示的企业生产产品的数量，它解决了企业生产多种产品时，不同产品产量之间不能相加的问题。根据具体内容与作用不同，有商品产值、总产值和净产值三种表现形式。

上述各项生产计划指标的关系十分密切。既定的产品品种、质量和产量指标是计算各产值指标的基础，而各项产值指标又是企业生产成果的综合反映。企业在编制生产计划时，应先确定产品的品种、质量与产量指标，然后据此计算产值指标。

4.2.2　生产计划的编制步骤

1. 做好编制生产计划的准备工作

这项准备工作是预测计划期的市场需求、核算企业自身的生产能力，为确定生产计划提供外部需要和内部可能的依据。

(1) 生产预测。生产预测属于市场预测的范畴，是一种侧重年度(年度以内)以一个企业作为基本出发点的微观预测。

(2) 生产能力的核定。生产能力是指对企业的实际生产能力进行核算和确定的工作。生产能力的核定一般从基层开始，自下而上进行。企业的生产能力是指在计划期内，在一定的生产技术组织条件下，能够生产合格产品的最大数量。企业有三种生产能力，即设计生产能力、查定生产能力和计划生产能力。

设计生产能力是指新建企业或进行技术改造或扩建企业，在设计任务书与技术设计文件中所规定的生产能力。

查定生产能力是指老企业在没有设计生产能力，或由于客观条件发生了重大变化，原设计生产能力已不能反映企业的生产能力时，需要重新调查核定生产能力。这种重新调查核定生产能力称为查定生产能力。

计划生产能力是指企业在计划期内能够达到的生产能力，它是根据企业的现有条件，并考虑在计划期内所能实现的技术组织措施效果的基础上加以确定的。

2. 确定生产计划指标

根据市场需要和生产能力，在综合平衡的基础上，确定和优化生产计划指标。生产计划的核心是确定产品的品种和数量。只有确定了产品的品种和数量后，才可以计算商品产值和总产值。

3. 产品生产进度的编制

确定了产品的品种和数量后，再安排产品的生产时间，就得到了产品生产进度计划。生产进度安排的总原则是：保证交货期，实现均衡生产，注意和企业技术准备工作及各项技术措施的衔接。不同类型的企业由于生产特点不同，其产品生产进度的安排也不一样。

(1) 大批量生产企业。由于产品品种数很少，产量很大，生产的重复程度高，多采用备货型生产方式。其产品生产进度的主要内容是将全年生产任务均衡地按季、按月分配。常见的安排方式有：均匀分配方式、分期递增方式、小幅度连续增长方式、抛物线递增分配方式。

(2) 成批生产企业。这种类型的企业由于产品品种较多，各种产品产量相差较大，不能采用大批量生产企业的方式安排生产。对产量多，且经常生产的产品，可按“细水长流”的方式每月均衡安排。对于分淡、旺季的同系列的产品，可采取集中生产的方式，扩大批量，减少同期生产品种，简化组织工作。尽可能地使各季、各月的产品产值同该产品生产的批量相等或成整倍数，以提高工作效率。

(3) 单件小批生产企业。这种类型的企业由于订单的到达具有随机性，产品品种繁多，每种产品产量很少，技术准备工作量较大且复杂，产品生产进度应以订货合同为依据，并考虑生产能力进行安排。安排好产品生产进度计划后，还要将生产任务分配到各个车间，使各车间之间的生产任务在时间上、数量上相互衔接平衡，保证企业生产任务顺利完成。

4.2.3 生产作业计划

企业的生产计划确定后，还要编制生产作业计划，把全年各季度任务按月安排，细到周、日、时，以保证计划的顺利完成。企业生产作业计划是企业生产计划的具体执行计划。与生产计划相比，生产作业计划具有计划期短、计划内容具体、计划单位小三个特点。

1. 生产作业计划标准

作业计划标准是指为制造对象(产品、部件、零件等)在生产期限和生产数量方面所规定的标准数据。它是编制生产作业计划的重要依据和组织均衡生产的有力工具。企业生产类型不同，生产过程组织不同，因而形成不同的标准。

(1) 批量和生产间隔期。

批量是指一次投入(出产)相同制品的数量。生产间隔期是指相邻两批同种制品投入(出产)的时间间隔。其相互间关系可以表示为

$$批量=生产间隔期\times平均日产量$$

批量大小、生产间隔期长短对生产的经济效益有很大影响。加大批量可以减少设备调整次数、降低设备调整费用、提高设备利用率、稳定产品质量和提高劳动生产率，有利于简化生产的组织管理工作和生产技术准备工作，这是有利的一面；但加大批量延长了生产周期，推迟了交货期限，增大了在制品储备，占用了更多的流动资金和生产面积，这是不利的一面。所以，要从企业的整体效益，从综合性目标出发进行经济分析，统筹兼顾，合理确定批量的大小。

(2) 生产周期。

生产周期是指产品或零件从原材料投入生产起一直到成品出产为止所经历的全部时间。产品生产周期由各个零部件的生产周期组成，零部件的生产周期由该零部件的各个工艺阶段或工序的生产周期组成。缩短产品的生产周期，对于保证按时交货、节约在制品占用、加速流动资金周转、提高劳动生产率都有重要的作用。

相关链接4-5

某公司生产计划管理流程图：

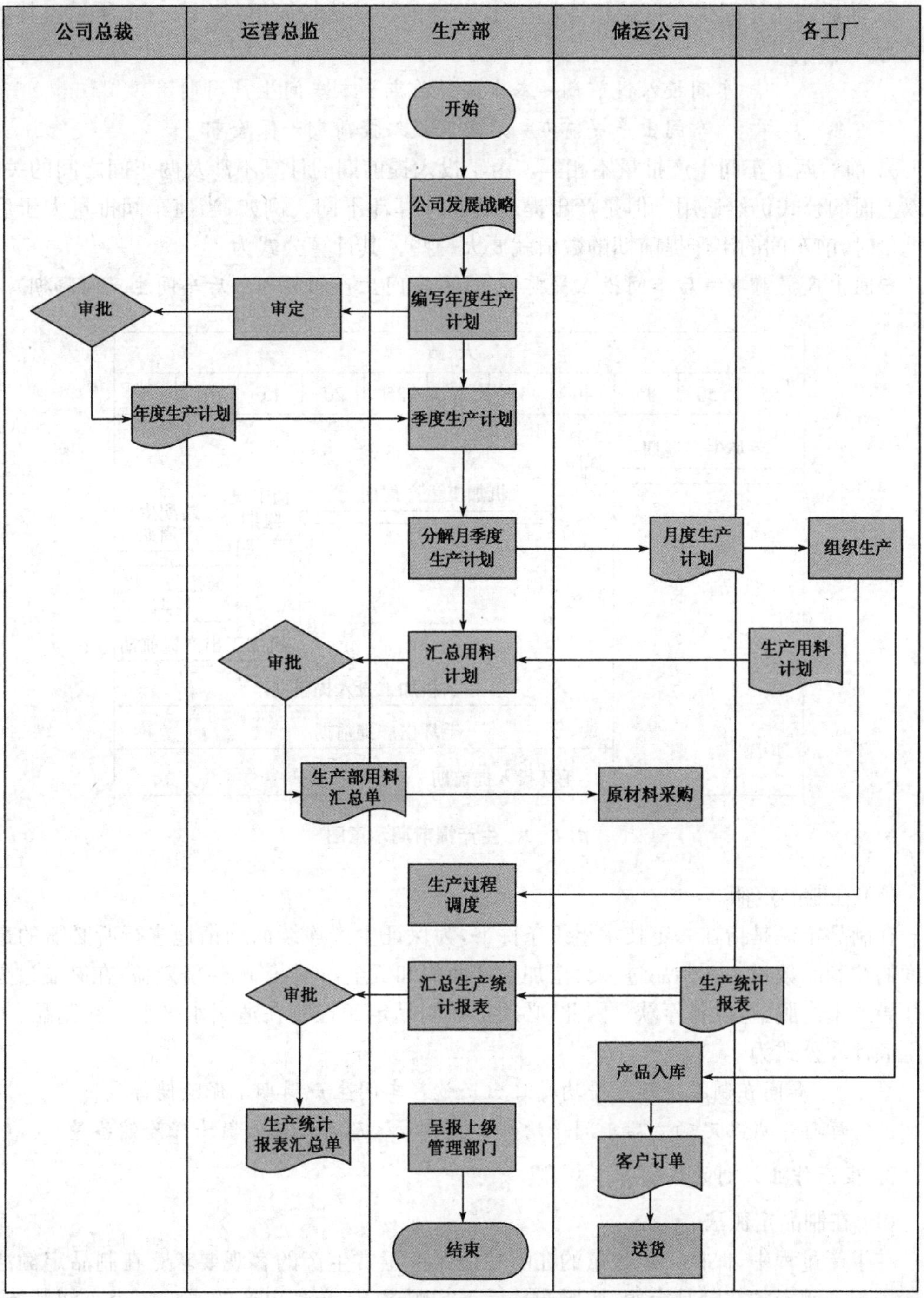

生产计划管理流程图

（资料来源：https://doc.100lw.com/doc/8cff2085a35e182ccbc7a71d）

(3) 生产提前期。

生产提前期是指产品(零件)在各工艺阶段投入产出的时间与成品出产时间相比所要提前的时间。它是按照反工艺顺序逐个车间制定的。生产提前期的制定分两种情况讨论。

① 前后两个车间生产批量相等,生产提前期的计算比较简单,如图 4-1 所示。其计算公式为

车间投入提前期=本车间提前期+本车间生产周期

车间出产提前期=后车间投入提前期+保险期

② 前后两个车间生产批量不相等。由于投入提前期的计算不涉及两车间之间的关系,所以上面的公式仍然适用。但是产出提前期的计算却不同。例如,当前车间批量大于后车间批量时,前车间的出产提前期的数值就要大一些。其计算公式为

车间出产提前期=后车间投入提前期+(本车间生产间隔期-后车间生产间隔期)

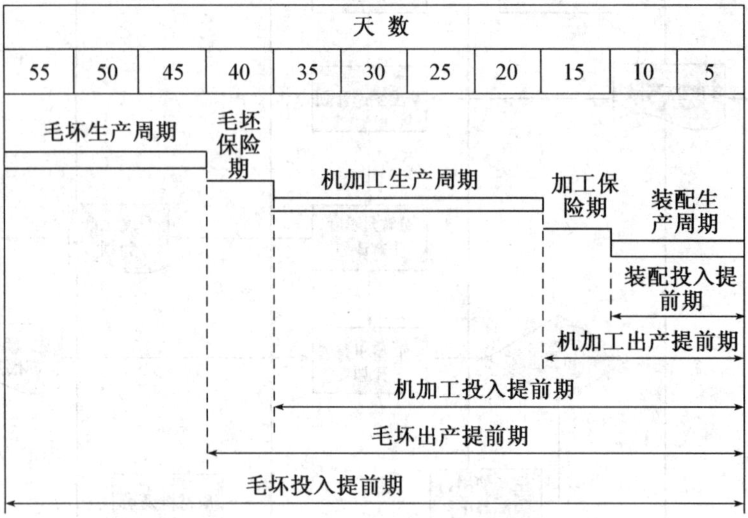

图 4-1　生产提前期示意图

(4) 在制品定额。

在制品定额是指在一定技术组织条件下,为保证生产连续而均衡地进行所必需的最低限度的在制品数量。在制品过多会增加生产面积和资金占用,影响经济效益;在制品过少则往往导致生产脱节,设备停歇。因此,必须把在制品定额控制在适当水平上。在制品、半成品定额计算公式为

车间在制品定额=平均每日出产量×车间生产周期+保险储备量

库存半成品定额=后车间平均每日需要量×库存定额天数+保险储备量

2. 生产作业计划的编制

(1) 在制品定额法。

在生产过程中,保持一定数量的在制品是保证正常生产的客观要求。在制品定额法就是运用预先制定的在制品定额,按照产品反工艺顺序,从产品出产的最后一个车间开始,连续地计算各车间的出产量和投入量。这种编制生产作业计划的方法主要适用于大批大量生产企业。其计算公式为

$$\begin{matrix}\text{某车间}\\\text{出产量}\end{matrix}=\begin{matrix}\text{后车间的}\\\text{投入量}\end{matrix}+\begin{matrix}\text{本车间半成品}\\\text{计划外销量}\end{matrix}+\left(\begin{matrix}\text{中间库半成品}\\\text{定额}\end{matrix}-\begin{matrix}\text{中间库半成品}\\\text{期初预计存量}\end{matrix}\right)$$

$$\begin{matrix}\text{某车间}\\\text{投入量}\end{matrix}=\begin{matrix}\text{本车间的}\\\text{出产量}\end{matrix}+\begin{matrix}\text{本车间计划}\\\text{允许废品数量}\end{matrix}+\left(\begin{matrix}\text{本车间}\\\text{在制品定额}\end{matrix}-\begin{matrix}\text{本车间在制品}\\\text{期初预计存量}\end{matrix}\right)$$

(2) 生产周期法。

单件小批生产的企业，其生产作业计划的编制方法既不同于大量生产的企业，也不同于成批生产的企业。由于这类企业的生产任务多数是根据订货合同来确定的，生产的品种、数量和时间都很不稳定，产品是一次性生产或不定期重复生产，因此只适合用生产周期法。

生产周期法就是根据产品的装配系统和工艺过程、工时定额、车间能力等资料，用网络计划技术绘制出产品的生产周期网络图或进度表，然后按照确定的生产周期和各项活动的开始结束时间适当考虑保险期后，就可以规定有关车间生产任务的投入出产期。

生产周期法一般包括三个步骤：① 根据接受顾客订货的情况，分别安排生产技术准备工作。② 根据合同规定的交货期，采用网络计划技术及相关技术，为每一项订货编制生产周期进度表。③ 进一步调整平衡后，编制日度作业计划，正式确定各车间的生产任务。

(3) 提前期法(累计编号法)。

提前期法是指将预先制定的提前期标准转化为提前量，来规定车间的生产任务，使车间之间由“期”的衔接变为“量”的衔接。采用提前期法编制企业生产作业计划的方法一般适用于成批生产的企业。

相关链接 4-6

某公司生产计划管理标准

任务名称	节点	任务程序、重点及标准	时限	相关资料
制订年度生产计划	C1	程序		(1)《公司发展战略规划》 (2)《公司年度销售计划》 (3)《公司年度生产计划》
		☆ 由生产部组织下属各生产单位负责人召开年度生产计划会议，根据公司发展战略和经营计划规定的经营目标和年度销售计划，制订当年的生产计划	3个工作日内	
		☆ 报生产厂长审核，生产厂长应提出自己的意见和建议	1个工作日内	
		☆ 报公司总经理审定后交由董事长审批召开公司年度生产计划会议	即时	
		重点		
		☆ 制订年度生产计划的过程		
		标准		
		☆ 控制产销平衡，各生产单位产量平衡、品种齐全，符合客户要求		

续 表

任务名称	节 点	任务程序、重点及标准	时 限	相关资料
分解季度生产计划	C2	程序		(1)《公司季度销售计划》 (2)《公司季度生产计划》
		☆ 年度生产计划经董事长审批后,由总经理负责主持召开生产计划会议,由生产部组织下属各生产单位负责人召开各季度生产计划会议,按照季度销售计划要求将年度生产计划分解为各生产单位季度生产计划	1个工作日内	
		☆ 每季度一次季度生产计划会议		
		重点		
		☆ 生产任务按品种、规格、数量进行分解		
		标准		
		☆ 控制产销平衡,填写生产计划统计报表		
制订月度生产计划	C3	程序		(1)《公司月度销售计划》 (2)《公司月度生产计划》
		☆ 由生产部组织下属各生产单位负责人召开阶段生产计划会议,按照月度销售计划要求制订月度生产计划	2个工作日内	
		☆ 每月召开一次月度生产计划会议		
		重点		
		☆ 制订月度各生产单位的生产作业计划		
		标准		
		☆ 生产计划与设备维护、质量、安全、环保、资源等各种计划同时下达		

(资料来源:https://max.book118.com/html/2016/1211/70936999.shtm)

为了便于控制车间之间的衔接,各车间投入出产的数量常采用累计数表示。累计数是从计划年度开始出产某种产品的第一台算起,并顺序地给每台产品都编上一个号,故此法又称累计编号法。利用这种累计编号法可以很方便地确定车间的生产任务。其计算公式为

$$提前量=提前期\times平均日产量$$

例:某车床厂,装配车间5月份生产机车应达到的累计号数为200号,平均日产量为3台,如机械加工车间出产提前期为8天,投入提前期为16天。问:机械加工车间5月份的生产任务是多少?

解:提前量=提前期×平均日产量

机械加工车间出产的累计号数:200+(8×3)=224(号)。

机械加工车间投入的累计号数:200+(16×3)=248(号)。

机械加工车间5月份的生产任务是:达到累计出产224台,累计投入248台。

4.3 组织现代企业生产过程

生产过程组织是指为提高生产效率,缩短生产周期,对生产系统内所有要素进行合理的安排,以最佳的方式将各种要素结合起来,使其形成一个协调的系统。具体来说就是对生产过程中的劳动者、劳动工具、劳动对象以及生产过程的各个环节、阶段、工序的合理安排,使之在空间上衔接,在时间上紧密配合,形成一个协调的产品生产系统。它的基本任务是保证产品制造的流程最短、用时最少、耗费最省,又能按市场的需求提供优质的产品和服务。

4.3.1 现代企业生产过程组织的要求

现代企业在组织生产过程时,为保证生产计划任务的完成以及获得更好的经济效益,应满足下列客观要求。

1. 生产过程的连续性

它表现为产品及其零部件在生产过程中始终处于运动状态,不发生或很少发生中断现象。保证和提高生产过程的连续性,可以缩短产品生产周期,减少在产品数量,加速资金周转,同时能更充分地利用物资、设备和生产面积。

2. 生产过程的比例性

生产过程的比例性是指生产过程各阶段、各工序之间在生产能力上要保持一定的比例关系,以适应产品生产的要求。它表现在各个生产环节的工人人数、设备数量、生产速率、开动班次等都必须互相协调配套。比例性是保证生产连续性的前提,有利于充分利用企业的设备、生产面积、人力和资金。

3. 生产过程的均衡性

生产过程的均衡性是要求生产过程的各个基本环节和各工序在相同的时间间隔内,生产相同或者稳定递增数量的产品,每个工作地的负荷经常保持均匀,未出现前松后紧或时紧时松的现象,保持有节奏的均衡生产。均衡性特点是连续性和比例性特点所决定的。生产不均衡会造成忙闲不均,既浪费资源,又不能保证质量,还容易引发设备、人身事故。

4. 生产过程的平行性

生产过程的平行性是指物料在生产过程中实行平行交叉作业。平行作业是指相同的零件同时在数台相同的机器上加工;交叉作业是指同一批零件在上道工序还未加工完成时,将已完成的部分零件转到下道工序加工。也就是生产过程的各工艺阶段、各工序在时间上实行平行作业,产品各零部件的生产在不同空间进行。平行交叉作业可以大大缩短产品的生产周期,在同一时间内生产更多的产品。平行性是生产过程连续性的前提。

5. 生产过程的精确性

生产过程的精确性是指生产过程的各阶段、各工序都按后续阶段和工序的需要生产,即在需要的时候,按需要的数量生产所需要的零部件。只有各工序都准时生产,才能准时地向用户提供所需数量的产品。

6. 生产过程的柔性化

市场需求的多变性要求生产系统必须实现在极短时间内，以最小的代价从一种产品的生产转换到另一种产品的生产。所谓“柔性”是指加工制造的灵活性、可变性和可调节性，广义上说还包括服务、运输、库存等方面的灵活性。

案例研究 4－1

定制需求推动上游生产数控化、柔性化发展

“定制”成家装主流后，定制家具在近两年更是全体向“整装”“整家定制”进发，这一需求传导至上游制造环节后，板式家具生产过程中对智能化、柔性化的需求日益凸显，而这也在倒逼着国产家具装备厂商进行自我提升。近年来，国产家具装备厂商抓住国内庞大的定制需求机会，通过技术、零部件提升，数控软件升级等，开发出较国外品牌在性能、指标方面持平，而价格更具优势的家具装备产品，在中高端市场打破了国外品牌长期垄断的局面，国产化趋势正在形成。

广东佛山伦教是国内家具装备主要生产基地之一，有“中国木工机械重镇”之称，当地的木工机械商会会长刘乐球介绍，过去，大量的家具装备厂采用的是委外加工方式，“委外加工厂大部分是个体户，生产水平、生产设备、管理比较低级，从专业角度讲，委外加工的零部件满足不了精密的要求”。

佛山豪德数控机械有限公司(以下简称豪德数控)总经理刘敬盛有着二十多年的家具装备行业经验，同时也是广东顺德伦教木工机械商会副会长，他介绍称：“过去，大型家具企业基本不会选择国产设备，大厂清一色的都是外国设备。”

不过近几年，在下游市场中，定制成为潮流，同时规模企业市场占有率提升，这些变化传导至上游，家具制造商对生产装备智能化、数控化、柔性化要求越来越高，部分家具装备企业也因此选择自我提升的出路。

在需求倒逼、数控软件助推等多因素下，高端国产家具装备有了一定突破，产品性能接近甚至超越国际品牌，同时价格更具优势，家具装备国产化成为趋势。

(资料来源：http://www.gov.cn/xinwen/2022—08/15/content_5705364.htm)

4.3.2 现代企业生产过程组织的内容

现代企业的生产过程，既要占用一定的空间，又要经历一定的时间。因此，合理组织企业生产过程，就需要将生产过程的空间组织和时间组织有机地结合起来，充分发挥它们的综合效率。

1. 生产过程的空间组织

生产过程的空间组织是指在一定的空间内合理地设置企业内部各基本生产单位(如车间、工段、班组)，使生产活动能高效地顺利进行。生产单位的组织形式决定着企业内部的分工关系，决定着工艺过程的流向以及原材料、在制品在企业内的运输路线和运输量。常见类型有工艺专业化形式、对象专业化形式、混合专业化形式等。

(1) 工艺专业化形式。工艺专业化形式又称工艺原则，就是按照生产过程中各个工艺阶段的工艺特点来设置生产单位。在工艺专业化的生产单位里，集中着同种类型的设备和同工种的工人，对企业生产的各种产品进行相同工艺的加工。按工艺专业化建立的专业化车间，A、B产品要出车间，在不同车间完成相应的加工过程，其加工零件的运动如图4-2所示。

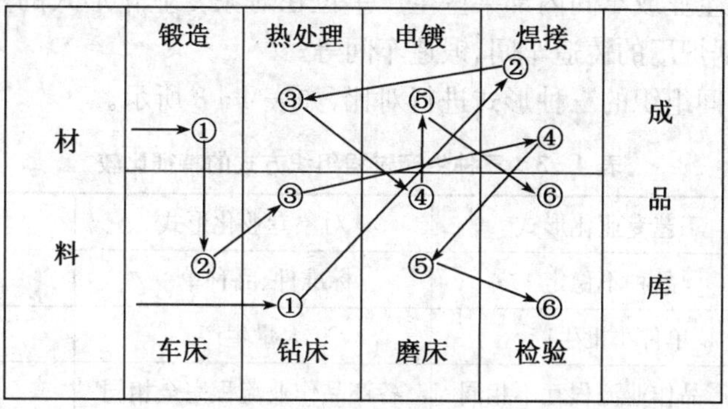

图4-2 工艺专业化车间零件移动路线图

工艺专业化形式的优点是：对产品品种的变化具有较强的适应性；便于充分利用生产设备与生产面积；便于进行工艺专业化管理，并有利于工人技术熟练程度的提高。

工艺专业化形式的缺点是：产品加工路线长，运输工具、运输工人和中间仓库增多，使厂内运输费用增加；生产周期延长，资金占用增加；各生产车间的协作、往来频繁，使计划、在制品、质量等管理复杂。

工艺专业化形式适用于企业产品品种多、变化大、产品制造工艺不确定的单件小批生产类型的企业。它一般表现为按订货要求组织生产，特别适用于新产品的开发试制。

(2) 对象专业化形式。对象专业化形式是指按照产品(或零部件)的不同来设置生产单位。在对象专业化的生产单位里，集中着为制造某种产品所需要的各种设备和各工种的工人，能独立地完成产品生产，是封闭式的生产单位，如汽车制造厂的发动机车间、齿轮车间等。在对象专业化车间的条件下，A、B产品不出车间，其零件运动的路线如图4-3所示。

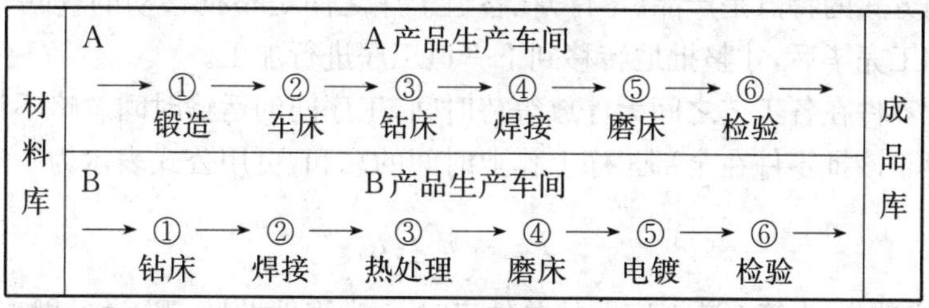

图4-3 对象专业化车间零件移动路线图

对象专业化形式的优点是：生产比较集中，物流路线短，搬运工作量小；计划管理、库存管理相对简单；有利于强化质量责任和成本责任，便于采取流水生产等先进生产组织形式，提高生产效率；生产周期短，在制品占用量少、资金周转快。

对象专业化形式的缺点是：对市场需求变化适应性差，转产困难；由于同类设备的分散使用，设备投资大；相同工种分布在不同单位，不便于任务均衡分配和开展专业化技术管理。

对象专业化形式适用于企业的专业方向已定，产品品种稳定、工艺稳定的大量大批生产，如家电、汽车、石油化工品生产等。

(3) 混合专业化形式。混合专业化形式也叫混合原则，有两种具体形式：一是企业或车间内部某些生产单位在工艺专业化形式的基础上，局部采用对象专业化形式，如锻造厂主体是按着工艺专业化方式来设置车间，但在箱体造型工段过程却是对象专业化方式；再如床身造型工段等。二是企业或车间内部某些生产单位在对象专业化形式的基础上，局部采用工艺专业化形式，如锅炉厂的铸造车间、锻造车间等。

将生产过程空间组织的三种形式进行对比，如表 4 - 3 所示。

表 4 - 3　三种生产过程组织方式的特征比较

比较项目	工艺专业化形式	对象专业化形式	混合组织方式
产品特性	品种不稳定	标准件、品种单一	品种较稳定
生产类型	单件小批生产	大量生产	成批生产
生产流程	各产品作业流程互不相同	各产品作业流程完全相同	有典型工艺流程
生产设备	通用设备	专用设备	部分通用或专用设备，或需隔离的设备
工人技术要求	熟练的工人，适应能力强	单一的专门化工作	一定的适应能力

2. 生产过程的时间组织

生产过程组织的重要目标之一，就是节约时间，提高时间利用率。生产过程的时间组织就是确定劳动对象在生产过程中各车间、各工序之间的移动方式，确定生产要素在时间上的衔接关系。产品在各工序之间的移动与制造产品的数量有关，如果制造的产品只有一件，那只能顺次地经过各工序，前一道工序加工完毕后，产品才能移到下一道工序。如果同时制造的产品不是一件而是一批，则产品在工序之间的移动有三种典型的移动方式：顺序移动、平行移动和平行顺序移动。

(1) 顺序移动方式。

顺序移动方式的特点是产品(零件)在各道工序之间是整批移动的，即一批产品在上一道工序全部加工完毕后，才整批地转移到下一道工序进行加工。

假设一批零件在各工艺之间无停放等待时间，工序间的运输时间忽略不计，则该批零件的生产周期等于该批零件在全部工序上作业时间的总和，可用公式表示为

$$T_{顺} = n\sum_{i=1}^{m} t_i$$

式中，m 为工序数；t_i 为第 i 道工序上的单件工时；n 为零件批量；$T_{顺}$ 为一批零件在顺序移动方式下的生产周期。

例：某公司生产产品的批量 $n=3$ 件，经过 4 道工序加工，其单件工时为 $t_1=10$ 分钟，$t_2=5$ 分钟，$t_3=20$ 分钟，$t_4=10$ 分钟。试求该批产品的生产周期。该产品生产的顺序移动方式如图 4 - 4 所示。

$$T_{顺} = n\sum_{i=1}^{m} t_i = 3\times(10+5+20+10) = 135(分钟)$$

所以，该批产品的生产周期为 135 分钟。

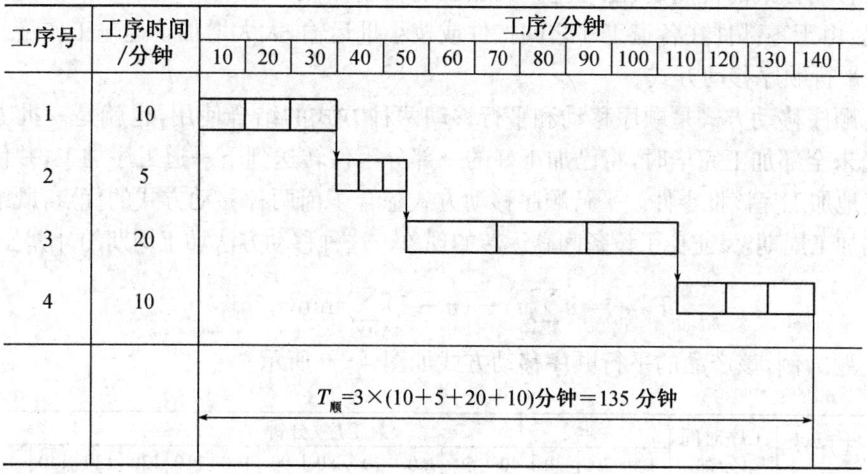

图 4-4　顺序移动方式示意图

顺序移动方式加工时间较长，但设备利用率较高，与工艺专业化车间相对应，可以在批量较小时采用。顺序移动方式适用于工艺专业化的生产企业或批量较小的情况。

(2) 平行移动方式。

平行移动方式就是指当前道工序加工完成每一个零件或产品之后，立即传送到下一道工序继续加工。这种加工方式的特点是各工序之间是逐件运送，并在不同工序上平行加工。用公式表示为

$$T_{平} = \sum_{i=1}^{m} t_i + (n-1)t_{长}$$

式中，$t_{长}$ 为最长工序单件时间；t_i 为第 i 道工序上的单件工时；n 为零件批量；$T_{平}$ 为一批零件在顺序移动方式下的生产周期。

以上题为例，若 $t_{长}=20$ 分钟，则 $T_{平}=(10+5+20+10)+(3-1)\times 20=85$(分钟)，平行移动方式如图 4-5 所示。

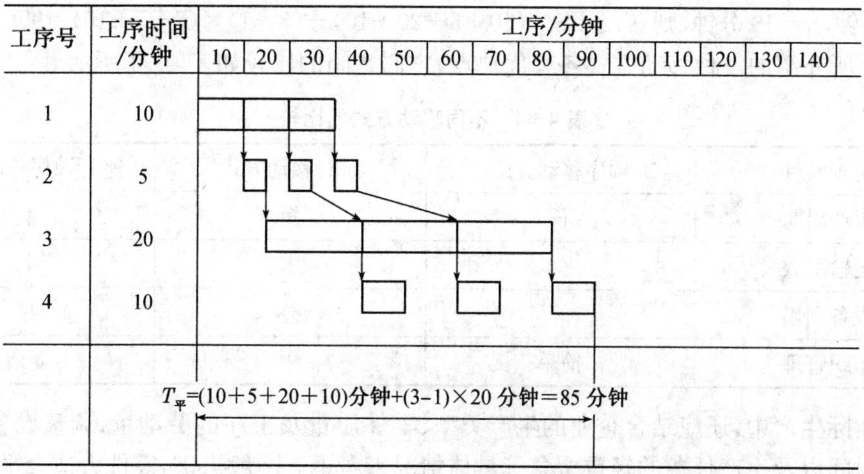

图 4-5　平行移动方式示意图

平行移动方式的优点是：能够把产品加工的在制品减少到最少，生产周期压缩到最短。其缺点是：由于零部件在各道工序之间按件或按小批运输，大大增加了运输工作量。

（3）平行顺序移动方式。

平行顺序移动方式是顺序移动和平行移动两种方式的结合使用，也就是一批零件在某道工序尚未全部加工完毕时，将已加工好的一部分零件转送到下一道工序加工，并使下道工序能连续地加工完该批零件。平行顺序移动方式综合了前两种移动方式的优点，既缩短了一批零件的加工周期，又避免了设备间歇运转的现象。这种移动方法加工周期的计算公式为

$$T_{平顺} = n\sum_{i=1}^{m} t_i - (n-1)\sum_{i=1}^{m} \min(t_i, t_{i+1})$$

以上题为例，该产品的平行顺序移动方式如图 4-6 所示。

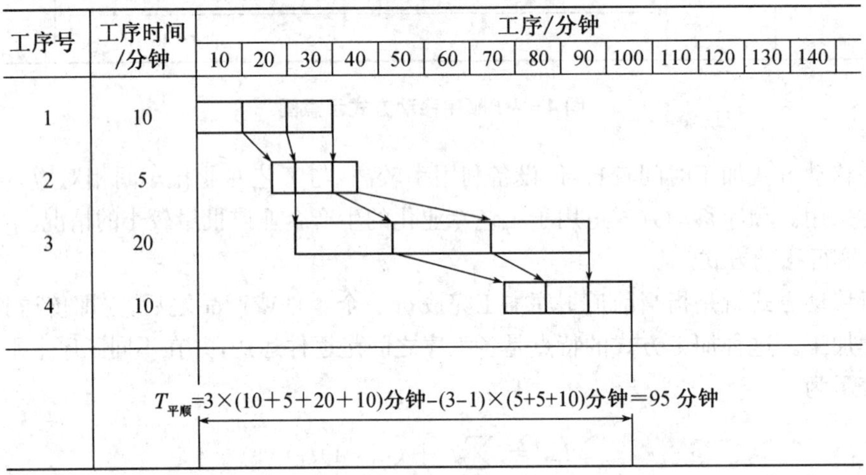

图 4-6 平行顺序移动方式示意图

从图 4-6 中可见，平行顺序移动方式下的加工周期，可用顺序移动方式的加工周期减去重合加工时间。重合加工时间等于每相邻工序中较短工序单件时间之和乘以$(n-1)$。

根据平行顺序移动方式的计算公式，在批量为 3 的情况下，若 $t_1=10$ 分钟，$t_2=5$ 分钟，$t_3=20$ 分钟，$t_4=10$ 分钟，则 $T_{平顺}=3\times(10+5+20+10)-(3-1)\times(5+5+10)=95$（分钟）。

以上所介绍的三种移动方式各有优缺点，它们之间的比较如表 4-4 所示。

表 4-4 不同移动方式的比较

比较项目	顺序移动方式	平行移动方式	平行顺序移动方式
生产周期	长	短	中
运输次数	少	多	中
设备利用	好	差	好
组织管理	简单	中	复杂

在实际生产中，还应结合企业的生产类型、零件质量及工序的劳动量、调整设备和工艺装备的时间以及生产任务的轻重缓急等具体情况来考虑。一般来讲，零件大适合平行移动，零件小适合顺序移动或平行顺序移动，如表 4-5 所示。

表4-5　不同移动方式的适应性比较

移动方式	零件尺寸	加工时间	批量大小	专业化形式
顺序移动方式	小	短	小	工艺专业化
平行移动方式	大	长	大	对象专业化
平行顺序移动方式	小	长	大	对象专业化

相关链接4-7

福特公司的流水线

20世纪初，汽车在美国开始走俏。福特公司的T型车大获成功，供不应求。为提高运作效率，福特采纳了由泰罗提出的科学管理原理，采用移动装配线，也就是现在的流水线。下面这段摘录对此做了描述：

Charles Sorensen，福特公司的一个高级生产管理者，正指挥着让T型车底盘由小绞车拉着缓慢穿过250英寸长的加工车间，并一直对这一过程计时。在他身后，有6个工人在走动，他们从地面上精心摆放好的零件堆中拿起零件并安装到底盘上。这就是装配线的产生，是美国工业革命的真正精髓。在此之前，制造一辆汽车平均需13个小时；现在他们把装配时间减少了一半，制造一辆汽车需5小时50分钟。他们没有就此止步，而是更加努力地创新，加长了生产线，使用了专门化的工人用于最后装配。短短几周内，他们仅用2小时38分就能完成一辆汽车的装配。接着，他们又有了新的突破：1914年1月，福特安装了第一条自动传送带。福特说，这是工厂采用的第一条移动生产线，是在芝加哥肉品包装商使用吊链运输机搬运牛肉之后建成的。在有了这一创新的两个月里，福特公司装配一辆汽车仅需要一个半小时。就在几年前，当时固定底盘装配，生产出一辆汽车的最高记录是一个工人工作728个小时；而采用这一新的移动生产线后，生产出一辆汽车只需要93分钟！

（资料来源：威廉·J.史蒂文森.生产与运作管理.北京：机械工业出版社，2003.）

4.4　实施现代企业生产控制

现代企业生产控制是实现现代企业的生产计划和作业计划的重要手段。企业生产计划在执行过程中会发生一些人们预想不到的情况和问题，需要及时监督和检查，发现偏差，进行调整和校正。现代企业生产控制，就是指按照现代企业生产计划的要求，组织企业生产作业计划的实施，在从产品投产前的准备到产品入库的整个过程中，从数量和时间上对生产进度进行控制，在实施中及时了解计划与实际之间的偏差并分析原因，认真调查生产进度，调配劳动力，合理利用生产能力，控制物料供应及运送，保质保量地完成任务。

4.4.1 实施企业生产控制的关键

企业生产进度控制是企业生产控制的基本方面，狭义的生产控制就是指生产进度控制。生产进度控制贯穿整个生产过程，从生产技术准备开始到产成品入库为止的全部生产活动都与生产进度有关。

1. 投入进度控制

没有投入，就没有产出，进度计划无法按时按质完成常常与投入进度失控有关。投入进度是企业生产控制第一环节。投入进度控制包括原材料投入、各车间的半成品投入及装配车间的零件投入。要保证产品按计划出产，必须做好投产前的各项准备工作（包括技术、物资、设备、动力、劳动力等）控制，按其在各环节的投入提前期，保证其在各环节按计划准时投产。

2. 过程进度控制

过程进度控制是在投料运行后，对各环节的加工进度进行控制，包括关键工序的进度控制。各环节能否按时完工，决定了产品最后能否准时完工交货。这种控制主要用于单件小批量类型生产以及多品种中小批量类型的生产。

3. 出产进度控制

出产进度控制是生产进度控制的最终目的，包括产品（包括零件、部件）出产时间和数量的控制及零部件出产进度控制。其目的是保证能按时、连续、均衡地生产产品，完成生产作业计划规定的任务。

4. 生产均衡性分析

生产均衡性分析是从生产进度对比和均衡率两个方面进行考察。生产进度是指企业或某一生产环节在某一时间内，每经过一段相等时间完成该时期的全部生产任务的比例。将各个时间阶段的产量加以连续对比，可以观察企业生产进行得是否正常、均衡。

例如，某工厂计划月产量 200 台产品，上旬完成了 60 台，中旬完成了 60 台，下旬完成了 80 台，上旬、中旬、下旬分别完成了计划任务的 30%、30%、40%，达到三、三、四要求，说明生产处于均衡状态。如果某些时间阶段的产量出现大幅度的上下波动，说明生产不均衡。衡量生产均衡性的指标用均衡率来表示。计算公式为

$$\text{均衡率} = \sum\left(\frac{\text{某段时间的}}{\text{实际完成量}} \div \frac{\text{某段时间的}}{\text{计划任务量}}\right) \div \frac{\text{考核期划分的}}{\text{时间段数}}$$

4.4.2 现代企业生产控制的手段

企业生产控制的手段一般包括生产调度、生产作业核算、在制品占用量控制等内容。

1. 生产调度工作

企业生产计划和生产作业计划编制出来之后，还仅仅是纸上的东西，要组织企业计划的实施，把纸上的计划变成现实的可供销售的产品，就需要一个部门去组织实现这项任务，这就是生产调度。生产调度工作以生产作业计划为依据，对企业生产过程直接进行控制和调节。生产进度计划要通过生产调度来实现。

(1) 生产调度工作的主要内容。检查生产作业计划的执行情况,掌握生产动态,了解实际生产进度与计划之间的偏差,根据偏差产生的原因,采取相应的措施进行解决。根据生产需要合理调配劳动力,督促检查原材料、工具、动力等供应情况。检查、督促和协助有关部门及时做好各项生产作业准备工作。

(2) 生产调度工作的原则。首先,生产调度工作必须以生产进度计划为依据,这是生产调度工作的基本原则;其次,生产调度工作必须高度集中和统一;再次,生产调度工作要以预防为主,预防生产活动中可能发生的一切脱节现象,抓好生产前的准备工作,避免各种不协调的现象产生;最后,生产调度工作还要从实际出发,贯彻群众路线。

2. 生产作业核算

生产作业核算是指在实施生产作业计划过程中,对生产各阶段、各环节中的原材料投入、在制品流转和产品产出,以及设备运转、维修时间消耗、分析检验等所进行的核算,是为保证企业生产作业计划的实现而进行的日常统计、汇总、对比分析工作。

生产作业核算的基本方法是把有关生产活动记录在原始凭证上,根据一定的目的,把原始记录汇总起来记到有关台账上。把实际发生数和计划数进行比较,通过各种图表显示出来,使生产管理人员和工人一目了然,了解生产进度的具体情况。

3. 在制品占用量控制

在制品占用量控制,是指对生产过程各个环节的在制品实务和账目进行控制。做好在制品占用量控制工作,不但有利于完成企业生产作业计划,而且对减少在制品积压、节约流动资金、提高经济效益都有重要作用。在制品占用量的控制包括以下三个方面内容:

(1) 控制车间各工序之间的在制品的流转。

在大量生产条件下,在制品占用量的控制方法通常采用轮班任务报告单,结合生产原始凭证或台账进行控制,即以各工作地每一轮的实际占用量与规定的在制品定额进行比较,使在制品的流转和储备经常保持正常占用水平。

在成批和单件生产条件下,可采用工票和加工路线单控制在制品流转,并通过在制品台账掌握在制品占用量的变化情况,检查是否符合原定控制标准,发现偏差要及时纠正。

(2) 控制跨车间协作工序的在制品流转。

跨车间协作工序易于造成在制品控制的混乱状况,为了使主要工序车间和协作工序车间衔接紧密,一般采用由主要工序车间归口管理的方法,防止发生无人负责的状况。

(3) 控制检查站的在制品流转。

检查站工作对车间在制品管理具有重要的影响,应该加强控制。其主要内容有:切实按照加工路线单上开列的项目检验质量、检查数目;及时处理返修品和废品;正确处理加工路线单、工序票、入库单和检查人员值班报告等原始凭证。

4.4.3 现代企业生产控制的措施

1. 充足的库存

影响生产进度计划的原因归根结底都是因为设备的有效作业时间不足而影响生产进度。例如,按计划设备应该正常运转 7.5 小时/班,现在因种种原因停产过多,运转时间不足 7.5 小时/班,就会欠产。因此,充足的库存是应付欠产的最简单同时也是最有效的办法。

但是库存量的增加同时也带来了库存管理部门的额外工作，企业必须衡量库存和欠产之间的关系，确保库存的适量。

2. 设备保养

设备发生故障是企业造成欠产的最主要原因，减少设备故障率，缩短设备修理时间，是进度控制中普遍采用的一项措施。建立一套完整的严格的设备检修保养制度，是降低设备故障率的行之有效的措施。由于大多数企业认为设备发生故障是不可预料的，往往因为生产任务忙而不重视设备维护保养工作，并未把注意力放在设备的检修保养上，反而为了缩短抢修时间，采取更换部件的修理方法，这样就需要建立一个规模不小的备品备件库，但并不能从根本上减少故障的发生概率。

3. 加班

时间资源具有刚性，损失的时间是无法追回的，损失的机时一般只能通过加班的途径补回来，这需要支付加班工资。但是，如果设备是三班运转，就不存在加班的可能，损失就难以挽回。还存在一种即使可以加班也无法赶上进度计划的情况，就是当关键设备发生严重故障，修复时间又长于库存所能维持生产的时候。库存耗尽后，设备还没有修复，造成全线停产，即使设备修复后加班生产也不可能补回全线停产的损失。

4. 培养多技能的人才

通过培训，培养掌握多种技术的工人。当关键设备缺乏操作工时，掌握多种技术的工人就能胜任更多的工作。

4.4.4 现代企业生产控制的相关理论

1. 看板管理

看板管理又叫看板生产方式，是日本丰田公司为实现准时生产而创建的一种生产管理方法。看板管理是利用“看板”来控制生产和微调计划，达到生产组织上高效率、高效能、高效益的科学管理方法。其目的在于：控制过量生产，消除过量设备，将在产品占用量压缩到最低限度，从而最大限度地节约资金，提高效率、降低成本。

(1) 看板管理的原理。

看板管理的方法是在同一道工序或者前后工序之间进行物流或信息流的传递。一旦主生产计划确定以后，就会向各个生产车间下达生产指令，然后每一个生产车间又向前面的各道工序下达生产指令，最后再向仓库管理部门、采购部门下达相应的指令。这些生产指令的传递都是通过看板来完成的。随着信息技术的飞速发展，当前的看板方式呈现出逐渐被电脑所取代的趋势。

(2) 看板的种类。

看板的种类很多，大致上可以分为生产看板、领取看板、外协看板等。

生产看板就是指在本车间范围内指导生产而使用的看板。由于各车间的情况不同，看板的形式也不一样。领取看板就是后工序去前工序领取零部件时所使用的看板。外协看板一般在主机厂或订货厂之间运行，它是要求外协厂送货的指令。

(3) 看板的作用。

① 发送工作指令。生产及运送工作指令是看板最基本的机能。公司总部的生产管理

部根据市场预测及订货而制定的生产指令只下达到总装配线，各道前工序的生产都根据看板来进行。看板中记载着生产和运送的数量、时间、目的地、放置场所、搬运工具等信息，从装配工序逐次向前工序追溯。在装配线将所使用的零部件上所带的看板取下，以此再去前一道工序领取。前工序则只生产被这些看板所领走的量，“后工序领取”及“适时适量生产”就是通过这些看板来实现的。

② 防止过量生产。看板必须按照既定的运用规则来使用。其中的规则之一是：“没有看板不能生产，也不能运送。”根据这一规则，各工序如果没有看板，就既不进行生产，也不进行运送；看板数量减少，则生产量也相应减少。由于看板所标示的只是必要的量，因此运用看板能够做到自动防止过量生产、过量运送。

③ 目视管理。看板的另一条运用规则是“看板必须附在实物上存放”“前工序按照看板取下的顺序进行生产”。通过看板所表示的信息，就可知道后工序的作业进展情况、本工序的生产能力利用情况、库存情况以及人员的配置情况等。

④ 改善的工具。看板的改善功能主要通过减少看板的数量来实现。看板数量的减少意味着工序间在制品库存量的减少。如果在制品存量较高，即使设备出现故障、不良产品数目增加，也不会影响到后工序的生产，所以容易掩盖问题。

2. “5S”现场管理

(1) “5S”的含义。

“5S”是整理(Seiri)、整顿(Seiton)、清扫(Seiso)、清洁(Seiketsu)和素养(Shitsuke)这5个词的缩写。开展以整理、整顿、清扫、清洁、素养为内容的活动，称为“5S”活动。“5S”活动起源于日本，并在日本企业中广泛推行，它相当于我国企业开展的文明生产活动。

(2) “5S”现场管理的内容。

整理：将现场需要的东西与不需要的东西分开，把不必要的东西处理掉。例如，撤去不需要的设备、管线、工具、模型和个人物品等。

整顿：把要用的东西，根据使用频度分别放置，使常用的东西能及时、准确地取出，保持必要时马上能使用的状态和谁都能了解的状态。例如，放置场所与通道的标志，放置物品及其管理者的标志等。生产现场物品的合理摆放有利于提高工作效率和产品质量，保障生产安全。

清扫：去除现场的脏物、垃圾、污点，经常清扫、检查，形成制度，采取根治污物的对策。例如，彻底改善设备漏水、漏油、漏气以及易落下灰尘等状况。

清洁：企业、现场、岗位、设备时时保持干净状态，保持环境卫生。例如，定期进行卫生、安全检查，采取防止污染、噪声和震动的对策，使现场明亮化。

素养：要加强修养，美化身心，做到心灵美、行为美。人人养成良好的习惯，自觉遵守和执行各种规章制度和标准。

案例研究4-2

5S管理实例

K公司是一家印刷企业。K公司与香港某公司洽谈中的合资项目，是在K公司引进新的数字印刷设备和工艺。在合资条款里，投资者执意将“引入现代生产企业现场管理的5S方法”作为一个必要的条件，并派来Mak先生指导5S实施。

Mak把推进5S的工作分为两大步骤，首先是推进前三个“S”，即整理、整顿、清扫。

整理，就是要明确每个人、每个生产现场、每张办公桌、每台电脑，哪些东西是有用的，哪些是没用的；整顿，就是要对每个清理出来的“有用”的物品、工具、材料、电子文件，进行有序地标识和区分，按照工作空间合理布局；清扫，简单说就是做彻底的大扫除，发现问题，及时纠正。

5S管理的第二步是整洁(Seiketsu)和素养(Shitsuke)。

整洁的基本含义是“如何保持清洁状态”，使清洁、有序的工作现场成为日常行为规范的标准；素养的基本含义是“陶冶情操，提高修养”，也就是说，自觉自愿地在日常工作中贯彻这些非常基本的准则和规范，并形成一种风尚。

实施5S若干个月后，K公司实现了一系列“零报告”：发货差错率为零，设备故障率为零，事故率为零，客户投诉率为零，员工缺勤率为零，浪费为零……

5S管理的要点，并非仅仅是纠正某处错误，或者打扫某处垃圾；5S管理的核心是要通过持续有效的改善活动，塑造一丝不苟的敬业精神，培养勤奋、节俭、务实、守纪的职业素养。

(资料来源：https://wenda.so.com/q/1382843889069063)

3. 目视管理

目视管理也叫可视化管理，是利用形象直观而又色彩适宜的各种视觉感知信息来组织现场生产活动，达到提高劳动生产率的一种管理手段。它是以视觉信号的基本原则，尽可能地将管理者的要求和意图让员工都看得见，借以推动自助管理、自我控制。

(1) 目视管理的工具。

红牌、看板、信号灯、操作流程图、提醒板、区域线、警示线、告示板、生产管理板等。

(2) 目视管理的内容。

① 规章制度与工作标准的公开化。为了维护统一的组织和严格的纪律，保持大工业生产所要求的连续性、比例性和节奏性，提高劳动生产率，实现安全生产和文明生产，凡是与现场工人密切相关的规章制度、标准、定额等，都需要公布于众；与岗位工人直接有关的，应分别展示在岗位上，如岗位责任制、操作程序图、工艺卡片等，并要始终保持完整、正确和洁净。

② 生产任务与完成情况的图表化。现场是协作劳动的场所，因此，凡是需要大家共同完成的任务都应公布于众。计划指标要定期层层分解，落实到车间、班组和个人，并列表张贴在墙上；实际完成情况也要相应地按期公布，并用作图法，使大家看出各项计划指标完成中出现的问题和发展的趋势，以促使集体和个人都能按质、按量、按期地完成各自的任务。

③ 实现视觉显示资讯的标准化。采用清晰的、标准化的资讯显示符号，将各种区域、通道，各种辅助工具(如料架、工具箱、工位器具、生活柜等)均应运用标准颜色，不得任意涂抹，从而消除物品混放和误置，完善而准确地显示各类资讯。

④ 生产作业控制手段的形象直观与使用方便化。为了有效地进行生产作业控制，使每个生产环节，每道工序能严格按照期量标准进行生产，杜绝过量生产、过量储备，要采用与现场工作状况相适应的、简便实用的资讯传导信号。各生产环节和工种之间的联络，也要设立

方便实用的资讯传导信号，以尽量减少工时损失，提高生产的连续性。例如，在机器设备上安装红灯，在流水线上配置工位故障显示幕，一旦发生停机，即可发出信号，巡回检修工看到后就会及时前来修理。

生产作业控制除了期量控制外，还要有质量和成本控制，也要实行目视管理。例如，质量控制，在各质量管理点(控制)，要有质量控制图，以便清楚地显示质量波动情况，及时发现异常，及时处理。车间要利用板报形式，将“不良品统计日报”公布于众，当天出现的废品要陈列在展示台上，由有关人员会诊分析，确定改进措施，防止再度发生。

⑤ 物品的码放和运送的数量标准化。物品码放和运送实行标准化，可以充分发挥目视管理的长处。例如，各种物品实行“五五码放”，各类工位器具，包括箱、盒、盘、小车等，均应按规定的标准数量盛装，这样，操作、搬运和检验人员点数时既方便又准确。

⑥ 现场人员着装的统一化与实行挂牌制度。现场人员的着装不仅起劳动保护的作用，在机器生产条件下，也是正规化、标准化的内容之一。它可以体现职工队伍的优良素养，显示企业内部不同单位、工种和职务之间的区别，因而还具有一定的心理作用，使人产生归属感、荣誉感、责任心等，对于组织指挥生产，也可创造一定的方便条件。

挂牌制度包括单位挂牌和个人佩戴标志。按照企业内部各种检查评比制度，将那些与实现企业战略任务和目标有重要关系的考评专案的结果，以形象、直观的方式给单位挂牌，能够激励先进单位更上一层楼，鞭策后进单位奋起直追。个人佩戴标志，如胸章、胸标、臂章等，其作用同着装类似。另外，还可同考评相结合，给人以压力和动力，达到催人进取、推动工作的目的。

⑦ 色彩的标准化管理。色彩是现场管理中常用的一种视觉信号，目视管理要求科学、合理、巧妙地运用色彩，并实现统一的标准化管理，不允许随意涂抹。

增值阅读

日本丰田的生产管理模式

日本丰田公司创立于1937年，汽车是其主要产品。经过60多年的发展，目前丰田公司年产汽车400万辆左右，销往世界上150多个国家和地区。除了在国内拥有10家工厂外，丰田公司还在美国、澳大利亚、巴西等十几个国家设有装配厂。

自20世纪70年代起，汽车企业的市场环境发生了很大的变化。首先是原料价格不断上涨，爆发石油危机以后，与汽车产品相关的各处原材料价格大幅度变化。但是，由于汽油涨价，汽车市场的厂家规模收缩，汽车的售价不能因原料的价格上扬而调高，企业的盈利水平降低了。其次，市场向产品种类多、小批量的需求模式转化，更多的消费者愿意追求个人偏好的满足，大批量单品种的汽车生产开始向多品种化发展，为消费者提供更多的选择。同时销售商为了减少存货，订货批量变小。小批量短期交货订单对汽车企业的生产现场管理提出了更高的要求。再次，随着时代的进步，消费者对于产品质量的要求日益提高，安全性、社会性、产品责任等与质量相关的要求，使生产中返修工作量增加。石油危机引起的一系列变化冲击着丰田公司的大批量生产体制。有的订货合同取消了，不能取消的合同就尽量延后。在这种情况下，丰田公司积极调整生产，推行合理化生产方式，形成了独树一帜的生产管理模式。

1. 严格生产过程控制

降低成本以前，丰田公司为实现批量的经济性，超过订单规模，确定生产批量。结果经常有一些产品储存于仓库。分析了大批量成本节约额与仓储费增加额后，丰田公司得出结论：大库存费用是所有不合理开支中最大的一项。在合理化生产中，丰田公司实行“适时适量地生产急需的产品”。这种生产方式最大的特点在于，按销量定产量，向前确定各部件的生产批量。例如，当日销售 2 万辆汽车时，以生产 20 天计，每天的生产规模为 1 000 辆，后道工序向前道工序下订单，轮胎的日订货量应为 4 000 条。联结上下生产工序的纽带是生产量卡片。“卡片制度”规定：① 次品不能交给下道工序。② 由下道工序去上道工序领部件。③ 上道工序只生产下道工序所领的部件数量。④“卡片制度”的第三条规定：A. 禁止不凭卡片领取部件。B. 禁止领取超过卡片规定的部件数量；C. 部件上必须附有卡片。尽管“卡片制度”规定得十分具体，可是，由于各工序之间没有库存，难免会出现问题。一旦出现问题，整个生产线就会停车。每次因出现问题停下生产线时，主管生产的总经理总是要求大家分析原因，并对相关工序加以改进，使整个生产线在更完善的状态下工作。经过一段时间的运行，适时适量生产方式在整个丰田公司普及开来，并且推广到属下的承包生产企业。

2. 变单品种大批量生产为多品种大批量生产

以前，丰田公司的工厂内实行专用生产线制度，即“皇冠”有“皇冠”的生产线，“花冠”有“花冠”的生产线，有多少品种就有多少生产线。市场向多品种需求转化后，汽车的品种增加了，各品种的生产批量大小不同，为了既满足品种需求又满足经济批量的要求，丰田公司实行“生产线多用化”，各品种汽车生产线更换使用或者串起来，使各生产线的品种和数量平均化。例如，A、B、C、D、E 五种型号的汽车的月销售量如果为 4 800 辆、2 400 辆、1 200 辆、600 辆和 600 辆，每月的生产日为 20 天，每天生产时间为 480 分钟，则其生产量分别为 240 辆、120 辆、60 辆、30 辆、30 辆。这五种车型如果分别在生产专用生产线上装配，单辆的生产周期为 2～16 分钟，而在调整后的一条平均化综合生产线上，单辆汽车的生产周期仅为 1 分钟。通过各种类型汽车数量的平均化，多品种小批量的需求得以在多品种大批量方式下进行生产。

3. 消除任何形式的浪费

采用全自动生产线以后，生产线上许多员工的工作任务只是监视设备是否正常运转，工人的劳动强度和劳动内容都有了变化。丰田公司为自动化生产线投入了大量资金，如果设备和技术费用增加不能同时带来人工费用减少，新技术设备的效率就很难体现。而实际上，生产线上存在着“等待浪费”，即员工有相当多的时间是等待全自动设备的非正常现象出现。为了减少“等待浪费”，丰田公司调整了员工与配置比例，增加每个员工负责的设备台数，减少生产线上的员工。80 年代初，按丰田公司的附加值计算，其员工数量应为 7 万～8 万人，但是，丰富公司实际上只有 4.5 万人，是应有数量的 60%左右。每人每月的平均附加价值为 150 万～170 万日元。劳动分配率，即人工费用在附加价值中所占的百分率，为 17%。日本企业劳动分配率一般在 50%左右。与平均水平相比，丰田公司的人工效率是相当高的。丰田公司达到的人工效率不是依靠低工资实现的(丰田公司的工资水平比其他日本公司高 20%左右)，而是依靠提高劳动装备率，每人每年的劳动装备约为同行的 2～3 倍。丰田公司投入技术设备是为了以最少的人从事生产，是丰田公司在高工资水平环境下进行生产调整的目标之一。

4. 消除运输浪费

消除“运输浪费”,是指尽量减少零部件在各生产环节间的搬动。丰田公司认为,零部件的每一次搬运,只能减少而不是增加产品的附加价值。为了减少“运输浪费”,丰田公司合理选择工厂布点和工厂的生产线布置。丰田公司总部设在受知县西郊的丰田市,下属工厂也集中在丰田市,属于丰田汽车集团的各公司——丰田自动纺织机械制造厂、日本电气仪表公司、爱新精密机械公司、丰田车体公司等也把总部和所属工厂设在丰田市或受知县内。丰田公司集中布局不仅便于管理,而且缩短了各厂产品间的运输距离,这对需要多个零部件的汽车生产来说,是一项显著的节约。在各工厂内,丰田公司按减少“运输浪费”的原则调整各层面生产线的布置,避免零部件的长距离移动。丰田公司认为,通过改善搬运方式或改善运输工具来提高效率,等于直接减少搬运。在推行合理的生产方式过程中,所有的生产调整都以降低成本为标准,高效率低成本生产加上严格质量控制,为丰田产品提高国际竞争能力奠定了基础。

(资料来源:https://bbs.pinggu.org/thread-980531-1-1.html)

任务小结

生产活动是企业的基本活动,是企业创造利润的源泉。以提高企业经济效益为直接动力和目标的生产管理是现代企业发展的一个重要基石。现代企业生产管理是指在企业的特定环境下,有效地利用生产资源,对企业生产过程进行有效的计划、组织与控制,实现企业经营目标的管理活动的总称。它是整个现代企业管理的重要组成部分。

(1) 现代企业生产管理的内容主要包括生产系统的设计和生产系统的运行。产品质量(Quality)、成本(Cost)、交货期(Delivery),三者合称QCD,是衡量企业生产管理成败的要素。满足QCD三个方面的要求,是企业管理中生产管理的基本任务。

(2) 现代企业生产计划是现代企业实施生产管理的依据,一般包括综合计划、主生产计划、物料需求计划。企业生产作业计划是企业生产计划的具体执行计划。与生产计划相比,生产作业计划具有计划期短、计划内容具体、计划单位小三个特点。生产作业计划的编制有在制品定额法、生产周期法、提前期法(累计编号法)等。

(3) 生产过程的空间组织是指在一定的空间内,合理地设置企业内部各基本生产单位(如车间、工段、班组),使生产活动能高效地顺利进行。常见类型有工艺专业化形式、对象专业化形式、混合专业化形式等。生产过程的时间组织就是确定劳动对象在生产过程中各车间、各工序之间的移动方式,确定生产要素在时间上的衔接关系。生产过程的组织有三种典型的方式:顺序移动、平行移动和平行顺序移动。

(4) 企业生产进度控制是企业生产控制的基本方面,狭义的生产控制就是指生产进度控制。生产进度控制贯穿整个生产过程,从生产技术准备开始到产成品入库为止的全部生产活动都与生产进度有关。企业生产控制的手段一般包括生产调度、生产作业核算、在制品占用量控制等内容。企业生产控制的措施包括充足的库存、设备保养、加班、培养多技能的人才等。

能力自测

一、单项选择题

1. 单件生产方式适用于(　　)的企业。

A. 产品体积大　B. 结构简单　C. 品种数量少　D. 批量大

2. 制造性生产有多种分类,以下不属于按生产专业化程度分类的是(　　)。

A. 大量生产型　B. 成批生产型　C. 单件生产型　D. 加工装配型

3. 不属于企业生产过程的是(　　)。

A. 生产完结过程　B. 辅助生产过程　C. 生产服务过程　D. 基本生产过程

4. 生产管理的基本任务 QCD 和(　　)没有关系。

A. 产品质量　B. 生产控制　C. 成本　D. 交货期

5. MRP 是指(　　)。

A. 物料需求计划　B. 主生产计划　C. 综合计划　D. 作业计划

6. 加工类型更适合多品种生产的是(　　)。

A. 项目　B. 单件小批生产　C. 批量生产　D. 流水线

7. 单件小批生产的企业,其生产作业计划的编制方法不同于大量生产的企业,只适合用(　　)。

A. 在制品定额法　B. 提前期法　C. 生产周期法　D. 累计编号法

8. 新产品开发试制的生产过程组织应采用(　　)类型。

A. 混合专业化形式　B. 对象专业化形式

C. 制造专业化形式　D. 工艺专业化形式

9. 家电、汽车、石油化工品生产的生产过程组织应采用(　　)类型。

A. 混合专业化形式　B. 对象专业化形式

C. 制造专业化形式　D. 工艺专业化形式

10. 大量大批生产类型适合采用(　　)编制生产作业计划。

A. 在制品定额法　B. 提前期法　C. 生产周期法　D. 累计编号法

11. 产品(零件)在各道工序之间是整批移动的,即一批产品在上一道工序全部加工完毕后,才整批地转移到下一道工序进行加工,指的是(　　)。

A. 平行移动　B. 平行顺序移动　C. 顺序移动　D. 双向移动

12. 能够把产品加工的在制品减少到最少,生产周期压缩到最短指的是(　　)移动方式。

A. 平行移动　B. 平行顺序移动　C. 顺序移动　D. 双向移动

13. 加工时间较长,但设备利用率较高,与工艺专业化车间相对应,可以在批量较小时采用指的是(　　)移动方式。

A. 平行移动　B. 平行顺序移动　C. 顺序移动　D. 双向移动

14. 企业生产控制的手段一般不包括(　　)。

A. 过程控制　B. 生产作业核算　C. 生产调度　D. 在制品占用量控制

15. 在实施生产作业计划过程中，对生产各阶段、各环节中的原材料投入、在制品流转和产品产出，以及设备运转、维修时间消耗、分析检验等所进行的核算称为(　　)。

A. 过程控制　　B. 生产作业核算　C. 生产调度　　D. 在制品占用量控制

二、判断题

1. 从管理的角度出发，生产可以分为两大类：制造性生产和服务性生产。(　　)

2. 为完成企业的基本产品所进行的生产活动，如纺织企业的纺纱、织布，钢铁企业的炼铁、炼钢、轧钢，机械制造企业的铸锻、加工、装配等，称为生产技术准备过程。(　　)

3. 生产过程组织的基本任务是保证产品制造的流程最短、用时最少、耗费最省，又能按市场的需求提供优质的产品和服务。(　　)

4. 按工艺专业化原则组织生产宜采用平行移动方式。(　　)

5. 大型零件宜采取顺序移动方式。(　　)

6. 流程式生产一般是资本密集的。(　　)

7. 现代企业生产计划是现代企业实施生产管理的依据，一般包括综合计划、主生产计划、物料需求计划。(　　)

8. 综合计划将具体制定每一品种的生产数量、生产时间和每一车间及人员的具体工作任务。(　　)

9. 产品平均技术性能指标是反映产品生产过程中工作质量的指标。(　　)

10. 企业在编制生产计划时，应先确定产品的品种、质量与产量指标，然后据此计算产值指标。(　　)

11. 在制品定额是指在一定技术组织条件下，为保证生产连续而均衡地进行所必需的最低限度的在制品数量。(　　)

12. 生产过程的连续性，它表现为产品及其零部件在生产过程中始终处于运动状态，不发生或很少发生中断现象。(　　)

13. 对象专业化形式的缺点是：产品加工路线长，运输工具、运输工人和中间仓库增多，使厂内运输费用增加。(　　)

14. 平行移动方式的特点是产品(零件)在各道工序之间是整批移动的，即一批产品在上一道工序全部加工完毕后，才整批地转移到下一道工序进行加工。(　　)

15. 过程进度控制是在投料运行后，对各环节的加工进度进行控制，包括关键工序的进度控制。(　　)

三、简答题

1. 现代企业生产管理的内容和基本问题有哪些？

2. 简述现代企业生产过程组织的内容。

3. 合理组织生产过程的基本要求是什么？

4. 分别对制造业与服务业中的大量大批生产与单件小批生产各举一例，并说明其特点。

5. 已知某产品的批量为5件，经过4道工序，每道工序加工的单件工时分别为10分钟、8分钟、15分钟、20分钟。如果按平行顺序移动法进行生产，则其加工周期为多少？

6. 简述企业生产控制的手段。

7. 产品在生产过程中的移动方式分别有哪几种？各有何特点？

8. 生产计划的主要指标有哪些？

案例分析

(一) 超级食品有限公司的问题

超级食品有限公司是一家新加坡独资企业,由新加坡超级咖啡股份有限公司于1993年在常州投资成立。该公司在建立初期,以麦片饮料类的生产为主,随着麦片市场的竞争日益加剧,逐步引入了咖啡类和固体饮料类的产品,完善了自身的产品结构。在超级食品有限公司进入中国以前,国内市场上尚无麦片类的饮料产品。可以这样讲,正是超级食品公司将麦片饮料引入了中国市场,为中国的消费者介绍了这样一种富含营养的早餐或休闲食品,也为消费者介绍了一种生活方式。与此同时,也为超级食品公司及其投资者带来了丰厚的利润。在整个90年代的前、中期,超级食品公司的产品从来不用为销路发愁,生产管理也相对简单,开足马力生产即可。采购更是单纯,物料数量有限,订购批量尽量大,根本不可能有冗余的库存出现;供应商也是趋之若鹜,谈不上管理,更没有战略;物流配送也用不着,基本都是上门送货、提货。但是,由于商家的趋利性,一时间全国各地出现了形形色色的麦片生产厂家,麦片饮料市场的竞争突然之间变得异常严峻、残酷。超级食品公司的年销售额也由数亿元人民币之巨逐步下降到如今的不足一亿元人民币,而在此期间,为了缓解市场竞争的压力,公司管理层决定增加产品类别,并且在原有的基础上,针对不同的消费群体,将公司的主打产品——麦片类饮料增加品种,以增强抵御市场竞争大潮的冲击的能力。

公司管理层决定开发的产品主要有两类:咖啡类和固体饮料类。考虑到咖啡类产品为新加坡母公司的拳头产品,具有相当的技术开发实力和一定的市场知名度,因而决定开发该大类产品,并逐步在市场上推出了超级三合一咖啡、超级意大利泡沫咖啡、超级爱尔兰咖啡、超级二合一咖啡及超级瓶装咖啡礼盒等产品。由于中国气候具有四季分明的特点,并且在下半年集中了中国人最重要的几个节日:中秋节、国庆节、元旦及春节,故此麦片类的产品消费具有比较明显的季节性,即从8月底到来年的2月初为销售旺季,其余的时间则为销售淡季。而咖啡类产品与其具有相似性,因此公司急需开发出与上述两类产品在销售季节上具有互补性的产品,以此来平衡生产能力,缓解淡季的销售压力。

基于以上的考虑,公司管理层决定开发固体饮料类产品,其中包括超级蜂蜜菊花晶袋装及经济装、超级鲜橙粉袋装及经济装、超级柠檬茶袋装及经济装共六种产品。随着公司产品组合的宽度、长度及深度的不断扩大,以前公司在生产与运作管理上"轻易解决"的问题,如今真正地成为难题了。

首先是生产安排上出现了问题,有时成品来不及做,而仓库催促要发货;有时仓库拒绝接收入库成品,原因是仓库里该类货品太多,没有多余库位。其次是采购管理上,经常有紧急订单催供应商交货,而有的物料却又是几个月甚至数年不动。第三是在物流上,压力同样不小。经常收到销售部门的投诉称,由于运力不足,或是运输的网络覆盖不到,而使得好不容易到手的生意无法做成,等等,不一而足。以上的这些问题一而再,再而三地出现,终于引起了公司管理层的高度重视,从2001年下半年开始,将生产与运作管理工作作为重点解决的问题列入工作议程。

时间转眼间进入了2002年的6月份,某一个星期二上午,超级食品公司的所有中层以上的管理人员都集中在会议室中,正在参加每周一次的例会。随着会议的议程进入本周各部门的情况通报,主持会议的总经理请销售总监首先发言。销售总监一脸激动地开始了他对生产运作上的不满的发泄:"我们的客户——几家大的连锁超市反馈回来的信息表明,我们的夏季主打产品——超级鲜橙粉袋装和经济装全面断货,客户对此非常不满意。甚至问我们的销售人员,我们公司是否想撤出这两种产品,如果是,那么赶快腾出地方给其他公司的产品。有的客户还以嘲弄的口吻说,你们超级食品公司蛮奇怪,冬季咖啡卖得好的时候,你们的超级咖啡礼盒断货;夏季饮料卖得好的时候,现在鲜橙粉系列产品又断货了。我也从物流、仓库、生产部等几个部门做了一点初步的调查,据说是有一种原料缺货。我想再一次地呼吁各部门大力协助销售部的工作,否则今年的销售指标很难完成!"总经理看了一眼上任半年有余的营运总监,"这件事确实相当严重,我们这半年多来一直在解决生产运作方面的问题。商务部、技术部、销售部、生产部都在通力合作,建立了销售预测、库存数据的在线即时反应、物料清单、需求计划等,虽然我们做了这些工作,但问题仍在不断地重复出现!我们现在要全力解决这方面的问题,决不能再让这些问题困扰我们的经营了。"

真是一石激起千层浪,彻底地暴露了超级食品有限公司在生产与运作管理上存在的问题:第一,库存控制上不平衡。既有断货、零库存现象的经常发生;同时仓库也有许多的积压库存,有些产品由于生产日期超过6个月而无法发货,有些物料已有6个月以上,甚至数年没有发生领用。在库存管理上,这种缺货与冗余同时并存的现象,已成为超级食品有限公司生产与运作系统管理不善的最直接表现。如何控制库存已成为公司管理层急需解决的首要问题。第二,订单管理的无序。在订单管理上,首先表现为紧急订单多,由此必然引起小批量订单多,并且整个订单数量大。这样也就间接增加了与供应商/生产部关系的管理难度。第三,供应链管理的低效。内部供应链管理的低效率体现在对物料管理不分主次,没有重点,既影响了物料的库存控制,也影响了供应商关系的管理。外部供应链管理的低效率,既有采购策略的不明确,也有客户服务的缺乏针对性。当然,除了以上这些问题之外,在超级食品有限公司的生产与运作管理上也还存在一些问题,但归根结底,以上的三个问题是主要的,解决了它们,其他问题也就迎刃而解了。

(资料来源:https://wenku.baidu.com/view/bcf07cdd58f5f61fb7366630.html)

问题:

1. 结合案例,分析超级食品有限公司的生产与运作管理系统存在的问题。
2. 结合案例,探讨解决这一问题的思路。

(二) 总经理老李的新难题

新海湾食品厂是一家生产饼干、月饼、巧克力等食品的中小企业,一直以来产品销售业绩平平,特别是最近几年,由于不少新的竞争者加入,导致市场份额越来越少,利润越来越低。新任总经理老李用了近一个星期的时间到企业的各个部门进行调查,并进行了分析,准备在新的干部会议上提出自己的未来任期内的新策略。下面是老李调查得到的基本情况。

1. 销售问题:过去一年的销售情况(见下表)

2009年产品销售情况

单位:万元

月 份	1	2	3	4	5	6	7	8	9	10	11	12
销售	220	260	230	210	220	200	190	170	180	230	200	200

销售与生产一直存在矛盾,生产计划的完成率低,不能按时交货。计划下达的日期不固定,有时一个产品的生产任务完成不到一半就取消生产计划,而有时计划执行中途突然增加产量,造成其他品种的进度受影响。

分析原因,老李发现,原料公司主要采取的是预测生产,而现在既有预测的,也有订单式的需求。缺乏准确的预测往往导致生产与市场脱节,比如去年,由于月饼预测不准确,导致市场销售不好,库存积压。

2. 生产问题

食品加工的工序并不复杂,一般都是原料混合、成型、烘烤、分拣、打包等几个程序。其中烘烤工序设备昂贵,维修困难,所以一直没有进行设备的更新改造。为了保护产品特殊的口味(这是公司的产品特色),公司一直采用油烤炉,但是成本较高。电烘烤机成本低,但是最近公司一位工程师告诉老李,完全可以采用电烤炉,因为他已经解决了产品口感的温度控制技术,开发出了新的工艺,但是要更换新设备需要一大笔投资。老李还了解到,附近不远的地方有一家小型食品加工厂,该厂有类似的生产设备,而且生产能力有余,正闲置没有生产。

食品生产是劳动密集型生产,用工多,由于其他企业的吸引力,导致一部分老工人离岗,而新招的工人只经过简单的培训上岗,所以质量上出现一些问题。顾客还反映分量不足。

另外,包装也有问题,因为是实行计件工资,所以工人为了多拿奖金,只顾生产,而忽视质量是常有的事。

3. 原料供应与库存问题

原料供应情况,过去一直很正常,但是最近出现的原料变质导致产品质量事故让公司领导很恼火。现在产品变化比较大,过去那种大批量生产的方式已经不适应市场的需求。特别是春节期间,如何增加产品的花色品种是公司的一个重要战略举措。品种增加了,而每一品种产量又不能太多,否则库存积压。原料的供应必须根据产品而定,因为原料也是易腐烂的变质产品,只能按需要采购。为此需要一个有效的库存控制方法,解决诸如中秋月饼的生产原料供应问题。老李了解到供应商目前对新海湾公司的物资采购做法有意见,主要就是采购量不符合他们的生产批量,批量小的时候他们不太愿意提供帮助,新海湾公司为了应付生产的需要不得不把采购批量放大,这样做自然增加了库存积压。

4. 企业信息化建设问题

因为是中小企业,新海湾公司过去一直以来都对信息化建设不太热心。通过与其他企业接触,老李发现,没有信息化,管理效率就跟不上,其他的企业上了ERP后,管理规范化程度明显比新海湾公司好。虽然新海湾也有电脑系统,但是都只是在财务会计等少数部门使用,而且没有互联网,信息共享度低。所以,老李考虑是否要上一个新的ERP系统,有可能还应该搞一个企业门户网站,提高企业知名度。

(资料来源:https://www.jinchutou.com/p-53831872.html)

问题:

1. 该公司的生产管理存在什么问题,需要做哪些改善?

2. 从这个案例看，该如何理解生产管理不是一个孤立的部门管理问题？

实践与操作

项目一 综合实训：制订企业生产计划。

［**目的**］

学习制订企业生产计划。

［**内容与要求**］

1. 自愿组成模拟公司，每组8～10人，选出“CEO”，组织公司全体成员共同讨论。
2. 确定公司的虚拟生产产品和规模。
3. 确定公司生产运作管理目标。
4. 根据自己所模拟的公司情况进行空间和时间组织安排。

［**成果评定**］

1. 讨论完毕后由小组“CEO”到台前汇报设计成果。
2. 各“公司”互评打分。
3. 教师总结点评。

项目二 参观走访中小型生产企业，了解其生产作业控制情况，提高对企业生产控制的整体认识。通过分析，具备初步的控制技术和方法的运用能力。

项目三 前沿问题讨论：参照企业生产管理相关理论和概念，讨论目前我国生产型企业存在的问题主要在哪些地方。

全班同学分成若干组，由组长主持发言，讨论后进行归纳总结，整理后交老师批阅。

任务5　质量管理

请扫描二维码
观看视频

知识目标

为了完成本任务,你需要的理论知识:

1. 质量管理的含义与特征
2. 质量标准的含义与层次
3. 质量控制的含义和途径
4. 质量审核的原则和因素
5. 质量改进的概念和对象

能力目标

通过完成本任务,你应该能够:

1. 了解质量管理的发展和原则
2. 了解质量标准的制定和备案
3. 熟悉企业的质量控制步骤
4. 掌握质量审核关键点
5. 进行企业质量改进

素质目标

通过完成本任务,你将:

1. 建立质量为先的经营管理理念
2. 培养细心谨慎负责的管理思维
3. 激发学生追求真理、勇于创新、精益求精的精神

项目任务

5.1　认识质量与质量管理
5.2　制定现代企业质量标准
5.3　实施现代企业质量控制
5.4　组织现代企业质量审核
5.5　实施现代企业质量改进

◆ 任务导入
◆ 相关链接
◆ 案例研究
◆ 增值阅读
◆ 任务小结
◆ 能力自测
◆ 案例分析
◆ 实践与操作

任务导入

趣味阅读

扁鹊的医术

魏文王问名医扁鹊,说:“你们家兄弟三人,都精于医术,到底哪一位最好呢?”

扁鹊答："长兄最好，中兄次之，我最差。"

文王再问："那为什么你最出名呢？"

扁鹊答："长兄治病，是治病于病情发作之前。由于一般人不知道他事先能铲除病因，所以他的名气无法传出去。中兄治病，是治病于病情初起时。一般人以为他只能治轻微的小病，所以他的名气只及本乡里。而我是治病于病情严重之时。一般人都看到我在经脉上穿针管放血、在皮肤上敷药等大手术，所以以为我的医术高明，名气因此响遍全国。"

（资料来源：https://www.jianshu.com/p/c1eb07594c2d）

以上的"病"可以理解为"质量事故"，能将"质量事故"在病情发作之前就进行消除，才是"善之善者也"。预防质量事故，要从"小病"做起，也就是防患于未然。

事后控制不如事中控制，事中控制不如事前控制，可惜大多数的事业经营者均未能体会到这一点，等到错误的决策造成了重大的损失才寻求弥补。而往往是即使请来了名气很大的"空降兵"，也于事无补。

思政园地

加强全面质量管理　加快推进质量强国建设

习近平总书记指出："质量是人类生产生活的重要保障。人类社会发展历程中，每一次质量领域变革创新都促进了生产技术进步、增进了人民生活品质。中国致力于质量提升行动，提高质量标准，加强全面质量管理，推动质量变革、效率变革、动力变革，推动高质量发展。"

近年来，我国质量强国建设取得显著成效。在经济转向高质量发展的关键节点和"十四五"规划开局之年这个关键时期，开展2021年全国"质量月"活动，评选第四届中国质量奖、举办中国质量（杭州）大会等意义重大，有助于把握新发展阶段、贯彻新发展理念、构建新发展格局，大力实施质量强国战略，深入开展质量提升行动，全面加强质量安全监管，有力支撑经济社会高质量发展。

5.1 认识质量与质量管理

5.1.1 质量

1. 质量的含义

质量（Mass）是量度物体惯性大小的物理量。在管理学中，质量主要指事物、产品或工作的优劣程度。ISO 9000—2005质量管理体系基础和术语这么定义质量：一组固有特性满足要求的程度。也就是指产品、体系和过程的一组固有特性满足顾客和其他相关方要求的能力。

质量是引领经济发展的标杆，是一个国家和地区综合实力和竞争力的重要体现。党的二十大报告站在历史和全局的战略高度，提出一系列重要思想、重要论断、重大举措，擘画了全面建设社会主义现代化国家的宏伟蓝图，为实现中华民族伟大复兴提供了科学指南和根本遵循。报告明确提出，要坚持把发展经济的着力点放在实体经济上，加快建设质量强国。

2. 现代质量观

质量的内容十分丰富，随着社会经济和科学技术的发展，质量的内容也在不断充实、完善和深化。同样，人们对质量概念的认识也经历了一个不断发展和深化的历史过程。主要有代表性的概念有以下四个。

(1) 朱兰的定义。

美国著名的质量管理专家朱兰(J. M. Juran)博士从顾客的角度出发，提出了产品质量就是产品的适用性，即产品在使用时能成功地满足用户需要的程度。用户对产品的基本要求就是适用，适用性恰如其分地表达了质量的内涵。

(2) 美国质量专家关于质量的定义。

美国质量管理专家克劳士比从生产者的角度出发，把质量概括为"产品符合规定要求的程度"；美国的质量管理大师德鲁克认为"质量就是满足需要"；全面质量控制的创始人费根堡姆认为，产品或服务质量是指营销、设计、制造、维修中各种特性的综合体。

这一定义有两个方面的含义，即使用要求和满足程度。人们使用产品，总对产品质量提出一定的要求，而这些要求往往受到使用时间、使用地点、使用对象、社会环境和市场竞争等因素的影响，这些因素变化，会使人们对同一产品提出不同的质量要求。因此，质量不是一个固定不变的概念，它是动态的、变化的、发展的；它随着时间、地点、使用对象的不同而不同，随着社会的发展、技术的进步而不断更新和丰富。

用户对产品的使用要求的满足程度，反映在对产品的性能、经济特性、服务特性、环境特性和心理特性等方面。因此，质量是一个综合的概念。它并不要求技术特性越高越好，而是追求诸如性能、成本、数量、交货期、服务等因素的最佳组合，即所谓的最适当。

(3) 戴明的质量观。

戴明的质量管理14要点的核心思想为：目标不变、持续改善和知识渊博。

(4) 克劳士比的质量观。

菲利浦·克劳士比在20世纪60年代初提出"零缺陷"思想，并在美国推行"零缺陷"运动。后传至日本，在日本制造业中全面推广，使日本的制造业产品质量迅速提高，并且达到了世界级水平，继而扩大到工商业所有领域。

"零缺陷"(Zero Defects, ZD)又称无缺点，"零缺陷"管理的思想主张企业发挥人的主观能动性来进行经营管理，生产者、工作者要努力使自己的产品、业务没有缺点，并向着高质量标准目标而奋斗。它要求生产工作者从一开始就本着严肃认真的态度把工作做得准确无误，在生产中从产品的质量、成本与消耗、交货期等方面的要求来合理安排，而不是依靠事后的检验来纠正。"零缺陷"强调预防系统控制和过程控制，第一次把事情做对并符合承诺的顾客要求。开展"零缺陷"运动可以提高全员对产品质量和业务质量的责任感，从而保证产品质量和工作质量。

"质量是免费的"(Quality is Free)。之所以不能免费是由于"没有第一次把事情做好"，产品不符合质量标准，从而形成了"缺陷"。美国许多公司常耗用了相当于营业总额的15%～20%去消除缺陷。因此，在质量管理中既要保证质量又要降低成本，其结合点是要求每一个人"第一次就把事情做好"(Do It Right at First Time)，亦即人们在每一时刻对每一作业都需满足工作过程的全部要求。只有这样，那些浪费在补救措施上的时间、金钱和精力才可以避免,这就是“质量是免费”的含义。

相关链接5-1

国际标准化组织的质量术语解释

一、ISO 8402“质量术语”定义

质量:反映实体满足明确或隐含需要能力的特性总和。

质量就其本质来说是一种客观事物具有某种能力的属性,由于客观事物具备了某种能力,才可能满足人们的需要。需要由两个层次构成。第一层次是产品或服务必须满足规定或潜在的需要,这种“需要”可以是技术规范中规定的要求,也可能是在技术规范中未注明,但用户在使用过程中实际存在的需要。第二层次是在第一层次的前提下质量是产品特征和特性的总和。因为,需要应加以表征,必须转化成有指标的特征和特性,这些特征和特性通常是可以衡量的:全部符合特征和特性要求的产品,就是满足用户需要的产品。

二、ISO 9000:2000“质量”定义

国际标准化组织(ISO)2005年颁布的ISO 9000:2005《质量管理体系基础和术语》中对质量的定义是:一组固有特性满足要求的程度。

(1) 更能直接地表述质量的属性,由于它对质量的载体不做界定,说明质量是可以存在于不同领域或任何事物中。对质量管理体系来说,质量的载体不仅针对产品,也针对过程和体系或者它们的组合。

(2) 定义中特性是指事物所特有的性质,固有特性是事物本来就有的,它是通过产品、过程或体系设计和开发及其之后实现过程形成的属性。

(3) 满足要求就是应满足明示的(如明确规定的)、通常隐含的(如组织的惯例、一般习惯)或必须履行的(如法律法规、行业规则)的需要和期望。

(4) 顾客和其他相关方对产品、体系或过程的质量要求是动态的、发展的和相对的。它将随着时间、地点、环境的变化而变化。

(5) “质量”一词可用形容词如“差”“好”或“优秀”等来修饰。在质量管理过程中,“质量”的含义是广义的,除了产品质量之外,还包括工作质量。质量管理不仅要管好产品本身的质量,还要管好质量赖以产生和形成的工作质量,并以工作质量为重点。

(资料来源:百度百科)

5.1.2 质量管理

思政园地

高质量发展是全面建设社会主义现代化国家的首要任务

习近平总书记在党的二十大报告中指出:“高质量发展是全面建设社会主义现代化国家的首要任务。”

新时代10年,我们提出并贯彻新发展理念,着力推进高质量发展,推动构建新发展格局，实施供给侧结构性改革，我国经济实力实现历史性跃升。

新征程上，我们要坚持以推动高质量发展为主题，加快建设现代化经济体系，着力提高全要素生产率，推动经济实现质的有效提升和量的合理增长。

质量管理是管理科学中的一个重要分支，ISO 9000 对质量管理的定义为：在质量方面指挥和控制组织的协调的活动。可以理解为：质量管理是指确定质量方针、目标和职责，并通过质量体系中的质量策划、控制、审核保证和改进来使其实现的全部活动。

1. 质量管理的几种理解

朱兰对质量管理的基本定义：质量就是适用性的管理，市场化的管理。

费根堡姆的定义：质量管理是“为了能够在最经济的水平上并考虑到充分满足顾客要求的条件下进行市场研究、设计、制造和售后服务，把企业内各部门的研制质量、维持质量和提高质量的活动构成为一体的一种有效的体系”。

国际标准和国家标准的定义：质量管理是“在质量方面指挥和控制组织的协调的活动”。

相关链接 5-2

割草的男孩

一个替人割草打工的男孩打电话给一位陈太太说：“您需不需要割草？”陈太太回答说：“不需要了，我已有了割草工。”男孩又说：“我会帮您拔掉花丛中的杂草。”陈太太回答：“我的割草工也做了。”男孩又说：“我会帮您把草与走道的四周割齐。”陈太太说：“我请的那人也已做了，谢谢你，我不需要新的割草工人。”男孩便挂了电话，此时男孩的室友问他：“你不是就在陈太太那儿割草打工吗？为什么还要打这个电话？”男孩说：“我只是想知道我做得有多好！”

这个故事反映的 ISO 的第一个思想：以顾客为关注焦点，不断地探询顾客的评价，我们才有可能知道自己的长处与不足，然后扬长避短，改进自己的工作质量，牢牢地抓住顾客。

这也是质量管理八项原则第 6 条“持续改进”思想的实际运用的一个例子。我们每个员工是否也可结合自己的岗位工作做一些持续改进呢？

所有的员工都可以做到让顾客满意。对于营销人员来说，这样可以得到忠诚度极高的顾客。对于我们每个员工来说，只有时刻关注我们的“顾客（服务对象）”，我们的工作质量才可以不断改进。

做质量的大多数时候都是被动的，只是延续出现问题然后再去解决问题的模式，如果能主动查找问题并解决问题那才是完美的质量管理模式。这也就显示出了一个质量管理者的精髓所在。

一切都属于那些天天做好准备的人。凡事靠脑子去想，用双手去做，提前预防不应该发生的事情，把缺陷扼杀在萌芽状态。我们要始终坚信“风险是可以防范的，缺陷是可以预防的”。

（资料来源：http://www.sohu.com/a/169735670_662119）

2. 质量管理发展的阶段

质量管理起源很早，从历史上有了手工业生产的产品以来，就有了质量管理的实践。但是质量管理作为一门科学，还是近代的事，仅仅只有八九十年的历史。质量管理的概念也是随着现代工业生产的发展逐步形成、发展和完善起来的。质量管理的发展阶段，可以大致分为四个阶段。

(1) 质量检验阶段(Quality Inspection, QI)。

20世纪前，产品质量主要依靠操作者本人的技艺水平和经验来保证，属于“操作者的质量管理”。20世纪初，以泰勒为代表的科学管理理论的产生，促使产品的质量检验从加工制造中分离出来，质量管理的职能由操作者转移给工长，是“工长的质量管理”。随着企业生产规模的扩大和产品复杂程度的提高，产品有了技术标准(技术条件)，公差制度(见公差制)也日趋完善，各种检验工具和检验技术也随之发展，大多数企业开始设置检验部门，有的直属于厂长领导，这时是“检验员的质量管理”。上述几种做法都属于事后检验的质量管理方式。

这一阶段主要特点是把质量检验从生产工序中分离出来，成立专门的质量检验机构，负责检验产品，以保证出厂产品的质量。

(2) 统计质量控制阶段(Statistical Quality Control, SQC)。

1924年，美国数理统计学休哈特提出控制和预防缺陷的概念。与此同时，美国贝尔研究所提出关于抽样检验的概念及其实施方案，成为运用数理统计理论解决质量问题的先驱，但当时并未被普遍接受。以数理统计理论为基础的统计质量控制的推广应用始自第二次世界大战。由于事后检验无法控制武器弹药的质量，美国国防部决定把数理统计法用于质量管理，并由标准协会制定有关数理统计方法应用于质量管理方面的规划，成立了专门委员会，并于1941—1942年先后公布一批美国战时的质量管理标准。

这一阶段，工业产品的设计、制造和检验三个方面有了初步的协调和配合，除了运用技术手段检验，还采用了数理统计方法，加强了对生产过程的控制，以预防废品发展到防检结合、以防为主的阶段。

(3) 全面质量管理阶段(Total Quality Management, TQM)。

美国费根鲍姆于20世纪60年代初提出全面质量管理的概念，他认为：全面质量管理是“为了能够在最经济的水平上，并考虑到充分满足顾客要求的条件下进行生产和提供服务，把企业各部门在研制质量、维持质量和提高质量方面的活动构成为一体的一种有效体系”。20世纪50年代以来，随着生产力的迅速发展和科学技术的日新月异，人们对产品的质量从注重产品的一般性能发展为注重产品的耐用性、可靠性、安全性、维修性和经济性等。在生产技术和企业管理中要求运用系统的观点来研究质量问题。在管理理论上也有新的发展，突出并重视人的因素，强调依靠企业全体人员的努力来保证质量以外，还有“保护消费者利益”运动的兴起，企业之间市场竞争越来越激烈，全面质量管理应时产生。

(4) 社会质量管理和全球质量管理阶段。

产品和服务的质量越来越具有社会化和国际化的性质；社会质量监督系统和质量法规将更加完善和严密，相应的国际性质量管理组织将发挥更大的作用；国际质量标准将进一步增加和完善，更高水平和更高层次的国际标准将出现；质量文化高度发展，代表更高水平的全面质量管理；质量控制与抽样理论将沿着多样化、小样本化、模糊化、柔性化等方向持续深入发展；质量将随着政治、经济、科技、文化的发展而同步发展。

5.1.3 质量管理的基本原则

1. *以顾客为关注焦点*

组织依存于顾客。因此,组织应当理解顾客当前和未来的需求,满足顾客要求并争取超越顾客期望。

就是一切要以顾客为中心,没有了顾客,产品销售不出去,市场自然也就没有了。所以,无论什么样的组织,都要满足顾客的需求,顾客的需求是第一位的。要满足顾客需求,首先就要了解顾客的需求,这里说的需求,包含顾客明示的和隐含的需求。明示的需求就是顾客明确提出来的对产品或服务的要求;隐含的需求或者说是顾客的期望,是指顾客没有明示但是必须要遵守的,比如说法律法规的要求,还有产品相关的标准的要求。另外,作为一个组织,还应该了解顾客和市场的反馈信息,并把它转化为质量要求,采取有效措施来实现这些要求。想顾客所想,这样才能做到超越顾客期望。这个指导思想不仅领导要明确,还要在全体职工中贯彻。

2. *领导作用*

领导者确立组织统一的宗旨和方向,他们应当创造并保持使员工能充分参与实现组织目标的内部环境。

组织的领导者,必须将本组织的宗旨、方向和内部环境统一起来,积极营造一种竞争的机制,调动员工的积极性,使所有员工都能够在融洽的气氛中工作。领导者应该确立组织的统一的宗旨和方向,就是所谓的质量方针和质量目标,并能够号召全体员工为组织的统一宗旨和方向努力。

领导的作用,即最高管理者应该具有决策和领导一个组织的关键作用。确保关注顾客要求,确保建立和实施一个有效的质量管理体系,确保提供相应的资源,并随时将组织运行的结果与目标比较,根据情况决定实现质量方针、目标的措施,决定持续改进的措施。在领导作风上还要做到透明、务实和以身作则。

3. *全员参与*

各级人员都是组织之本,只有他们的充分参与,才能够使他们的才干为组织带来收益。

全体职工是每个组织的基础。组织的质量管理不仅需要最高管理者的正确领导,还有赖于全员的参与。所以要对职工进行质量意识、职业道德、以顾客为中心的意识和敬业精神的教育,还要激发员工的积极性和责任感。没有员工的合作和积极参与,企业是不可能做出什么成绩的。

4. *过程方法*

将活动和相关的资源作为过程进行管理,可以更高效地得到期望的结果。

过程指的是,一组将输入转化为输出的相互关联或相互作用的活动。一个过程的输入通常是其他过程的输出,过程应该是增值的,组织为了增值,通常对过程进行策划并使其在受控条件下运行。组织在运转的过程中,有很多活动,都应该作为过程来管理。

将相关的资源和活动作为过程进行管理,可以更高效地得到期望的结果。过程方法不仅适用于某些简单的过程,也适用于由许多过程构成的过程网络。在应用于质量管理体系时,2000 版 ISO 9000 族标准建立了一个过程模式。此模式把管理职责、资源管理、产品实现、测量、分析和改进作为体系的4大主要过程，描述其相互关系，并以顾客要求为输入，以提供给顾客产品为输出，通过信息反馈来测定顾客的满意度，评价质量管理体系的业绩。

5. 管理的系统方法

将相互关联的过程作为系统加以识别、理解和管理，有助于组织提高实现目标的有效性和效率。

组织的过程不是孤立的，是有联系的，因此，应正确识别各个过程，以及各个过程之间的关系和接口，并采取适合的方法来管理。

针对设定的目标，识别、理解并管理一个由相互关联的过程所组成的体系，有助于提高组织的有效性和效率。这种建立和实施质量管理体系的方法，既可用于新建体系，也可用于现有体系的改进。此方法的实施可在三个方面受益：一是提供对过程能力及产品可靠性的信任；二是为持续改进打好基础；三是使顾客满意，最终使组织获得成功。

6. 持续改进

持续改进总体业绩应当是组织的一个永恒目标。在过程的实施过程中不断地发现问题，解决问题，这就会形成一个良性循环。

持续改进是组织的一个永恒的目标。在质量管理体系中，改进指产品质量、过程及体系有效性和效率的提高；持续改进包括了解现状，建立目标，寻找、评价和实施解决办法，测量、验证和分析结果并把更改纳入文件等活动，最终形成一个PDCA循环，并使这个环不断地运行，从而使得组织能够持续改进。

7. 基于事实的决策方法

有效决策是建立在数据和信息分析的基础上。

组织应该搜集运行过程中的各种数据，然后对这些数据进行统计和分析，从数据中寻找组织的改进点，或者相关的信息，以便于组织做出正确的决策，减少错误的发生。防止决策失误，对数据和信息的逻辑分析或直觉判断是有效决策的基础。在对信息和资料做科学分析时，统计技术是最重要的工具之一。统计技术可用来测量、分析和说明产品和过程的变异性，统计技术可以为持续改进的决策提供依据。

8. 与供方互利的关系

组织与供方是相互依存的，互利的关系可增强双方创造价值的能力。

组织的供应链适用于各种组织，对于不同的组织，它在不同的供应链中的地位也是不同的，有可能是一个供应链中的供方，同时是另外一个供应链中的顾客，所以，互利的供方关系可以让供应链中各方同时得到改进的机会，共同进步。

通过互利的关系，增强组织及其供方创造价值的能力。供方提供的产品将对组织向顾客提供满意的产品产生重要影响，因此能否处理好与供方的关系，影响到组织能否持续稳定地提供顾客满意的产品。对供方不能只讲控制不讲合作互利，特别对关键供方，更要建立互利关系，这对组织和供方都有利。

相关链接 5-3

世界三大质量奖

1. 美国国家质量奖

美国国家质量奖(US National Quality Award)又称波多里奇奖。美国联邦政府为了鼓励企业提高产品质量,增强美国产品在国际市场上的竞争力,于 1987 年设立国家质量奖项目。评奖的依据是美国国家质量奖评奖标准,它分别从领导、战略、顾客、市场、资源、过程管理、测量、分析与改进,经营结果 7 个方面对企业进行考核评价,总分 1 000 分。参评企业通过接受评审,有效发现不足和优势,从而有利于改进自身的经营管理,提升企业的竞争实力。

2. 日本戴明奖

日本戴明奖(Deming Prize)是日本科学技术联盟(JUSE)于 1951 年设立的奖项。戴明奖的总目标是确保对产品质量和服务质量的控制。它对质量概念的描述侧重于质量是由过程决定的。日本戴明奖评奖标准涉及所有业务方面。企业的成效按四项标准予以评定:一是计划(包括方针、组织和管理),二是执行(包括利润管理、成本控制、过程标准化和控制、质量保证等),三是效果,四是对以后的策划。

戴明奖制度创立后,许多企业都将获取戴明奖作为提高本企业质量管理水平的手段,促进了日本质量管理广泛而深入地开展。

3. 欧洲质量奖

欧洲质量奖(European Quality Award)是由欧洲质量管理基金会于 1992 年设立的一项质量奖励制度,其宗旨在于认可那些特别重视全面质量管理的组织并鼓励其他组织以这些组织为榜样。欧洲质量奖的评奖内容涉及 9 个方面,即领导、方针和策略、人事管理、资源(财务、信息、材料、技术应用)、过程(鉴定、管理、参数分析、以革新和创造性为基础的改进、受益估测)、顾客满意、员工满意、社会影响和业务效果等。欧洲质量奖扩展了质量概念,把社会责任等项目列入了卓越质量管理的标准之内。

(资料来源:http://www.beijing.gov.cn/ywdt/zwzt/zlgljjx/zljgs/t1497487.htm)

5.2 制定现代企业质量标准

所谓标准,指的是衡量某一事物或某项工作应该达到的水平、尺度和必须遵守的规定。通过制定企业的质量标准,在产品的结构、规格、质量、检验方法等方面提供了参考的依据和标准,可以使组织或个人获得持续改进的能力、保持持续改进的状态,从而使组织或个人获得持续成功。

5.2.1 质量标准

1. 质量标准的含义

质量标准是指对产品的结构、规格、质量、检验方法所做的技术规定。对企业来说,为了使生产经营能够有条不紊地进行，则从原材料进厂，一直到产品销售等各个环节，都必须有相应标准做保证。它不但包括各种技术标准，而且包括管理标准以确保各项活动的协调进行。

按照《标准化法》和《产品质量法》等法律、法规的规定，我国的标准体系由国家标准、行业标准、地方标准和企业标准等构成，同时采用和转化使用国际标准。

2. 质量标准的内容

完整的产品质量标准包括技术标准和管理标准两个方面的内容。

(1) 技术标准。

技术标准是对技术活动中需要统一协调的事物制订的技术准则。根据其内容不同，技术标准又可分解为基础标准、产品标准和方法标准三个方面的内容。

① 基础标准是标准化工作的基础，是制订产品标准和其他标准的依据。常用的基础标准主要有：通用科学技术语言标准；精度与互换性标准；结构要素标准；实现产品系列化和保证配套关系的标准；材料方面的标准等。

② 产品标准是指对产品质量和规格等方面所做的统一规定，它是衡量产品质量的依据。产品标准的内容一般包括产品的类型、品种和结构形式，产品的主要技术性能指标，产品的包装、贮运、保管规则，产品的操作说明，等等。

③ 方法标准是指以提高工作效率和保证工作质量为目的，对生产经营活动中的主要工作程序、操作规则和方法所做的统一规定。它主要包括检查和评定产品质量的方法标准、统一的作业程序标准和各种业务工作程序标准或要求等。

相关链接 5－4

主妇的标准

煮出一碗既不太硬也不太烂的面条，是一件非常难的事情，即使是经验非常丰富的主妇，也不见得每次煮的面条都能恰到好处。通常情况下，一碗面条若要符合标准，需要具备以下几个条件：

(1) 煮好的面条，不太硬、不太软，刚好可口。

(2) 要于适当的时间煮好，以配合用餐的时间。

(3) 要在经济原则下煮好，不宜浪费材料与燃料费用。

当然，人们也可以靠许多经验煮出恰到好处的面条。但是，如果每次煮都要尝试多次，不但无法配合用餐时间，也浪费材料、燃料，所以，必须“一次就煮好”。方法如下：

(1) 事先决定所煮面条熟烂的程度。(确定基准)

(2) 研究煮到恰到好处的面条的各种条件，综合选择其中最经济、最方便、最好吃的煮法。(决定方案、方法)

(3) 把最好方法的要领记录下来，以防忘记。煮之前放多少水、煮多久、何时放进面条等步骤及有关条件，尽可能地以数量表示出来。(制定各项标准、规范)

(4) 根据记下来的要领，切实地去做。(按标准实施，可得标准化成果)

主妇煮面条的标准，就好比我们做产品一样，设计过程要按设计的流程和要求走，生产装配要严格执行工艺规范。若是脱离了设计流程，没了工艺规范，产品就很有可能出问题，达不到规定质量要求，没有了预期经济效益。

（资料来源：http://www.sohu.com/a/192299422_773685）

(2) 管理标准。

所谓管理标准是指为了达到质量的目标，而对企业中重复出现的管理工作所规定的行动准则。它是企业组织和管理生产经营活动的依据和手段。管理标准一般包括以下内容：

① 生产经营工作标准。它是对生产经营活动的具体工作的工作程序、办事守则、职责范围、控制方法等的具体规定。

② 管理业务标准。它是对企业各管理部门的各种管理业务工作要求的具体规定。

③ 技术管理标准。它是为有效地进行技术管理活动，推动企业技术进步而做出的必须遵守的准则。

④ 经济管理标准。它是指对企业的各种经济管理活动进行协调处理所做出的各种工作准则或要求。

3. 产品质量标准的层次

我国现行的产品质量标准，从标准的适用范围和领域来看，主要包括国际标准、国家标准、行业标准（或部颁标准）和企业标准等。

(1) 国际标准。

国际标准是指国际标准化组织（ISO）、国际电工委员会（IEC），以及其他国际组织所制定的标准。

其中 ISO 是目前世界上最大的国际标准化组织，它成立于 1947 年，到 2002 年它已有 117 个成员，包括 117 个国家和地区。ISO 现已制定 10 300 多个标准，主要涉及各个行业各种产品的技术规范。IEC 也是比较大的国际标准化组织，它主要负责电工、电子领域的标准化活动。

相关链接 5-5

ISO 简介

ISO 标准是指由“国际标准化组织（International Organization for Standardization, ISO）”制定的标准。ISO 一来源于希腊语“ISOS”，即“EQUAL”——平等之意。

ISO 的前身是国际标准化协会（ISA），ISA 成立于 1926 年（1926 年美、英、加等七国标准化机构第三次代表联席会议决定成立国际标准化协会，并于 1928 年成立）。第二次世界大战的爆发，迫使 ISA 停止工作。战争结束后，大环境为工业恢复提供了条件，于是 1946 年 10 月，来自 25 个国家标准化机构的领导人在伦敦聚会，讨论成立国际标准化组织的问题，并把这个新组织称为 ISO。会议一致通过了 ISO 章程和议事规则。1947 年 2 月 23 日，ISO 开始正式运行，ISO 的中央办事机构设在瑞士的日内瓦。中国既是发起国又是首批成员国。

国际标准化组织是一个由国家标准化机构组成的世界范围的联合会，现有 140 个成员国。根据该组织章程,每一个国家只能有一个最有代表性的标准化团体作为其成员,原国家质量技术监督局以CSBTS名义国参加ISO活动。成立的宗旨是:在世界范围内促进标准化工作的开展,以利于国际物资交流和互助,并扩大知识、科学、技术和经济方面的合作。其主要任务是:制定国际标准,协调世界范围内的标准化工作,与其他国际性组织合作研究有关标准化问题。

(资料来源:https://baike.sogou.com/v7930112.htm?fromTitle)

(2) 国家标准。

国家标准是对需要在全国范围内统一的技术要求,由国务院标准化行政主管部门制订的标准。1988年,我国将国际标准化组织(ISO)在1987年发布的《质量管理和质量保证标准》等国际标准仿效采用为我国国家标准,编号为GB/T 10300系列。它在编写格式、技术内容上与国际标准有较大的差别。

从1993年1月1日起,我国实施等同采用ISO 9000系列标准,编号为:GB/T 19000—ISO 9000系列,其技术内容和编写方法与ISO 9000系列相同,使产品质量标准与国际同轨,以利于适应"复关"形势。我国的国家标准是采用等同于现行的ISO 9000:2000标准,编号为GB/T 19000—2000系列。

(3) 行业标准。

行业标准又称为部颁标准,由国务院有关行政主管部门制定并报国务院标准行政主管部门备案,在公布国家标准之后,该项行业标准即行废止。当某些产品没有国家标准而又需要在全国某个行业范围内统一的技术要求,则可以制定行业标准。

(4) 企业标准。

企业标准主要是针对企业生产的产品没有国家标准和行业标准的,制定企业标准作为组织生产的依据而产生的。企业的产品标准须报当地政府标准化行政主管部门和有关行政主管部门备案。已有国家标准或者行业标准的,国家鼓励企业制定严于国家标准或者行业标准的企业标准。企业标准只能在企业内部适用。

思政园地

扎牢粮食质量安全篱笆

好粮是种出来的,也是管出来的,先进的标准体系是确保粮食质量安全的第一道"防火墙"。既要不断强化粮食质量安全检验监测能力建设,对粮食全产业链各个环节实施严格监管,严防不合格粮食产品流入口粮市场;也要用良法促进善治,对相关问题实施最严厉处罚、最严肃问责、最严格监管和最严谨标准。2022全国食品安全宣传周·粮食质量安全宣传日活动于2022年9月6日举行。国家粮食和物资储备局集中发布了粮食标准质量管理相关政策文件和标准。截至目前,我国粮食全产业链标准体系已基本建立。

2022年的粮食质量安全宣传日的主题为"节粮减损 营养健康 守护'舌尖上的安全'"。主会场活动展示了近年来全国粮食行业在推动标准建设、质量监管等方面取得的显著成效,确定了首批粮油国际标准研究中心名单。

截至目前，共归口管理粮食质量安全标准 661 项，包括国家标准 379 项、行业标准 282 项，为保障国家粮食安全提供了重要的技术支撑。

此外，通过不断激发粮食企业、社会团体等市场主体标准化活力，优化政府颁布标准与市场自主制定标准二元结构，我国市场自主制定标准的比例得到了大幅提升。

5.2.2 制定现代企业质量标准

案例研究 5-1

海尔的"OEC"管理制度标准

在海尔与日本三菱重工的一个合作项目中，日方带来了一整套的日式管理方法。张瑞敏告诉日本人，他们的办法不行。日本人坚定地摇头。张瑞敏说："你现在就到十字路口看看，红灯亮了，人们照样往前闯，你这几条规定行不通。"日本人还是摇头。3 个月之后，日本人意识到他们的办法确实不行，于是请求张瑞敏使用海尔的管理方法。

"如果训练一个日本人，让他每天擦 6 遍桌子，他一定会照做；而一个中国人开始会擦 6 遍，慢慢觉得 5 遍、4 遍也可以，后来索性就不擦了！"张瑞敏的观察一针见血。他熟悉中国人的秉性，知道中国人做事的特点。因此他认为，企业必须建立一个管理机制，这一机制要具备一种功能：领导在与不在企业都能良性运转。

这就是海尔张瑞敏发明的"OEC"管理制度。O，就是 Over All（全方位）；E，就是 Every One/Day/Thing（每人、每天、每事）；C，就是 Control Clear（控制和清理）。总的来说，OEC 管理就是全方位的，每人、每天、每件事控制与清理的管理模式。

可以肯定地说，海尔没有这个基础的管理模式并且坚持做下去，就不可能有今天的辉煌。每年有十几万人到海尔参观学习，都可以看到海尔张榜公布"OEC"考评结果，张贴哭脸、笑脸。这些看似简单，关键要坚持下去。将简单的事认真做下去，并保持高水准，就是不简单。

（资料来源：http://www.sohu.com/a/237914800_465538）

一个企业要想把管理做好，必须针对岗位的特点制定出一套标准。具体来说，可以从制定目标、树立标准、明确流程这个三方面来下功夫。

1. 制定目标

目标是个人、部门或整个组织所期望实现的成果。就像射箭都希望射向靶心一样，企业要调动所有员工瞄准目标前进。制定发展战略的目的是为了实现战略目标，实现目标需要行动，对实现目标的行动进行管理就是目标管理。

目标管理的过程就是把企业的整体目标逐级分解，转换为每个部门、每个员工分目标的过程。这些目标方向一致，环环相扣，每个员工都实现了自己的分目标，整个企业的总目标才有可能完成。

目标管理不同于单纯的行政命令式的管理，是员工自我控制与民主管理相结合的管理方式，必须权、责、利分明。也就是说，员工既有实现目标的义务和责任，也有完成目标的权利，在完成目标的过程中各负其责。上下级之间是平等、尊重、依赖、支持的关系，上级并不过多干预。

目标管理重视结果，因此需要对目标的完成情况进行考核。工作成果就是评定目标完成程度的标准，也是评价管理工作绩效的唯一标志。

2. 树立标准

标准就是规矩，要做到标准清晰，首先要搞清楚每个部门的规矩是什么，每个岗位的职责是什么。

标准这个词是泰勒于1900年提出的。泰勒在提出标准这个词的基础上创立了一个管理系统——科学管理，因此他被誉为“科学管理之父”。泰勒在科学管理中提出了大量的标准化生产理论，他最早做了一个工人搬砖的试验用来说明什么是标准管理。所以，标准化管理也叫动作管理，我们现在称作行为管理。

在中国文化中，中国人习惯称标准为“样”。俗话说“站要有个站样”“有样学样”，“样”就是标准。尽管中国人在为人处世方面树立了不少道德标准，但是在企业管理方面却缺少标准。比如说中国饮食文化十分丰富，但是没有像麦当劳、肯德基那样走遍全球，就是因为中餐没有实现流水线和标准化。所以说中国的管理最缺标准。

在标准指导下的生产后来变成精益化生产，在员工层面制定生产标准。现代管理中有一个词是工厂化生产。工厂化生产包括两层含义，一是生产产品，一是销售产品。麦当劳就是典型的代表。有人会说，麦当劳虽然是以卖为主，但谈不上什么工业化生产。大家要知道，麦当劳的核心管理是什么，它的核心管理是在某一点上按照标准来做，按照流程来做。标准化生产其实就是标准加流程。现代工业化就是建立在标准化基础上的。

3. 明确流程

简单地说，流程管理就是在做一件事的过程中界定处理和办理的经过。就像农民浇地一样，水从什么地方流过，整个过程就是流程。流程和标准是相互联系的，在流程中要界定哪个部门或哪个岗位应该做什么，进行清晰的责任划分。

流程并不是越多越好，也不是越少越好。流程管理是为了优化流程，实现既能很好地控制责任风险，又能大幅度地减少过程。一般来说，规模小的公司要简化流程，规模大的公司要规范流程。小公司的管理需要简单一些，设置太多的流程就令管理复杂化了。而大公司的流程规范化，有利于统一员工的行为，使之步调一致，易于管理。

目标、流程、标准，这是管理的三要素。流程是用来实现目标的，标准是用来规范流程的。只有标准出现以后才可以进行考核，考核是对目标的管理，对流程的管理，对标准的关注。如果把这些搞清楚了，就明白了管理学的精髓。

相关链接 5-6

企业质量标准备案

企业标准备案(企业产品执行标准)是指对产品结构性能、尺寸、规格、质量特性和检验方法所做的技术规定，它可以规定一个产品或同一系列产品应满足的要求，以确定其对用途的适应性。凡在本区域内从事生产并用于销售的产品在尚无国家标准、行业标准或地方标准的情况下，应由企业制定相应的企业标准，作为企业组织生产和判定产品质量的依据。企业标准须报当地政府标准化行政主管部门备案。

产品执行标准是产品生产、检验、仲裁的依据，产品如没有相应的国家标准或行业标准，应制定企业标准作为产品的执行标准。

1. 企业标准备案的作用

(1) 便于企业检查企业生产的产品是否合格。

(2) 便于发现行业标准、地方标准或企业标准是否遵守有关强制性标准的情况。

(3) 对于企业的产品标准来说，当供需双方由于产品贸易发生争议时，标准化行政主管部门可以依据合同规定的企业产品标准进行仲裁和检验。

2. 企业标准备案的流程

(1) 申请人提交企业标准备案。

(2) 省质监局标准化处受理申请。

(3) 工作人员对标准文本进行审查。

(4) 审查通过后，质监局给标准编号、备案登记。

(5) 送达申请人，进行标准文本存档。

3. 产品标准报告的编写依据

产品提交的标准报告必须是符合 GB/T 1.1—2009《中华人民共和国标准化法》要求的合法标准。产品交付标准应符合：强制性的国家标准、行业标准；企业声明执行的企业标准；企业产品标准。

4. 企业标准备案的时间

企业标准备案正常周期 5～7 个工作日，加急 2～3 天完成“编写＋备案”(食品、药品、保健品除外)。

5. 企业标准备案所需资料

(1) 产品的说明书(功能、性能、规格书、工艺流程等的介绍)。

(2) 产品的图片。

(3) 营业执照复印件。

(4) 编写人员名单。

(5) 法人身份证复印件。

(6) 质检报告。

(资料来源：网络资料综合整理)

5.3 实施现代企业质量控制

企业要在激烈的市场竞争中生存和发展，仅靠方向性的战略性选择是不够的。任何企业间的竞争都离不开“产品质量”的竞争，没有过硬的产品质量，企业终将在市场经济的浪潮中消失。而产品质量作为最难以控制和最容易发生的问题,往往让供应商苦不堪言,小则退货赔钱,大则客户流失,关门大吉。因此,如何有效地进行过程控制是确保产品质量和提升产品质量,促使企业发展、赢得市场、获得利润的核心。

案例研究5-2

降落伞的真实故事

这是一个发生在第二次世界大战中期,美国空军和降落伞制造商之间的真实故事。在当时,降落伞的安全度不够完美,即使经过厂商努力的改善,使得降落伞制造商生产的降落伞的良品率已经达到了99.9%。但是,美国空军却对此公司说No,他们要求所交降落伞的合格率必须达到100%。于是降落伞制造商的总经理便专程去飞行大队商讨此事,看是否能够降低这个水准,因为厂商认为,能够达到这个程度已接近完美了,没有什么必要再改。当然美国空军一口回绝,因为品质没有折扣。后来,军方要求改变了检查品质的方法。那就是从厂商前一周交货的降落伞中随机挑出一个,让厂商负责人装备上身后亲自从飞行中的机身跳下。这个方法实施后,不良率立刻变成零。

日本经营之神松下幸之助有句名言:"对产品来说,不是100分就是0分。"任何产品,只要存在一丝一毫的质量问题,都意味着失败。

对待产品质量应该保持精益求精的态度和严谨细致的工作作风。换位成消费者,如果在用买回的酵母做的馒头里吃出一根头发,是什么滋味?也许我们会认为10万(或10亿)袋酵母里才有一袋里有一根头发,无须大惊小怪。但是对我们来说是十万分之一,对于吃到头发的消费者来说就是100%。

试想,如果什么事情只有99.9%的成功率,那么每年有20 000次配错药事件;每年15 000个婴儿出生时会被抱错;每星期有500宗做错手术事件;每小时有2 000封信邮寄错误。看了这些数据,我们肯定都希望全世界所有的人都能在工作中做到100%。因为我们是生产者,同时我们也是消费者。

(资料来源:http://www.sohu.com/a/152386605_664034)

5.3.1　质量控制

质量控制(Quality Control)是为达到质量要求所采取的作业技术和活动。质量控制的目的是通过监视质量形成过程,消除质量环上所有阶段引起不合格或不满意效果的因素。以达到质量要求,获取经济效益,而采用的各种质量作业技术和活动。

质量控制是为使产品或服务达到质量要求而采取的技术措施和管理措施方面的活动。质量控制的目标在于确保产品或服务质量能满足要求(包括明示的、习惯上隐含的或必须履行的规定)。

1. 对质量控制的理解

(1) 质量控制范围包括专业作业技术过程和质量管理过程。为达到质量要求,在质量形成的全过程的每一个环节所进行的一系列专业技术作业过程和质量管理过程的控制叫质量控制。对硬件类产品来说,专业技术过程是指产品实现所需的设计、工艺、制造、检验等;

质量管理过程是指管理职责、资源、测量分析、改进以及各种评审活动等。对服务类产品而言，专业技术作业过程是指具体的服务过程。

(2) 质量控制的关键是使所有质量过程和活动始终处于完全受控状态。事先应对受控状态做出安排，并在实施中进行监视和测量，一旦发现问题应及时采取相应措施，恢复受控状态，把过程输出的波动控制在允许的范围内。

(3) 质量控制的基础是过程控制。无论制造过程还是管理过程，都需要严格按照程序和规范进行。控制好每个过程，特别是关键过程是达到质量要求的保障。

2. 质量控制点

在企业领域，质量控制活动主要是企业内部的生产现场管理，是指为达到和保持质量而进行控制的技术措施和管理措施方面的活动。质量检验从属于质量控制，是质量控制的重要活动。在国际上，质量控制对象根据它们的重要程度和监督控制要求不同，可以设置"见证点"或"停止点"。"见证点"和"停止点"都是质量控制点，由于它们的重要性或其质量后果影响程度有所不同，它们的运作程序和监督要求也不同。

(1) 见证点 W(Witness Point)。

见证点监督，也称为 W 点监督。凡是列为见证点的质量控制对象，在规定的关键工序施工前，承包单位应提前通知监理人员在约定的时间内到现场进行见证和对其施工实施监督。如果监理人员未能在约定的时间内到现场见证和监督，承包单位有权进行该 W 点的相应的工序操作和施工。

见证点的运作程序和监督要求如下：

① 施工单位应在到达某个见证点之前的一定时间，书面通知监理工程师，说明将到达该见证点准备施工的时间，请监理人员届时现场进行见证和监督。

② 监理工程师收到通知后，应在"施工跟踪档案"上注明收到该通知的日期并签字。

③ 监理人员应在约定的时间到现场见证。监理人员应对见证点实施过程进行监督、检查，并在见证表上做详细记录后签字。

④ 如果监理人员在规定的时间未能到场见证，施工单位可以认为已获监理工程师认可，有权进行该项施工。

⑤ 如果监理人员在此之前已到现场检查，并将有关意见写在"施工跟踪档案"上，施工单位应写明已采取的改进措施，或具体意见。

(2) 停止点 H(Hold Point)。

停止点是重要性高于见证点的质量控制点，它通常是针对"特殊过程"或"特殊工艺"而言。凡列为停止点的控制对象，要求必须在规定的控制点到来之前通知监理方派人对控制点实施监控，如果监理方未能在约定的时间到现场监督、检查，施工单位应停止进入该控制点相应的工序，并按合同规定等待监理方，未经认可不能越过该点继续活动。通常用书面形式批准其继续进行，但也可以按商定的授权制度批准其继续进行。

见证点和停止点通常由工程承包单位在质量计划中明确，但施工单位应将施工计划和质量提交监理工程师审批。如果监理工程师对见证点和停止的设置有不同意见，应书面通知施工单位，要求予以修改，再报监理工程师审批后执行。

(3) 旁站点 S(Standby Point)。

针对工程关键部位和关键工序的施工质量而设置的全过程连续监控点。

3. 质量控制点检查方式(PRS)

巡视 P(Patrol):通过巡视检查对正在作业的部位或工序进行见证检查。

文件检查 R(Record Inspect):依据国家及行业有关法律法规、标准规范和承包合同,对承包单位报审的工程文件进行审核并签署意见。

旁站 S(Standby):对工程关键部位、关键工序的施工质量实施连续性的现场全过程监督检查。

案例研究 5-3

疫情之下,更见质量如生命

库存15年的过期口罩;粗制滥造的“三无”口罩;没有认证和标准的劣质口罩;满是异味的二手口罩……在新冠肺炎疫情肆虐的关头,一个个假冒伪劣口罩案件相继被查处,让人不禁重新思考“质量就是生命”这句话的分量。如果说,坐地起价是“谋财”,那么假冒伪劣便是“害命”。口罩作为疫情中人们最为“仰仗”的防护装备,其质量直接影响防护效果,直接关系着消费者的生命与健康。

上海查处未明码标价及销售过保质期口罩案,浙江查处某医疗器械公司销售“早产”假冒口罩案,安徽合肥查处涉嫌销售“三无”口罩案……疫情暴发以来,被查处并曝光的各类假冒伪劣口罩类型有十几种之多,有“早产”口罩,有过期口罩,有假冒进口口罩,有“三无”口罩,有二手口罩,有翻新口罩等,五花八门、不胜枚举。这些口罩不仅粗制滥造,起不到任何保护作用,而且可能造成二次交叉感染,成为危害消费者生命健康的安全隐患。

问题分析:不谋不幸之灾,不敛不义之财。疫情之下,口罩频频曝出质量问题引发了社会的普遍关注。口罩是大规模、廉价制造、模块化装配型产品,虽然制造工艺简单,但是质量要求很高。即便是同类型的纺织企业转产,同样需要技术指导。比如,疫情期间,广东省市场监管局为进一步提高口罩生产效能和加强质量保障,主动前移技术服务关口,组织有关技术机构编制了《原辅材料供应与口罩生产对接的质量技术规范指引》。浙江省轻工业品质量检验研究院为指导转产企业,接连编制《口罩质量要点》《日常用防护口罩生产工艺指导书》《应急时期日常用防护口罩过滤材料指南》3份技术性文件。

(资料来源:《中国质量报》)

5.3.2　质量控制方法

1. 查检表

查检表(Data Collection Form)是以简单的数据或容易了解的方式,做成图形或表格,只要记上检查记号,并加以统计整理,作为进一步分析或核对检查用。检查表就是将需要检查的内容或项目一一列出,然后定期或不定期地逐项检查,并将问题点记录下来的方法。有时检查表又叫查检表或点检表。例如,点检表、诊断表、工作改善检查表、满意度调查表、考核表、审核表、5S活动检查表、工程异常分析表等。所以,查检表是查检集数据,调查记录数据用以分析的方法。

2. 层别法

层别法(Stratification)是针对部门别、人别、工作方法别、设备、地点等所搜集的数据,按照它们的共同特征加以分类、统计的一种分析方法。层别法就是将大量有关某一特定主题的观点、意见或想法按组分类,将收集到的大量的数据或资料按相互关系进行分组,加以层别。层别法一般和柏拉图、直方图等其他七大手法结合使用,也可单独使用。例如,抽样统计表、不良类别统计表、排行榜等。

3. 柏拉图

柏拉图(Pareto Diagram)的使用要以层别法为前提,将层别法已确定的项目从大到小进行排列,再加上累积值的图形。它可以帮助我们找出关键的问题,抓住重要的少数及有用的多数,适用于记数值统计,有人称为ABC图,又因为柏拉图的排序是从大到小,故又称为排列图。

4. 特性要因图

特性要因图(Characteristic Diagram)是一个问题的特性(结果)受一些要因(原因)的影响时,将这些要因加以整理,而成为有相互关系而且有条理、有系统的图形。其主要目的在阐明因果关系,亦称"因果图",因其形状与鱼骨图相似故又常被称作"鱼骨图"。

5. 散布图

散布图(Scatter Diagram)是把互相有关联的对应数据,在方格上以纵轴表示结果,以横轴表示原因,然后用点表示分布形态,根据分析的形态来判断对应数据之间的相互关系。

6. 管制图

管制图(Control Chart)是一种用于调查制造程序是否在稳定状态下,或者维持制造程序在稳定状态下所用的图。纵轴代表产品品质特性,以制程变化数据为分度;横轴代表产品的群体号码、制造日期,依照时间顺序将点画在图上,再与管制界限比较,以判别产品品质是否安定的一种图形。

7. 直方图

直方图(Histogram)是将搜集的数据特性值或结果值,在一定的范围横轴上加以区分成几个相等区间,将各区间内的测定值所出现的次数累积起来的面积用柱形画出的图形,因此也叫柱形图。

总之,七大方法的作用分别为:查检集数据、柏拉抓重点、鱼骨追原因、直方看分布、散布寻相关、层别做解析、管制找异常。另外,有学者总结了质量控制新七大手法:关系图、系统图法、KJ法、箭头图法、矩阵图法、PDPC法、矩阵数据解析法,也是QC质量控制方法的拓展和应用。质量控制新七大手法的作用主要是用较便捷的手法来解决一些管理上的问题,与原来的"旧"品管七大手法相比,它主要应用在中高层管理上,而旧七手法主要应用在具体的实际工作中。因此,新七大手法适用于一些管理体系比较严谨和管理水准比较高的公司。

5.3.3 质量控制的步骤

质量控制有一定的流程和步骤,质量控制是从几个方面的工作着手的。

1. 选择控制对象

首先，清晰要控制的对象，这个对象可以是一件产品的生产，可以是一项服务的供应，也可以是一套管理方法的使用等，并确定监控对象要监测的质量特性值。

2. 制订标准

确定产品所需要的质量成本、性能、安全性、可靠性等质量标准，并详细说明质量特性。

3. 评价符合标准的程度

选定能准确测量该特性值或对应的过程参数的监测仪表，或自制测试手段；进行实际测试并做好数据记录；以标准为标尺，分析实际与规格之间存在差异的原因。

4. 必要时采取措施

对影响用户满意的营销、设计、工程、生产和维修等各个因素采取措施，解决问题。

5. 制订改进计划

制订降低成本，提高性能、安全性和可靠性标准的计划。

当采取相应的纠正措施后，仍然要对过程进行监测，将过程保持在新的控制水准上。一旦出现新的影响因子，还需要测量数据，分析原因进行纠正，因此这5个步骤形成了一个封闭式流程，称为“反馈环”。

思政园地

口罩生产将实施企业标准备案，进行标准化管理

2022年5月22日，国家市场监管总局发布《非医用口罩产品质量监督抽查实施细则》，公布口罩的判定规则等信息，对非医用口罩加强监管。市场监管总局官微也发布消息显示，所有口罩产品，出口前除了要符合出口地区(国家)的相关标准，也要符合我国的质量标准，否则不允许出口。

对此，深圳市市场监管局组织相关技术机构编制《深圳市非医用口罩质量标准提升工作指引》(简称《工作指引》)，帮助相关企业合规生产制定企业标准有其前提条件。《工作指引》明确，企业生产经营非医用口罩必须取得合法经营资质。此外，生产企业必须符合我国现行有效的非医用口罩执行标准，或制定不低于相应地区(国家)强制性标准的企业标准，进行产品生产与质量控制。

制定和执行企业标准必须遵循规范化流程。《工作指引》要求，企业应当在口罩产品正式生产前，在深圳市标准信息平台以“自我声明”的方式公开其产品所执行的强制性标准、推荐性标准、团体标准或者企业标准。执行企业标准的，应当公开相应的标准名称和标准号，并公开相应的产品和服务的功能指标、产品的性能指标，或公开标准全文。

制定并执行企业标准必须构建质量管理的长效机制。《工作指引》提出，制定并执行企业标准意味着企业按照高于国家标准的要求进行生产和质量管理，企业必须从原辅料、生产环境、生产人员、生产过程4个方面全面提升非医用口罩的产品质量。

(资料来源：深圳市场监管局)

5.4 组织现代企业质量审核

企业质量管理活动成绩的好坏，必须根据顾客在购买和使用该企业产品后的“满意程度”加以客观评价。但是，这种信息反馈的时间往往比较缓慢，等到“顾客投诉”不断反馈回来时，工厂已经生产和销售了许多这类有缺陷的产品，造成了一定的损失。为了能及时发现企业自身的质量活动所存在的问题及质量管理活动效果如何，于是产生了质量审核。

案例研究 5-4

国家标准使用的审核

某厂生产产品声称执行了国家标准，标准规定：“产品的检测温度为 25 ℃±1 ℃，湿度<60%”。但是，审核时发现检验室并没有温湿度控制手段。

审核员问：“温湿度如何控制？”

检验员说：“上次审核时已给我们开出了不合格项，由于考虑到资金紧张，而且同行业其他厂对该产品的检测也不考虑温湿度的影响，另外该标准是推荐性标准，我们可以参照执行，进行一些改动，因此决定将该条件删除。”检验员出示了厂经理办公会的决定，取消对温湿度的要求。

在销售科，审核员看到与顾客签订的销售合同上，填写的产品执行标准仍然是国家标准。

案例分析：

国家标准有强制性和推荐性标准。对于推荐性标准，是建议企业采用，没有强制要求。但是，如果企业对外声称是执行的 GB/T ××××，则该标准对于企业就是强制性的了，即要求企业百分之百执行该标准，否则不能声称执行此标准。当然，可以说是“参照执行 GB/T ××××标准。”

（资料来源：https://iask.sina.com.cn/b/1GYlIEKvnrHP.html）

5.4.1 质量审核

1. 审核的含义

审核的过程是寻找组织的各项活动符合要求的证据的过程。在 ISO 9000：2000《质量管理体系——基础和术语》中，质量审核的解释为：为获得审核证据并对其进行客观的评价，以确定满足审核准则的程度所进行的系统的、独立的并形成文件的过程。可以理解为：第一，审核是一个系统的、独立的并形成文件的过程。第二，强调审核证据的必要性，应确定获取审核证据的方法。审核证据是指与审核准则有关并可验证的记录、事实陈述或其他信息。第三，审核结论应确定组织的质量管理体系满足审核准则的程度。在考虑了所有审核发现后，应决定审核结果。依据审核准则的要求，确定审核结论。

2. 对审核的理解

(1) 审核的客观性、独立性和系统方法。

客观性:审核只能使用客观证据,即那些支持事物存在或其真实性的数据,可通过观察、测量、实验和其他手段获得。

独立性:对于一个公正的、以满足审核准则的程度为目的的审核来说,审核机构及其审核员应保持独立性,并避免利益冲突。

系统方法:审核是一个系统的、独立的并形成文件的过程。为了实现审核的目的,需要应用系统方法,识别、理解和管理审核活动的相互关联的过程。

(2) 审核准则。

审核准则是指确定为审核依据的一组方针、程序或要求。例如,ISO 9000 的标准要求;顾客提出的合同要求;法律、法规要求或组织制定的质量管理体系文件要求等。

(3) 审核是一项授权的活动。

审核授权可来自管理者的决策、合同要求、审核委托方或法律要求。审核授权是以信任为基础的,审核方在审核期间获得的有关审核方的文件内容和信息应予以保密。

(4) 审核的一致性。

审核的一致性是指由彼此独立的审核组对同一对象的审核,应得出相类似的结论。为了保证审核的一致性以及审核结论的可信性,审核机构应对审核方案进行策划和管理。

3. 质量审核的含义

质量审核是在企业系统内开展的一种质量监督活动,是指为满足用户使用要求,以产品、工序和体系为目标,通过独立的、公正的、系统的评定,判断交货产品质量,考核工序适应性和评定体系的有效性,以便及时暴露问题,改进工作,增强质量保证体系的自身保证能力而开展的企业内部的监管活动。质量审核在日本被称为"质量诊断"。

质量审核有狭义和广义之分。狭义的质量审核是对产品的审核。它从用户使用的观点出发对产品定期进行复查,以判断能否符合用户的需求并提出改进产品质量的建议。

广义的质量审核指质量管理审核,这是对企业的质量方针、质量目标、质量计划和产品进行监督检查,对各部门执行质量职能活动的情况进行评价、鉴定并提出改进意见。

所以,质量审核是一个有序的活动,它包括以下三个方面:

(1) 由企业评价自己的质量活动;

(2) 由企业评价它的供应者、经营者和代理人等的质量控制活动;

(3) 由管理机构判断它所管单位的质量控制活动。

4. 质量审核的必要性

审核是企业质量管理体系正常运行并保持稳定的有效管理手段,也是推动企业质量管理体系持续改进的基本方法。

2000 版本 ISO 9000 标准在有关"质量管理体系审核"要求中强调了审核的必要性:首先,它可用于确定符合质量管理体系要求的程度;其次,审核发现可用于评定质量管理体系的有效性;最后,用于识别改进的机会。

5. 质量审核的特点

成功的质量审核应具有以下几个方面的特点:

(1) 质量审核是从客户的立场出发，按一定的标准和要求进行的系统的、独立的、有计划的检查、验证和评价活动；

(2) 可以根据需要由企业自己来进行，或者由企业外部的人员和组织来进行，但无论采用何种形式都必须有独立的"第三方"直接参与；

(3) 质量审核的间隔期一般是事先规定的，有时也不按规定的时间进行审核；

(4) 质量审核的报告和文件，应尽量用数字形式定量表示，或用定性与定量数据写出总结性文件，用以表示质量改善或变化的趋势，对照绩效标准进行评估；

(5) 质量体系审核的对象通常包括质量体系、过程质量、产品质量等。

5.4.2 影响因素

审核工序因素受控情况：对工序因素进行调查、分析、评价，是工序质量审核的关键环节。工序因素的审核，是从工序控制的有效性出发，对影响工序的人、机、料、环、测(5M1E)等因素符合工序质量控制文件的要求，进行核实和评价。在此基础上，从质量控制和质量保证的角度进一步分析，验证工序质量活动和有关结果是否符合产品质量计划安排，从而保证工序制品的符合性质量。

1. 审核人的因素

主要是审核工序的操作者适应本岗位质量控制要求的情况。

(1) 根据过程质量控制需要判定是否具备相应的操作证或相应的培训资格参考认可；

(2) 受过岗位质量管理知识教育培训；

(3) 质量意识和工作责任心、工作积极性等。

审核时要注意操作者应熟练掌握工序的质量要求及操作程序；严格按图样、工艺规程、技术要求或作业指导书进行加工；懂得本工序的控制手段与方法。

审核方法是询问、观察、了解其掌握质量程度及贯彻执行情况，审核还可从操作人员培训记录、工艺纪律检查及操作者自检或自控记录中取得信息。

当工序的结果不能通过其后的检验和试验验证时，如工序缺陷在使用后才能暴露出来，这些特殊工序的操作者应经专门的培训和(或)经资格考核，考核合格才能上岗操作。审核时要检查这些人员的技能是否符合要求。

2. 审核设备的因素

(1) 工序所用设备的选择、使用是否恰当，设备综合能力如何；

(2) 设备的维修保养和管理情况如何；

(3) 现场检查设备、工装的精度，看是否满足要求。

审核时要注意供需使用适合的设备并有适宜的环境；对设备进行适当的维护，以保持工序能力；对特殊工序，更应对设备预先进行设备能力认可并通过连续的工序参数监控，以证实设备满足规定要求。

3. 审核材料因素

投入本工序的原材料、零配件或前道工序流转过来的在制品，以及供需使用的辅助材料等都在审核范围之内。

(1) 有否防止混料的控制措施。

(2) 工序用辅助材料对工序制品质量特性的影响。

(3) 产品标志与检验和试验状态的标志及移植是否符合有关规定。

审核时要注重工序加工前,原材料、辅料、外购外协件、毛坯、半成品等是否合格,确保未经检验或验证合格的产品不投入本工序使用或加工。如有因生产急需来不及验证而放行的情况,应检查该材料是否有明确标志和记录。

4. 审核工序方法和因素

(1) 审核质量控制文件的正确性与指导作用:评审工艺文件上的工艺参数是否合理、优化。

(2) 文件的质量要求是否明确,没有不可操作的地方,与相邻工序的接口清楚。

(3) 选用控制图的工序应明确控制图的使用方法。

审核时要注重被审核工序应具备切实可行的工艺操作规程(作业指导书、检验规程、操作守则或其他文件化程序);文件要做到齐全、统一、正确、清楚,注意文件的有效版本,防止误用;所采用工艺方法能否保证工序制品质量特性。

5. 审核检测因素

(1) 检测手段的配置是否符合工序质量的要求;

(2) 工序所用检验和测量设备的检定、校准是否按规定周期实施;

(3) 检验、测量和试验是否正确使用、保管。

审核时要注重工序要求的测量任务与所选用检验、测量和试验设备所具有的准确和精确度相一致;这些检测设备按规定进行校准和调整,并带有表明其校准状态的合适的标志或经批准的识别记录,特别注意一旦发现工程所有检测设备偏离检测设备、偏离校准状态时,是否评定经其检验和试验结果的有效性。

6. 审核环境因素

(1) 当工序对环境的温度、湿度、清洁度、光照度等有要求时,检测现场是否符合要求;

(2) 通道、地面、毛坯堆放、工位器具是否达到工序控制要求;

(3) 预防保护措施(如防止磕、碰、划、伤、锈)是否有效;

审核时要注意对质量特性起重要作用的辅助设施对工序质量的影响,如生产用的水、压缩空气、电、化学用品等的控制,以确保其对工序质量的影响最小。对质量影响的环境条件,除温度、湿度、清洁度、照明外,还有噪声、振动、油雾等,要视工序的具体情况进行验证。

5.4.3 质量审核的几个关键点

1. 检查质量记录

工序作业记录包括作业人员操作过程记录、自检记录,以及检验人员检验记录,这些应符合有关文件的规定。

工序审核重视历史信息的分析。应将工序中的质量记录、统计控制图表与这次审核的实际结果进行对比,以提高审核的有效性。

案例研究 5-5

提前签名的检验记录

在机加工车间，审核员要求查看本月的检验记录，审核员在翻阅时询问检验员："检验员在检验记录上签名表示什么?"

检验员："表明已完成检验工作。"

但是审核员发现，检验记录上检验员签名已签到 31 号，而今天才 20 号。检验员说："反正是我一个人检验，这样是为了方便，所以就提前签完名了。"

案例分析：

在检验记录上签名，表明检验结果的负责人。当还没有进行检验时就把名字签上，这明显地违反了标准"8.2.4 产品的监视和测量"的"应保持符合接收准则的证据"。

（资料来源：https://www.sohu.com/a/210705653_468723）

2. 审核工序能力

工序能力是工序处于控制状态下的实际加工能力。一般采用直接测定工序在制品的方法确定工序能力。一般按以下步骤进行：

(1) 抽样。

由审核组对被审核的工序随机抽取在制品的子样若干。抽样总量应根据生产批量大小，检测难度、适用判断（考虑足够的容量）等情况决定。为便于比较，每次在对该工序同类产品进行审核时，所抽取的总量应相对稳定。

(2) 检测。

由审核人员委托检验人员，根据质量特性值或技术标准值的要求进行检测，并记录在"过程（工序）质量审核记录表"上。审核人员和检测人员均应在记录表上签字。

(3) 判断。

根据检测结果，计算过程（工序）能力指数，判断过程（工序）能力等级，提出处理意见。

工序能力测定方法除了上面的"测定产品法"外，还有以下方法，企业可根据行业特点选用：

① 直接测定法。对工序使用的设备装置的质量特性直接用仪器测定数值，如机械行业检查机床是否达到满足质量要求的精度，医学、食品工业测定无菌室是否达到指标等。

② 差错分析法。通过差错统计分析，达到调查工序能力的目的，如不合格品率、缺陷数统计。

③ 预测法。有些行业如化工、医药业等，其后大规模生产的工艺是由试验室研究发展出来，如果试验室的条件在大量生产时能满足，则在一定程度上可证实其工序能力。

对单件、小批量生产或属于产品破坏性检测试验等特殊情况，可不计算过程（工序）能力指数，但应将过程（工序）在制品的测试结果与规定的要求相比较，观测其是否在规定的界限内。

3. 工序质量审核

工序质量审核指对工序质量定期或专题的验证、抽查和考核工序中影响产品质量各种因素的变动情况，以便采取对策加以改进。其动因可能是常规的质量保证规定，也可能是基于用户申诉而临时安排的质量保证要求。工序质量审核的目的，在于考核各工序或工序中影响工序质量的各种因素是否处于受控状态。也就是要求生产过程必须按规定的标准（规程、规范）程序进行；随时监控质量动向，一旦发生“失控”，必须立即找出异常原因，把质量故障消除在发生之前；万一发生质量问题，能够及时发现，及时纠正，杜绝重复发生；产品质量具有可追查性。

4. 内部质量审核的步骤

(1) 审核策划。

按照内审程序规定，制订年度审核计划，管理者授权成立审核组，由审核组长制定专项审核活动计划，准备审核工作文件，通知审核。工作文件的准备主要是指审核所依据的标准和文件、现场审核记录、不合格报告等。标准和文件必须是有效版本，必须已在现场实施。它们主要有：① ISO 9001 标准；② 质量手册、程序文件、质量计划和记录；③ 合同要求；④ 社会要求（有关法律、法规和卫生、生态要求）；⑤ 有关质量标准（包括产品、设备、材料、环境、方法、人员等产品、资源性标准）。

检查表是审核员需准备的重要文件，应精心策划。

通知审核是审核组向受审核方通知具体的审核日期、安排和要求。必要时受审核方应准备基本情况的介绍。

(2) 审核实施。

以首次会议开始现场审核。审核员运用各种审核方法和技巧，收集审核证据，得出审核发现，进行分析判断，开具不合格项报告，并以末次会议结束现场审核。审核组长应实施审核的全过程控制。

(3) 审核报告。

现场审核结束后，应提交审核报告。工作内容包括审核报告的编制、批准、分发、归档、考核奖惩，纠正、预防和改进措施的提出，确认和分层分步实施的要求。

(4) 跟踪审核。

应加强对审核后的区域、过程的实施及纠正情况进行跟踪审核，并在紧接着的下一次审核时，对措施的实施情况及效果进行复查评价，写入报告，实现审核闭环管理，以推动连续的质量改进。在任何组织中，从审核得到的真正益处最终均来自“自身”的审核。

5.5 实施现代企业质量改进

5.5.1 质量改进的概念

扫码查看

1. 质量改进概述

ISO 9000:2000 的定义是：质量管理的一部分致力于满足质量要求的能力。质量管理活动可划分为两个类型。一类是维持现有的质量，其方法是“质量控制”；另一类是改进目前的质量，其方法是主动采取措施，使质量在原有的基础上有突破性的提高，即“质量改进”。

质量改进（Quality Improvement）是为向本组织及其顾客提供增值效益，在整个组织范围内所采取的提高活动和过程的效果与效率的措施。质量改进是消除系统性的问题，对现有的质量水平在控制的基础上加以提高，使质量达到一个新水平、新高度。

2. 质量改进的内容

美国质量管理学家朱兰认为：质量改进是使效果达到前所未有的水平的突破过程。由此可见，质量改进的含义应包括以下内容：

(1) 质量改进的对象。

它包括产品(或服务)质量以及与它有关的工作质量，也就是通常所说的产品质量和工作质量两个方面。前者如电视机厂生产的电视机实物的质量，饭店的输出服务质量等；后者如企业中供应部门的工作质量，车间计划调度部门的工作质量等。因此，质量改进的对象是全面质量管理中所叙述的"广义质量"概念。

(2) 质量改进的效果在于"突破"。

质量改进的最终效果是按照比原计划目标高得多的质量水平进行工作。如此工作必然得到比原来目标高得多的产品质量。质量改进与质量控制效果不一样，但两者是紧密相关的，质量控制是质量改进的前提，质量改进是质量控制的发展方向，控制意味着维持其质量水平，改进的效果则是突破或提高。可见，质量控制是面对"今天"的要求，而质量改进是为了"明天"的需要。

(3) 质量改进是一个变革的过程。

质量改进是一个变革和突破的过程，该过程也必然遵循 PDCA 循环的规律。由于时代的发展是永无止境的，为立足于时代，质量改进也必然是"永无止境"的。国外质量专家认为：永不满足则兴，裹足不前则衰。

此外，还要深刻理解"变革"的含义。变革就是要改变现状，改变现状就必然会遇到强大的阻力。这个阻力来自技术和文化两个方面。因此，了解并消除这些阻力，是质量改进的先决条件。

(4) 偶发性质量缺陷与长期性质量缺陷。

在质量管理过程中，既要及时排除产品的质量缺陷，又要保证产品质量的继续提高。缺陷是质量管理的主要对象，缺陷是指不满足预期的使用要求，即指一种或多种质量特性偏离了预期的使用要求。一般情况下，质量缺陷分为偶发性质量缺陷和长期性质量缺陷两种类型。

① 偶发性质量缺陷是指产品质量突然恶化所造成的缺陷。

它是由于生产过程中系统偏差所造成的。由于偶然性质量缺陷影响生产的进展，因此需要立即采取措施使生产恢复正常。这类似产品质量的"急性病"，采取对策的方式是"救火式"，其目的仅局限于"恢复常态"。

② 长期性质量缺陷是指产品质量长期处于低水平状态所造成的缺陷。

它是生产过程中随机偏差综合影响所造成的。人们虽然对它有所察觉，但习以为常，缺乏采取措施的紧迫感。例如，某车间不合格品率由 15%下降到 4%，并长期停滞在该水平上，人们认为 4%的不合格品率是天经地义之事，从而不思改进。长期性质量缺陷不易引起人们的重视，所造成的经济损失远远高于偶发性质量缺陷。长期性质量缺陷类似产品质量的"慢性病"，对其采取的对策是"质量突破"方式，其目的是"层次提高"。

5.5.2 质量改进的理论

这里主要研究两个问题,第一是质量控制与质量改进的本质对比,第二是质量改进的典型管理策略。

1. 质量控制与质量改进对比

质量控制的目的是维持某一特定的质量水平,控制系统的偶发性质量缺陷;而质量改进则是对某一特定的质量水平进行"突破性"的变革,使其在更高的目标水平下处于相对平衡的状态。二者的区别可用图5-1表示。

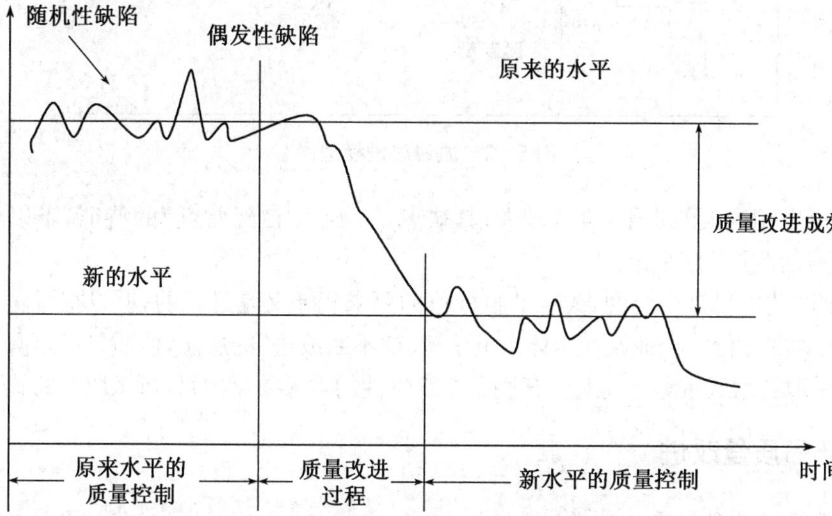

图5-1 质量控制与质量改进的区别图

由图可见,质量控制是日常进行的工作,可以纳入"操作规程"中加以贯彻执行。质量改进则是一项阶段性的工作,达到既定目标之后,该项工作就完成了,通常它不能纳入"操作规程",只能纳入"质量计划"中加以贯彻执行。

2. 质量改进的策略

目前世界各国均重视质量改进的实施策略,方法各不相同。美国麻省理工学院 Robert Hayes 教授将其归纳为两种类型,一种称为"递增型"策略;另一种称为"跳跃型"策略。它们的区别在于:质量改进阶段的划分以及改进的目标效益值的确定两个方面有所不同。质量改进模型如图5-2所示。

递增型质量改进的特点是:改进步伐小,改进频繁。这种策略认为,最重要的是每天每月都要改进各方面的工作,即使改进的步子很微小,但可以保证无止境地改进。递增型质量改进,将质量改进列入日常的工作计划中去,保证改进工作不间断地进行。它的优点是,由于改进的目标不高,课题不受限制,所以具有广泛的群众基础;它的缺点是,缺乏计划性,力量分散,所以不适用重大的质量改进项目。

跳跃型质量改进的特点是:两次质量改进的时间间隔较长,改进的目标值较高,而且每次改进均须投入较大的力量。这种策略认为,当客观要求需要进行质量改进时,公司或企业的领导者就要做出重要的决定,集中最佳的人力、物力和时间来从事这一工作。该策略的优

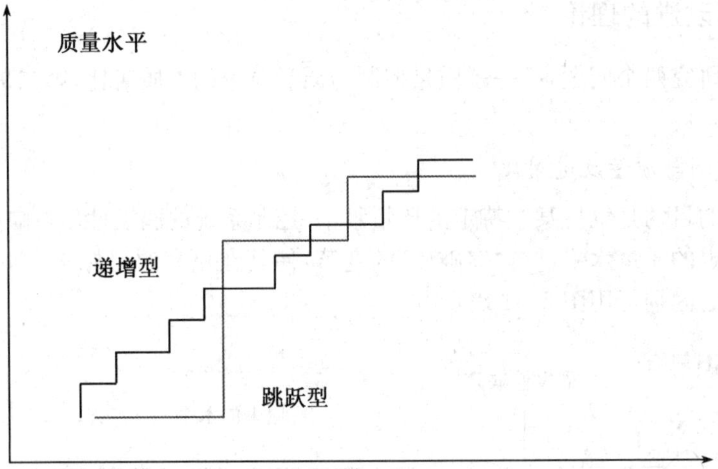

图 5－2　质量改进模型图

点是，能够迈出相当大的步子，成效较大；其缺点是，不具有“经常性”的特征，难以养成在日常工作中“不断改进”的观念。

质量改进的项目是广泛的，改进的目标值的要求相差又是悬殊的，所以很难对上述两种策略进行绝对的评价。企业要在全体人员中树立“不断改进”的思想，使质量改进具有持久的群众性，可采取递增式策略。而对于某些具有竞争性的重大质量项目，可采取跳跃式策略。

5.5.3　产品质量改进

1. 产品质量改进对象的选择

质量改进活动涉及质量管理的全过程，改进的对象既包括产品（或服务）的质量，也包括各部门的工作质量。改进项目的选择重点，应是长期性的缺陷。

产品质量改进是指改进产品自身的缺陷，或是改进与之密切相关事项的工作缺陷的过程。一般来说，应把影响企业质量方针目标实现的主要问题，作为质量改进的选择对象。同时还应对以下情况给予优先考虑：

(1) 市场上质量竞争最敏感的项目。企业应了解用户对产品众多的质量项目中最关切的是哪一项，因为它往往会决定产品在市场竞争中的成败。例如，用户对于台灯的选择，主要是色彩和造型等因素，而对其耗电量往往考虑甚少，所以台灯质量改进项目主要是提高它的造型和色彩的艺术性。

(2) 产品质量指标达不到规定“标准”的项目。所谓规定“标准”是指在产品销售过程中，合同或销售文件中所提出的标准。在国内市场，一般采用国标或部颁标准；在国际市场，一般采用国际标准，或者选用某一个先进工业国的标准。产品质量指标达不到这种标准，产品就难以在市场上立足。

(3) 产品质量低于行业先进水平的项目。颁布的各项标准只是产品质量要求的一般水准，有竞争力的企业都执行内部控制的标准，内部标准的质量指标高于公开颁布标准的指标。因此选择改进项目应在立足于与先进企业产品质量对比的基础上，将本企业产品质量项目低于行业先进水平者，均应列入计划，制定改进措施，否则难以占领国内外市场。

(4) 寿命处于成熟期至衰退期产品的关键项目。产品处于成熟期后,市场已处于饱和状态,需要量由停滞转向下滑,用户对老产品感到不足,并不断提出新的需求项目。在这一阶段必须对产品质量进行改进,以此推迟衰退期的到来,此类质量改进活动常与产品更新换代工作密切配合。

(5) 其他。诸如质量成本高的项目、用户意见集中的项目、索赔与诉讼项目、影响产品信誉的项目等。

2. 质量改进项目的选择方法

质量改进项目的选定应该根据项目本身的严重程度、缺陷的严重程度、企业的技术能力和经济能力等方面的资料,综合分析后来决定。下面介绍几种常见的选择方法:

(1) 统计分析法。该方法首先运用数理统计方法对产品缺陷进行统计,得出清晰的数量报表;然后利用这些资料进行分析;最后根据分析的结果,选定改进项目。常用的方法有缺陷的关联图分析和缺陷的矩阵分析等。该方法的特点是目光注视企业内部,积极搜寻改进目标。

(2) 对比评分法。该方法是运用调查、对比、评价等手段将本厂产品质量与市场上主要畅销的同类产品的质量进行对比评分,从而找出本企业产品质量改进的重点。该方法的特点是,放眼四方,达到知己知彼的境地,从而制定出最有利的改进项目。

(3) 技术分析法。该方法是首先收集科学技术情报,了解产品发展趋势,了解新技术在产品上应用的可能性,了解新工艺及其实用的效果等;然后进行科技情报的调查与分析;最后寻求质量改进的项目和途径。该方法的特点是,运用“硬技术”,抢先一步使产品获得高科技水平,从而占领市场。

(4) 质量改进经济分析法。该方法是首先运用质量经济学的观点来选择改进项目并确定这些项目的改进顺序,然后运用“用户评价值”的概念计算出成本效益率,最后以成本效率数值来选择质量改进项目。其中,“用户评价值”是指当该项质量特性改进后,用户愿意支付的追加款额。成本效益率就是“用户评价值”与“质量改进支出费用”的比值,该值大于1者优先进行质量改进,该值小于1者,无改进价值。该方法的特点是,以企业收益值作为标准来进行质量改进项目的选择。

思政园地

《大国质量》

质量高低,决定着一个民族的形象和声誉。大国质量,更是中国崛起必经的历史节点。

习近平总书记强调:“要推进中国制造向中国创造转变,中国速度向中国质量转变,制造业大国向制造业强国转变。”

曾几何时,“made in China”彰显着中国强大的生产能力,也让我们被挂上低价低质的标签。今天的中国,经济体量急速增长,生活水平大幅度改善,但在欣欣向荣的形势之下,质量问题却不可回避。如何回应国民的期待,如何实现中国梦图景?

五集大型纪录片《大国质量》,讲述大众、索尼、华为、海尔等品牌的质量故事,是我国首部反映“质量”的纪录片。以“质量强则国家强,质量复兴则民族复兴”为主题,以经济全球化和国家竞争为视点，聚焦国家转型升级的节点，强调质量作为国家战略的重要性，围绕国家的质量战略、质量作为一门管理科学的发展历程、质量意识和质量文化进行深刻的阐释。

5.5.4 质量改进的实施

质量改进的步骤本身是一个 PDCA 循环（见图 5-3），即计划（Plan）、实施（Do）、检查（Check）、处置（Action）。

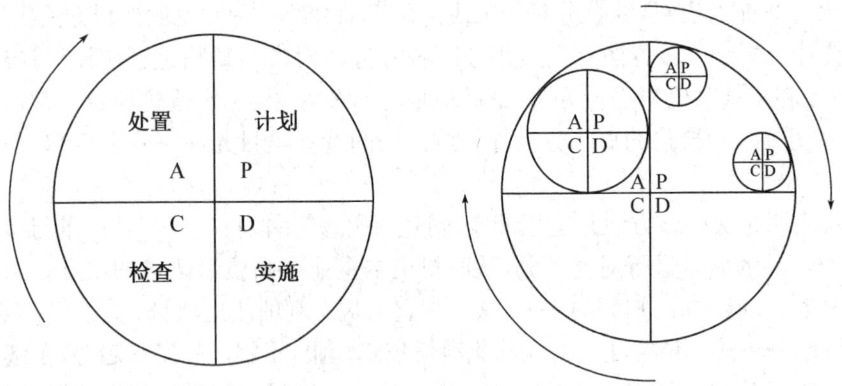

图 5-3 PDCA 循环图

四个阶段内容如下：

P（计划），包括制定方针、目标、计划书、管理项目等；

D（实施），按计划去做，落实具体对策；

C（检查），实施了具体对策后，验证其效果；

A（处置），总结成功的经验，实施标准化，以后可以按该标准进行。对于没有解决的问题，转入下一轮 PDCA 循环解决，为制订下一轮改进计划提供资料。

具体实施质量改进 PDCA 循环的过程，分成如下八个步骤：

P 阶段，即根据顾客的要求和组织的方针，为提供结果建立必要的目标和过程。

(1) 分析现状、找出问题。

强调的是对现状的把握和发现问题的意识、能力，发现问题是解决问题的第一步，是分析问题的条件。

新产品设计开发所选择的课题范围是以满足市场需求为前提，以企业获利为目标的。同时也需要根据企业的资源、技术等能力来确定开发方向。

课题是本次研究活动的切入点，课题的选择很重要，如果不进行市场调研，论证课题的可行性，就可能带来决策上的失误，有可能在投入大量人力、物力后造成设计开发的失败。比如，一个企业如果对市场发展动态信息缺少灵敏性，可能花大力气开发的新产品，在另一个企业已经是普通产品，就会造成人力、物力、财力的浪费。选择一个合理的项目课题可以减少研发的失败率，降低新产品投资的风险。选择课题时可以使用调查表、排列图、水平对比等方法，使头脑风暴能够结构化呈现较直观的信息，从而做出合理决策。

(2) 设定目标,分析产生问题的原因。

找准问题后分析产生问题的原因至关重要,运用头脑风暴法等多种集思广益的科学方法,把导致问题产生的所有原因统统找出来。

明确了研究活动的主题后,需要设定一个活动目标,也就是规定活动所要做到的内容和达到的标准。目标可以是"定性+定量化"的,能够用数量来表示的指标要尽可能量化,不能用数量来表示的指标也要明确。目标是用来衡量实验效果的指标,所以设定时应该有依据,要通过充分的现状调查和比较来获得。例如,开发一种新药时必须掌握政府部门所制定的新药审批政策和标准。制定目标时可以使用关联图、因果图来系统化地揭示各种可能之间的联系,同时使用甘特图来制订计划时间表,从而可以确定研究进度并进行有效的控制。

(3) 针对主要原因,提出解决的措施并执行。

创新并非单纯地指发明创造新产品,还可以包括产品革新、产品改进和产品仿制等。其过程就是设立假说,然后去验证假说,目的是从影响产品特性的一些因素中去寻找好的原料搭配、好的工艺参数搭配和工艺路线。然而现实条件中不可能把所有想到的实验方案都实施,所以提出各种方案后优选并确定出最佳的方案是较有效率的方法。

筛选出所需要的最佳方案,统计质量工具能够发挥较好的作用。正交试验设计法、矩阵图都是理由选多方案设计中效率高、效果好的方案的工具方法。

(4) 制定对策、制订计划。

有了好的方案,其中的细节也不能忽视,计划的内容如何完成好,需要将方案步骤具体化,逐一制定对策,明确回答出方案中的"5W1H",即为什么制定该措施(Why)、达到什么目标(What)、在何处执行(Where)、由谁负责完成(Who)、什么时间完成(When)、如何完成(How)。使用过程决策程序图或流程图,方案的具体实施步骤将会得到分解。

D阶段,即按照预定的计划、标准,根据已知的内外部信息,设计出具体的行动方法、方案,进行布局。再根据设计方案和布局进行具体操作,努力实现预期目标的过程。

(5) 设计出具体的行动方法、方案,进行布局,采取有效的行动。

产品的质量、能耗等是设计出来的,通过对组织内外部信息的利用和处理,做出设计和决策,是当代组织最重要的核心能力。设计和决策水平决定了组织执行力。

对策制定完成后就进入了实验、验证阶段,也就是做的阶段。在这一阶段除了按计划和方案实施外,还必须对过程进行测量,确保工作能够按计划进度实施。同时建立数据采集、收集过程的原始记录和数据等项目文档。

C阶段,即确认实施方案是否达到了目标。

(6) 效果检查,检查验证、评估效果。

"下属只做你检查的工作,不做你希望的工作",IBM的前CEO郭士纳的这句话将检查验证、评估效果的重要性一语道破。

方案是否有效、目标是否完成,需要进行效果检查后才能得出结论。将采取的对策进行确认后,对采集到的证据进行总结分析,把完成情况同目标值进行比较,看是否达到了预定的目标。当没有出现预期的结果时,应该确认是否严格按照计划实施对策,如果是,就意味着对策失败,那就要重新进行最佳方案的确定。

A阶段。

(7) 标准化,固定成绩。

标准化是维持企业治理现状不下滑，积累、沉淀经验的最好方法，也是企业治理水平不断提升的基础。可以这样说，标准化是企业治理系统的动力，没有标准化，企业就不会进步，甚至下滑。

对已被证明的有成效的措施，要进行标准化，制定成工作标准，以便以后的执行和推广。

(8) 问题总结，处理遗留问题。所有问题不可能在一个 PDCA 循环中全部解决，遗留的问题会自动转入下一个 PDCA 循环。如此，周而复始，螺旋上升。

处理阶段是 PDCA 循环的关键。因为处理阶段就是解决存在问题、总结经验和吸取教训的阶段。该阶段的重点又在于修订标准，包括技术标准和管理制度。没有标准化和制度化，就不可能使 PDCA 循环转动向前。

PDCA 循环，可以使我们的思想方法和工作步骤更加条理化、系统化、图像化和科学化。它具有如下特点：

(1) 大环套小环、小环保大环、推动大循环。

PDCA 循环作为质量管理的基本方法，不仅适用于整个工程项目，也适用于整个企业和企业内的科室、工段、班组以至个人。各级部门根据企业的方针目标都有自己的 PDCA 循环，层层循环，形成大环套小环，小环里面又套更小的环。大环是小环的母体和依据，小环是大环的分解和保证。各级部门的小环都围绕企业的总目标朝着同一方向转动。通过循环把企业上下或工程项目的各项工作有机地联系起来，彼此协同，互相促进。

(2) 不断前进、不断提高。

PDCA 循环就像爬楼梯一样，一个循环运转结束，生产的质量就会提高一步，然后再制定下一个循环，再运转、再提高，不断前进，不断提高。

(3) 门路式上升。

PDCA 循环不是在同一水平上循环，每循环一次，就解决一部分问题，取得一部分成果，工作就前进一步，水平就进步一步。每通过一次 PDCA 循环，都要进行总结，提出新目标，再进行第二次 PDCA 循环，使品质治理的车轮滚滚向前。PDCA 每循环一次，品质水平和治理水平均更进一步。

如果能自觉应用以上八个步骤，遇到任何问题都能得到有效解决；如果善于不断总结经验，自己就能不断得到提升。毛主席有一段话精彩地总结了这个过程："总之，人类总得不断总结经验，有所发现、有所发明、有所创造、有所前进，停止的论点、悲观的论点，无所作为和骄傲自满的论点都是错误的，其所以是错误，因为这些观点不符合人类大约几百万年来的历史。"

案例研究 5-6

机械厂采用质量改进

我国某机械厂采用质量改进手段，提高液膜轴承的质量，具体情况如下：液膜轴承是轧钢机的易损件，其精度要求是：内圆尺寸 Φ 220，外圆尺寸 Φ 240，圆度要求是尺寸公差的一半。几年来由于轴承质量不好，给该公司轧钢厂造成停机损失达 40 多万元。为此，该机械厂制订质量改进计划，组织实施，用 10 个月的时间解决了这一质量难题，使轴承的圆度由过去的 0.1 mm 左右改进为 0.02～0.04 mm，而且质量稳定。该厂采取了以下改进措施。

1. 论证改进的必要性

该厂首先对前一年的150件不合格品进行分析，充分认识到只采用质量控制手段还不能彻底解决问题，必须进行质量改进，才有可能提高轴承的质量。

2. 确定改进的目标

运用排列图法，在圆度精度不足、壁厚不均、内衬脱离、光洁度不够、尺寸精度不够、加工变形、磕碰划伤、切削热变形等8种不良品类型中，确定把“圆度达到要求”作为质量改进的目标。

3. 成立组织

设立领导小组负责审查批准方案。该领导小组由总工程师、科室人员、用户代表、车间主任、计划组长、工艺科、科研科、工人代表等人员组成。另设一个诊断小组，组长是车间技术组组长，该组聘请车工组、钻工组、镗刨组代表，质量统计员及其他有关技术人员和咨询人员参加。

4. 诊断过程和改进过程

诊断小组采取的诊断步骤如下：

(1) 跟班收集资料，并整理数据和分析原因。

(2) 分析工艺流程，找出工艺中不合理的因素。

(3) 提出工艺流程的改进方案。

原工艺流程是：粗加工—精加工—烧铸内衬—车外圆—车端面—车内孔—热处理—半精车—两次浇铸内衬—精车内衬及端面—钻孔—镗油槽。

改进后的工艺流程是：粗加工—浇铸内衬—粗车—钻孔—镗油槽—热处理—精车。新工艺流程的特点是将一切可能发生的质量问题(如磕碰变形、内衬脱离等)的工艺均安排在精车之前。

(4) 建议改进工艺装备，提高其刚度，以保证工件的精度。

(5) 改变切削用量，避免产生热变形。

5. 克服阻力，贯彻实施

经过轴承工艺流程和工装的改进，按新工艺试制27件，并画出圆度的单值控制图，通过对比，效果显著。

6. 在新的质量水平上控制质量

制定新的工艺流程标准，利用工序控制点严格监督圆度这一重要质量特性。至此，该阶段质量改进工作宣告完成。

(资料来源：https://wiki.mbalib.com/wiki/质量改进)

增值阅读

今后世界质量管理发展的趋势

综合世界各国质量管理的发展演变情况及对今后发展的预测，普遍认为，今后的世界质量管理的发展趋势有以下6个特点。

1. 以高层领导为主导的质量管理新时代已到来

目前，西方和美国权威质量管理专家明确指出，质量管理已开始进入以领导为主的新时代。这一观点不但被普遍接受，而且在实践中也得到证实。在美国专家介绍的案例中，所有重视质量的大公司，都是由总经理或总裁亲自过问质量战略和落实质量目标，并且在经营管理中时刻以质量为核心，强调全民的宏观和微观质量管理相一致的经营模式，这也是最有前途和生命力的经营理念。成功的大公司都有明确的质量管理战略目标，并且由总经理或总裁亲自制定有关质量战略内容。他们讲，力争完美目标而达不到，比力争完美达到的非完美目标要好。

2. 迎接无缺陷挑战，使产品质量无缺陷，并达到世界最先进水平

这是美国和西方质量界最推崇和广泛宣讲的概念。他们认为，经常生产无缺陷的产品实际是不可能的。但是作为质量管理，自上而下必须不断追求无缺陷的挑战，如果没有这种挑战精神严格要求，永远达不到世界先进水平。这是一种辩证的哲学观点，目前在美国和西方的一些大企业里都普遍接受这一观点，并努力采取措施实施。

3. 强调参与质量管理

美国近年在质量管理方面提出两个较有影响的理论，其一是费根堡姆博士的全面质量管理，已广泛被世界各国所采纳和应用；其二是参与质量管理。全面质量管理在日本获得成功后，美国如梦初醒，而质量问题又在于不如日本能发动群众共同参与质量管理。因此，近年美国掀起一股参与质量管理热，把美国热衷于表现自己的个人主义用参与管理来取代。

4. 质量改进向隐蔽工厂挑战

所谓隐蔽工厂是指在实际活动中，由于运行失效而不得不为消除缺陷而客观存在着的、不被管理者所察觉的损失，这种活动或过程即称“隐蔽工厂”(Hidden Factory)。它提醒人们必须注意到，在每个企业和工厂中都存在着隐蔽的工厂。也就是在每个人的周围，都有一个隐蔽工厂，挑战、减少和消除隐蔽工厂的负面作用，不仅是质量管理的重要任务，也是质量管理的新途径和新方向。

5. 开发软件管理，迎接新的挑战

在当今新技术迅速发展的时代，大小企业都在关心最近几年质量管理状态如何发展变化，几年之后质量管理状态可能出现怎样的变化，对质量管理的变化采取什么对策，对待这些问题，美国质量专家认为，对未来质量管理工作的探讨，无疑会促进当前质量管理的发展。计算机辅助设计和制造及机器人的大量应用，特别是新的计算机不断推出和应用，将更好地发挥人工智能，使管理方式和整个社会的经济结构发生变化，促进工业生产发展和变化，从而导致未来质量管理的根本的改变。为迎接由于新技术的应用而导致的质量管理的信息化

和变革,美国质量管理专家们对软件管理的探讨和开发十分重视。所谓软件管理,是把整个质量管理看作是一个完整的过程,并通过设计一种软件进行过程和目标管理来体现这一过程,从而形成全过程的质量管理软件系统。

6. 质量文化的兴起和塑造

质量文化是随着全面质量管理的深入发展而提出的新概念。因为全面质量管理的发展要求在一定的文化环境下,才能真正实施和发展,随之出现了质量文化的新概念。质量文化是质量管理的基础,质量文化通过价值观和信念的确立而得到巩固和发展。比如,全面质量管理提出全员参加、面向顾客、协力配合和控制全过程,承认这些概念的正确性和可能性就是一种信念。另外,认为以质量为核心的生产和经营者管理才能产生最大效益,这种价值观和信念直接影响着企业和社会质量文化的发展和塑造,没有这些价值观和信念,也就谈不上全面质量管理,更谈不上质量文化。

(资料来源:摘自《领导干部质量安全知识读本》)

任务小结

质量管理是指确定质量方针、目标和职责,并通过质量体系中的质量策划、控制、审核保证和改进来使其实现的全部活动。质量管理经过质量检验阶段、统计质量控制阶段、全面质量管理阶段、社会质量管理和全球质量管理阶段,质量将随着政治、经济、科技、文化的发展而同步发展。

(1) 质量标准是指对产品的结构、规格、质量、检验方法所做的技术规定。对企业来说,为了使生产经营能够有条不紊地进行,则从原材料进厂,一直到产品销售等各个环节,都必须有相应标准做保证。它不但包括各种技术标准,而且包括管理标准,以确保各项活动的协调进行。完整的产品质量标准包括技术标准和管理标准两个方面内容。

(2) 质量控制是为达到质量要求所采取的作业技术和活动。质量控制的目的是通过监视质量形成过程,消除质量环上所有阶段引起不合格或不满意效果的因素,以达到质量要求,获取经济效益,而采用的各种质量作业技术和活动。质量控制的步骤:制定标准、评价符合标准的程度、必要时采取措施、制订改进计划。质量控制对象,根据它们的重要程度和监督控制要求不同,可以设置“见证点”或“停止点”。“见证点”和“停止点”都是质量控制点。

(3) 质量审核是在企业系统内开展的一种质量监督活动,是指为满足用户使用要求,以产品、工序和体系为目标,通过独立的、公正的、系统的评定,判断交货产品质量,考核工序适应性和评定体系的有效性,以便及时暴露问题,改进工作,增强质量保证体系的自身保证能力而开展的企业内部的监督活动。质量审核在日本被称为“质量诊断”。

(4) 质量改进是为向本组织及其顾客提供增值效益,在整个组织范围内所采取的提高活动和过程的效果与效率的措施。质量改进是消除系统性的问题,对现有的质量水平在控制的基础上加以提高,使质量达到一个新水平、新高度。

质量改进的步骤本身是一个 PDCA 循环,即计划(Plan)、实施(Do)、检查(Check)、处置(Action)四个阶段,可以分解为八个具体的实施步骤。

能力自测

一、单项选择题

1. 质量是量度物体(　　)大小的物理量。

A. 惯性　　B. 引力　　C. 密度　　D. 体积

2. “产品符合规定要求的程度”是(　　)的观点。

A. 美国质量管理专家克劳斯比　　B. 美国著名的质量管理专家朱兰

C. 美国的质量管理大师德鲁克　　D. 全面质量控制的创始人费根堡姆

3. 质量管理是指确定质量方针、目标和职责,并通过质量体系中的(　　)来使其实现的全部活动。

A. 质量策划　　B. 控制　　C. 审核保证和改进　　D. 以上所有选项

4. 质量管理最初发展的阶段为(　　)。

A. 质量检验阶段　　B. 统计质量控制阶段

C. 全面质量管理阶段　　D. 社会质量管理和全球质量管理阶段

5. 各级人员都是组织之本,只有他们的充分参与,才能够使他们的才干为组织带来收益。和这个观点相对应的是(　　)。

A. 以顾客为关注焦点　　B. 全员参与

C. 持续改进　　D. 基于事实的决策方法

6. 质量标准是指对产品的结构、规格、质量、检验方法所做的(　　)。

A. 技术规定　　B. 弹性要求　　C. 具体约束　　D. 以上所有选项

7. 编号为 GB/T 10300 属于(　　)标准。

A. 国际标准　　B. 国家标准　　C. 行业标准　　D. 企业标准

8. (　　)是查检集数据,调查记录数据用以分析的方法。

A. 查检表　　B. 层别法　　C. 柏拉图　　D. 管制图

9. 凡列为(　　)的控制对象,要求必须在规定的控制点到来之前通知监理方派人对控制点实施监控,如果监理方未能在约定的时间到现场监督、检查,施工单位应停止进入该控制点相应的工序,并按合同规定等待监理方,未经认可不能越过该点继续活动。

A. 停止点　　B. 见证点　　C. 控制点　　D. 旁站点

10. 审核具有(　　)的特征。

A. 客观性　　B. 独立性　　C. 系统方法　　D. 以上都是

11. (　　)是指由彼此独立的审核组对同一对象的审核,应得出相类似的结论。为了保证审核的审核结论的可信性,审核机构应对审核方案进行策划和管理。

A. 审核的一致性　　B. 审核的必要性

C. 审核是一项授权活动　　D. 审核是一个系统过程

12. (　　)是为向本组织及其顾客提供增值效益,在整个组织范围内所采取的提高活动和过程的效果与效率的措施。

A. 质量控制　　B. 质量监督　　C. 质量改进　　D. 质量审核

13. 质量改进的选择对象应对以下(　　)情况给予优先考虑。

A. 市场上质量竞争最敏感的项目

B. 产品质量指标达不到规定“标准”的项目

C. 产品质量低于行业先进水平的项目和一些关键项目

D. 以上都是

14. 首先收集科学技术情报,了解产品发展趋势,了解新技术在产品上应用的可能性,了解新工艺及其实用的效果等;然后进行科技情报的调查与分析;最后寻求质量改进的项目和途径。这指的是(　　)。

A. 统计分析法　B. 对比评分法　C. 技术分析法　D. 质量改进经济分析法

15. 总结成功的经验,实施标准化,以后可以按该标准进行。对于没有解决的问题,转入下一轮PDCA循环解决,为制订下一轮改进计划提供资料。这指的是(　　)。

A. P计划阶段　B. D实施阶段　C. C检查阶段　D. A处置阶段

二、判断题

1. 质量管理是指在质量方面指挥和控制组织的协调的活动。(　　)

2. 操作者的质量管理,指的是全面质量管理阶段。(　　)

3. 质量将随着政治、经济、科技、文化的发展而同步发展。(　　)

4. 完整的产品质量标准包括技术标准和管理标准两个方面的内容。(　　)

5. 企业标准只能在企业内部适用。(　　)

6. 质量改进是使效果达到前所未有的水平的突破过程。(　　)

7. 质量改进的效果在于“保持效果”。(　　)

8. 持续改进总体业绩应当是组织的一个永恒目标。(　　)

9. 产品标准是指以提高工作效率和保证工作质量为目的,对生产经营活动中的主要工作程序、操作规则和方法所做的统一规定。(　　)

10. 无论制造过程还是管理过程,都需要严格按照程序和规范进行。控制好每个过程,特别是关键过程是达到质量要求的保障。(　　)

11. 凡是列停止点的质量控制对象,在规定的关键工序施工前,承包单位应提前通知监理人员在约定的时间内到现场进行见证和对其施工实施监督。如果监理人员未能在约定的时间内到现场见证和监督,承包单位有权进行该W点的相应的工序操作和施工。(　　)

12. 审核是一项自由活动,不需要授权。(　　)

13. 可以根据需要由企业自己来进行,或者由企业外部的人员和组织来进行,可以不需要“第三方”直接参与。(　　)

14. 产品处于成熟期后,市场已处于饱和状态,需要量由停滞转向下滑,用户对老产品感到不足,并不断提出新的需求项目。在这一阶段必须对产品质量进行改进,以此推迟衰退期的到来。此类质量改进活动常与产品更新换代工作密切配合。(　　)

15. 分析现状、找出问题是质量改进的A处置阶段。(　　)

三、简答题

1. 如何理解质量管理的含义?质量管理发展的阶段有哪些?

2. 质量管理的基本原则是什么?

3. 什么是质量标准?质量标准的内容有哪些?

4. 产品质量标准的层次有哪些?
5. 什么是质量控制? 质量控制的方法有哪些?
6. 什么是质量审核? 质量审核的特点有哪些?
7. 质量审核有哪些影响因素?
8. 什么是质量改进? 质量改进的步骤有哪些?

案例分析

(一) 中国质量奖的诞生

2019 年 9 月,全国“质量月”期间,中共中央组织部、中国浦东干部学院和市场监管总局在上海共同举办的“省部级干部建设质量强国专题研讨班”上,美国质量协会 CEO(首席执行官)威廉姆·特洛伊以《质量史:一部现代和近代史》为题带来自己的专题报告,这位哈佛大学的兼职教授,毕业于美国西点军校的退役美军三星级上将,在报告里用相当长的篇幅详细地介绍了戴明在日本推广质量管理对美国的刺激,以及美国波多里奇国家质量奖的相关情况。

威廉姆·特洛伊在报告中提到了当今世界最为知名的两大质量奖。事实上,建立国家质量奖励制度是国际上的通行做法。目前,世界上已有 88 个国家和地区设立了国家质量奖。在发达国家中,日本是世界上最早设立质量奖的国家,于 1951 年设立戴明质量奖,以在日本推行质量管理的先驱美国戴明博士命名。美国于 1987 年,由美国参众两院制定、时任总统里根签署《马尔科姆·波多里奇国家质量促进法》,设立波多里奇国家质量奖,里根、乔治·布什、克林顿、沃克·布什、奥巴马等历届总统都曾在任期内在白宫为获奖者颁奖。欧盟委员会和欧洲质量组织设立了欧洲质量管理基金会,并于 1992 年首次颁发了欧洲质量奖,德国、法国、意大利等还分别设立了本国的质量奖。在“金砖”国家中,巴西、俄罗斯、印度等国均于 20 世纪 90 年代设立了国家质量奖。

“实施政府质量奖励,推广普及先进质量管理模式和方法,激励广大组织和个人追求质量进步,已经成为各国提升国家竞争力的重要手段,也是各国把质量上升为国家战略的重要体现。”市场监管总局质量发展局相关负责人透露,中国质量奖就是在借鉴其他国家和地区质量奖的经验基础上设立的中国质量领域的最高荣誉,一个重要目的就是探索出适合中国国情、具有国际影响的质量管理理论、模式和方法,在推动我国经济高质量发展的同时,向世界提供质量管理的中国方案。

(资料来源:《中国质量报》)

问题:

1. 结合前面教材的内容,说一说你知道哪些质量奖。
2. 请尝试分析各国质量奖的作用。
3. 综合论述中国质量奖产生的社会意义。

(二) 频繁更换的质量经理

今天,新的质量部经理牛先生已经到任一个月了,看来还是不行。虽然,我们在当初招聘他进来时就已意识到了这一点。一个月来,他的表现远远低于我们的预期。显然,我们希望一个工具性的临时质量经理的计划已经面临流产。是时候要做出决定了。

质量经理已经是公司的著名问题,牛经理是我们公司近一年内出现的第三个质量经理。但他很快也要成为前任质量经理,这真是令人遗憾。我们除了检讨人力资源的相关程序外,还需要检讨些什么呢?

蒸蒸日上

质量经理问题起源于公司的高速发展。前5个月的发展势头表明:我们计划的增长非常有可能实现。小公司的快速成长,必然会面临一个问题,那就是:初建时的管理团队、管理架构无法适应业务高速增长所带来的内部变化,其中包括人力资源、财务、PMC(Product Material Control,生产计划与物料控制)、市场、销售等。人员要调整、机构要重组、流程要再造。

为减少内部管理滞后对发展形成的阻碍和控制内部管理滞后为公司带来的巨大风险,公司在2005年年初就做出决定,要引进高级人才,重组架构。

如果我们不能保证我们出口的产品都具有稳定、可靠的质量,那也无异于自杀。因此,质量也是公司经营面临的一个即时且长期的风险。为控制这个风险,一个高素质的质量经理的需求就应运而生。不幸的是,这个问题居然在一年多的时间里都没有得到有效解决。那么,公司的质量现状到底有多糟糕呢?老实讲,还不算太糟。

替罪的羔羊——杨经理

还有一点不妙的是,牛经理的前任——杨经理,在公司的例行周会中居然报出我们的ICT(Internal Circuit Test,内部电路测试)测试不良率高达37%。更意外的是,面对这样的质量数据,他竟然没有采取任何紧急纠正预防行动。这迫使我们终止周会,下令立即停产,并开始现场调查,进行原因分析。

客户的例行退货记录也印证了上述判断。半年来,客户的退货率虽然在控制线以内,却明显地呈现出上升趋势。由于客户退货有滞后,这些被退回来的产品实质上是一年前生产的。换而言之,在这一年多的时间里,公司的质量控制能力在退化。因此,质量风险在增大,我们必须在失控前恢复控制。我可不想产品运到芝加哥后,客户请我到美国去处理质量问题!

显然,杨经理并没有意识到问题的严重性,因此,他必须得走了。这可能对他有点不公平,因为我们没有给过他充分的机会和及时的引导。老实讲,杨经理对公司贡献还不少,他有各种认证的丰富专业知识,在其任职的十个月内,公司产品顺利通过了UL认证和两次ISO例行检查。但是,他没有建立起一个能真正有效运行的质量体系。从公司的现实需要和长远发展来看,我们都必须立即建立起一个能可靠运行的质量体系。这至少可以保证我们晚上睡个安稳觉。

别了,牛经理

牛经理的到来,实在是万般无奈之举。我们希望他至少能帮助公司救急,因为杨经理已经走了,另外一个质量主管也自动离职了,质量部就剩下一个空架子。而生产过程中的质量问题却还在不断地涌现,所以,必须得有一个人来顶一下。牛经理在当时,是我们视野内较合适的人选。尽管,在面试之初,我们就意识到他基本上不可能建立起一个稳定运行的可靠体系。

不过，他或许可以帮助我们建立起一个及时、准确的质量数据采集和反馈体系。按照ISO 9000标准，这属于表格文件，是最底层的基础文件。看来，现在，我们也只好从基础做起了。

当然，另外一种情况也是我们可以接受的。那就是牛经理只是单纯地救火，头痛医头，脚痛医脚，让这个残缺的质量体系发挥出它最大的效能。

令人失望的是，上述两点，牛经理都未做到。过程控制的数据依旧不准确。过程中的不良率报警，永远都不是质量部报告出来的。救火的功能也没有发挥，因为我完全看不到任何纠正预防行动单出现。而按照我一拍脑袋的直觉，就公司质量体系运行的现状，每天有几份纠正预防行动单，是非常正常的。

因此，需要给客户一个放心的答案，告诉客户，我们正在着手进行质量体系的改善，并且告诉他如何可以看到明显的效果。如果按照牛经理的回答，只能徒增客户的忧虑，降低我公司的信誉评级。因此，我只好决定，牛经理暂时不要就质量问题与客户直接沟通。

看来，牛经理在公司的最长时间记录应该不会超过三个月。那么，新的质量经理又该如何去找呢？上网招聘、登报、熟人推荐、猎头？或者同时进行？需要在什么时间到位呢？我们高层管理者在这个问题上又该怎么反思呢？不管怎样，新的质量经理7月底前必须就位。

（资料来源：http://blog.sina.com.cn/s/blog_63bd16250102yibt.html）

问题：

1. 频繁更换质量经理，问题的根源在哪里？
2. 如何进行防范？

（三）海尔冰箱的可靠性实验

将一台打好包装的海尔冰箱缓缓提升到760毫米的高度，然后瞬间成自由落体坠落，整台冰箱“嘭”的一声砸在钢板上，然后至少从6个角度重复10次跌落实验，全部实验后如冰箱没有损坏，则意味着通过该环节测试，可以生产下线，否则需要重新设计，直到通过检测为止。近日，新浪网上有关海尔冰箱可靠性实验的文章和图片，吸引了不少网民的关注，一时成为新浪博客的一大热点。

海尔冰箱的可靠性实验内容丰富，除了最基本的斜面冲击实验、模拟搬运实验、开关门寿命实验、跌落实验、模拟震动实验以及挤压受力实验等，还有在非常苛刻的条件下对冰箱进行长达3个月之久的“折磨”，目的是使冰箱的性能更可靠，使用寿命更恒久，满足各种运输及使用环境的要求。

新浪一名叫阿潘的博主在记下对海尔冰箱可靠性实验的所见所闻后，无意中向外界晒出了海尔冰箱鲜为人知的“内幕”：为用户满意而不惜“折磨”产品，而这一切在海尔冰箱看来，都是应该做的。11月10日，新浪网博客频道内关注这一事件的6名博友自发组织起来，从北京远道赶到青岛，现场探访海尔冰箱可靠性实验全过程。“这样的检测完全可以冠名为魔鬼测试。”在海尔工业园检测公司的各种实验室参观后，这些见多识广的网友如此表示。

海尔冰箱的可靠性实验是对产品全部功能项的检测，海尔中央研究院的监测中心设置了大量的实验室，来模拟一些特殊市场的使用环境，用来检测产品质量。而这些模拟出来的使用环境往往是产品在现实使用过程中很难发生的“极限环境”，于是，挑战极限也就成了海尔冰箱在可靠性实验中不断面对的过程。

有网友留言说，海尔冰箱真的具备了征服全球的实力；海尔的成功不仅仅在商业方面，还给青岛这座城市注入了新的文化基因；有如此好口碑的海尔冰箱还要进行这样的实验，如果没有一个对用户负责的态度，当然不会有这样的举动。海尔冰箱负责人对此表示，品牌能否在市场立足，只有用户才能做决断，始终坚持“用户第一”是海尔冰箱的追求，也是海尔冰箱多年来严把质量检验关的根本原因和不竭动力。

目前，中国家电企业已经越来越重视标准建设了。从表面上看，这些都是企业为自己制定的标准，背后却是为满足用户而进行的自我约束。据了解，海尔冰箱的可靠性实验标准已得到中国家用电器标准化技术委员会的授权，由海尔冰箱牵头，伊莱克斯、美的、新飞等多家企业参与制定的中国电冰箱行业可靠性实验标准项目已正式启动。这是继“家用冰箱保鲜标准”后，海尔又一次主导制定行业标准，带动了行业标准升级。

凭着“技术自律”，海尔冰箱不仅填补了国家标准的空缺，还因此加速了中国冰箱行业的标准升级。“如果说国家标准对冰箱性能要求指标是1的话，我们可靠性实验标准可以看成2到3，是国家标准指标的3倍。”海尔冰箱相关负责人表示，国家标准作为一个行业的基础标准，因为具备很强的稳定性导致修订相对滞后，海尔在国家标准之上增加可靠性标准，不仅是要弥补基础标准的滞后性，更重要的是对消费者负责和对产品质量要求的自我提升。

（资料来源：https://www.81tech.com/news/kekaoxing/124739.html）

问题：

1. 如何理解可靠性的概念？可靠性对产品质量有什么作用？

2. 结合海尔的案例，谈谈行业标准产生的意义。

实践与操作

项目一 综合实训：服务质量调查。

［**目的**］

明白服务质量与产品质量的不同，服务质量管理比产品质量管理要求更高、更难。运用所学质量管理知识，明确服务质量的来源，了解顾客满意度指标的构成，理解影响组织质量的主要因素，从而提出解决问题的方法和途径，学会系统地思考企业服务质量问题，培养分析判断能力和逻辑思维能力。

［**内容与要求**］

1. 各小组可选择本小组熟悉的产品或企业，有针对性地设计合理、全面、适用的服务质量调查问卷、顾客满意度调查问卷等；

2. 去市场上进行问卷发放、填写、回收；

3. 对回收的问卷进行统计分析，在小组充分讨论的基础上得出调查结果，提出改进服务、提高满意度的措施，并撰写3 000字以上的调查报告；

4. 各组的调查报告可选出一名代表做主题发言，在全班进行交流。

［**成果评定**］

1. 综合评价问卷的设计。

2. 市场发放问卷的回收和统计的评价。

3. 综合评价调查报告的撰写。

4. 由组长和每个成员根据各成员在调研与模拟活动中的表现互相进行评估打分。

5. 本次实训成绩由教师根据各成员的调研报告与在实训汇报中的表现分别评估打分。

项目二 调查或收集两个知名成功企业的案例资料,分析其质量管理水平,对比其在企业绩效、产品质量、市场占有率、企业公众形象等方面的差异,加深对质量管理课程的理解和对质量管理重要性的认识。

项目三 在班里组织一个8～10人的学习小组,以小组为单位进行各质量标准的对比和解读分析。

项目四 以小组为单位收集合适的案例,学习案例中别人对质量管理新老工具解决问题的做法,写出2 000字左右的心得体会,提出解决问题或者防止问题继续恶化的方法。

[**目的**]

综合运用所有质量改进知识及质量改进工具解决企业面临的现实质量问题。尝试运用排列图、直方图等工具解决企业生产中的实际问题,培养分析判断能力、逻辑推理能力,做到学以致用。

任务6　营销管理

请扫描二维码
观看视频

知识目标

为了完成本任务，你需要的理论知识：

1. 市场营销的含义及演变
2. 市场营销管理的含义及过程
3. 宏微观营销环境的内容
4. 目标市场选择的策略
5. 市场营销组合的含义及营销策略

能力目标

通过完成本任务，你应该能够：

1. 了解市场营销管理的含义及过程
2. 熟悉宏微观营销环境的内容
3. 理解市场定位的概念及策略
4. 掌握目标市场选择的策略
5. 掌握市场营销组合策略及使用情况

素质目标

通过完成本任务，你将：

1. 培育人文精神和责任担当
2. 培养新发展理念
3. 培养道德修养与家国情怀

项目任务

6.1　认识现代企业营销管理

6.2　分析市场营销环境

6.3　确定目标市场

6.4　制定市场营销策略

- 任务导入
- 相关链接
- 案例研究
- 增值阅读
- 任务小结
- 能力自测
- 案例分析
- 实践与操作

任务导入

趣味阅读

把梳子卖给和尚

有一个营销经理想考考他的手下，就给他们出了一道题：把梳子卖给和尚。

第一个人来到了一个寺庙，找到了和尚，对和尚说："我想卖给你一把梳子。"和尚说："我不需要。”那人就把经理的作业说了一遍，说：“如果卖不出去，我就会失业，你要发发慈悲啊！”和尚就买了1把。

第二个人也来到一个寺庙卖梳子，和尚说：“我真的不需要的。”那人在庙里转了转，对和尚说：“拜佛是不是要心诚？”和尚说：“是的。”“心诚是不是需要心存敬意？”和尚说：“要敬。”那人说：“你看，很多香客从很远的地方来到这里，他们十分虔诚，但是却风尘仆仆，蓬头垢面，如何对佛敬？如果庙里买些梳子，让这些香客把头发梳整齐了，把脸洗干净了，是不是对佛的尊敬？”和尚听话说得有理，就买了10把。

第三个人也来到一个寺庙卖梳子，和尚说：“我真的不需要的。”那人对和尚说：“如果庙里备些梳子作为礼物送给香客，又实惠，又有意义，香火会更旺的。”和尚想了想，有道理，就买了100把。

第四个人也来到一个寺庙卖梳子，和尚说：“我真的不需要的。”那人对和尚说：“你是得道高僧，书法甚是有造诣，如果把您的字刻在梳子上，刻些‘平安梳’‘积善梳’给香客，是不是既弘扬了佛法，又弘扬了书法？”老和尚微微一笑：“无量佛！”就买了1 000把梳子。

（资料来源：https://www.sohu.com/a/168446333_99947307）

市场营销是企业最基本的职能，在企业全部生产经营活动中占据极其重要的地位。美国著名管理学家彼得·德鲁克认为，市场营销是如此基本，以至于不能视之为一个独立的分开的职能，从顾客的角度来看，市场营销是企业全部的活动……加强企业的营销管理，有利于形成企业的核心竞争力，有利于提高企业员工的凝聚力，同时，对企业的业务流程和组织结构也将产生重大的影响。

6.1 认识现代企业营销管理

6.1.1 市场营销的概念

中外学者对市场营销已下过上百种不同的定义，市场营销是市场经济和现代化大生产的产物，其概念随着企业市场营销的实践而不断发展与深化。本书采用美国市场营销协会于2013年7月审核通过的定义：市场营销是在创造、沟通、传播和交换产品中，为顾客、客户、合作伙伴以及整个社会带来价值的一系列活动、过程和体系。市场营销可理解为企业通过市场交换满足顾客需求、实现企业目标所进行的全面的、综合的经营活动。

其核心概念包含以下五个部分。

1. 需要、欲望和需求

需要是指人们感受到的匮乏状态，如人们会有食物、衣服等生理需要以及安全、尊重和自我实现等方面的心理需要。欲望是指人类需要由文化和个性塑造后所采取的具体形式。例如，中国人需要食物，欲望是想要得到米饭或馒头。当有购买力做后盾后，欲望就转化成了需求，需求也就是指对有能力购买的某个具体产品的欲望。

市场营销者并不创造需要；需要存在于市场营销活动出现之前；市场营销者连同其他因素，只是影响了人们的欲望，并试图向人们指出何种产品可以满足其特定需要，并通过使产品适应消费者的购买能力且使之容易得到来影响需求。

2. 产品

产品是用来满足需求和欲望的，可以将其表述为提供给市场并能满足人类某种需要或欲望的任何东西，包括有形和无形的、可触摸与不可触摸的。不论有形物品还是无形物品，都是为了满足人们的需要。例如，当我们看到某人在市场上寻找钻头时，以一般人的眼光来看，这个人的需要似乎是"钻头"这种产品，但从市场营销者的眼光来看，这个人的需要并不是"钻头"，而是打一个"洞"。那么，企业也许就能创造出一种比钻头打得更快、更好且更便宜的打洞工具。

3. 价值、成本和满意

价值是指产品满足人们需要的能力。成本是指人们在购买产品中付出的货币、时间和精力的总和。顾客满意取决于产品的感知使用效果。这种感知使用效果与顾客期望有密切关系，如果产品的感知使用效果低于顾客的期望，他们就不满意；如果产品的感知使用效果等于或高于顾客的期望，他们就满意。

4. 交换、交易和关系

交换是指人们在等价基础上的商品交换，也即是以物换物，双方的需求在交换中得到满足。交易是指买卖双方的价值交换行为。交易主要是以货币或服务为媒介，物物交换不能算在内。在具体的营销活动中，企业就与消费者、供应商、分销商、竞争者、政府机构及其他公众产生了长期的互动关系。

5. 市场营销者

市场营销者是指积极主动地向他人寻求资源，并愿意用某种有价值之物做交换的人，可以是卖方，也可以是买方。谁更积极、主动地寻求交换，谁就是营销者。

6.1.2 市场营销观念的演变

市场营销观念的演变进程如表6-1所示。

表6-1 市场营销观念演进表

演进次序	时间	背景与条件	核心思想	营销顺序	典型口号
生产观念	19世纪末20世纪初	卖方市场；市场需求旺盛	生产中心论，即企业非常重视产量与生产效率	由企业到市场	我们生产什么，就卖什么
产品观念	19世纪末—20世纪初	消费者欢迎高质量、多功能和有某种特色的产品	致力品质提高，忽视市场需求，从而造成"营销近视症"	由企业到市场	质量比需求更重要
推销观念	20世纪20年代末—50年代初	卖方市场向买方市场过渡阶段，致使部分产品供过于求	运用推销与促销来刺激需求的产生	由企业到市场	我们卖什么，就让人们买什么

（续表）

演进次序	时　间	背景与条件	核心思想	营销顺序	典型口号
市场营销观念	20 世纪 50 年代	买方市场	消费者主权论；发现需求并满足需求	市场→企业→产品→市场	顾客需要什么，我们就生产供应什么
社会营销	20 世纪 70 年代	社会问题突出；消费者权益运动的蓬勃兴起	企业营销＝顾客需求＋社会利益＋赢利目标	市场及社会利益需求→企业→产品→市场	肩负责任，实现价值

相关链接 6－1

如何才能具备社会化营销思维？

透彻了解社会化营销中的重点和精髓，不仅需要知道这种营销方式与传统推广、一般的网络推广之间的区别，更需要培养社会化营销的思维，才能在品牌的社会化媒体传播推广中更加得心应手和融会贯通。

1. 以用户为中心，全方位了解用户

社会化营销的直接目的主要是吸引关注和流量，而要在网络社交媒体上引起注意，就必须对症下药，了解目标用户对什么感兴趣，有什么特点、爱好、习惯和需求。这就需要以用户为中心，密切观察用户群体的动态和关注，并借助大数据手段对其进行画像分析，进而全方位地了解用户群体。

2. 尊重用户，不能单纯地将其看作流量

以用户为中心，明确推广目标，首先需要在规划营销策略时做到尊重用户。在很多失败案例中，我们可以看到品牌总是忽视了用户作为头脑清醒个体的事实，只是单纯地将其看成流量，并持有一些群体刻板的印象，而做出一些令人尴尬或是让人感到“智商被侮辱”的营销方式，引发用户恶感。要做到尊重用户，就不能将用户当傻子。

3. 用合适的方式满足用户的需求

了解用户的需求后，就可以在推广中抛出满足用户需求的点，并且运用契合用户需求与喜好的具体形式、内容和手法，来引导用户对于品牌的深入了解，在这一过程中博得大众的好感，获得更强的品牌影响力。

4. 以用户为出发点，发挥创意，取悦用户或是挑动其情绪，引起关注

如何吸引用户的注意，除了满足需求这一基本而笼统的点外，还需要从用户的偏好、习惯和审美出发，发挥创意，敢于制造话题和热点，取悦用户，或是引起用户好奇，挑动其情绪。在这一过程中需要把握好度，传达正面的态度和消息，以免让用户对品牌产生哗众取宠的印象。

（资料来源：liyongseo.com/blog/pst/3788.html）

一般把五种营销观念归为两大类：前三种为传统营销观念，后两种为新型营销观念。新旧两类观念的比较如表 6－2 所示。

表6-2 新旧营销观念比较分析表

营销观念		出发点	方法	目标
旧观念	生产观念	增加产量	降低成本,提高生产效率	在销量增长中获利
	产品观念	产量质量	生产更加优质的产品	用高质量的产品推动销售量增长
	推销观念	产品销售	加强推销和宣传活动	在扩大市场销售中获利
新观念	市场营销观念	市场需求 企业利益	运用整体营销策略	在满足消费者需求中获利
	社会营销观念	市场需求 企业利益 社会利益	运用整体营销策略	通过满足消费者需求,增进社会福利而获利

6.1.3 市场营销管理的含义

市场营销管理,是指为实现组织目标而对旨在创造、建立和保持与目标购买者之间有益的交换关系的设计方案所做的分析、计划、实施和控制。市场营销管理的任务,就是为促进企业目标的实现而调节需求的水平、时机和性质。

市场营销管理的实质是需求管理,即调节需求的水平、时机和构成,即顾客管理。企业产品的需求来自两种顾客:新顾客和回头客。

相关链接6-2

250定律

美国著名推销员乔·吉拉德在商战中总结出了“250定律”。他认为每一位顾客身后大体有250名亲朋好友。如果你赢得了1位顾客的好感,就意味着赢得了250个人的好感;反之,如果你得罪了1位顾客,也就意味着得罪了250名顾客。这一定律有力地论证了“顾客就是上帝”的真谛。由此,我们可以得到如下启示:必须认真对待身边的每一个人,因为每一个人的身后都有一个相对稳定的、数量不小的群体。善待一个人,就像点亮一盏灯,照亮一大片。

(资料来源:http://www.sohu.com/a/211978158_99947307)

6.1.4 市场营销管理过程

市场营销管理过程就是企业为实现其任务和目标而发现、分析、选择和利用市场机会的管理过程。其基本步骤如下。

1. 分析市场机会

市场营销活动是以满足消费者需求为中心目标的,因此,市场机会也就是市场上所存在的尚未满足或未完全满足的需求。市场机会存在于社会生活的方方面面,但在竞争激烈的买方市场,有利可图的营销机会并不多,企业必须对市场结构、消费者、竞争者行为、环境等进行调查研究,认真识别、评价和选择最合适的市场机会。

2. 细分市场和选择目标市场

市场细分的概念是美国市场学家温德尔·史密斯于20世纪50年代中期提出来的，指营销者通过市场调研，依据消费者的需要和欲望、购买行为和购买习惯等方面的差异，把某一产品的市场整体划分为若干消费者群的市场分类过程，每一个消费者群就是一个细分市场，每一个细分市场都是具有类似需求倾向的消费者构成的群体。

目标市场是指企业通过市场细分后选中的可为之服务的市场，必须是尚未呈垄断态势、符合企业的目标和能力，并有一定的规模和发展前景的市场。

3. 设计市场营销组合

目标市场确定之后，即可进行市场定位，通过勾画企业产品在目标市场中的形象，使企业提供的产品具有一定特色，适应一定顾客需要和偏好，并与竞争者的产品区别开来。而企业要进占目标市场、满足客户需求，必须整合、协调和应用各种可控制的因素，也就是要设计市场营销组合。

4. 执行和控制市场营销计划

执行市场营销计划，是指将营销计划转变为具体营销行为的过程，即把企业的经济资源有效地投入到企业营销活动中，完成计划规定的任务，实现既定目标的过程。

在执行市场营销计划的过程中，可能会出现许多意外情况，企业必须行使控制职能以确保营销目标的实现，即使没有意外情况，为了防患于未然，或为了改进现有的营销计划，企业也要在计划执行过程中加强控制，主要从年度计划、赢利能力和战略方面进行控制。

6.2 分析市场营销环境

企业营销环境是指在企业营销活动之外，能够影响营销部门建立并保持与目标顾客良好关系的能力的各种因素和力量。营销环境既能够提供机遇，也能造成威胁。因此，持续地监视和适应变化的市场营销环境，是制定企业营销战略的基础。

营销环境的内容比较广泛，可以根据不同的标志加以分类。基于不同的观点，营销学者提出了各具特色的对环境分析的方法，科特勒将营销环境划分为微观环境和宏观环境。微观环境是指与企业紧密相连、直接影响企业营销能力的各种参与者。从企业营销系统的角度看，包括供应商、企业内部门、营销中介、顾客、竞争者以及社会公众。宏观环境指影响微观环境的一系列巨大的社会力量，主要是人口、经济、政治法律、科学技术、社会文化及自然生态等因素。微观环境与宏观环境之间并不是并列关系，而是主从关系，微观营销环境受制于宏观营销环境，微观环境中所有的因素都要受宏观环境中各种力量的影响。宏观环境因素与微观环境因素共同构成多因素、多层次、多变的企业市场营销环境的综合体。

6.2.1 宏观营销环境分析

宏观营销环境是对企业营销活动造成市场机会和环境威胁的主要力量。分析宏观营销环境的目的在于更好地认识环境，通过企业营销活动来适应环境及其变化，实现企业营销目标。宏观营销环境因素包括政治法律环境、经济环境、社会文化环境、科技环境及自然环境。

1. 政治法律环境分析

政治法律环境是影响企业营销的重要宏观环境因素，包括政治环境和法律环境。政治环境引导着企业营销活动的方向，法律环境则为企业规定了经营活动的行为准则。政治与法律相互联系，共同对企业的市场营销活动产生影响和发挥作用。

(1) 政治环境分析。政治环境对企业营销活动的影响主要表现为国家政府所制定的方针政策，如人口政策、能源政策、物价政策、财政政策、货币政策等，都会对企业营销活动带来影响。例如，国家通过降低利率来刺激消费的增长；通过降低对低排量轿车征收的购置税来鼓励低排量轿车的发展；通过征收个人收入所得税调节消费者收入的差异，从而影响人们的购买；通过增加产品税，如对香烟、酒等商品的增税来抑制人们的消费需求。

(2) 法律环境分析。法律环境是指国家或地方政府所颁布的各项法规、法令和条例等，它是企业营销活动的准则，企业只有依法进行各种营销活动，才能受到国家法律的有效保护。与企业关系密切的法律法规有《中华人民共和国产品质量法》《中华人民共和国合伙企业法》《中华人民共和国经济合同法》《中华人民共和国涉外经济合同法》《中华人民共和国商标法》《中华人民共和国专利法》《中华人民共和国广告法》《中华人民共和国食品卫生法》《中华人民共和国环境保护法》《中华人民共和国反不正当竞争法》《中华人民共和国消费者权益保护法》及《中华人民共和国进出口商品检验条例》等。企业营销管理者只有熟悉相关法律条文，才能保证企业经营的合法性，才能运用法律武器来保护企业的合法权益。

2. 经济环境分析

经济环境是影响企业营销活动的主要环境因素，它包括收入因素、消费支出、产业结构、经济增长率、货币供应量、银行利率、政府支出等因素，其中收入因素、消费支出对企业营销活动影响较大。

(1) 消费者收入分析。

收入是构成市场的重要因素，因为市场规模的大小，归根结底取决于消费者的购买力，而消费者的购买力取决于他们的收入。营销管理者研究消费者收入，通常可以从以下五个方面进行分析：

① 国民生产总值。国民生产总值(GDP)是衡量一个国家经济实力与购买力的重要指标。国民生产总值增长越快，对商品的需求和购买力就越大；反之，就越小。

② 人均收入。人均收入是用国内收入总量除以总人口的比值。这个指标大体反映了一个国家人民生活水平的高低，也在一定程度上决定商品需求的构成。一般来说，人均收入增长，对商品的需求和购买力就大；反之就小。

③ 个人可支配收入。个人可支配收入是指在个人收入中扣除消费者个人缴纳的各种税款和交给政府的非商业性开支后剩余的部分，可用于消费或储蓄的那部分个人收入，它构成实际购买力。个人可支配收入是影响消费者购买生活必需品的决定性因素。

④ 个人可任意支配收入。个人可任意支配收入是指在个人可支配收入中减去消费者用于购买生活必需品的费用支出(如房租、贷款、食物、水电、交通、通信等项开支)后剩余的部分。这部分收入是消费需求变化中最活跃的因素，也是企业开展营销活动时所要考虑的主要对象。这部分收入一般用于购买高档耐用消费品、娱乐、教育、旅游等。

⑤ 家庭收入。家庭收入的高低会影响很多产品的市场需求。一般来讲，家庭收入高，

对消费品需求大，购买力也大；反之，需求小，购买力也小。另外，要注意分析消费者实际收入的变化。在通货膨胀条件下，货币收入和实际收入会不一致，货币收入增加，实际收入可能下降。

(2) 消费者支出分析。

随着消费者收入的变化，消费者支出模式也会发生相应变化，致使一个国家或地区的消费结构发生变化。西方经济学通常用恩格尔系数来反映这种变化。

恩格尔系数＝食品支出金额÷家庭消费支出总金额

恩格尔系数越小，食品支出所占比重越小，表明生活富裕，生活质量高；恩格尔系数越大，食品支出所占比重越高，表明生活贫困，生活质量低。

(3) 消费者储蓄分析。

消费者的储蓄行为直接制约着市场消费量购买的大小。当收入一定时，如果储蓄增多，现实购买量就减少；反之，如果用于储蓄的收入减少，现实购买量就增加。

居民储蓄倾向会受到利率、物价等因素变化影响。人们储蓄目的是不同的，有的是为了养老，有的是为未来的购买而积累，当然储蓄的最终目的主要也是为了消费。企业应关注居民储蓄的增减变化，了解居民储蓄的不同动机，制定相应的营销策略，获取更多的商机。

(4) 消费者信贷分析。

消费者信贷，也称信用消费，指消费者凭信用先取得商品的使用权，然后按期归还贷款，完成商品购买的一种方式，比如银行按揭购房或银行按揭购车。

信用消费允许人们购买超过自己现实购买力的商品，创造了更多的消费需求。随着我国商品经济的日益发达，人们的消费观念大为改变，信贷消费方式在我国也逐步开展起来。值得注意的是过度消费信贷也会带来风险，美国次贷风波就是信贷危机导致的。

思政园地

加快构建新发展格局，着力推动高质量发展

习近平总书记在中国共产党第二十次全国代表大会上所做的报告中强调："加快构建新发展格局，着力推动高质量发展。"高质量发展是全面建设社会主义现代化国家的首要任务。发展是党执政兴国的第一要务。没有坚实的物质技术基础，就不可能全面建成社会主义现代化强国。必须完整、准确、全面贯彻新发展理念，坚持社会主义市场经济改革方向，坚持高水平对外开放，加快构建以国内大循环为主体、国内国际双循环相互促进的新发展格局。

(资料来源：https://www.12371.cn/special/20da/bg/)

3. 社会文化环境分析

企业总是处于一定的社会文化环境中，企业营销活动必然受到所在社会文化环境的影响和制约。为此，企业营销管理者应了解和分析社会文化环境，针对不同的文化环境制定不同的营销策略，开展不同的营销活动。营销的社会文化环境分析包括以下几个方面：

(1) 教育状况分析。消费者受教育程度的高低，造成消费者对商品功能、款式、包装和服务要求的差异性。通常文化教育水平高的国家或地区的消费者要求商品包装典雅华贵，对附加功能也有一定的要求。因此，企业开展的市场开发、产品定价和促销等活动都要考虑到消费者受教育程度的高低,采取不同的营销策略。

(2) 宗教信仰分析。宗教是构成社会文化的重要因素,也是影响人们消费行为的重要因素之一。不同宗教在思想观念、生活方式、宗教活动、禁忌等方面各有其特殊的传统,某些宗教组织甚至在教徒购买决策中有决定性的影响,这将直接影响宗教人群的消费习惯和消费需求。企业在营销活动中要注意不同的宗教信仰,尊重宗教信仰,以避免由于矛盾和冲突给企业营销活动带来的损失。

(3) 价值观念分析。价值观念是指人们对社会生活中各种事物的态度和看法。不同文化背景下,人们的价值观念往往有着很大的差异,消费者对商品的色彩、标志、式样以及促销方式都有自己褒贬不同的意见和态度。企业营销必须根据消费者不同的价值观念来设计产品,提供服务。

(4) 消费习俗分析。消费习俗是指人们在长期经济与社会活动中所形成的一种消费方式与习惯。不同的国家、不同的民族有着不同的社会习俗和道德观念,从而会影响人们的消费方式和购买偏好,进而影响企业的经营方式。例如,西方国家的人们以超前性、享受性消费为主流,而我国人民长期以来形成积蓄习惯,注重商品的实用性。另外,每个国家或地区都有自己的禁忌,营销管理者应做到入乡随俗。比如,美国人讲究准时;墨西哥人视黄花为死亡,视红花为晦气,认为白花可以驱邪;匈牙利人忌讳数字"13"等。因此,企业营销者应考虑不同国家不同民族人们的传统习俗与禁忌,做出有针对性的营销决策。

思政园地

绿色消费

2022年1月,为深入贯彻落实《中共中央、国务院关于完整准确全面贯彻新发展理念做好碳达峰碳中和工作的意见》和《2030年前碳达峰行动方案》有关要求,根据碳达峰碳中和工作领导小组部署安排,国家发展改革委、工业和信息化部、住房和城乡建设部、商务部、市场监管总局、国管局、中直管理局联合印发了《促进绿色消费实施方案》(以下简称《实施方案》)。

《实施方案》指出,促进绿色消费是消费领域的一场深刻变革,必须在消费各领域全周期全链条全体系深度融入绿色理念,全面促进消费绿色低碳转型升级,这对贯彻新发展理念、构建新发展格局、推动高质量发展、实现碳达峰碳中和目标具有重要作用,意义十分重大。

《实施方案》强调,要大力发展绿色消费,增强全民节约意识,反对奢侈浪费和过度消费,扩大绿色低碳产品供给和消费,完善有利于促进绿色消费的制度政策体系和体制机制,推进消费结构绿色转型升级,加快形成简约适度、绿色低碳、文明健康的生活方式和消费模式,为推动高质量发展和创造高品质生活提供重要支撑。要坚持系统推进、重点突破、社会共治、激励约束并举等工作原则。明确到2025年和2030年促进绿色消费的主要目标。

(5) 人口因素分析。人口是构成市场的首要因素。市场是由有购买欲望同时又有购买能力的人构成的,人口的多少直接影响市场的潜在容量。从影响消费需求的角度来看,人口分析的内容主要包括人口总量、年龄结构、地理分布、家庭组成、性别比例等。

4. 科技环境分析

科技环境是社会生产力中最活跃的因素，它影响人类社会的历史进程和社会生活的方方面面，对企业营销活动的影响也比较明显。现代科学技术突飞猛进，科技发展对企业营销活动的影响表现在以下几个方面：

（1）科技发展促进社会经济结构的调整。有人说，技术是一种“创造性的毁灭力量”。因为每一种新技术的出现、推广都会给一些企业带来新的市场机会，导致新行业的出现。同时，也会对一些行业、企业造成威胁，使这些行业、企业受到冲击甚至被淘汰。例如，塑料业的发展在一定程度上对钢铁业造成了威胁，许多塑料制品成为钢铁产品的代用品；激光唱盘技术的出现，夺走了磁带的市场；大量启用自动化设备，出现了许多新行业，包括新工具维修、电脑教育、信息处理、自动化控制、光导通信、遗传工程等。

（2）新技术影响零售商业结构和消费习惯。新技术会影响零售商业结构和购物人的消费习惯。随着多媒体和网络技术的发展，“网上购物”等新型购买方式逐步流行。人们可以在家中通过网络订购车票、订宾馆房间、订花，甚至订餐。企业也可以利用网络进行广告宣传、网络调研和网络营销。网络直接影响着零售商业结构，如今电子商务已经成为商业活动的主流。

（3）科技发展影响企业营销组合策略的创新。科技发展使新产品不断涌现，产品寿命周期明显缩短，要求企业必须关注新产品的开发，加速产品的更新换代。科技的发展和运用降低了产品成本，使产品价格下降，并能快速掌握价格信息，要求企业及时做好价格调整工作。科技发展促进流通方式的现代化，要求企业采用顾客自我服务和各种直销方式。科技发展使广告媒体多样化，信息传播快速化，市场范围更加广阔，促销方式更加灵活。为此，要求企业不断分析科技新发展，创新营销组合策略，适应市场营销的新变化。

（4）科技发展促进企业营销管理的现代化。科技发展为企业营销管理现代化提供了必要的技术与装备，如电脑网络、网络办公、传真机、射频扫描设备、光纤通信等设备的广泛运用，对改善企业营销管理，实现企业现代化发挥了重要的作用。同时，科技发展对企业营销管理人员也提出了更高要求，促使其更新观念，掌握现代化管理理论和方法，不断提高营销管理水平。

5. 自然环境分析

自然环境是指自然界提供给人类各种形式的资源，如阳光、空气、水、森林、土地等。随着人类社会进步和科学技术发展，工业化进程加速，一方面创造了丰富的物质财富，满足了人们日益增长的需求；另一方面，也造成资源短缺、环境污染等问题。从 20 世纪 60 年代起，世界各国开始关注经济发展对自然环境的影响，成立了许多环境保护组织，促使国家政府加强环境保护的立法。这些问题都对企业营销提出了挑战。对营销管理者来说，应该关注自然环境变化的趋势，并从中分析企业营销的机会和威胁，制定相应的对策。

（1）自然资源分析。自然资源可分为两类，一类为可再生资源，如森林、农作物等，可以被再次生产出来，但必须防止过度采伐森林和侵占耕地。另一类资源是不可再生资源，如石油、煤炭、银、锡、铀等，这种资源蕴藏量有限，由于人类的大量开采，有的矿产已处于枯竭的边缘。自然资源短缺，使企业原材料价格大涨、生产成本大幅度上升，迫使企业研究更合理地利用资源的方法，开发新的资源和代用品，这些又为企业提供了新的资源和营销机会。

(2) 环境污染分析。工业化、城镇化的发展导致环境污染问题日趋严重。环境污染问题已引起各国政府和公众的密切关注，这对企业的发展是一种压力和约束，要求企业为治理环境污染付出一定的代价，但同时也为企业提供了新的营销机会，促使企业研究控制污染技术，兴建绿色工程，生产绿色产品，开发环保包装。

(3) 政府干预分析。自然资源短缺和环境污染加重的问题，使各国政府加强了对环境保护的干预，颁布了一系列有关环保的政策法规。政府对自然资源加强干预，往往与企业的经营效益相矛盾。例如，为了控制污染，政府要求企业购置昂贵的控制污染的设备，这势必会影响企业的经营效益，但企业必须以大局为重，要对社会负责，对子孙后代负责，加强环保意识，在营销过程中自觉遵守环保法令，担负起环境保护的社会责任。企业可以通过产业结构调整与合理布局，发展高新技术，实行清洁生产和文明消费，协调环境与发展的关系，注重发展绿色产业、绿色消费、绿色营销。

案例研究 6-1

欧洲冻鸡出口商的失误

欧洲一冻鸡出口商曾向阿拉伯国家出口冻鸡，他把大批优质鸡用机器屠宰好，收拾得干净利落，只是包装时鸡的个别部位稍带点血，就装船运出。

当他正盘算下一笔交易时，不料这批货竟被退了回来。他迷惑不解，便亲自去进口国查找原因，才知退货原因不是质量有问题，只是他的加工方法犯了阿拉伯国家的禁忌，不符合进口国的风俗。

阿拉伯国家的人民信仰伊斯兰教，规定杀鸡只能用人工，不许用机器；只许男人杀鸡，不许妇女伸手；杀鸡要把鸡血全部洗干净，不许留一点血渍，否则便被认为不吉祥。这样，欧洲商人的冻鸡虽好也仍然难免退货的厄运。

由此可见，欧洲商人的冻鸡恰恰因为忽视了阿拉伯国家社会文化环境的差异性，没有尊重其宗教信仰，而失去了阿拉伯市场。

（资料来源：https://www.ppkao.com/tiku/shiti/10538997.html）

6.2.2　微观营销环境分析

微观营销环境是指直接制约和影响企业营销活动的外在因素，这些因素主要有供应商、营销中介、顾客、竞争者以及社会公众。分析企业微观营销环境的目的在于更好地协调企业与这些相关群体的关系，促进企业营销目标的实现。

1. 供应商分析

供应商是指为企业生产提供所需原材料、辅助材料、设备、能源、劳务、资金等资源的供货单位。这些资源的变化直接影响到企业产品的产量、质量以及利润，从而影响企业营销计划和营销目标的完成。供应商分析的内容主要包括以下几个方面：

(1) 供货的及时性和稳定性。原材料、零部件、能源及机器设备等货源的保证供应，是企业营销活动顺利进行的前提。例如，汽车制造公司不仅需要发动机、变速箱、底盘等零配件来进行装配，还需要设备、能源作为生产手段与要素，任何一个环节在供应上出现了问题，都会导致企业的生产活动无法正常开展。为此,企业为了在时间上和连续性上保证得到货源的供应,就必须和供应商保持良好的关系,必须及时了解和掌握供应商的情况,分析其状况和变化。

(2) 供货的价格变化。供应的货物价格变化会直接影响企业产品的生产成本。如果供应商提高原材料价格,必然会导致生产企业产品成本上升。生产企业如提高产品价格,可能会影响产品销售;如果价格不变的话,则企业的利润又会减少。因此,企业应密切关注和分析供应商货物价格变化趋势,以便积极应对。

(3) 供货的质量保证。供应商能否供应质量可靠的生产资料将直接影响到企业产品的质量,从而会进一步影响到产品的销售量、企业利润及信誉。例如,利用劣质的液晶屏不能生产出图像清晰、亮丽的电视,利用劣质的水泥不能建成坚实的高楼大厦。因此,企业应了解供应商的产品,分析其产品的质量标准,从而保证自己产品的质量。

2. 营销中介分析

营销中介是指为企业营销活动提供各种服务的企业或部门。营销中介对企业营销产生直接的、重大的影响,只有通过有关营销中介所提供的服务,企业才能把产品顺利地送达到目标消费者手中。营销中介分析的主要内容有以下几个方面:

(1) 中间商。中间商是把产品从生产领域转向消费领域的环节或渠道,主要包括批发商和零售商两大类。中间商对企业营销具有极其重要的影响,它能帮助企业寻找目标顾客,为产品打开销路,同时为顾客创造效用。为此,企业应根据自身情况选择适合自己的中间商,不仅要与中间商建立良好的合作关系,还必须了解和分析中间商的经营活动。

(2) 营销服务机构。营销服务机构是指在企业营销活动中提供专业服务的机构,如广告公司、广告媒介、市场调研公司、营销咨询公司、财务公司等。这些机构对企业的营销活动会产生直接的影响,企业需要关注、分析这些服务机构,选择最能为本企业提供有效服务的机构。

(3) 物流机构。物流机构是指帮助企业进行保管、储存、运输的机构,如仓储公司、运输公司等。物流机构的主要任务是协助企业将产品实体运往销售目的地,完成产品空间位置的移动,同时还有协助保管和储存职能。物流机构是否经济、便利,直接影响到企业营销效果。因此,在营销活动中必须了解和研究物流机构及其业务变化动态。

(4) 金融机构。金融机构是指为企业营销活动进行资金融通的机构,如银行、信托公司、保险公司等。金融机构的主要功能是为企业营销活动提供融资及保险服务。在现代经济社会中,企业都要通过金融机构开展经营活动。金融机构业务活动的变化会影响企业的营销活动,比如银行贷款利率上升,会使企业成本增加;信贷资金来源受到限制,会使企业经营陷入困境。为此,企业应分析这些机构并与这些机构保持良好的关系,以保证融资及信贷业务的稳定和渠道的畅通。

3. 顾客分析

顾客是指使用或接受企业最终产品或服务的消费者或用户,是企业营销活动的最终目标市场,也是营销活动的出发点和归宿。顾客是市场的主体,任何企业的产品和服务,只有得到了顾客的认可,才能赢得这个市场。现代营销强调把满足顾客需求作为企业营销管理的核心。

为便于深入研究各类市场的特点,国内顾客市场按购买动机可分为四种类型,即消费者市场、生产者市场、中间商市场和政府市场。消费者市场是指为满足个人或家庭消费需求购买产品或服务的个人和家庭；生产者市场是指为生产其他产品或服务，以赚取利润而购买产品或服务的组织；中间商市场是指购买产品或服务以转售，从中营利的组织；政府市场是指购买产品或服务，以提供公共服务或把这些产品及服务转让给其他需要的人的政府机构。

各类市场都有其独特的顾客，他们不同的需求，要求企业以不同的方式提供相应的产品和服务，从而影响企业营销决策的制定和服务能力的形成。为此，企业要注重对顾客进行研究，分析顾客的需求规模、需求结构、需求心理以及购买特点，这是企业营销活动的起点和前提。

4. 竞争者分析

在商品经济条件下，任何企业在目标市场进行营销活动时都不可避免地会遇到竞争对手的挑战。即使在某个市场上没有直接竞争对手，也会有潜在竞争对手的存在。竞争对手的营销策略及营销活动的变化，如产品价格、广告宣传、促销手段的变化，以及产品的开发、销售服务的加强等都会直接影响企业的营销状况。因此，企业在制定营销策略前必须先弄清竞争对手，特别是同行业竞争对手的生产经营状况，做到知己知彼，以便有效地开展营销活动。

竞争者分析的内容主要包括行业内竞争企业的数量，竞争企业的规模和能力，竞争企业对竞争产品的依赖程度，竞争企业所采取的营销策略，竞争企业供应渠道及销售渠道等。

5. 社会公众分析

社会公众是指对企业营销活动有实际或潜在利害关系的团体或个人，如媒体公众、政府公众、社团公众、社区公众、一般公众及企业内部公众等。企业面对广大公众的态度，会帮助或妨碍企业营销活动的正常开展。因此，企业应采取积极措施，树立良好的企业形象，力求保持和主要公众之间的良好关系。

相关链接 6-3

淡季营销的“二八”法

二八定律也叫巴莱多定律，是19世纪末20世纪初意大利经济学家巴莱多发明的。他认为，在任何一组东西中，最重要的只占其中一小部分，约为20%，其余的80%尽管是多数，却是次要的，因此又称二八法则。“二八营销定律”即经营者要抓住20%的重点商品与重点用户，渗透营销。在大多数行业，二八定律是一个通行的准则。20%的客户决定了80%的销售额的关键所在。

（资料来源：https://wenku.baidu.com/view/c339e8700b4c2e3f57276369.html?from=search）

6.3　确定目标市场

6.3.1　市场细分与目标市场选择

1. 市场细分

市场细分的概念是美国市场学家温德尔·史密斯于20世纪50年代中期提出来的。所谓市场细分是指根据市场消费需求的差异性,把某一产品的市场整体按照一定的标准划分为若干个需要不同的营销组合的分市场或子市场,从而确定具体目标市场的过程。每一个分市场或子市场就是一个细分市场,每个细分市场由具有相似需求的消费者构成。因此,属于不同细分市场的消费者对同一产品的需求存在着明显的区别,而属于同一细分市场的消费者对同一产品的需求存在着相似性,对相同的营销组合具有相似的反应。

市场细分不是根据产品品种、产品系列来进行的,而是从消费者的角度进行划分的,是根据消费者的需求、动机、购买行为的多样性和差异性来划分的。市场细分对企业的生产、营销起着极其重要的作用。市场细分有利于选择目标市场和制定市场营销策略,有利于企业发展新的市场机会,有利于企业集中人力、物力投放目标市场。

(1) 市场细分的依据。

市场细分的依据是顾客需求的差异性,造成顾客需求差异性的因素就是市场细分变量。市场细分变量有很多,通常分为两大类:一是识别变量,如消费者的年龄、性别或组织市场的行业类型、组织规模等,识别变量用于识别顾客的身份,即回答"为谁服务"的问题;二是行为变量,如反应特征、购买时机、使用情境、利益等,行为变量揭示顾客的行为方式或诉求的利益,即回答"如何服务"的问题。市场细分的主要变量如表 6-3 所示。

表 6-3　市场细分的主要变量

类　别	识别变量		合并变量	
	变量	示例	变量	示例
消费者市场	年龄、性别	男性、女性	使用情景	家庭、聚会
	收入、教育	高、中、低	品牌忠诚度	忠诚、游离
	地域位置	城镇、农村	个人偏好	时尚、实用
	气候条件	热带、温带	信息能力	固执、主动
	生活方式	时髦、朴实	决策机制	复杂、简单
组织市场	行业类型	服装、软件	决策标准	性能、经济
	组织规模	大、中、小	决策者偏好	社会、伦理
	管理模式	分权、集权	影响因素	购买对象、组织文化
	发展阶段	成熟、衰退	决策机制	简单、复杂

(2) 细分市场的评估。

并不是所有的细分市场对企业都是有意义的或值得去经营,只有对有效细分市场进行评估和特征描述,才能从中选择将某些细分市场作为企业的目标市场。对细分市场的评估,可以从细分市场的吸引力和竞争性两个方面进行分析。

① 吸引力。细分市场的吸引力主要体现为细分市场所具备的需求量和营利性,这可以从能否达到一定的经济规模、细分市场未来的增长潜力、细分市场的投资回报及存在的风险情况等几个方面进行评估。

② 竞争性。细分市场的竞争性评估是指对细分市场的竞争状态或竞争强度做出评价。决定细分市场竞争状态的因素主要有卖方密度、成本构成、产品差异、转换成本、进入障碍和

退出障碍。

案例研究 6-2

宝洁公司全面、精准的市场细分

宝洁公司的市场分析(以洗发水为例),不是根据消费者人口统计变量特征(如年龄、性别)等,而是依据消费者头发的特性来细分市场。海飞丝,是针对需要去屑的头发;潘婷,是针对需要营养的头发;飘柔,是针对想要柔顺的头发;沙宣,是针对想要烫染修护的头发。每一个品牌的产品都有其特定的市场,并且每个品牌下的产品又有更具体的细分。例如,潘婷针对缺少营养的头发,又细分为乳液修复系列、丝质润滑系列、强韧防掉发系列、染烫损伤系列等。可见,宝洁公司产品市场细分是全面和精准的,几乎覆盖了所有的市场,最大限度地扩大了市场占有率。

(资料来源:https://ishare.iask.sina.com.cn/f/1CNcxe9s6m5.html)

2. 目标市场选择

著名的市场营销学者麦卡锡提出应当把消费者看作一个特定的群体,称为目标市场。所谓目标市场,就是企业决定要进入的那一个或几个细分市场。目标市场选择的本质是不同细分市场和企业资源之间的匹配,企业应该选择一个或几个既有发展前景又是企业资源所支撑的细分市场作为企业的目标市场。

选择目标市场营销策略,明确企业应为哪一类用户服务,满足他们的哪一种需求,是企业在营销活动中的一项重要策略。主要有以下三种策略:

(1) 无差别性市场营销策略。

无差别性市场营销策略,就是企业把整个市场作为自己的目标市场,只考虑市场需求的共性,而不考虑其差异,运用一种产品、一种价格、一种推销方法,吸引可能多的消费者。可见,采用无差别性市场营销策略,产品在内在质量和外在形体上必须有独特风格,才能得到多数消费者的认可,从而保持相对的稳定性。

这种策略的优点是产品单一,容易保证质量,能大批量生产,降低生产和销售成本。但如果同类企业也采用这种策略时,必然要形成激烈竞争。

(2) 差别性市场营销策略。

差别性市场营销策略就是把整个市场细分为若干子市场,针对不同的子市场设计不同的产品,制订不同的营销策略,满足不同的消费需求。例如,美国有的服装企业,按生活方式把妇女分成三种类型:时髦型、男子气型、朴素型。时髦型妇女喜欢把自己打扮得华贵艳丽,引人注目;男子气型妇女喜欢打扮得超凡脱俗,卓尔不群;朴素型妇女购买服装讲求经济实惠,价格适中。公司根据不同类型妇女的不同偏好,有针对性地设计出不同风格的服装,使产品对各类型消费者更具有吸引力。

这种策略的优点是能满足不同消费者的不同要求,有利于扩大销售、占领市场、提高企业声誉。其缺点是由于产品差异化、促销方式差异化,增加了管理难度,提高了生产和销售费用。目前只有力量雄厚的大公司采用这种策略。

(3) 集中性目标市场策略。

集中性目标市场策略又称产品市场专业化策略。企业在对整体市场细分后,由于受到资源等的限制,选取一个或少数几个细分市场作为企业的目标市场,制定单一的市场营销方案和策略,实行高度专业化的生产与营销,以便在选定的细分市场上占有较大的市场份额。

6.3.2 市场定位

市场定位又称产品定位或竞争性定位,是指企业根据竞争者产品在市场上的地位、企业的条件及顾客对产品属性的重视程度,塑造企业产品与众不同的市场形象并传递给目标顾客,以求在顾客心目中形成对产品的偏好,从而在目标市场中占据有力的竞争地位。

市场定位的实质就是使企业的产品在目标市场的众多相同产品中脱颖而出,在顾客心目中产生值得购买的印象,以便吸引更多的顾客购买产品。

1. 市场定位的步骤

企业的市场定位工作一般应包括三个步骤:一是调查研究影响市场定位的因素,确认目标市场的竞争优势所在;二是选择自己的竞争优势和适应的定位战略;三是准确地传播企业的定位观念。

(1) 调查研究影响定位的因素。适当的市场定位必须建立在市场营销调研的基础上,必须先了解有关影响市场定位的各种因素。这主要包括三个方面:① 竞争者的定位状况。要了解竞争者正在提供何种产品,在顾客心目中的形象如何,并估测其产品成本和经营情况。在市场上顾客最关心的是产品本身的属性(质量、性能、花色、规格等)和价格。因此,企业一方面要确认竞争者在目标市场上的定位;另一方面要正确衡量竞争者的潜力,判断其有无潜在的竞争优势。据此进行自己的市场定位。② 目标顾客对产品的评价标准。即要了解购买者对其所要购买产品的最大偏好和愿望,以及他们对产品优劣的评价标准是什么。例如,对于服装,目标顾客关心的是式样、颜色,还是质地、价格;对于饮料,是重视口味、价格,还是营养疗效。企业应努力搞清楚顾客最关心的问题,并作为定位决策的依据。③ 目标市场潜在的竞争优势。企业要确认目标市场的潜在竞争优势是什么,然后才能准确地选择竞争优势。竞争优势有两种基本类型:一是在同样条件下比竞争者定价低;二是提供更多的特色以满足顾客的特定需要,从而抵消价格高的不利影响。在前一种情况下,应千方百计地寻求降低单位成本的途径;在后一种情况下,则应努力发展特色产品,提供有特色的服务项目。

(2) 选择竞争优势和定位战略。企业通过与竞争者在产品、促销、成本、服务等方面的对比分析,了解自己的长处和短处,从而认定自己的竞争优势,进行恰当的市场定位。例如,以生产中低档手表为主的丹东手表工业公司,认识到自己无力与大企业名牌手表相抗衡,因而避开大城市而选择乡镇市场为目标市场,提出“走下铁路上公路,离开城市到农村”的营销战略,树立起适合农村消费者偏好的产品形象,确立了自己的产品定位,因而获得连续3年业绩大幅度增长的好成绩。这就是正确地选择定位战略的结果。

(3) 准确地传播企业的定位观念。企业在做出市场定位决策后还必须大力开展广告宣传,把企业的定位观念准确地传播给潜在购买者。要避免因宣传不当在公众心目中造成三种误解:一是档次过低,不能显示出自己的特色;二是档次过高,不符合企业实际情况,使公众误认为企业只经营高档高价产品,实际上也备有中档产品;三是混淆不清,在顾客心目中没有统一明确的认识,比如对同一产品或同一服务项目,有人认为是高档的,有人认为是低档的。上述种种误解,都是由于定位宣传失误所致,将会给企业形象和经营效果造成不利影响,营销者应注意防止。

2. 市场定位方式

(1) 从参与竞争的角度。

从参与竞争的角度,企业进行市场定位的方式有竞争性定位与回避性定位。

① 竞争性定位,也称迎头定位,是指企业选择靠近现有竞争者的市场位置,即与市场上占支配地位、实力最强或较强的竞争对手发生正面竞争,争夺相同的顾客。由于竞争对手强大,这一竞争过程往往相当引人注目,企业及其产品能较快地为消费者所了解,达到树立市场形象的目的。这种策略可能引发激烈的市场竞争,具有较大的风险。因此,企业必须知己知彼,了解市场容量,正确判定自己的资源和能力是否比竞争者强,或者能不能平分秋色。

② 回避性定位,也称避强定位,是指企业回避与目标市场上强有力的竞争者直接对抗,而在市场空白位置满足顾客需求,即生产目标市场上没有顾客需要的,或市场上有但不能很好地满足顾客需要的产品。这种策略可使企业迅速在市场上站稳脚跟,并在消费者心中树立起一定形象。这种做法风险较小,成功率较高,常为多数企业所采用。

(2) 从顾客需求的角度。

从顾客需求角度,企业还可为产品进一步定位,即在顾客心目中建立起有吸引力、独特的产品形象,主要方式有廉价定位和偏好定位。

① 廉价定位是指企业以低价为产品定位,在顾客心目中形成本企业产品在同类产品中价格更便宜的印象,吸引对价格敏感的顾客更多地购买,扩大市场销售的定位方式。例如,小米手机、吉利汽车,进入市场采用的就是廉价定位方式。

② 偏好定位是指企业产品能为顾客提供竞争者产品无法提供的特殊的利益,在顾客心目中建立起本企业产品能最好地满足其需求的印象。定位既可以建立在真实的产品特色和产品提供的利益上,也可以建立在顾客对产品的主观认识上,但两者都必须是顾客决定购买考虑的主要因素。例如,冰箱的偏好定位有保鲜、静音、节能、耐用等。

6.4 制定市场营销策略

6.4.1 市场营销组合

1. 市场营销组合的含义

市场营销组合(Marketing Mix)指的是企业针对目标市场的需要对自己可控制的各种营销因素(产品、价格、渠道、促销等)的优化组合和综合运用,使之协调配合,扬长避短,发挥优势,以取得更好的经济效益和社会效益。麦卡锡(McCauthy)提出了著名的4P组合:产品(Product)、渠道(Place)、价格(Price)、促销(Promotion)。之后,市场营销组合又由4P发展为6P。6P是由科特勒提出的,它是在原4P的基础上再加政治(Politics)和公共关系(Public Relations)。6P组合主要应用在实行贸易保护主义的特定市场。随后,科特勒又进一步把6P发展为10P。他把已有的6P称为战术性营销组合,新提出的称为战略营销4P:

研究(Probing)、划分(Partitioning)、优先(Prioritizing)、定位(Positioning)。

2. 市场营销组合的特点

(1) 可控性。市场营销组合的诸因素对企业来说是可控的,也就是说,企业可以根据目标市场的需要来确定这些营销手段的运用和搭配。

(2) 动态性。企业在制定市场营销组合时,只要改变其中一个因素,就会出现一个新的整体组合效果。

(3) 整体性。市场营销组合的作用,不是每个因素所产生效果的简单相加,而是为了实现市场营销的目标将各种因素组合起来协同配合,追求市场营销整体效果的优化。

(4) 层次性。市场营销的4P组合并非只有4个因素,而是每一个因素(P)还包括许多其他因素。

6.4.2 产品策略

产品是指提供给市场,能够满足人们需要和欲望的任何东西。产品是满足顾客需求的实质性手段,包括实物、服务、空间、主意等,如手表、维修、仓储、咨询等。企业制定营销策略,首先要制定企业的产品策略,即企业提供什么样的产品或服务去满足消费者的需求。产品策略在整个营销要素组合中居于核心地位,价格、渠道和促销在某种意义上都是产品的组成部分,服务于产品。

1. 整体产品的概念

整体产品是指人们向市场提供的、能够满足消费者或用户某种需求的任何有形物品和无形服务的总和。随着营销理论和营销实践的发展,当前,对整体产品的概念提出了"五层次理论",该理论认为在规划销售产品时,市场营销人员需要考虑产品的五个层次,如图6-1所示。

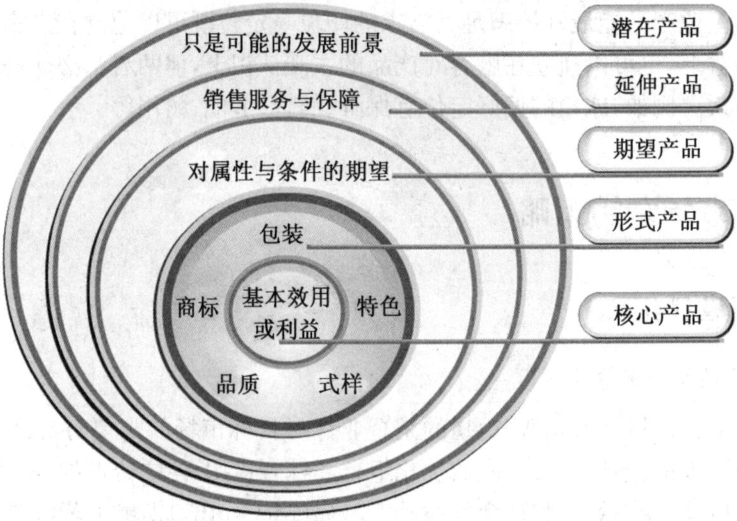

6-1 产品整体概念图

(1) 核心产品。核心产品给顾客提供基本效用或利益,是顾客需求的中心内容。消费者购买产品,并不是为了占有或获得产品本身,而是为了获得满足自身某种需要的服务或利益。例如，人们购买牙膏是为了防止蛀牙、使口气清新或洁白牙齿；人们购买洗衣机是为了把脏衣服洗干净；人们购买电冰箱是为了使食物保鲜。因此，企业的营销人员在营销活动中要善于发现购买者购买某一产品时追求的基本效用或利益，将这些信息告诉企业的设计人员，确保自己的产品能够使顾客获得核心利益。

相关链接 6-4

会呼吸的鞋

意大利 GEOX（中文商标：健乐士）于 1994 年由 MARIO MORETTI POLEGATO 先生创办，并发明"呼吸鞋"，GEOX 一词取自希腊文"GEO"，意即脚下的大地；以未知数"X"作为技术的象征，寓意新技术、新理念的组合。

穿 GEOX 的鞋，可以让脚部得到"呼吸"，保持干爽，不再有像被包裹在塑料袋里的那种"窒息"的湿脚感觉，不再有难闻的气味，从而避免了脚臭和其他相关问题。

GEOX 集团在全球 51 个国家经营鞋业和服装，在很短的时间里，已经成为意大利第一休闲鞋，在全球排名第八，是这十年内最成功企业的典范之一。由于年增长率一直超过 50%，2001 年 GEOX 的收入达到 15 亿欧元，鞋子产量超过 370 万双。GEOX 取得显著的成就是因为：对产品和款式的不断关注，研究和应用鞋子的相关技术，意大利本地市场的开拓和出口市场的不断突破。

（资料来源：https://www.chiphell.com/thread-460778-1-1.html）

(2) 形式产品。产品所展示的全部外部特征（款式、质量、特色、品牌、包装等）。消费者在购买某一产品时，不但要考虑产品的核心利益，而且要考虑形式产品能否满足自己的需求。市场营销人员要重视如何以独特的形式产品将某种利益传递给消费者。例如，消费者在购买洗衣机时，期望洗衣机的噪音小、进排水方便、外观美观、安全可靠等。

(3) 期望产品。期望产品是指顾客在购买该产品时期望得到的与产品密切相关的一系列属性和条件。比如，旅馆的住客期望得到整洁的床位、洗浴香波、浴巾、衣帽间的服务等。

(4) 延伸产品。顾客因购买产品所得到的全部附加服务与利益（保证、咨询、送货、安装、维修等）。美国营销学家里维特指出：未来竞争的关键，不在于工厂能生产什么产品，而在于产品所提供的附加价值。

(5) 潜在产品。潜在产品是指现有产品包括附加产品在内的，可能发展成为未来最终产品的潜在状态的产品。它指出了现有产品可能的演变趋势和前景，如电视机变成电脑的终端屏幕。

在现代营销环境下，企业销售的不仅仅是单纯的功能，而是产品整体概念下的一个系统。在竞争日益激烈的市场中，扩大延伸产品，即产品给顾客带来更多的附加利益，已经成为企业市场竞争的重要手段。没有产品整体概念，就不能正确贯彻现代营销观念；忽视消费者对产品的多层次的需求，就不可能获得经营上的成功。

2. 产品组合策略

所谓产品组合，是指某一企业所生产和销售的全部产品的总和，包括产品大类和产品项目。产品大类是指产品类别中具有密切关系的一组产品，又称产品线；产品项目是指某一品牌或产品大类内由尺码、价格、外观及其他属性来区别的具体产品。

产品组合包括四个变数:宽度、长度、深度和关联性。产品组合的宽度是指一个企业所拥有的产品大类的数量。产品组合的长度是指一个企业的产品组合中所包含的全部产品项目的总数。产品组合的深度是指产品大类中每种产品有多少花色、品种和规格等。产品组合的关联性是指一个企业的各个产品大类在最终用途、生产条件、分销渠道等方面的相关程度。

企业在调整和优化产品组合时,一般有扩大产品组合、缩减产品组合和产品线延伸等策略。例如,美国宝洁公司的众多产品线中,有一条牙膏产品线,生产格利、克雷丝、登奎尔三种品牌的牙膏,所以该产品线有三个产品项目。其中克雷丝牙膏有三种规格和两种配方,则克雷丝牙膏的深度就是6。如果我们能计算每个产品项目的品种数目,就可以计算出该产品组合的平均深度。

3. 产品生命周期及各阶段的营销策略

(1) 产品的生命周期及曲线。

产品生命周期理论是美国哈佛大学教授雷蒙德·弗农(Raymond Vernon)首次提出的。产品生命周期(Product Life Cycle, PLC),是产品的市场寿命,即一种新产品从开始进入市场到被市场淘汰的整个过程,要经历导入、成长、成熟、衰退这样的周期。要注意的是,产品的生命周期不同于其使用寿命。

在产品的整个生命周期当中,销售额和利润额的变化是产品生命周期特征值的主要表现,这种变化表现为类似S形的曲线,如图6-2所示。但该曲线适用于一般产品的生命周期的描述,而不是所有产品的生命周期的描述。

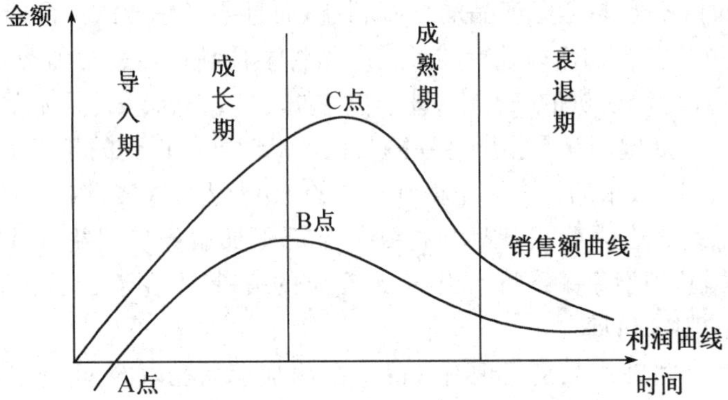

图6-2 产品生命周期图

(2) 产品生命周期各阶段的营销策略。

产品生命周期的不同阶段具有不同特征,对处于不同阶段的产品应采取不同的营销策略。企业可根据产品所处生命周期阶段的特点,制定和采取相应的营销组合策略,实现营销的阶段性目标。

① 导入期。一般是指新产品被引入市场、销售缓慢增长的阶段。企业在导入期通过建立或利用已有的渠道分销新产品,营销组合的重点在价格和促销两个方面,目的是吸引顾客尽快接受新产品,缩短新产品的导入期。依据顾客对产品的了解程度、价格需求弹性、产品

的独占性、潜在的竞争威胁、市场容量和规模经济等不同,有四种策略选择,即高价格、高促销费用的快速掠夺策略;高价格、低促销费用的缓慢掠夺策略;低价格、高促销费用的快速渗透策略;低价格、低促销费用的缓慢渗透策略。

② 成长期。一般是指新产品试销取得成功以后,转入成批生产和扩大市场销售的阶段。成长期市场迅速扩大,企业营销策略目标是领先或至少跟上市场扩张的速度,提高或保持市场份额。这一时期营销策略的重点是要突出一个"快"字,它是企业产品发展的黄金阶段,企业在这一时期应抓住机会,迅速扩大生产能力,采取改善产品品质、进入新的细分市场或分销渠道、改变广告宣传的重点、培养顾客品牌偏好等营销策略,以取得最大的经济效益。

③ 成熟期。一般是指产品进入大批量生产,而在市场上处于竞争最激烈的阶段。成熟期市场需求达到饱和,销售增长率趋近于零,销售和利润将达到最高峰,是企业获得最大回报的时期。这一阶段营销的目的是尽量延长成熟期。企业在产品成熟期可以选择市场改进、产品改进和营销组合改进策略。

④ 衰退期。一般是指产品市场寿命已逐渐老化,转入更新换代时期。衰退期顾客的消费习惯发生变化,销售量急剧下降,利润也在不断下降;市场竞争突出地表现为价格竞争,产品价格不断下跌。产品衰退期的营销目标是尽量降低顾客需求转移对企业经营的冲击。企业可以依据产品在市场中的地位有针对性地采取以下几种策略:a 维持策略,即保持原有目标市场和营销组合,直到这种产品完全退出市场为止;b 集中策略,即把资源集中在最有优势的细分市场、渠道和产品项目上,收缩市场,为企业赢得尽可能多的利润,缩短产品退出市场的时间;c 榨取策略,即对产品尽可能减少投入,主要是停止广告、减少推销人员等,增加近期利润;d 放弃策略,即对衰退期产品停止生产或转移给他人。

随着老产品衰退逐渐退出市场,企业必须适时地研发、推出新产品,用新产品占领并扩大市场,给企业带来稳定甚至更大的收益。

4. 品牌策略

品牌是用来识别产品的某一名词、符号、文字、数字、标记及其组合。其基本功能是把不同企业生产的产品区别开来,使竞争者之间的产品不发生混淆。

品牌在市场营销中发挥着重要作用。品牌是区别同类产品的标志,它表明了产品的特性,有利于企业进行宣传推广,在消费者心中树立起形象。良好的品牌有助于顾客建立品牌偏好,吸引更多忠诚顾客。因此,品牌策略是企业的重要竞争策略之一。品牌策略主要有:

(1) 使用品牌策略与不使用品牌策略。一般来讲,品牌可以起到很好的促销作用,但并非所有的产品都必须使用品牌。通常,原料产品、产品特色与厂商无关的产品、临时一次性出售的产品,以及生产简单、价格低、选择性不大而且消费者在购买习惯上不认品牌的产品可以不使用品牌。

(2) 统一品牌策略和个别品牌策略。统一品牌策略是企业把自己生产的全部产品都用同一个品牌,形成一个品牌系列。运用统一品牌策略有助于建立品牌信誉,可以带动许多产品的销售,同时也可显示企业的实力,树立良好的企业形象,有助于新产品进入目标市场。个别品牌是企业对各种产品分别采用不同的品牌。个别品牌策略的主要优点在于:不会因为某一品牌产品信誉下降而承担较大的风险;有利于新产品树立最佳品牌,有利于新产品和优质产品的推广;可以发展多种产品线和产品项目,开拓更广阔的市场。

思政园地

中国品牌建设

2022年8月25日,据国家发改委网站消息,为高质量推进品牌建设工作,全面提升我国品牌发展总体水平,近日,国家发改委联合多部门发布《关于新时代推进品牌建设的指导意见》(简称《指导意见》)。《指导意见》指出,以习近平新时代中国特色社会主义思想为指导,全面贯彻党的十九大和十九届历次全会精神,深入贯彻习近平总书记关于品牌建设的重要指示精神,立足新发展阶段,完整、准确、全面贯彻新发展理念,构建新发展格局,以深化供给侧结构性改革为主线,以满足人民群众日益增长的美好生活需要为根本目的,坚持质量第一、创新引领,开展中国品牌创建行动。适应新时代新要求,进一步引导企业加强品牌建设,进一步拓展重点领域品牌,持续扩大品牌消费,营造品牌发展良好环境,促进质量变革和质量提升,推动中国制造向中国创造转变、中国速度向中国质量转变、中国产品向中国品牌转变,久久为功促进品牌建设高质量可持续发展。

5. 包装策略

包装是指便于产品销售和传播信息的容器或包装材料,以及与此相关的一系列设计活动。在现代市场营销观念中,以保护产品为主的传统包装观念已被突破。包装作为传递产品信息的几种重要且有效的手段,有着识别、便利、美化、增值、推销的功能。产品包装策略主要有:

(1) 类似包装策略,即企业所有产品的包装在图案色彩等方面均采用同一形式。这种方法可以降低包装的成本,扩大企业的影响,特别是在推出新产品时,可以利用企业的声誉,使顾客首先从包装上辨认出产品,迅速打开市场。

(2) 组合包装策略,即把若干有关联的产品包装在同一容器中。例如,化妆品的组合包装、节日礼盒包装等,都属于这种包装方法。组合包装不仅能促进消费者的购买,也有利于企业推销产品,特别是推销新产品时,可将其与老产品组合出售,创造条件使消费者接受、试用。

(3) 附赠品包装策略。这种包装的主要方法是在包装物中附赠一些物品,从而引起消费者的购买兴趣,有时还能造成顾客重复购买的意愿。例如,在珍珠霜盒里放一颗珍珠,顾客买了一定数量之后就能串成一根项链。

(4) 再使用包装策略。这种包装物在产品使用完后,还可用在别处。这样,购买者可以得到一种额外的满足,从而激发其购买产品的欲望。例如,设计精巧的果酱瓶,在果酱吃完后可以作茶杯之用。包装物在继续使用过程中,实际还起了经常性的广告作用,增加了顾客重复购买的可能。

(5) 分组包装策略。即对同一种产品,可以根据顾客的不同需要采用不同级别的包装。如用作礼品,则可以精致地包装;若自己使用,则只需简单包装。此外,对不同等级的产品,也可采用不同包装。高档产品,包装精致些,表示产品的身份;中低档产品,包装简略些,以减少产品成本。

(6) 改变包装策略。当由于某种原因使产品销量下降、市场声誉受损时,企业可以在改进产品质量的同时改变包装的形式,从而以新的产品形象出现在市场上,改变产品在消费者心目中的不良地位。这种做法有利于迅速恢复企业声誉,重新扩大市场份额。

相关链接6-5

包装美学

包装美学注意必须配合不同国家的文化特性。举例来说，对于颜色，就有各种不同的联想，在某些国家，红色和魔法有着一定的关联性；绿色代表危险的警告；白色则是死亡的象征。美学也会影响包装的尺寸，在缺乏冷藏设备的国家里，软饮料无法以六罐装的方式售出。另外，在某些国家，类似像洗洁剂这样的商品也只能以小分量的包装方式出售，因为当地家庭没有足够的储存空间。

（资料来源：https://max.book118.com/html/2017/0818/128555869.shtm）

6.4.3 价格策略

1. 影响定价的因素

在定价时必须充分考虑影响和制约产品价格的各种因素，如产品成本、产品的供求状况、消费者心理、竞争状况和政策法律等。

(1) 产品成本。企业在生产经营过程中各种费用的总和，是价格构成的基本因素和制定价格的基础。它不仅是企业定价的依据，同时也是制定产品价格的最低界限。从长期看，任何企业的产品价格都必须高于成本费用，只有这样企业才能维持经营和愿意经营。

(2) 产品的供求状况。市场具有自发调节供求、调节商品价格的重要功能，市场上的需求和供给状况对产品价格有重要影响。当市场上某种商品供不应求时，价格上涨；供过于求时，价格下降。

(3) 竞争状况。价格策略不仅依赖于消费者的反应，而且也依赖于竞争者的反应。一般说来，竞争越激烈，对价格的影响就越大。

(4) 营销策略的一致性。首先，产品的特点，如产品的性质、品牌的知名度等，将直接影响到企业价格策略的选择；其次，分销渠道对价格策略的影响，分销渠道的长短、宽窄以及分销方式等都是定价应该考虑的重要因素；最后，促销也是影响价格的一个重要因素，促销费用高，产品成本上升，价格也就较高，反之亦然。

(5) 法律政策。国家法律和政策对价格决策也有重要的影响。很多国家（包括发达资本主义国家）对企业定价都有程度不同的约束。例如，我国已制定了《价格法》，对于关系国计民生的重要商品，由国家定价，或实行限价、规定指导价、保护价等，国家适当提高粮食收购价格，控制化肥、农药等生产资料销售价格的上涨，从而调动农民的生产积极性。

2. 定价方法

定价方法，是企业在特定的定价目标指导下，依据对成本、需求及竞争等状况的研究，运用价格决策理论，对产品价格进行计算的具体方法。定价方法主要包括成本导向、竞争导向和顾客导向三种类型。

(1) 成本导向定价法。以产品单位成本为基本依据，再加上预期利润来确定价格的成本导向定价法，是中外企业最常用、最基本的定价方法。成本导向定价法又衍生出了总成本加成定价法、目标收益定价法、边际成本定价法、盈亏平衡定价法等几种具体的定价方法。

(2) 竞争导向定价法。在竞争十分激烈的市场上,企业通过研究竞争对手的生产条件、服务状况、价格水平等因素,依据自身的竞争实力,参考成本和供求状况来确定商品价格。这种定价方法就是通常所说的竞争导向定价法。竞争导向定价主要包括随行就市定价法、产品差别定价法等。

(3) 顾客导向定价法。现代市场营销观念要求企业的一切生产经营必须以消费者需求为中心,并在产品、价格、分销和促销等方面予以充分体现。根据市场需求状况和消费者对产品的感觉差异来确定价格的方法称为顾客导向定价法,又称市场导向定价法、需求导向定价法。需求导向定价法主要包括理解价值定价法、需求差异定价法和逆向定价法。

3. 定价策略

(1) 新产品定价策略。企业在确定新产品的价格时通常有三种定价策略:掠夺定价、渗透定价和温和定价。

① 掠夺定价策略,又称为撇脂定价、取脂价格策略,是指企业以高价将新产品投入市场,以便在产品市场生命周期的开始阶段取得较大利润,尽快收回成本,然后再逐渐降低价格的策略。

② 渗透定价策略,是指企业将其新产品的价格定得相对较低,尽可能地快速打开销路,获得较大的市场占有率的一种定价策略。

③ 温和定价策略,又称为满意定价策略、君子定价策略,是指企业为了兼容掠夺定价和渗透定价的优点,将价格定在适中水平上的一种价格策略。可达到产品价格能被顾客接受,企业又有一定利润的目的。

(2) 心理定价策略。在消费者市场,心理活动是影响消费者购买决策的一个重要因素,合理利用消费者的心理作用是定价取得成功的要素之一。在实际应用中,心理定价策略主要有尾数定价、整数定价、小计量单位定价、声望定价和招徕定价五种形式。

① 尾数定价,又称为零数定价、非整数定价。企业利用顾客对数字认知的某种心理,以零头数结尾的一种定价策略。消费者通常有零数价格比整数价格便宜、合理的消费心理。

② 整数定价。商品的价格以整数结尾的定价策略,常常以偶数特别是以零为结尾。

③ 小计量单位定价。某些价格高的商品用一般的计量单位表示,会使消费者产生太贵的感觉,抑制消费者的购买。这时可改变计量单位、采用化整为零的方法,用小计量单位来计价。

④ 声望定价,又称为威望定价,是一种根据产品在消费者心目中的声望和产品的社会地位来确定价格的定价策略。其产品价格比一般商品价格高,可以吸引具有"一分钱一分货"的心理并想购买名牌产品的顾客。

⑤ 招徕定价。招徕定价是指零售商利用消费者的求廉心理,特意将某几种商品的价格定得较低以招徕顾客。

相关链接 6-6

招徕定价

珠海九洲城里有一只值3 000元港币的打火机。许多观光客听到这个消息,无不为之咋舌。如此昂贵的打火机,该是什么样子呢?于是,九洲城平增了许多慕名前来一睹打火机“风采”的顾客。

这只名曰“星球大战”的打火机看上去极为普通，它真值这个价钱吗？站在柜台前的观光者都表示怀疑，就连售货员对此亦未置可否地一笑了之。它被搁置在柜台里很长时间无人问津，但它旁边的3元港币一只的打火机却是购者踊跃。许多走出九洲城的游客坦诚相告：“我原来是来看那只“星球大战”的，不想却买了这么多东西。”

无独有偶，日本东京都滨松町的一家咖啡屋，竟然推出了5 000日元一杯的咖啡，就连一掷千金的豪客也大惊失色。然而消息传开，抱着好奇心理的顾客蜂拥而至，使往常冷冷清清的店堂一下子热闹了。果汁、汽水、大众咖啡等饮料格外畅销。

（资料来源：https://wenku.baidu.com/view/845e16e625fff705cc1755270722192e45368e2.html）

(3) 地区性定价策略。

地区性定价策略是指企业为其产品在不同地区制定合理的价格。在实际应用中，地区性定价策略主要有原产地定价、统交货定价、分区定价、基点定价和运费免收定价等。

① 原产地定价。运费全部由买方负担。顾客按照厂价购买某种产品，企业只负责将这种产品运到某种运输工具上（如卡车、火车、船舶、飞机），交货后的一切费用和风险都由顾客承担。

② 统一交货定价。对不同地区的顾客实行统一价格，没有地区差价。这种定价类似邮局的做法，所以又叫“邮资定价法”。这种定价方式计算方便，远方的顾客愿意购买本企业的产品。

③ 分区定价。企业把其销售区域分为若干价格区，对于卖给不同价格区顾客的同种商品，分别制定不同的价格。一般来说，价格区与企业的距离越远，价格就越高；反之，价格就越低。

④ 基点定价。企业设定一个或若干定价基点，以基点与购买指南地点之间的运费加上基点价格，作为交货价格。基点定价具体又分为单基点定价和多基点定价。有些企业为了扩大市场，实行运费免收定价，或与买主共同分担运输费用。运费免收定价虽然减少了卖主的销售净收入，从局部来说是一个损失，但由此可扩大市场和提高销售量。

(4) 折扣与让价策略。

折扣与让价，是企业为了更有效地吸引顾客，鼓励顾客购买自己的产品，而给予顾客一定比例的价格减让，包括现金折扣、数量折扣、功能折扣和季节折扣等多种形式。

① 现金折扣。现金折扣是企业给那些提前付清货款顾客的价格减让，目的是鼓励顾客提前付款，提高资金利用率，减少赊销，减少可能的坏账损失。例如，顾客在60天内必须付清货款，如果在30天内付清，则给1%折扣。这些折扣来自货币的时间价值。

② 数量折扣。数量折扣是对大量购买的让步，这种折扣来自大批量购销所带来的销售、储存和运输费用的降低。数量折扣可分为一次性数量折扣和累积数量折扣，前者指按顾客每次购买的产品数量给予价格折扣；后者指按顾客一定时期内累积购买的产品数量给予价格折扣。累积数量折扣鼓励顾客长期购买，有利于与顾客建立长期的关系。而一次性数量折扣主要是鼓励顾客增大每次购买产品的数量，因为这样可以降低企业的成本费用，增加

盈利。

③ 功能折扣。功能折扣是指生产企业按中间商在产品流通过程中所承担的不同职能，给予不同的价格减让。例如，商品市场零售价为 100 元，零售商的销售加成率(毛利率)为 30%，批发商的销售加成率为 10%，则零售商的进价为 70 元[＝100×(1－30%)]，批发商进价为 63 元[＝70×(1－10%)]。生产企业给零售商、批发商的价格必须不同，批发商进价要低于零售商的进价，才能保证在商品流通中执行不同功能的不同类型的中间商各得其所。当分销渠道成员多承担些诸如存货、促销、送货、维修等功能时，生产商可以而且应当向经销商提供更多的价格折扣。

④ 季节折扣。季节折扣是企业向那些购买非时令产品或服务的购买者提供的一种价格补偿，采用季节折扣可以促进淡季购买，使企业的生产保持稳定。

(5) 产品组合定价策略。

产品组合定价策略是指对相关产品按一定的毛利率联合定价，即根据产品之间的相互联系，在制定产品价格时价格之间也就应当保持相应的关系。常见的产品组合定价策略有：

① 产品线定价。根据产品线内不同规格、型号、质量的产品，顾客的不同需求和竞争者产品的情况，确定不同的价格。

② 互补产品定价。互补产品指需要配套使用的产品，如剃须刀架和刀片、照相机与胶卷、计算器的硬件和软件等。企业对互补产品定价，常常把主要产品的价格定得低些，而将其互补使用的产品价格定得高一些，借此获取利润。

③ 副产品定价。某些行业，如肉类加工、石油化工等，在企业生产过程中会生成副产品。若副产品价值高，能为企业带来收入，则主要产品价格在必要的时候可定得低一些，以提高产品的竞争力。若副产品价值低、处理费用高，则主要产品的定价必须考虑副产品的处理费用。

④ 产品系列定价。企业经常将其生产和经营的产品组合在一起，制定一个成套产品的价格。成套产品的价格低于分别购买其中每一件产品的价格总和。这种定价策略就是产品系列定价策略。

6.4.4 渠道策略

满足消费者的市场需求，不仅要有适宜的商品和适宜的价格，还必须要有适宜的通道送达消费者手中。因此，企业必须选择合适的渠道以实现产品从生产者到顾客的转移。

1. 分销渠道的概念

分销就是使产品和服务以适当的数量和地域分布来适时地满足目标市场的顾客需要。分销渠道是产品在所有权转移过程中从生产领域进入消费领域的途径。它主要包括商人中间商、代理中间商，以及处于渠道起点和终点的生产者与消费者。

一个企业往往生产多种产品，面对成千上万的顾客，企业没有能力把产品直接送到每一个消费者手中，只有通过一定的分销渠道才能在适当的时间、地点以适当的价格供应给用户，从而满足市场需要，实现企业的营销目标。

案例研究6-3

柯达与富士

柯达在中国市场的主要销售渠道:中国设厂—区域分销—零售商。而在渠道宽度上,柯达选择的经销商数量并不多,其特点是经销商专业化,不同类型的产品由不同专业公司代理。富士在中国市场的主要销售渠道:日本厂家—中港澳总代理—中国区域代理—主要城市代理—零售商。富士在中国销售的产品,除了少数以外,如相片的冲洗液,是在新加坡生产,其他绝大多数产品都从日本原地生产。在经销商选择上,也与柯达不同。富士的中港澳总代理——香港富士摄影器材有限公司,是其在中国内地及港澳地区的独家经销,而在中国的区域分销上,除医疗产品等少数产品,因为专业性很强而由专业医疗公司代理,其他产品多数由一家公司经销。

柯达渠道较短,而富士渠道较长。渠道长导致对渠道中间环节的控制和管理难以到位,因而富士出现了诸如假冒伪劣产品的现象。相对于富士,柯达采用了较窄的渠道策略,每种产品都有专门的销售人员负责。富士则主要是一人同时代理多种产品,导致新产品或不好销的产品难以得到足够重视。

(资料来源:https://wenku.baidu.com/view/376aa95b770bf78a652954ea.html?from=search)

2. 分销渠道的类型

(1) 直接渠道和间接渠道。

按照产品从企业流向消费者(用户)手中的过程是否有中间商介入,可以把营销渠道分为直接渠道和间接渠道。

① 直接渠道,也称直接式分销渠道。生产者不经过中间商,而将产品直接供应给消费者或用户。运用直销策略,可及时地将产品投入市场,以减少产品损耗、变质等损失;可以减少中间环节,企业将独占全部利润;有助于加强售前、售后服务工作;同消费者直接接触,可随时听取消费者对于产品的改进意见,有利于改善企业的经营管理。但是,实现直销策略需要大量的直销人员,销售成本也很高。

② 间接渠道,也称间接式分销渠道。生产者利用中间商来销售自己的产品,即在生产者和消费者之间有中间商的介入。企业直接面对中间商,可简化交易工作,可以将采购、运输和销售商品等实际业务部分地转移给中间商,企业则集中力量组织生产。更重要的是,中间商丰富的市场营销经验、与顾客间广泛而密切的联系以及对市场情况及顾客需求的深入了解,可以帮助企业最大限度地促进销售。

(2) 长渠道和短渠道。

在产品从生产者流向消费者(用户)的过程中,所经历的中间环节的多少称为渠道的长度。中间环节越多,渠道越长;反之,则越短。渠道的长短只是相对而言,各有利弊。同种产品,由于市场地理位置的远近不同,也就需要长渠道或短渠道;同种产品,市场远近相对位置的远近不同,中间商规模大小的不同,也影响着渠道长短。例如,通过大型零售商销售,渠道可相对较短;通过小型零售店销售,渠道可能较长。销售渠道越短,企业保留的商业责任越多;销售渠道越长,转移给中间商的商业责任也就越多。企业应从实际出发,分析主客观条件,衡量自己的销售能力,选择适当的策略。

(3) 宽渠道和窄渠道。

产品在从生产者流向消费者的过程中,每一中间层次上中间商数目的多少称为渠道的宽度。同一层次上中间商越多,则渠道越宽,竞争越激烈,市场覆盖密度就越高。根据同一层次上中间商的多少,又可分为独家分销、密集性分销和选择性分销。

① 独家分销。企业在某一地区仅选择一家中间商经营销售其产品。

② 密集性分销。企业利用尽可能多的批发商、零售商、网点推销其产品。

③ 选择性分销。这是介于独家分销与密集性分销之间的一种形式,就是选择有限几家符合条件的中间商经销本企业的商品。

(4) 单渠道和多渠道。

当企业全部产品都由自己直接所设门市部销售,或全部交给批发商经销,称之为单渠道。多渠道则可能是:在本地区采用直接渠道,在外地则采用间接渠道;在有些地区独家经销,在另一些地区多家分销;对消费品市场用长渠道,对生产资料市场则采用短渠道。

3. 分销渠道的选择

生产企业在选择分销渠道时,必须对下列几个方面的因素进行系统的分析和判断,才能做出合理的选择。

(1) 产品的因素。产品的各种因素,包括单位价值、大小与质量、式样或款式、易毁性或易腐败性技术与服务观点等因素,均直接影响销售渠道的选择。例如,较重的产品,渠道不宜太长。

(2) 市场的因素。市场因素包括四个方面:① 潜在顾客数量的多寡,决定产品市场的大小。市场范围越大,越需要中间商提供服务。例如,潜在市场只有少数顾客,可由企业直接派推销员推销。② 市场集中适于直销,市场分散适于分销。③ 消费者的购买习惯,包括愿意付出的价格、购买场所的偏好及对于服务的要求,均直接影响销售渠道。例如,对于消费品中的日用品,需要采取正常的销售渠道;而对于特殊品,则可以选择较短的销售渠道。④ 销售的季节性。⑤ 竞争产品的销售渠道。

(3) 企业本身的因素。企业本身的因素包括企业声誉与资金、管理能力与经验、企业所能提供的服务。

4. 分销渠道策略

(1) 普遍性分销策略。

这种策略用于销售方便的商品,它要求商品有大量销售的可能性、广泛的推销时机,如香烟酒类等日用品,价格低,需要大量销售来赢利,因而应采用各种可能的销售渠道,即采取普遍性销售渠道策略。

优点:既可以让商品迅速进入流通领域,扩大市场覆盖面,也可以让消费者及时、就近和方便地购买商品,还可以在全国范围的广告中得到更大的反应,并为选择中间商提供更大的方便。

缺点:经销商数目众多,企业要花费较多的精力联系这些经销商,不易取得中间商的合作;中间商的专一性不强,不愿承担推销费用,从而增加生产者的促销费用。

(2) 选择性分销策略。

这种策略是生产企业有选择地确定部分批发商与零售商经销自己的产品。例如,电视机、录像机等消费者购买过程中习惯挑选的选购品,并无必要每个社会角落都有,而应有选择地分配。

优点:由于中间商数目较少,生产者与中间商能密切配合,这既能使生产者得到较大的销售面,提高渠道控制能力,也可以减少经销商之间的盲目竞争,提高商品的声誉。

缺点:企业难以在营销环境宽松的条件下实现多种经营目标;渠道对非选购品缺乏足够的适应性;企业要为被选用的中间商提供较多的服务,并承担一定的市场风险。

(3) 专营性分销策略。

所谓专营性分销策略,就是生产者在同一区域市场内某一层次的中间环节中仅选择一家中间商来推销其商品,并规定该中间商不得再推销其他同类商品的销售策略。

优点:易于控制市场的销售价格和数量;能获得经销商的有效协作和支持;有利于带动其他新产品上市;经销商愿意花费一定的投资和精力开拓市场。

缺点:过分依赖中间商,易受中间商支配,会因中间商选择不当或关系恶化而失去市场。

6.4.5 促销策略

现代营销不仅要求企业生产适销对路的产品,制定吸引人的价格,使目标客户容易获得他们所需要的产品,而且还要求企业控制其在市场上的形象,设计并传播有关产品的外观、特色、购买条件以及产品给购买者带来的利益等信息,即进行促销活动。

1. 促销的含义

促销,又称销售促进,是企业通过人员和非人员的方式,沟通企业与消费者之间的信息,引发、刺激消费者的消费欲望和兴趣,使其产生购买行为的活动。促销的核心是沟通信息;促销的目的是引发、刺激消费者产生购买行为;促销的方式有人员促销和非人员促销两大类,后者又包括广告、营业推广、公关宣传等方式,如图 6-3 所示。

促销可以传递产品销售信息,创造需求,扩大销售,突出产品特色,增强市场竞争力,反馈信息,提高经济效益。通过有效的促销活动,使更多的消费者或用户了解、熟悉和信任本企业的产品;对企业来说,通过消费者对促销活动的反馈,可以及时调整促销决策,使企业生产经营的产品适销对路,扩大企业的市场份额,巩固企业的市场地位,从而提高企业营销的经济效益。

(1) 人员推销。

人员推销是指企业派出销售人员与购买者面谈,做口头陈述,以推销商品,促进和扩大销售。

① 人员推销的特点。第一,注重人际关系,有利于与顾客建立友谊;第二,具有较大的灵活性;第三,针对性强,销售人员总带有一定的倾向性访问顾客,无效劳动较少;第四,有利于企业了解市场,提高决策水平;第五,成本费用较高,对销售人员素质有一定要求。

② 人员推销决策的内容。对多数顾客来讲,销售人员是企业的象征;反过来,销售人员又从顾客那里得到有关市场的信息和资料。企业在进行人员推销决策时,必须确定销售人员的任务、规模、报酬方式等。

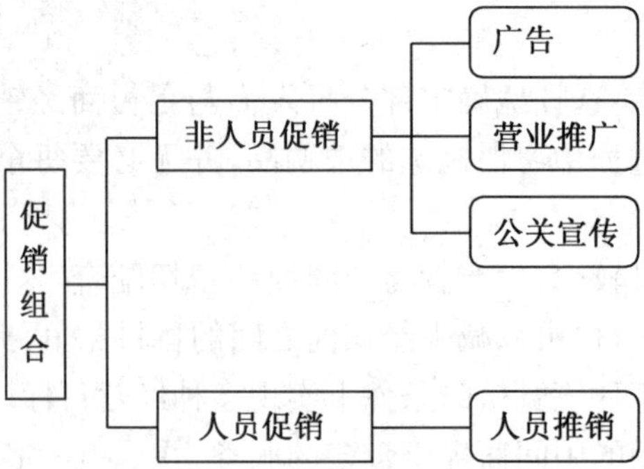

图 6-3　促销组合结构图

相关链接 6-7

推销的 3H1F

推销是由三个 H 和一个 F 组成的。第一个"H"是"头"(Head)。推销员需要有学者的头脑，必须深入了解顾客的生活状态、顾客的价值观，以及购买动机等，否则不能成为推销高手。第二个"H"代表"心"(Heart)。推销员要有艺术家的心，对事物具有敏锐的洞察力，能经常地对事物感到一种惊奇和感动。第三个"H"代表"手"(Hand)推销员要有技术员的手。推销员是业务工程师，对于自己推销产品的构造、品质、性能、制造工艺等，必须具有充分的知识。"F"代表"脚"(Foot)。推销员要有劳动者的脚。不管何时何地，只要有顾客、有购买力，推销员就要不辞劳苦，无孔不入。

因此，具有"学者的头脑""艺术家的心""技术员的手"和"劳动者的脚"是一个优秀的推销员的基本条件。

(资料来源：https://wenku.baidu.com/view/0aabcd68e53a580217fcfea5?from=search)

(2) 广告。

① 广告的分类。广告可分为两大类，即公关广告与商业广告，前者是指某企业或组织为增进公众对它的整体性了解，提高其知名度和美誉度而开展的一种宣传活动。这种宣传活动大多是免费的；后者是指直接以企业的产品或服务为宣传内容的广告形式。

② 广告媒介。现代社会中，广告媒介种类繁多，且各具特色，主要有印刷媒介、视听媒介和实物模型媒介(如产品陈列、橱窗宣传)等。

③ 广告设计的原则。广告是一门科学，也是一门艺术。广告的设计从内容到形式，必须运用多种学科的知识。一般来说，良好的广告设计应当注意真实性、针对性、吸引性、简洁性、创造性、美感性和联想性等。

(3) 营业推广。

营业推广是指为了刺激早期需求或大量购买某种产品而采取的各种短期促销方式的总称。营业推广的对象及方式主要有以下几种：

① 对消费者推广。即鼓励老顾客，争取新顾客，引导顾客改变消费习惯而购买新产品等。其主要方式有赠送样品、减价出售、有奖销售、赠送优待券、提供消费信用等。

② 对中间商推广。由生产者向批发商、代理商和零售商推广,使之经销本企业产品,目的是鼓励他们大量进货、增加储存。其主要方式有批量折扣、现金折扣、交易会、商业信用、人员培训等。

③ 对制造商推广。制造商采购物品和劳务的最终目的是为了获得赢利。因此,对制造商推广的主要方式有服务促销、业务会议、互惠促销等。

④ 对推销人员推广。通过对推销人员进行各种物质和精神的鼓励,激发他们的推销积极性。其主要方式有奖金、提成、推销竞赛、表扬、提工资等。

(4) 公关宣传。

公关宣传是指企业为实现销售目标,免费在媒体上进行的报道或展示,以刺激目标顾客需求的活动。公关宣传作为一种有力的促销工具,对企业改善形象、提高知名度,起着十分重要的作用。与广告及其他促销工具相比,公关宣传具有许多优势,具体表现在:① 无须支付费用,一旦得到媒体的支持,即可获得收益。② 在顾客看来,新闻报道具有客观性和真实性,体现了企业外部公众的利益和看法;而广告则属于企业主观提供的信息,影响效果不同。③ 公关宣传更容易与除消费者之外的其他公众保持良好关系,得到公众认可,促进企业发展。

2. 产品生命周期不同阶段促销策略

(1) 导入期。

为使产品尽快进入市场,产品的营销沟通除了提升知名度的品牌广告或公关活动外,开展针对消费者或通路的促销是十分必要的。导入期采用的策略主要有通路激励、免费试用、附送赠品、退费优待。其中后三种都是消费者非常熟悉的方式,在此仅介绍一下通路激励。

产品通路的强弱直接影响其他策略的制定和最终结果,对通路中间商策略性乃至战略性的激励与合作是产品营销要素之一。为了增加产品与消费者见面的机会,制造商必须激励和管理好通路上的每个中间商,而对消费者的促销更需各级成员的积极响应与支持方能取得成功。

(2) 成长期。

当产品进入成长期,品牌广告和公关活动担负着提升品牌形象的任务,此时促销策略应以建立品牌偏好为主,包括公关赞助、竞技、联合促销、抽奖、有奖竞赛等。例如,报刊业为了鼓励订阅,推出“阳光征订大行动”,消费者订阅一套全年报纸可获一份礼物,同时还可以参加抽奖。

另外,在成长期,有一种所谓的“老二哲学”的策略,即自己不愿意领先冒头开发新制品,而先观察其他领先开发公司商品销售的状况,认为市场有利时,才紧随其后加入市场,这也是“小猪躺着大猪跑”的智猪博弈理论的应用。一般而言,采取“老二哲学”策略的大多是较大规模的企业,而中小型企业在消费者心目中的形象还很薄弱,难以赶超领先企业,收效也甚微。

(3) 成熟期。

产品步入成熟期的企业经营策略重心应努力使产品生命周期出现再循环的局面。此时的营销沟通应以销售促进和人员推广为主,使企业获取更大的利润空间。此时的促销方式主要有集点换物和促销游戏等。集点换物,又称积分优待,消费者只要收集产品的购买凭证,达到活动规定数量,即可换取不同的奖励。促销游戏,将品牌或其他文字与游戏结合起来,加强消费者对品牌的印象,如“买300返100”。

面对成熟期的消费者，由于商品本身的魅力与其他公司产品差距不大，必须要能增添魅力才能引起消费者的购买欲，可利用消费者的组织化活动，增进消费者对公司产品的忠诚度，同时利用企业内部刊物介绍产品新用途或不同的使用方法。在成熟期的销售促进，最大的特色是很少展开大规模的宣传活动，而多运用小规模的促销策略实现顾客及策划市场的好转。

(4) 衰退期。

在衰退期，为处理消化库存产品，企业多举办折扣促销，一般都尽量在促销上避免花太多经费。

增值阅读

4C 营销理论与 4R 营销理论

4C 营销理论与 4R 营销理论、4P 理论为企业的营销活动提供了基础框架。然而，4P 是站在企业的立场而不是客户立场上的，因而不能满足新的以客户为导向的市场营销理念。随着市场竞争日趋激烈，4P 理论越来越受到挑战，由此又出现了 4C、4R 理论。

4C 营销理论是由美国营销专家劳特朋(Lauterborn)教授在 1990 年提出的，它以消费者需求为导向，重新设定了市场营销组合的四个基本要素：消费者(Consumer)、成本(Cost)、便利(Convenience)和沟通(Communication)。它强调企业首先应该把追求顾客满意放在第一位，其次是努力降低顾客的购买成本，然后要充分注意到顾客购买过程中的便利性，而不是从企业的角度来决定销售渠道策略，最后还应以消费者为中心实施有效的营销沟通。

4R 营销理论是由美国学者唐·舒尔茨在 4C 营销理论的基础上提出的新营销理论。4R 分别指代关联(Relevance)、反应(Reaction)、关系(Relationship)和回报(Reward)。该营销理论认为，随着市场的发展，企业需要从更高层次上以更有效的方式在企业与顾客之间建立起有别于传统的新型的主动性关系。

(资料来源：https://www.sohu.com/a/217721575_99985984)

任务小结

市场营销活动已渗透到现代经济社会的每个角落，市场营销既是一种组织职能，也是为了组织自身及利益相关者的利益而创造传播、传递客户价值、管理客户关系的一系列过程。

(1) 企业的市场营销活动会受到生产观念、产品观念、推销观念、市场营销观念和社会营销观念的影响。企业的市场营销活动主要包括营销环境分析、市场细分、目标市场选择与市场定位、市场营销组合策略的选择等。

(2) 企业营销环境是指在企业营销活动之外，能够影响营销部门建立并保持与目标顾客良好关系的能力的各种因素和力量。营销环境既能够提供机遇，也能造成威胁。因此，持续地监视和适应宏微观市场营销环境，是制定企业营销战略的基础。

(3) 市场细分是从消费者的角度进行划分的，是根据消费者的需求、动机、购买行为的多样性和差异性来划分的，市场细分对企业的生产、营销起着极其重要的作用。目标市场选择的本质是不同细分市场和企业资源之间的匹配，企业应该选择一个或几个既有发展前景又是企业资源所支撑的细分市场作为企业的目标市场。

(4) 市场定位的实质就是使企业的产品在目标市场的众多相同产品中脱颖而出，在顾客心目中产生值得购买的印象，以便吸引更多的顾客购买产品。

(5) 企业通过市场营销，以合适的产品和服务组合，以合适的价格，在合适的地点，选择合适的时机，以有效的促销手段说服和吸引顾客，将企业的产品送到消费者手中，满足顾客需求，实现企业的经营目标。

能力自测

一、单项选择题

1. 市场营销可理解为企业通过市场交换(　　)、实现企业目标所进行的全面的、综合的经营活动。

A. 增加企业利润　　B. 满足顾客需求

C. 促进产品销售　　D. 增强竞争优势

2. 产品组合的(　　)，是指产品大类中每种产品有多少花色品种规格。

A. 长度　　B. 宽度　　C. 关联性　　D. 深度

3. 在促进购买者对企业及其产品的了解方面，(　　)的成本效益最好。

A. 人员推销　　B. 营业推广　　C. 宣传　　D. 广告

4. 下面属于现代市场营销理论研究的主要对象的是(　　)。

A. 消费者市场　　B. 组织市场　　C. 产业市场　　D. 中间商市场

5. 产品概念中最基本、最主要的部分是(　　)。

A. 核心产品　　B. 有形产品　　C. 无形产品　　D. 附加产品

6. 统一交货定价就是我们通常说的(　　)。

A. 分区定价　　B. 运费免收定价　　C. 基点定价　　D. 邮资定价

7. 下列不属于心理定价策略的是(　　)。

A. 尾数定价　　B. 整数定价　　C. 招徕定价　　D. 产地价格

8. 在现代市场经济条件下，市场营销管理过程的首要步骤是(　　)。

A. 发现和评价市场机会　　B. 细分市场和选择目标市场

C. 设计市场营销组合　　D. 执行和控制市场营销计划

9. (　　)是指一个国家或地区长期形成的价值观、宗教信仰、风俗习惯、道德规范等的总和。

A. 政治法律环境　　B. 科技文化环境

C. 社会文化环境　　D. 经济环境

10. (　　)影响消费者购买生活必需品的决定性因素。

A. 个人收入　　　　　　　　　　B. 个人可支配收入

C. 可任意支配收入　　　　　　　D. 消费者储蓄和信贷

11. (　　)的实质就是使企业的产品在目标市场的众多相同产品中脱颖而出,在顾客心目中产生值得购买的印象,以便吸引更多的顾客购买产品。

A. 市场细分　　B. 市场定位　　C. 市场选择　　D. 市场拓展

12. 依据产品的不同档次、用途、营销对象等采用不同的包装,称为(　　)包装策略。

A. 类似　　B. 组合　　C. 分级　　D. 附赠品

13. 当目标顾客人数众多时,生产者倾向于利用(　　)。

A. 长渠道　　B. 短渠道　　C. 窄渠道　　D. 直接渠道

14. 人员推销的缺点主要表现为(　　)。

A. 灵活性差　　B. 单向沟通　　C. 选择性弱　　D. 费用大

15. (　　)是指企业为实现销售目标,免费在媒体上进行的报道或展示,以刺激目标顾客需求的活动。

A. 公关宣传　　B. 营业推广　　C. 广告　　D. 人员推销

二、判断题

1. 产品步入成熟期的企业的促销策略应以建立品牌偏好为主,包括公关赞助、竞技、联合促销、抽奖、有奖竞赛等。(　　)

2. 产品组合的宽度是指一个企业所拥有的产品大类的数量。(　　)

3. 所谓密集性分销是指企业利用尽可能多的批发商、零售商、网点推销其产品。(　　)

4. 满意定价策略是指企业将其新产品的价格定得相对较低,尽可能地快速打开销路,获得较大的市场占有率的一种定价策略。(　　)

5. 声望定价,又称为威望定价,是一种根据产品在消费者心目中的声望和产品的社会地位来确定价格的定价策略。(　　)

6. 产品策略在整个营销要素组合中居于核心地位,价格、渠道和促销在某种意义上都是产品的组成部分,服务于产品。(　　)

7. 竞争性定位风险较小,成功率较高,常为多数企业所采用。(　　)

8. 冰箱的偏好定位有保鲜、静音、节能、耐用等。(　　)

9. 市场营销的4P组合并非只有4个因素,而是每一个因素(P)还包括许多其他因素。(　　)

10. 市场细分的依据是顾客需求的差异性。造成顾客需求差异性的因素就是市场细分变量。(　　)

11. 集中性目标市场策略是把整个市场细分为若干子市场,针对不同的子市场,设计不同的产品,制定不同的营销策略,满足不同的消费需求。(　　)

12. 产品的成长期一般是指新产品试销取得成功以后,转入成批生产和扩大市场销售的阶段。(　　)

13. 公关宣传是指企业为实现销售目标,免费在媒体上进行的报道或展示,以刺激目标顾客需求的活动。(　　)

14. 使用专营性分销策略,企业要为被选用的中间商提供较多的服务,并承担一定的市场风险。(　　)

15. 通过大型零售商销售,渠道可相对较长;通过小型零售店销售,渠道可能较短。 ( )

三、简答题

1. 简述市场营销观念的演变进程。
2. 简述市场定位的方式。
3. 简述产品生命周期各阶段的营销策略。
4. 简述心理定价策略的主要内容。
5. 列举促销的基本方式。
6. 简述微观营销环境分析的主要内容。
7. 试分析影响定价的因素。
8. 如何选择分销渠道?

案例分析

(一) 碧玺宝石首饰的销售历程

位于国内某地区的一家珠宝店专门经营珠宝首饰。几个月前,珠宝店进了一批碧玺宝石首饰。该宝石饰品同商店以往销售的红、蓝宝石饰品不同,它的颜色更鲜艳,价格也更低。对消费者来说,碧玺宝石饰品是一种新产品。副经理张丽十分欣赏这些造型独特、款式新颖的珠宝,她认为这个新产品将会引发顾客的购买兴趣,形成购买热潮。为了让顾客感觉物超所值,她在考虑进货成本和平均利润的基础上,为这些商品确定了销售价格。张丽决定尝试运用她本人熟知的营销策略:一方面,她向销售人员详细介绍这批珠宝饰品的特性,并下发了书面材料,以便他们能更详尽、更准确地将信息传递给顾客;另一方面,张丽把这些珠宝装入透明展示箱,摆放在店铺醒目位置。一个月后,碧玺宝石饰品销售情况令人失望,由此张丽认为顾客不接受碧玺宝石。恰好当时张丽要参加一次大型订货会,出发前张丽决定减少商品库存,在向下属发出碧玺宝石首饰半价出售的指令后就匆忙起程了。然而,降价也没有奏效。两周后,张丽从外地回来,助手告诉她:"经理柳伟将那批碧玺宝石饰品在原价基础上提高了一倍进行销售,结果是销售火爆。"张丽很疑惑,"低价都卖不掉,怎么高价就卖出去了呢?"

(资料来源:https://wenku.baidu.com/view/888c9332ee06eff9aef80755)

问题:

1. 张丽对这批珠宝采取了哪些营销组合策略?
2. 这批珠宝低价卖不出去,为什么高价反而热销?
3. 从营销角度看,你得到了哪些启示?

(二) XYE公司进入中国市场的策略

XYE公司是一家国际著名的汽车生产厂商,在进入中国汽车市场的时候,采用的是中高端路线,他们把公司比较成熟的LX型轿车引入中国市场,形成了从20万元至40万元这样一个梯级排列的中高档轿车的系列产品。XYE公司的成功,吸引了众多国际知名汽车厂商对中国中高档轿车市场的追逐,市场竞争加剧,LX型系列轿车的市场占有率受到很大程度的影响。为了寻求突破,XYE公司把目光转向了经济型轿车市场,决定以LX型轿车品牌的成功,向低端市场延伸。公司决定抓住国内10万元轿车市场空白的机会,把公司的EC型轿车引入中国市场。在EC型轿车还没有正式推出之前,他们就借用新闻和公关的力量把EC"10万元家庭轿车"的概念炒得深入人心。除了传统的电视、报纸、杂志广告外,还请来了国内人气较旺的歌手,请他们为新车型的上市专门创作了歌曲。在售后服务方面,公司承诺主动担当车主的义务汽车保养顾问,将汽车售后服务从传统的被动式维修服务,带进主动关怀的新时代。这些活动使消费者对这款未曾谋面的轿车充满了期待感。不出所料,这款车型在上市后的三个月里,就创造了8万辆的销售业绩,大获成功。

(资料来源:http://www.doc88.com/p-3397958287012.html)

问题:

1. 轿车属于什么样的产品类型?这种产品类别应采取的营销策略包括哪些?
2. XYE公司采取向下延伸策略的原因是什么?
3. XYE公司进行形式多样的促销的最终目的是什么?

(三) EyeMo 滴眼剂

几年以来,EyeMo在香港地区的滴眼剂领域中始终保持着领先地位,在消费者调查中,EyeMo一直是名列第一的品牌,并且拥有最高的广告知晓度。不过,作为市场领导者也面临一些挑战。

首先,过去两年的销售额显示整个滴眼剂市场规模呈现缩减趋势,与此同时,品牌的增长也进入停滞期。此外,消费者调查数据显示,最经常使用EyeMo的是30～39岁年龄组的人,恰好是属于上一代的滴眼剂的使用者。年龄在20～29岁的白领女性中电脑与互联网的重度频繁使用者被认为是最经常使用滴眼剂的人,但这些人却更喜欢竞争品牌的年轻形象。

公司对20～29岁的年轻白领女性进行了调查,想了解她们的消费习惯。调查主要从三方面进行的。

首先,要知道她们关心什么。调查显示,对她们中的大多数人来说,一个典型的工作意味着至少在办公室待8个小时,并且长时间在电脑前、日光灯下工作,她们通常感到眼睛疲劳和发痒,而几滴滴眼剂可以缓解这些症状,不过她们通常认为这是无关紧要的小毛病,一忍了之。令她们无法忍受的是不好的个人形象和不受人欢迎。

其次,跟她们交流的最有效的方式是什么?数据表明,现有的网上活动中,电子邮件的使用率是100%,并且一些聊天工具也是比较广泛。

最后,她们是如何使用媒体的?对于EyeMo的目标受众来说,因特网和电子邮件不仅仅是为了完成工作进行信息搜索的工具,也是获取许多乐趣和相关资讯的渠道。

(资料来源:https://wenku.baidu.com/view/376aa95b770bf78a652954ea.html)

问题:

请结合上述有关材料帮助企业制定营销组合策略。

实践与操作

项目一 综合实训:目标市场的选择。

[**目的**]

设定自己是某产品的市场营销经理,针对你所经营的产品,分析研究“谁是你的客户”,找准你的目标市场,实施市场定位策略。

[**内容与要求**]

1. 自愿组成小组,每组8～10个人,以实地调查为主,结合在图书馆、互联网查找的资料得出相关结论,集体讨论、分析。在市场调研与分析的基础上确定拟要调查的客户,按要求描绘客户,根据调查资料结果确定这一产品的市场定位,拟出市场定位建议书,并PPT报告形式展现。

2. 具体设置调查客户问题时可参考以下内容:

(1) 描述你的当前客户:年龄段、性别、收入、文化水平、职业、家庭大小、民族、社会阶层、生活方式。

(2) 他们来自何处?本地、国内、国外、其他地方。

(3) 他们买什么?产品、服务、附加利益。

(4) 他们每隔多长时间购买一次?每天、每周、每月、随时、其他。

(5) 他们买多少?按数量、按金额。

(6) 他们怎样买?赊购、现金、签合同。

(7) 他们怎样了解你的企业?网络、广告、报纸、广播、电视、口头、其他(要注明)。

(8) 他们对你的公司、产品、服务怎么看(客户的感受)?

(9) 他们想要你提供什么?(他们期待你能够或应该提供的好处是什么)

(10) 你的市场有多大?按地区、按人口、潜在客户。

(11) 在各个市场上,你的市场份额是多少?

3. 每组根据收集的资料做出调查报告,最终以PPT报告形式进行成果展示。

[**成果评定**]

1. 组长和每个成员根据各成员在调研中的表现互相评估打分。

2. 本次实训成绩由教师根据各成员的调研报告与在调研中的表现分别评估打分。

项目二 产品推销及促销演练:登上讲台,以两人为一组,一位扮演推销员,一位扮演店主(消费者),进行新产品推销说服话术演练,再进行角色互换,直到两人都能正确地、熟练地、恰到好处地进行为止。

项目三 市场营销沟通演练:自由组合成4～6人为一组的产品推广小组,并确定负责人。根据所学习的促销组合知识及四种主要的促销组合策略,结合当地市场实际,为某一产品的市场导入设计促销组合方案,并组织实施。

项目四 品牌“名称、标志”设计:确定一个产品和服务项目,分别设计出该品牌的名称和标志。

任务 7　财务管理

请扫描二维码
观看视频

知识目标

为了完成本任务,你需要的理论知识:

1. 掌握现代企业财务管理的理论体系
2. 明确企业财务管理的目标
3. 掌握企业筹资的方式和筹资渠道
4. 熟悉企业投资管理目的及影响企业投资组合的因素
5. 掌握资金成本的计算及资本结构的优化分析
6. 掌握成本管理的要求以及利润的形成和分配

能力目标

通过完成本任务,你应该能够:

1. 熟悉现代企业财务管理运行机制
2. 具备运用财务管理的思维来分析问题和解决问题的能力
3. 具备信息获取及财务决策的能力
4. 培养计算成本和分析收益的能力

素质目标

1. 树立正确的现代理财观
2. 养成良好的财务管理职业操守
3. 具有强烈的法律意识和风险管理意识

项目任务

7.1　认识现代企业财务管理
7.2　实施企业筹资管理
7.3　实施企业投资管理
7.4　熟悉成本与利润管理

◆ 任务导入
◆ 相关链接
◆ 案例研究
◆ 增值阅读
◆ 任务小结
◆ 能力自测
◆ 案例分析
◆ 实践与操作

任务导入

趣味阅读

蓝月亮集团增收不增利：短期困境还是成长性衰竭？

国内日化龙头公司蓝月亮集团正面临股价大幅破发和利润下行的双重压力。

蓝月亮集团2021年年底在港交所上市，市值一度突破1 100亿港元。2022年9月9日收盘，总市值仅349.9亿港元，较巅峰时期蒸发超700亿港元。股价也处于明显的破发状态，9月9日收盘价5.97港元/股，较13.16港元/股的发行价下跌约54.6%。一些看好蓝月亮集团成长潜力的投资者目前深度套牢。

股价表现欠佳固然与发行价过高、港股大盘走势不佳有关。更重要的可能是，该公司业绩欠佳，连续两年中报亏损、陷入增收不增利的窘境。

蓝月亮到底还有没有超预期的成长性？增收不增利只是短期的问题还是长期创利能力和成长性枯竭？

增收不增利，上半年亏损1.49亿港元

蓝月亮集团中报显示，2022上半年，公司实现营收28.83亿港元，同比增长22.4%；净亏损1.49亿港元，较去年同期多亏1.05亿港元。

对于亏损原因，蓝月亮官方解释为公司持有的离岸人民币计值银行存款兑美元贬值产生的汇兑损失所致，并非来自公司主要业务营运。若剔除汇兑损失的1.42亿港元影响，蓝月亮今年上半年的净利润为−0.07亿港币，仍处于亏损状态。

中报显示，上半年公司的毛利为15.29亿港元，较上年同期的12.59亿港元上升21.4%，整体保持平稳。但是要注意的是，公司从2020年开始毛利率有走低的趋势。

2020年上半年，蓝月亮集团毛利率高达63.99%，2022年上半年仅为53.05%，两年时间毛利率下降了10.94个百分点。

近忧：原材料价格上升吞噬利润

原材料价格上升是蓝月亮毛利率下降的重要因素。

公开信息显示，蓝月亮的原材料主要分为两个部分：一是以棕榈油为主的产品内容物，二是以低密度聚乙烯塑料为主的产品包材。其中，低密度聚乙烯塑料为原油下游产品，棕榈油则为生物柴油的原料，它们价格受原油价格波动影响。

在2020年全球新型冠状病毒感染疫情暴发后，国际原油价格整体呈现出波动上行的趋势；2022年上半年，由于地缘冲突升级，国际原油价格加速上涨，棕榈油价格也在原油价格催化下快速上升。2022年上半年，棕榈油期货收盘均价在1万元/吨，低密度乙烯期货收盘均价在8 500元/吨。在原材料成本整体推高的背景下，上半年，蓝月亮的原材料成本达到13.27亿港元，较上年同期的9.34亿港元大幅上涨约30%。

受原材料价格上涨影响，蓝月亮的营业成本从2021年上半年的10.96亿港元上升至13.54亿港元，涨幅约为23.5%，高于营收22.4%的增速。与此同时，公司原材料成本占营业成本的比重也从85%提高到98%。

简单来说，原材料价格的波动将直接影响公司的营业成本，其价格的上涨也会吞噬利润。

远虑:线上销售承压,销售费用攀升

原材料成本上升可能是一个短期因素,未来相关原材料价格仍有下降的可能性。但是,蓝月亮集团线上销售承压、销售费用攀升,这些结构性的压力可能更难应对。

上半年蓝月亮线上渠道仅实现销售额 14.76 亿港元,较上年同期的 16.40 亿港元下降10%,占总营收的比重从 69.6%下降至 51.2%。

线下分销渠道销售额同比大增 98.5%,至 10.8 亿港元,占当期总营收的比重进一步提升至 37.5%。这与公司发展重心转战到线下渠道有一定关系。公司在近几年的业绩报告中反复提及"下沉市场"策略以及加大对线下渠道的扩张。

但是,线下销售面临更高的销售费用。报告期内,蓝月亮的销售费用达到 11.49 亿港元,较上年同期的 9.16 亿港元上升约 25.1%。销售费用增速快于整体营收增速。

数据显示,2022 年中期蓝月亮销售费用占总营收的比重已达到 39.8%,如果持续增加,或将进一步挤压公司盈利空间。

线下销售带来的另一些潜在问题可能是回款周期变慢、存货周转速度变慢等,对现金流产生一定压力。

蓝月亮当前的困境究竟是短期压力抑或是长期成长能力衰竭,有待进一步观察。如果是前者,也许存在困境反转带来的超额收益;如果是后者,那可能就是长久的沉沦。

港股是一个非常现实的市场,困境反转如果被验证,可以很快在股价上反映出来;但是,如果业绩继续滑坡,腰斩之后再次腰斩的案例也比比皆是。

(资料来源:蓝月亮集团增收不增利:短期困境还是成长性衰竭? _新浪财经_新浪网 sina.com.cn)

随着国内外经济环境的不断变化,企业面临日益严峻的、前所未有的机遇和挑战,这就要求企业从市场的新视角来审视企业的发展战略,特别是财务管理战略,它是企业战略中居于核心地位的一种职能战略,是组织资金运动和协调财务关系的一项综合性管理工作,涉及并渗透到企业经营管理活动的全过程。搞好企业财务管理,对于改善企业经营管理、提高企业经济效益有着举足轻重的作用。

7.1 认识现代企业财务管理

二十大报告明确提出,必须坚持守正创新。随着改革开放不断深入,企业财务管理的作用显得越来越重要,企业对财务管理提出了更高要求,需要创新工作举措,加强精细化管理,为企业的高质量发展提供有力支撑。

在现代化的大生产下,财务管理是企业的一项重要职能,为企业的生存、发展和持续经营提供了基本的资金保证。市场经济特别是资本市场的不断发展,使财务管理在现代企业管理中扮演了越来越重要的角色。

7.1.1 企业财务管理的概念及内容

1. 企业财务管理的概念

企业财务管理是基于企业生产过程中客观存在的财务活动和财务关系而产生的，是合理组织资金活动、处理财务关系的一项经济管理工作。企业财务管理是企业管理的重要组成部分，财力资源的取得、规划、控制和管理是现代企业成功经营的重要条件之一，它直接关系到企业未来的兴衰成败。

2. 企业财务管理的内容

企业财务管理的内容就是管理企业的财务活动和财务关系。企业财务活动是指企业为生产经营需要而进行的资金筹集、资金运用和资金分配等一系列的活动。企业财务关系是指企业在组织财务活动过程中与各有关方面发生的经济关系，包括企业与所有者、债权人、债务人、被投资单位、内部各部门、职工及税务机关等之间的关系。

企业财务活动主要包括以下三个方面：

(1) 资金的筹集。

企业是以盈利为目的的从事生产经营的经济组织，必须拥有一定数额的资金。资金的筹集是企业财务管理的一项基本内容，是资金运动的起点。一般来说，企业筹集资金的渠道和方式主要有三个方面：一是从所有者处取得的资金形成的资本金；二是从债权人处取得的资金形成的负债；三是企业从获利中以留利形式取得的资金形成所有者权益的一部分。企业所筹集的资金，既包括货币资金，也包括实物资产或无形资产。企业在筹集资金过程中，要认真地分析和选择，采用最佳的筹资方案，既要考虑筹资规模，更要深入研究各种不同的筹资渠道、方式，合理确定筹资结构，尽量降低筹资成本和风险。

(2) 资金的运用。

企业在取得资金后，必须将资金投入运用，以谋取最大的经济效益。资金的运用包括资金的投放、资金的耗费和资金的回收过程。

① 资金的投放。企业筹集的资金既可以对内投资，也可以对外投资。对内投资主要是通过购买、建造等过程，形成固定资产、无形资产和流动资产。对外投资，一般是以现金、实物、无形资产等方式向外单位投资。

② 资金的耗费。企业在生产过程中，要消耗各种材料，耗损固定资产，支付员工工资和其他费用。企业的各种耗费的货币表现就是费用，其中计入产品等有关对象的费用就是成本。在发生资金耗费的过程中，生产者创造新的价值，包括为自己劳动创造的价值和为社会劳动创造的价值。因此，资金的耗费过程也是资金的积累过程。

③ 资金的回收。企业生产出来的产成品，通过销售方式取得销售收入，使企业在生产过程中所创造的价值得以实现，不仅可以补偿产品成本和费用，还可以实现企业利润。

(3) 资金的分配。

资金分配主要是收益的分配。企业实现的营业收入和其他收入扣除生产经营过程中发生的各项耗费和损失之后的余额，即为企业收益。企业所取得的收益，一部分用来弥补生产耗费，使企业的生产经营活动得以持续进行；另一部分按规定缴纳各种税金；剩余部分就是企业的净利润，它的所有权属于企业的投资者。净利润要提取公积金和公益金，分别用于扩大积累、弥补亏损和改善职工集体福利设施，其余利润作为投资收益分配给投资者或作为企业的留存收益。

7.1.2 企业财务管理的目标

企业财务管理的目标是企业进行财务活动所要达到的最终目的，它决定着企业财务管理的基本方向。财务管理的整体目标是股东财富最大化和企业价值最大化。传统观点认为，财务管理目标应与企业总体发展目标相适应，两种目标之间是一种从属关系，而现代财务理论将财务目标等价地表达为企业目标。这是基于企业经济活动职能化的内在要求，在一定时期内，可能追求市场占有率的提高、规模的扩大、技术的进步、产品的质量改善以及盈利等诸多目标，而且有时可能为了某种战略考虑（如规模扩展）而牺牲其他的目标（如盈利）。从长远意义上说，只有实现资本增值才是企业的本质追求。动态地看，财务目标是企业目标体系中居于“支配”地位的“职能化”目标，其他目标都由此而派生，因此，企业目标往往就被等效于财务目标。

根据现代企业财务管理的实践和理论，最具有代表性的财务管理目标主要有以下几种观点。

1. 利润最大化

利润最大化是西方微观经济学的理论基础。西方经济学家以往都是以利润最大化这一概念来分析和评价企业行为和业绩的。利润代表了企业新创造的财富，利润越多，则企业财富增加得越多，越接近企业的目标。另外，企业获取利润的多少表明了企业竞争能力的大小，决定企业生存和发展的实力。以利润最大化作为企业财务管理的目标，有利于企业加强管理，增加利润。但利润最大化目标在实践中存在着一些难以解决的问题，具体表现在：

(1) 没有考虑利润实现的时间以及由此而产生的资金的时间价值。

(2) 没有考虑利润与投入资本之间的关系。

(3) 没有说明所获得利润和所承担风险之间的关系。

(4) 容易产生经营行为短期化导向，即只顾片面追求利润的增加，不考虑企业长远的发展。

因此，现代财务理论认为，利润最大化并不是企业财务管理的最佳目标。

2. 每股收益最大化或每股利润最大化

每股收益最大化即每股利润最大化。每股利润是税后净利润与发行在外普通股股数的比值，而资本利润率是指企业在一定时期的税后净利润与资本额的比率。前者针对股份制公司，说明了每股普通股的获利水平；后者说明了所有企业的投入产出关系。以每股利润最大化作为财务管理目标，可以有效克服利润最大化的缺陷，它既能反映企业的盈利能力和发展前景，又便于投资者评价企业经营状况的好坏，分析不同企业盈利水平的差异，确定投资规模和方向。但它依然存在着“没有考虑利润的时间价值”和“没有考虑每股盈利的风险性”的问题。

3. 企业价值最大化或股东财富最大化

市场经济体制下，投资者投资企业的目的，在于获得尽可能多的财富。他们关心的是企业未来盈利的能力，而不是企业已经盈利的数额。企业价值是通过市场评价而确定的企业买卖价格，是企业全部资产的市场价值，它反映了企业潜在或预期的获利能力。股东是企业的拥有者，股东的财富如何去表示和衡量，应该是企业作为一个整体在市场中出售的公允价值，所以企业价值最大化就是股东财富最大化。

这种观点充分考虑了货币的时间价值和投资的风险价值，有利于选择最佳投资方案；反映了资产保值增值的要求，股东财富越多，企业资产的市场价值越大；有利于克服管理上的片面性和短期行为；有利于社会资源合理配置。在财务管理实践中，以企业价值最大化作为财务管理目标更为必要，更为合理。

但这种观点也存在一些缺点，比如它只适用于上市公司，上市公司由于存在着市场价格，所以比较容易衡量企业的价值，但对非上市公司则缺乏可衡量的依据；它只强调股东的利益，而对企业的其他关系人的利益重视不够；股票价格除受潜在获利能力、风险等因素影响外，还受证券市场中的供求关系、投资者的心理因素等非企业因素的影响，所以实际上股票的价格与企业的实际价值是存在有一定差异的。

案例研究 7-1

一主三仆

古时有一个大户人家，主人姓马，人人都叫他马老爷。马老爷以前在镇上只是做点小买卖，后来生意越做越大，红红火火，赚了不少银子。马家前有大院，后有花园，还雇用了不少仆人。马老爷对这些仆人奖惩分明，做得好会有奖励；做得不好，就没有奖励，甚至还会将其赶出家门。

有一天，马老爷决定出门远游，他想趁这个机会，来看看家里的仆人除了干活之外，还会不会利用银子来赚取银子，于是他给三个仆人每人一笔银子谋生。

三年后马老爷归来，甲仆说用主人给的银子经商赚了2倍，乙仆说用这些银子放利赚了1倍，丙仆说为了防丢失将银子埋进了地里。

马老爷对甲、乙的做法都很满意，分别交给他们银子，而对丙则收回了原来给的银子。

案例中的甲和乙不但保住了原有的银子，还赚取了更多的银子，而丙并没有使原有的银子增多。对于他们三人的谋生之道，主人对甲、乙两人称赞有加，对丙则是不满意。这是理所当然的。作为一个企业，生存、发展和获利是永恒的主题，使财富增值是企业的最终目标。如果把故事中的主人当作是企业的股东，而仆人是经营者的话，显然，甲和乙都明白主人给他们银子的目的不仅仅在于保值，还要增值。即不仅要生存，还要发展，要获得更大的财富。

（资料来源：陈杰. 现代企业管理. 北京：北京理工大学出版社，2018）

7.1.3 企业财务管理的主要环节

企业要做好财务管理工作，实现财务管理目标，关键是要把握住财务管理工作的各个主要环节。企业财务管理的主要环节是指财务管理工作的各个阶段，各阶段之间相互联系、相互制约和配合，形成周而复始的良性财务循环，从而构建完整的企业财务管理体系。

1. 财务预测

财务预测是指根据企业财务活动的历史资料，充分考虑企业实际条件和要求，从而对企业未来财务活动和财务成果做出科学的预算和测算的过程。它既是两个管理循环的联结点，又是财务计划环节的必要前提。通过财务预测，可测算企业未来各项生产经营方案在不同的经营条件下的经济效益，为企业决策提供可靠的依据。

2. 财务决策

财务决策是指在财务预测的基础上，根据企业经营战略的要求和宏观经济政策的需要，从提高经济效益、获取最大利润和扩大本金的总目标出发，对已提出的多个方案进行定性和定量的分析，经过科学的论证，从而选择最优方案。

3. 财务计划

财务计划是指运用科学的技术手段和数学方法，对财务目标进行综合平衡，制定和协调各项计划指标。财务计划是财务决策所确定的经营目标的系统化、具体化和数量化，是落实财务目标、组织财务活动的前提和依据。

4. 财务控制

财务控制是指企业在生产经营活动中，以计划任务和各项定额为依据，对企业财务活动的开展情况进行对比、检查和分析，发现偏差及时纠正，以实现财务计划指标，确保企业经营活动的顺利进行，提高企业经济效益。财务控制是落实计划任务、保证计划实现的有效手段。

5. 财务分析

财务分析是指对会计核算提供的财务信息及其他相关信息，通过计算、分析、比较、判断等技术方法，揭示各相关数据之间的内在联系及其体现的经济含义，以评价财务计划的完成情况，便于及时发现问题、分析影响因素、挖掘企业潜力、提出改进建议。

7.1.4 现代企业财务管理新观念

思想的高度决定行动的高度，文化的高度决定企业的高度。在21世纪的今天，企业要想谋求更好更长远的发展，必须树立与不断变化的财务管理环境相适应的财务管理新观念。概括起来，主要包括以下几个方面。

1. 时间观念

企业的经济活动是在一定的时间范围内进行的。“时间就是金钱，效率就是生命”。在企业财务管理过程中，时间观念又可体现在：

(1) 周转快速。资金只有在运动中才能创造效益，缩短资金周转时间，就可以增加一定时期内的资金周转次数，因而它是提高经济效益的必要手段。

(2) 衔接及时。在企业生产经营活动的过程中，采购、投产、产出、销售、货款回收等各个环节必须环环相扣，衔接及时。

(3) 合理决策。资金时间价值揭示不同时点上资金量之间的换算关系，这是企业进行筹资、投资决策的基础。

2. 均衡观念

企业财务管理自始至终都要贯彻均衡的原则，比如收益与成本的权衡、投资收益率与风险程度的权衡等。

3. 风险观念

由于市场变幻莫测，不确定的因素很多，企业做出的各项决策，常常会产生实际结果偏离预期效果的情况，由此会给企业带来风险。因此，企业要科学估算、识别、衡量风险，做到有效预防和规避风险。

相关链接 7-1

看到永辉超市“翻车”这一幕，我终于读懂了任正非的那句“活下去”……

作为一家成立了21年的大型连锁超市，其门店数量曾在2019年达到1 440家，总市值曾高达1 064亿元。可从2020年开始，门店相继减少，截至2022年8月25日，在福州两家店宣布关停后，已有387家门店关门大吉，其市值也缩水700多亿。

其实，永辉也不是没有想招。它先后进行了“超级物种”“永辉mini店”和“仓储店”等新业态探索，但迟迟未见成效。

去看看一众网友的评论，你会发现原因有很多。除了自身“步子迈得太快”，大家提到更多的是大环境的影响，比如“疫情”“电商”“大众的消费习惯”……

想起前几天刷屏的那篇文章：《任正非最新讲话：未来3年，把活下来作为最主要纲领！》“把活下来作为最主要纲领，边缘业务全线收缩和关闭，把寒气传递给每个人。”

从大企业到小老板，再到平凡的我们。每个人的生活，似乎都在同一个节点，发生了天翻地覆的变化。这些大型企业尚且如此，更别说我们这些小老百姓了。

时代的洪流下，没有任何人和事能够独善其身。有一天倒下，或许不是因为我们做错了什么，而是世界变了。

越是不确定，越要好好修炼内功。一技之长，是普通人安身立命之本。这个世界，唯一没有上限的，就是技能。一个人要生存下去，如果做不到“不可或缺”，那么就一定要“精修内功”。手里有“活”，心里不慌。

居安思危，要有进取的忧患意识。这个时代，如果你跑在前面，就会发现，遍地都是机会，一切都欣欣向荣。如果你落后于时代，则会发现，到处都是屠刀，一切都令人绝望。这不是盲目焦虑，而是时代车轮下自带的危机。

我们或许无法提前预知机遇，但是可以顺势而为。时代在变迁，有行业在下行，就有行业会上行。比如上个世纪初的世界经济危机，美国进入大萧条，但是因为缓解心理焦虑和消费降级的原因，电影、文学创作、低价化妆品等领域迎来了大发展。作为普通人，我们或许无法提前预知机遇，但是可以顺势而为。

坚持存量思维，提高生活容错率。有人在知乎上问：后疫情时代，大家的消费观念到底发生了哪些变化？

上海交通大学的软件硕士@吉力话晒出了一张数据图显示，2022年上半年，中国人存了10万亿。我们没有迎来报复性消费，却迎来报复性储蓄。很多人都因为“盲目投资”或者“储蓄不足”，造成了严重的后果。任正非的文章中也一再强调“现金流”的重要性。这一点，对普通人更加重要。因为存量思维，就是提高生活容错率的最好方式。

除此之外，我们还要扩大存量思维的范围：比如多储备一些工作技能、多保护自己的身体健康……

这样，即使“黑天鹅”出现，也不妨碍我们“有质量地活下去”。

文章的最后，和大家分享《三体》中的一句话：“整个人类历史也是偶然，从石器时代到今天都没什么重大变故，真幸运。但既然是幸运，总有结束的一天；现在我告诉你，结束了，做好思想准备吧。”

（资料来源：http://k.sina.com.cn/article_5392517485_1416b496d01900zvgc.html）

4. 弹性观念

所谓弹性，是指企业适应市场变化的能力，要留有调整的余地。比如为了降低筹资成本和减少筹资风险，就要求企业的筹资结构能够被调整或具有弹性；为了提高投资收益和减少投资风险，就要求企业的投资结构能够被调整或具有弹性等。

5. 信息观念

市场的变化是通过信息来传递和引导的，这些信息包括利率、汇率、价格、股票指数等的变化。现代企业的财务管理要全面、准确、迅速地收集和分析信息，并在合理预期的范围内，做出正确的财务决策。

思政园地

央行出手下调外汇存准率 2 个百分点有深意

据央行 9 月 5 日消息，为提升金融机构外汇资金运用能力，中国人民银行决定，自 2022 年 9 月 15 日起，下调金融机构外汇存款准备金率 2 个百分点，即外汇存款准备金率由现行 8%下调至 6%。此次调整外汇存款准备金率，央行释放出外汇市场“稳”的信号，有助于人民币汇率保持基本稳定。未来人民币汇率双向波动将成常态化，应平常心看待人民币汇率的宽幅震荡行情。

7.2 实施企业筹资管理

7.2.1 企业筹资概述

1. 筹资的概念

筹资是企业根据生产经营、对外投资、调整资金结构等活动对资金需求数量的需要，通过一定的渠道，运用合理的筹资方式，获取或占用所需资金的一种行为。筹资是企业资金运动的起点，是决定资金运动规模和生产经营发展程度的重要环节。

2. 企业筹资目的

筹资管理是企业财务管理的一项基本内容，企业筹资的基本目的是为了自身的生存和发展。选择不同的筹资规模和筹资结构，将对企业的经济效益产生直接影响。任何企业正常运营，都离不开资金，资金的筹措不仅是财务管理的重要方法，有时还是企业最高层面临的最大难题。

3. 企业筹资的分类

(1) 按资金使用期限的长短，分为短期资金和长期资金。

短期资金是指一年(含一年)内使用的资金。短期资金主要用于满足企业临时性的资金需要，在短期内可以收回，如企业的现金、应收账款、存货等。短期资金通常会采用商业信用、银行短期借款等方式来筹措。

长期资金是指使用期限在一年以上的资金。长期资金主要用于新产品的开发和推广，生产规模的扩大，厂房和机器设备的更新等，一般需要几年或者更长的时间才能收回。长期资金通常采用吸收直接投资、发行股票、发行债券、长期借款、融资租赁、留存收益等方式来筹措。

(2) 按资金的来源渠道，分为权益资金和负债资金。

权益资金是指企业通过发行股票、吸收投资、内部积累等方式筹集的资金，属于所有者权益，这是企业的本钱，企业可以长期使用，无须偿还，因而又称为企业的自有资金、主权资金。具体表现为实收资本(或股本)、资本公积、盈余公积和未分配利润。

负债资金是指企业通过发行债券、银行借款、融资租赁等方式筹集的资金，属于企业的负债，到期需要偿还本金和利息，因而又称为企业的借入资金。

4. 企业筹资的方式

筹资方式是指企业筹集资金所采用的具体形式。筹资的渠道是客观存在的，而筹资方式是由企业自主决定的，是主观的行为。目前我国企业的筹资方式主要有以下几种：

(1) 吸收直接投资。

企业设立时，投资者投入企业的资金形成企业的资本金。

(2) 发行股票。

企业通过发行股票的方式而形成的企业资本金，即股本。股票是股份公司为筹集自有资本而发行的有价证券，是股东按其所持有股份享有权利和承担义务的书面凭证，它是代表着对一定的经济利益分配和支配权的资本证券。发行股票是股份有限公司筹集长期资金的基本方式。

(3) 银行借款。

银行借款即从银行等金融机构借入资金，有短期借款和长期借款之分，属于企业对银行的负债。对企业而言，这是一条最为有力的筹资渠道。

(4) 发行债券。

通过发行债券方式筹集债务资金。债券是债务人为筹集资金而发行，承诺按期向债权人支付利息和偿还本金的一种有价证券。发行债券是企业筹集长期资金的主要方式。

与股票筹资相比，债券筹资的成本较低，能避免公司控制权的分割，有效保持原有股东对公司的支配地位。但是，因为债券到期必须还本付息，所以筹集资金的风险高而且利用筹资的额度受制于企业的获利能力和偿债能力。

(5) 商业信用。

商业信用是指企业在商品交易中，以延期付款或预收货款进行购销活动而形成的借贷关系，是企业间的直接信用行为。商业信用是由商品交换中的商品与货币在空间和时间上的分离而产生的。

商业信用的主要表现形式有两种，一种是先取货后付款，另一种是先付款后取货。从筹资角度看，商业信用的偿还压力和风险较大，但筹资方便，限制条件较少，而且成本较低甚至是无成本。

(6) 融资租赁。

通过融资租赁方式筹集债务资金。租赁是指出租人以收取租金为条件，在契约或合同规定的期限内，将资产租让给承租人使用的一种信用业务。出租人主要是租赁公司，承租人主要是企业。现代租赁已经成为备受企业青睐的一种筹资方式。目前我国主要有经营租赁和融资租赁两类。

5. 企业筹资的渠道

筹资渠道是指客观存在的筹措资金的来源方向与通道，体现着资金的来源主体。我国目前筹资渠道主要包括以下七种：

(1) 国家财政资金。国家对企业的直接投资是国有企业最主要的资金来源渠道。从产权关系上看，国家投资的财政资金，产权归国家所有。

(2) 银行信贷资金。银行对企业的各种贷款，是我国现有各类企业最为重要的资金来源之一。同时，银行也可以成为企业的投资者。

(3) 非银行金融机构资金。非银行金融机构是指信托投资公司、保险公司、租赁公司、证券公司、财务公司等。它们所提供的各种金融服务包括信贷投放、物资融通、证券承销等。它的投资业务也是企业权益资金的来源之一。

(4) 其他企业资金。在市场经济条件下，企业间的商业信用和互相投资业务交易非常频繁，企业可通过联营、入股及商业信用等方式获取长期资金的使用或短期资金的调剂。

(5) 居民个人资金。随着资本市场的日益开放，居民个人除了可以对企业进行直接投资外，也可以通过购买各种证券进行间接投资，形成民间资金渠道，这也是企业的重要资金来源的渠道。

(6) 企业留存收益。企业留存收益是指企业提取的公积金和未分配利润所形成的资金，直接由企业内部自动生成或转移。

(7) 境外投资资金。境外投资资金是指外国投资者及港澳台地区投资者投入的资金，这是我国外商投资企业的重要资金来源渠道。

相关链接 7-2

我国资本市场在新时代发生深刻的结构性变化

党的十八大以来，以习近平同志为核心的党中央高度重视资本市场工作，加强对资本市场的集中统一领导，做出一系列重大决策部署，明确提出要通过深化改革打造一个规范、透明、开放、有活力、有韧性的资本市场。习近平总书记深刻指出，要把发展直接融资放在重要位置，形成融资功能完备、基础制度扎实、市场监管有效、投资者合法权益得到有效保护的多层次资本市场体系；要把主动防范化解系统性金融风险放在更加重要的位置，科学防范，早识别、早预警、早发现、早处置，着力防范化解重点领域风险，着力完善金融安全防线和风险应急处置机制；等等。这些重要论述为新时代资本市场改革发展指明了方向。特别是2017年全国金融工作会议以来，在以习近平同志为核心的党中央坚强领导下，我国紧扣金融供给侧结构性改革的主线，坚持用改革的思路和办法来破解资本市场体制机制性障碍，坚定推进全面深化资本市场改革，推动资本市场发生深刻的结构性变化，服务经济发展实现量质双升。

股债融资稳步增长。2017年至2021年，首次公开发行股票(IPO)和再融资金额合计5.2万亿元，交易所债券市场发行33.9万亿元。其中，2021年IPO和再融资金额合计约1.5万亿元，股票和交易所债券市场融资合计超10万亿元，均创历史新高。

市场结构明显优化。截至2022年6月末，A股战略性新兴行业上市公司超过2 200家，新一代信息技术、生物医药等高科技行业市值占比由2017年年初的约20%增长至约37%，上市公司研发投入占全国企业研发支出的一半以上，上市公司作为实体经济"基本盘"、转型发展"领跑者"的角色更加凸显。投资者结构逐步改善，境内专业机构投资者和外资持仓占流通市值比重由2017年年初的15.8%提升至23.5%。

多层次市场体系不断健全。科创板、创业板试点注册制相继成功落地，大大提升了资本市场对优质企业的吸引力。深化新三板改革、设立北京证券交易所，打造服务创新型中小企业主阵地迈出关键一步。《中华人民共和国期货和衍生品法》审议通过，有效填补了期货和衍生品领域的"基本法"空白。截至2022年6月末，期货期权品种已有94个，基本涵盖国计民生主要领域，在2021年以来国际大宗商品价格大幅上涨的背景下，我国动力煤、铁矿石等主要期货品种价格及涨幅均小于现货、小于境外，为保供稳价大局贡献了积极力量。

优化资源配置的功能进一步发挥。资本市场基础制度的适应性、包容性明显提升，市场化的激励约束机制不断完善。资本市场并购重组主渠道作用不断强化，近5年并购重组交易金额约10万亿元，激发了市场主体活力。退市制度进一步健全，今年已有42家公司强制退市，进退有序、优胜劣汰的市场生态正加速形成。

高水平制度型开放稳步推进。统筹开放和安全，推动市场、产品和机构全方位开放。证券基金期货行业外资股比限制全面放开。互联互通不断深化，沪深港通制度安排持续优化，交易型开放式基金(ETF)纳入沪深港通标的落地实施，沪伦通机制对内拓展到深交所，对外拓展至德国、瑞士。A股纳入国际知名指数并不断提升比重，在香港推出A股指数期货。外资连续多年保持净流入，我国资本市场的国际吸引力和竞争力明显增强。

(资料来源：易会满. 我国资本市场在新时代发生深刻的结构性变化[J]. 求是，2022)

企业在日常生产经营、对外投资和调整资本结构时，都无一例外地面临筹集资金的问题。下面谈谈企业筹资的两种主要形式：权益资金的筹集和负债资金的筹集。

7.2.2 权益资金的筹集

权益资金又称自有资金、主权资本、权益资本，是企业依法筹集并长期拥有、自主支配的资金，是企业所有者的投资和增值，是企业得以创立、生存和发展的资本。权益资金筹集的主要方式有吸收直接投资、发行股票和留存收益。

1. 吸收直接投资

吸收直接投资是企业按照"共同投资、共同经营、共担风险、共享利润"的原则，以合同或协议等形式直接吸收国家、其他法人单位、个人、外商投入资金的一种筹资方式。出资方式可以是现金出资、实物出资、产权出资、土地使用权出资、非专利技术出资和专利权出资等。

吸收直接投资的好处在于有利于提高企业的信誉度，投资到位快，中间环节少，不但可以取得一部分现金，而且能够直接取得所需的先进设备和技术，可尽快形成生产经营能力，降低财务风险。不足之处表现在容易分散企业的控制权，资金成本较高。

2. 发行股票

股票是股份有限公司利用资本市场，为筹集主权资本发行的、表示股东按其持有的股份享有权益和承担义务的可转让的书面凭证。它是股份有限公司筹措主权资本的基本方式，代表了股东对股份有限公司的所有权。

股份有限公司发行股票筹资是一种有弹性的筹资方式。股票无到期日，公司无须为偿还资金担心，当公司经营不善时或出现资金短缺时，可以不派发股息和红利。因而，发行股票筹资风险相对较低。但由于投资者承担的风险较大，资本回报率也会相应提高。

股票的种类很多，按不同标准可进行不同的分类，具体如下：

(1) 按股东权利和义务的不同，可分为普通股和优先股。

① 普通股是股份有限公司发行的无特别权利的、不加以特别限制，股利不固定的股份，也是股份有限公司最基本的、标准的股份。通常情况下，如果股份有限公司只发行一种股票，那一定是普通股股票。

与其他筹资方式对比，普通股筹资具有如下几个优点：第一，筹集的资本具有永久性，无到期日，不需归还。第二，没有固定的股利负担，股利的支付与否和支付数额的多少，视公司有无盈利和实际经营而定。第三，可利用普通股的买卖临时改变公司的资本结构，可作为其他方式筹资的基础，增强公司的举债能力。第四，由于普通股的预期收益比较高，可以在一定程度上抵御通货膨胀的影响，容易筹集到所需的资金。

普通股筹资的缺点：第一，资本成本较高，股息是从企业税后利润中支付，即股息不冲减应税所得，股东要求的回报较高。第二，发行普通股会增加新股东，有可能会稀释公司的控制权。第三，股息通常要比债券的利率高，财务负担较重。第四，企业被收购的风险增大。

② 优先股股票则是股份有限公司发行的优先于普通股股东分得股息和公司剩余财产的股票。它是介于普通股与公司债券之间的筹资工具。这种优先权主要表现在两个方面：一方面是优先股有固定的股息，不随公司业绩好坏而波动，并可以先于普通股股东领取股息；另一方面是当公司破产进行清算时，优先股股东对公司剩余财产有优先于普通股股东的分配权。但优先股一般不参加公司的红利分配，持股人也不具有表决权，不能参加公司的经营管理。

优先股筹资与普通股筹资相比，股息的支付既固定又有一定弹性，不会分散普通股股东的控制权。

(2) 按股票是否记名，可分为记名股票和不记名股票。

① 记名股票，在票面上记载有股东姓名或名称，公司在发行记名股票时应当置备股东名册。对记名股票要附发股东名册，股东只有同时具备股票和股东名册才能领取红利。记名股票的转让、继承要办理过户手续。

② 无记名股票，在股票票面上不记载股东的姓名或名称，公司发行无记名股票不记入股东名册，只记载其股票数量、编号及发行日期。我国现行法律规定，股份公司发行的股票均为记名股票。

(3) 按投资主体不同，可分为国有股、法人股、个人股和外资股。

① 国有股是有权代表国家投资的部门或机构以国有资产向公司投入而形成的股份。

② 法人股是企业法人或具有法人资格的事业单位或社会团体，依法以其可支配的资产向公司投入而形成的股份。

③ 个人股是社会个人或本公司职工以个人合法财产投入公司而形成的股份。

④ 外资股是指外国及我国港、澳、台地区投资者购买的人民币特种股票。

(4) 按发行对象和上市地区不同，可分为A股、B股、H股和N股。

① A股是供我国个人或法人买卖的、以人民币标明票面金额并以人民币认购和交易的股票。

② B股是在国内发行上市，以人民币标明票面金额，但以外币认购和交易的股票。

③ H股是国内公司在香港发行并上市的股票。

④ N股是国内公司在美国纽约证券交易所发行并上市的股票。

此外，企业采用股票筹资除了要考虑股票发行种类外，还需要考虑股票发行价格、数量和发行条件等要素。

3. 留存收益

留存收益是指通过公司的生产经营活动而形成的股东权益，即经营所得净收益经分配后留存在公司的利润，包括盈余公积金和未分配利润。其所有权属于股东，属于企业内部融资的范畴，实质上是股东对企业追加投资，可用来购建固定资产、进行固定资产更新改造、增加流动资产储备、采取新的生产技术措施和试制新产品、进行科学研究和产品研发等。因此，企业的税后利润的合理分配也归属于企业筹资问题。

与向公司外部融资相比，企业内部融资成本低，公司每股收益和每股价格有望提高，从而可增加股东的资本收益，在股利收入税税率高于资本收益税税率的情况下，可减轻股东的个人税负。但在负债较多的情况下，内部融资会减少股东权益的比重，从而影响公司资本结构，过多依赖留存收益，还会增加公司的机会成本。

7.2.3　负债资金的筹集

企业负债是企业承担的能够以货币计量的、需要以资产偿还或劳务偿付的债务。负债筹资是指企业通过向金融机构借款、发行债券、融资租赁和商业信用等形式筹集所需资金。按偿付期的不同，负债筹资又可分为短期负债筹资和长期负债筹资。

1. 银行借款

银行借款是指企业根据借款合同向银行或其他金融机构借入的需要还本付息的款项，属于企业对银行的负债。对企业而言，银行借款是最为有力的筹资渠道，这种方式手续简单，借款还款弹性较大，保密性好。但企业需要负担固定利息，到期必须还本付息，筹资风险较高，使用限制较多，筹措资金数量有限，企业要合理安排还贷资金，否则容易造成企业财务状况恶化。

银行借款按不同的标准可进行不同的分类。首先，按借款的期限长短可分为短期借款和长期借款。其中借款期限在1年以内(含1年)为短期借款；借款期限在1年以上为长期借款。其次，按借款有无担保分类，可分为抵押借款和信用借款。抵押借款是企业以其资产或其他担保财产做抵押而从银行借入的款项。抵押品可以是不动产、机器设备等实物资产，也可以是股票、债券等有价证券。信用借款是凭借款企业的信用或保证人的信用而从银行借入的款项。信用借款的风险比抵押借款的风险要大，银行利率比较高，往往还会附加一些必要的限制条件。

2. 发行债券

债券是指债务人为筹集资金按照法定程序发行，承诺按约定的利率和日期支付利息，并在特定日期偿还本金的一种有价证券。债券从广义上说包括国库券、金融债券和企业债券。债券是一种确定的债权债务关系的凭证，发行者和购买者分别成为债务人和债权人。发行债券是企业筹集长期资金的主要方式。

(1) 债券的类型。

① 按有无特定的财产担保分类，可分为抵押债券和信用债券。抵押债券是企业以特定的财产作为担保品的债券。它按担保品不同又可分为不动产抵押债券、动产抵押债券和信托抵押债券。其中，信托抵押债券是以企业持有的有价证券为担保而发行的债券。信用债券是发行企业没有设定担保品，仅凭其信用而发行的债券。

② 按是否记名分类，可分为记名债券和无记名债券。记名债券在券面上记有持券人的姓名或名称，发行企业只对记名人偿还本金，持券人凭印鉴支取利息。无记名债券在券面上不记有持券人的姓名或名称，还本付息以债券为凭，一般采用剪票付息方式。

③ 按筹资期限长短分类，可分为长期债券和短期债券。长期债券是筹资期限在1年以上的债券，其发行目的主要为了满足企业长期资金的需要。短期债券则是筹资期限在1年以内(含1年)的债券，主要用于临时性的流动资产需要。

④ 按能否转换为本公司股票分类，可分为可转换债券和不可转换债券。可转换债券是根据发行契约允许持券人按预定的条件、时间和转换比例将持有的债券转换为公司普通股股票的债券。

(2) 债券发行价格。

债券发行价格是发行公司(或承销机构)发行债券时的价格，即投资者向发行公司认购其所发行债券时实际支付的价格。决定债券发行价格的因素主要有以下四个方面：

① 债券面值。它是决定债券发行价格的最基本因素。债券面值越大，发行价格越高；债券面值越小，则发行价格越低。

② 票面利率。相对于市场利率而言，债券票面利率越高，投资价值越大，从而发行价格

越高；债券票面利率越低，则投资价值越小，发行价格越低。

③ 市场利率。在债券面值与票面利率一定的情况下，市场利率越高，则发行价格就越低；市场利率越低，则发行价格就越高。

④ 债券期限。一般来说，债券期限越长，发行价格越高。

债券的价格是由其未来现金流入量的现值决定。一般来讲，债券属于固定收益证券，其未来现金收入由各期利息收入和到期时债券的变现价值两个部分组成。

与股票筹资相比，债券筹资的成本较低，既可发挥财务杠杆作用，还能避免公司控制权的分割，有效保持原有股东对公司的支配地位。另外，由于债券承诺到期必须还本付息，筹资风险高而且利用债券筹资的额度受制于企业的获利能力和偿债能力，限制条款较多，筹资门槛比较高，是其不利的一面。与银行借款相比，它的筹资成本较高，但筹资的数量较大。

3. 融资租赁

融资租赁又称资本租赁、财务租赁，它是指出租人按照签订的租赁协议或合同，购置承租人需要的资产，并将其租赁给承租人长期使用，承租人可在资产的大部分使用寿命周期内获得资产的使用权，从而最终获得所租赁资产的所有权。租赁行为实质上具有借贷性质，是一种长期的融资行为，它集融资和融物为一体，是承租企业借入长期资金的一种特殊形式。

在租赁业务中，出租人主要是各种专业租赁公司，承租人主要是企业，租赁对象主要是机器设备等固定资产。

(1) 融资租赁的特点。

① 租赁期较长，一般长于资产有效使用期的一半，在租赁期间双方无权擅自撤销合同。

② 由承租企业负责设备的维修、保养和保险，承租企业无权拆卸改装。

③ 租赁期满，按事先约定的方法处理设备，或由出租人收回，或延长租期续租，或将设备作价转让给承租人。

(2) 融资租赁的好处。

① 可以迅速获得所需的资产，保存企业的借款能力。

② 租赁筹资的限制少，可以避免设备陈旧过时导致的风险。

③ 租金在整个租期内分摊，不用一次性支付。

④ 租金费用在税前扣除，可享受税收的优惠。

(3) 融资租赁的不足。

① 成本较高，租金除了包含设备价款外，其分期支付的利息一般要高于同期银行借款的利息，所以租金总额往往超过设备价值总额。

② 承租企业在经济不景气时，固定的租金支付容易成为企业的沉重负担。

③ 丧失资产残值。租赁期满，资产残值一般归出租人所有，这应视为承租企业的机会损失。

④ 难于改良资产。承租企业未经出租人同意，不能对租赁资产加以改良。

(4) 融资租赁的具体形式。

① 直接租赁。它是指由出租人将设备直接租给承租人，然后向其收取租金。这种租赁业务只涉及出租方和承租方，没有中介。出租方一般是产品制造企业、独立租赁公司和专用设备租赁公司。

② 返回租赁。它是指公司根据协议先将设备卖给租赁公司，再以租赁方式从租赁公司手中将该项设备租回使用。一般是一些制造设备的工厂把自己生产用的机器设备以与市价

大体相近的售价卖给租赁公司，然后又将该设备租回使用。出租方多为保险公司、金融公司、投资公司等金融机构。

③ 杠杆租赁。它又称借款租赁或减税优惠租赁，出租方对价格昂贵的设备难以靠自有资金购进时，只需自筹该项设备所需价款的 20%～40%，其余所需大部分资金可以向银行等金融机构要求贷款，同时以该设备作为贷款的担保品。出租人能够以少量资金带动巨额的租赁业务，起到杠杆作用。这种租赁一般适用于飞机、船舶、海上钻井设备等巨额资产的租赁业务。

4. 商业信用

商业信用是企业在商品购销活动中因延期付款或预收货款而形成的借贷关系，是企业间的一种直接信用行为。商业信用是由商品交换中的商品与货币在空间上和时间上的分离而形成的一种债权债务关系，实际上形成一种变相资金占用行为，所以被企业经常作为一种筹资方式而广为应用。

(1) 商业信用的特点。

① 商业信用是在商品买卖或提供劳务过程中双方协商而形成的。

② 商业信用筹资限制条件少，使用简便。

③ 商业信用的取得是建立在其良好信誉基础上，商业信用的规模取决于企业的信誉程度和经营规模。

(2) 商业信用的具体形式。

随着我国社会主义市场经济的发展，商业信用在经济生活中日益广泛地被企业运用，已成为企业筹集短期资金的一种重要方式。其主要形式有应付账款、应付票据、预收货款等。

① 应付账款。应付账款是指企业购买货物或接受劳务暂不付款而形成对卖方的欠款。它是最原始、最典型、最常见的商业信用形式，是由商品赊销形成的，以记账方法表达的信用形式。卖方为促使买方及时承付货款，一般均给对方一定的现金折扣优惠。例如，规定“3/10，n/30”，就是指买方如能在购货发票日算起 10 天内付款，可享受 3%的折扣优惠；若在 10 天后至 30 天内付款，则不能享受折扣优惠，买方必须支付全部货款。但允许买方付款期限最长为 30 天。

② 应付票据。应付票据是在应付账款的基础上发展起来的一种商业信用，它是指买方根据购销合同向卖方开出或承兑商业票据，从而延期付款。根据承兑人的不同，应付票据又分为商业承兑汇票和银行承兑汇票两种。应付票据期限一般为 1～6 个月，它又可分为带息与不带息两种，目前我国的大多数票据都属于不带息票据。

和应付账款相比，销货方更愿意采用应付票据的商业信用形式，因为买方用票据的形式代替了没有正式法律凭证的赊账方式。而票据中明确规定了具体的付款日期、付款金额、是否计息等相关内容，从而为双方的债权债务管理提供了严格的法律依据，使其规范化、制度化和法定化，有利于债权债务的清偿。

③ 预收货款。预收货款是指销货企业按照合同或协议的约定，在货物交付前向购货企业预先收取部分或全部货款的一种信用形式。对于生产周期长、售价高的商品，生产者经常要向订货者分次预收货款，以缓解本企业经营收支不平衡的矛盾。与应付账款和应付票据不同，预收货款是由买方向卖方提供的一种商业信用。预收的货款成为卖方的短期资金来源，这种信用形式的运用会受到一定的限制，一般适用于市场上比较紧俏同时买方又急需的

商品或生产周期较长、售价较高的货物，比如电梯、轮船和房地产等。

(3) 商业信用筹资的优势。

① 筹资方便，限制条件少。

② 如果不存在现金折扣或票据不带息，筹资成本较低。

(4) 商业信用筹资的劣势。

① 所筹资金利用时间短。

② 还款或供货不及时会影响企业信誉度，存在一定风险。

相关链接 7-3

商票江湖：一场击鼓传花的游戏

商票是商业汇票的一种，是由银行以外的付款人承兑的票据，付款人为企业，承兑时间最长为一年。拿到商票后，持票人可以提前从银行贴现，也就是将票据变现。但提前贴现，需要向银行支付利息，与此同时，商票也可以在正规的商业票据平台流通转让。

最近，一些地产商票开始出现延期兑付问题。

商票设立的初衷是为了更好地解决企业资金链难的问题，但近年来，一些企业资金压力增加，将商票变成了一种灰色地带的融资工具。

对于投资者来说，这种投资方式充满了不确定性。

击鼓传花

一直以来，商票并非主流。在票据市场，主角是银行承兑汇票。与商票依靠企业承兑不同，银行承兑汇票凭借的是银行信誉，由银行进行承兑，可靠性更强，基本不存在延期兑付或者拒不兑付的问题。

近年来，商票渐渐成为一门备受追捧的投资，虽然银行承兑汇票依然比重更大。

上海票据交易所数据显示，2020年商票签发金额为3.62万亿元，同比增长19.77%，商票签发金额占比为16.39%，较上年提升1.55个百分点；商票贴现金额为1.03万亿元，增长9.85%，占比为7.68%。

商票市场中，央企、国企以及上市公司的信誉要比地方性企业高，商票在市场上流通的能力也较强，更加受到市场认可。

“央企、国企天然就具有好企业的标签。”在一家专门投资商票的公司，工作人员向南方周末记者解释，“你可能都不明白它一年挣多少钱，资产负债率是多少。它可能也是亏的，但它就是好企业”。在他看来，“好企业”的标准就是能否按时兑付。在商票市场中，企业商票的流转价格由市场定价，但到期后能否获得票面价格，决定投资成败。对于同一家企业来说，不同地区，不同子公司，在市面上流通的价格都不同。作为持票人，自己也会评估风险，只要还没到期，就可以低价转给理财客户，也可以给到同行或者其他机构，就是一个击鼓传花的过程，这中间的价格高高低低都是很正常的，一个愿打一个愿挨。

就跟打白条一样

过去，商票用于支付供应商的款项，缓解企业账期压力。但如今对于部分企业来说，银行授信难，市场发债成本偏高，通过商票进行融资，成为一个新选择。

在业内，用于融资的商票被称为融资票，没有具体对应的项目合同，用于真正结算具体项目的被称为贸易票或流通票。

“用商票融资，第一速度快，第二足够多，第三成本没那么高。”企业做融资票就是不断开票，然后卖掉，因为不是真实的交易，“就跟打白条一样”。

不过，在商票流通市场上，贸易票受到认可度比融资票高，市场价格也更高。

哪些行业更喜欢发行商票？

一般是地产、建筑等传统行业，新兴电商领域相对比较少。地产等行业资金量大，周转时间长，更加依赖商票。

据上海票据交易所数据，2020 年，TOP19 房企的总体商票承兑余额达到 3 355.74 亿元，同比增长 36.59%，占全国商票承兑总量的 9.27%。

2021 年以来，在“三道红线”和融资难的压力下，部分房企资金问题依然严峻，开始出现延期兑付。

和存在真实交易的贸易票相比，融资票更容易出现兑付问题，因其没有得到法律的认可。根据《中华人民共和国票据法》第十条规定，票据的签发、取得和转让，应当遵循诚实信用的原则，具有真实的交易关系和债权债务关系。

融资票的大量出现实际上背离了商票出现的初衷，但目前商票发行是企业自发的市场行为，只能靠市场自行判断存在的风险。

为了更好地规范票据市场，整治行业乱象，上海票据交易所于 2016 年 12 月 8 日成立，但上海票据交易所更多还是承担信息披露的任务。但商票如何统一管理以及信用如何认定，至今仍没有结论。

和银行承兑汇票相比，商票一直没有上报中国人民银行企业征信系统。对于逾期或者有违规行为的企业，仍然无法体现在企业的征信报告中。

现行的法律法规中，只对商业承兑汇票故意压票、拖延支付的企业，有相关处罚措施。根据中国《票据管理办法》，由中国人民银行处以压票、拖延支付期限内每日票据金额 0.7‰的罚款，对直接负责的主管人员和其他直接责任人员给予警告、记过、撤职或者开除的处分。

商票发行是企业自发的市场行为，对于商票的总量、市场结构、签发等方面，没有哪家银行或者部门进行约束和管理，一般都是出现延期兑付或者拒不兑付等情况时，才走法律途径解决。

2021 年 5 月召开的国务院常务会议，部署进一步支持小微企业、个体商户纾困的问题，并表示研究将商业汇票承兑期限由 1 年缩短至 6 个月，以减轻企业占款压力。

（资料来源：节选 https://new.qq.com/rain/a/20210627A07F7C00）

7.2.4 资金成本及资本结构的优化

1. 资金成本

(1) 资金成本的概念。

资金成本是指企业筹集和使用资金而付出的代价,包括筹资费用和用资费用两部分。

筹资费用是指企业在筹集资金过程中为获得资金而付出的费用,如向银行借款而支付的手续费,因发行股票、债券等而支付的发行费、印刷费、资信评估费、律师费、公证费、担保费、广告费等。其金额与资金筹措有关,但与使用资金的数额多少及时间长短无关。

用资费用是指企业在生产经营过程中因使用资金而支付的费用,如向股东支付的股利、向银行支付的利息、向债券的持有人支付的利息等。其金额与使用资金的数额多少及时间长短成正比,它是资金成本的主要内容。

(2) 资金成本的计算。

企业在不同条件下筹集资金的总额并不相同,为了便于分析比较,资金成本的计算一般是通过计算资金成本率即用相对数表示。资金成本率的计算公式为

$$K=\frac{D}{P-F}$$

式中,K 为资金成本率;D 为用资费用额;P 为筹资总额;F 为筹资费用额。

不同筹资方式所形成的资金成本是不相同的,资金成本有很多表现形式。在比较各种筹资方式时,使用个别资金成本,如借款资金成本、债券资金成本、股票资金成本、留存收益资金成本等;在企业采取多种形式筹措资金时,使用综合资金成本;在追加筹资决策时,使用边际资金成本。

2. 资本结构的优化

资本结构是指企业各种资本的价值构成及其比例关系。企业采取不同的筹资方式,会直接影响到资本结构和综合的资本成本率,进而影响到企业的财务风险以及企业的价值。企业的资本结构决策就是确定最佳的资本结构。

最佳的资本结构,是企业在一定时期使其综合资金成本最低,同时企业价值最大的资本结构。

资本结构优化是指对不同来源的筹资方案,实现最优的组合,以便选出经济合理、效益最好的方案。从筹资结构的总体上来说,资本结构优化可以使总资金成本最低。具体做法如下例。

例:MM企业经过分析研究,决定从申请银行借款、发行债券和发行股票三个方面筹集资金。请根据表中的资料,试从四种资金来源不同比例的方案中选出最优的方案。

资金来源	不同资金来源的比例方案				资金成本率
	方案1	方案2	方案3	方案4	
银行借款	20%	30%	40%	25%	7%
发行债券	30%	40%	35%	45%	8%
发行股票	50%	30%	25%	30%	10%

解:根据表中的资料,各个方案的总资金成本率计算如下:

方案1:总资金成本率为:20%×7%+30%×8%+50%×10%=8.8%。

方案2:总资金成本率为:30%×7%+40%×8%+30%×10%=8.3%。

方案3:总资金成本率为:40%×7%+35%×8%+25%×10%=8.1%。

方案4:总资金成本率为:25%×7%+45%×8%+30%×10%=8.35%。

计算结果表明,方案3的总资金成本率为8.1%,在四个备选方案中为最低。企业应进一步结合实际情况分析各筹资方案的可行性和科学性,综合衡量利弊得失,选择最优方案。

思政园地

引导资本　服务共同富裕

习近平总书记指出,非公有制经济在我国经济社会发展中的地位和作用没有变,我们毫不动摇鼓励、支持、引导非公有制经济发展的方针政策没有变,我们致力于为非公有制经济发展营造良好环境和提供更多机会的方针政策没有变。在引导资本的过程中,要正确处理好政府与市场的关系。一方面要充分发挥市场机制的优势,优化资源配置,持续促进生产力发展,奠定共同富裕的物质基础;另一方面,要更好发挥政府的调节功能,不断健全生产关系,为促进共同富裕提供重要的制度和政策保障。

7.3　实施企业投资管理

7.3.1　企业投资概述

1. 企业投资的概念

企业投资是指企业将资金投放于一定对象,以期望在未来获取收益的经济行为。投资对于企业的生存和发展具有重大意义,企业的任何投资行为,其最终目的都是为了获取最大的投资收益,从而实现企业价值最大化的理财目标。

在市场经济条件下,企业作为独立的经济实体,追求利润的最大化和企业价值的增长。企业总是通过投资行为来不断扩大经营规模和经营范围,不断地寻找新的收入和利润来源,并通过投资来分散经营风险。所以,企业的投资活动在企业经营活动中占据着重要地位,投资管理也是企业财务管理的一项非常重要的工作。

2. 企业投资管理的目的

企业对于各个独立的投资项目来说,其具体目的有以下三种:

(1) 增强企业竞争实力,取得投资收益。投资收益的取得可以表现为利润的增加,也可以表现为成本的减少。企业通过投资扩大原有产品和市场规模,开发新的产品和市场,从而达到扩大经营规模,以获取规模经营的效益。另外,企业还可以通过投资引进效率更高的设备,或进行技术改造,从而降低产品成本和各项费用,以达到增强企业竞争力和增加收益的目的。

(2) 降低投资风险。投资风险是投资收益超出预期变动的可能性。由于企业投资的不同项目其风险程度不相同,当企业已有投资风险较高的项目时,就要考虑再投资一些风险较低的项目,以形成多元化投资或经营格局,从而降低企业投资风险。

(3) 履行社会责任。企业对生产安全设施和环境保护方面的投资,从短期来看,没有产生直接的经济效益,相反还会增加支出,但从长远的角度来看,既可以体现出企业所履行的社会责任,又能产生一定的间接效益,树立良好的社会形象。实际上,这是企业的无形资产,是企业的财富,不能仅仅看作是企业的负担。

3. 企业投资管理的原则

企业投资目的是获取更多的利润,但投资毕竟是有风险的,投资收益和投资风险是相伴随的。因此,企业进行投资管理时应该坚持以下原则:

第一,深入市场调查,及时捕捉投资机会,科学分析影响因素和发展趋势。

第二,建立科学的投资决策程序,对投资项目进行可行性的分析和科学论证,尽可能使项目达到技术上先进、经济上合理、操作上可行。

第三,做好财务公关活动,保证及时足额筹措到项目建设所需的资金。

第四,对投资收益和投资风险做好充分的预期,采取有效措施,努力降低投资风险,并保证项目的收益最大化。

4. 企业投资的分类

为了加强投资管理,提高投资收益,分清投资的性质,有必要对投资进行分类。企业投资可以从不同角度进行分类。

(1) 按投资回收时间的长短,可分为短期投资和长期投资。

短期投资是指在一年以内(含一年)能够收回的投资,又称流动资产投资,主要指对现金、应收账款、存货、短期有价证券等方面的投资。

长期投资是指回收时间超过一年的投资,主要包括对厂房、机器设备等固定资产的投资,也包括对无形资产和长期有价证券的投资。

(2) 按投资的方向,可分为对内投资和对外投资。

对内投资又称内部投资,是指将资金投放于企业内部,购置各种生产经营用资产的投资。

对外投资是指企业以现金、实物、无形资产等方式或以购买股票、债券等有价证券的方式对企业外部的其他单位的投资,以获取投资收益的行为。通过对外投资,企业既可以优化资源配置,提高资产的利用效率,又可以优化投资组合,降低和分散经营风险。

(3) 按投资与企业生产经营的关系,可分为直接投资和间接投资。

直接投资是指企业把资金直接投放到生产经营性资产上以获取直接经营性利润。

间接投资又称证券投资,是指企业把资金投放于证券等金融资产上,通过获取股息、债息而使企业间接获得收益。

(4) 根据投资在企业再生产过程中的作用,可分为初始投资和后续投资。

初始投资是指在新建企业时的投资,一般是形成企业的原始资产,为企业的生产经营创造必备的条件。

后续投资是指为巩固和发展企业再生产所进行的投资,主要包括企业的更新改造资金、追加性投资和转移性投资。

(5) 按投资的风险程度,可分为确定型投资和风险型投资。

确定型投资是指风险比较小,投资收益可以比较准确地预期的投资,进行这类投资可不考虑风险问题。比如,银行存款、国债投资等。

风险型投资是指投资风险比较大,投资收益很难准确地预期的投资,进行这种投资应充分考虑投资风险,以便做出科学的决策。比如股票投资等。

5. 企业投资的特点

(1) 投资时间长。企业投资如果是用于更新改造和产品开发方面的,一般投资项目都要经过投资准备期、投资建设期、生产期和投资回收期等阶段,从投资到生产投入一般需要三年以上的时间,全部收回投资需要的时间会更长。

(2) 涉及范围广。企业投资既涉及企业外部环境,也涉及企业内部条件。

(3) 资金数额大。企业的投资决策是企业最高层决策,它决定了企业未来发展方向、速度和规模,确立较长时间的经济效果,涉及企业整体战略规划。因此,企业一般会投入较多的资金。

(4) 风险较大。由于企业投资周期比较长,涉及范围比较广,投入的资金多,未来的不确定因素也多,无疑会给企业带来更大的风险。

7.3.2 企业投资组合

投资组合也称资产组合。企业资产按其流动性的不同可以分为流动资产和非流动资产。这两类资产在企业投资总额中所占的比重称为投资组合。

1. 影响投资组合的因素

(1) 风险与报酬。企业为了保证可持续地经营,不可避免地持有大量的流动资产来降低企业的经营风险,但是流动资产投资量过大,往往会出现流动资产的积压,从而降低企业的资金运动的速度,进而降低企业的投资收益。

(2) 行业性质。由于不同企业所属行业性质不同,其资产组合情况也会存在较大的差异。企业财务管理人员应以不同行业流动资产各项目的平均占有水平作为参考依据,结合企业实际进行资产组合决策。

(3) 企业规模。企业经营规模的大小对投资组合也会有直接的影响,随着企业规模的不断增大,流动资产所占比例会越来越小。

(4) 利息率的高低。企业在利息率比较高的情况下,为了减少利息支出,就会采取措施降低流动资产的占用数量;当利息率相对较低时,企业基于综合效益考虑,有时会提高流动资产的占用比例。

2. 企业投资组合策略分类

(1) 保守的资产组合策略。保守的资产组合是指在计划流动资产需求数量时,在正常需求量和正常保险储备量的基础上,再增加一部分额外的储备量,由此而降低企业经营风险的资产组合策略。这种策略由于过分强调企业经营的安全性,降低了企业经营风险,但企业的投资收益率也会降低。

(2) 稳健的资产组合策略。企业生产经营过程中所需要的流动资产一般分为两类:一类是正常需求量,指能满足企业日常经营所需的流动资产;另一类是指为应对非正常情况下发生而又在正常需求量以外所储备的流动资产。稳健的资产组合主要是为了预防企业不测而在保证正常需求量的基础上适当增加一定的保险储备量。

(3) 冒险的资产组合策略。冒险的资产组合是指企业在计划流动资产需求量时,只安排正常生产经营所需的数量,而安排很少或不安排保险储备量,以此来提高企业投资收益率的资产组合策略。采用此种资产组合策略,虽然投资收益会提高,但企业的经营风险也会随之而增大。

3. 不同的资产组合对企业收益和风险的影响

企业的流动资产和固定资产的投资数量和比例关系,对企业的风险和收益有着不同的影响。流动资产比例增大,会降低企业的财务风险,当企业需要及时偿付债务时,流动资产可以迅速地转化为现金。但如果流动资产投资比例过大,会造成流动资产呆滞,降低资金流转速度,同时也会影响企业投资效率。如果固定投资比例过小,也会因为固定资产的投入相对不足而降低企业的生产经营能力和企业的经济收益。如果固定资产投资比例增大,在投资总额不变的情况下,流动资产投入资金少而增加财务风险。总之,企业投资应充分考虑和权衡风险与收益的辩证关系,形成科学、合理的投资结构,选择最佳的投资组合。

投资活动是企业生产经营中最重要的工作之一,关系到企业长期稳定的发展,关系到企业的社会信誉和综合财务实力。因此,企业的财务管理部门必须对企业的长短期投资做深入的分析评价,以确定最有利的投资方案。企业投资的根本目的是谋取利润的同时提高企业价值,企业的投资受到经济、政治、文化、法律、市场、技术等各种环境因素的影响,是一个复杂的、充满不确定性的系统管理过程。企业要做好投资管理,需要认真做好市场调研,把握好市场动态和投资机会,对投资项目做好可行性的分析论证,建立科学的决策程序,做好资源的合理配置,控制好风险并做好资金规划和管理工作。

相关链接 7-4

党的二十大报告为资本市场发展指明方向

星石投资合伙人、副总经理易爱言对《经济参考报》记者表示,党的二十大报告明确了资本市场的使命,为资本市场发展指明方向。中国特色现代资本市场是国内市场经济体系中极为重要的一环,在坚定不移走中国特色金融发展之路的大背景下,融资功能完备、基础制度扎实、市场监管有效、投资者合法权益得到有效保护的多层次资本市场体系将持续优化,我国资本市场将进一步有效助力实体经济的发展形成。党的二十大的胜利召开,是资本市场服务经济高质量发展的新起点、新征程。

易爱言表示,对内资本市场将持续拓展服务实体经济发展的深度和广度。二十大报告再次明确资本市场服务实体经济的宗旨和使命。随着国内资本市场制度建设不断为市场主体赋能,市场主体的积极性将不断提高,我国经济将在发展中夯实基础,实现高质量发展。

党的二十大报告提出,健全资本市场功能,提高直接融资比重。明确了资本市场发展方向,未来资本市场将在直接融资体系中发挥重要价值。从供需两端提升服务实体经济的质量和满足居民财富管理需求。资本市场能够以决策分散、风险自担的方式推动资金向创新产业聚集,帮助创新企业和产业有效对接风险偏好更高的资金;尤其近两年股权融资开始下沉至中小型企业和创新能力更强的企业,多层次的资本市场体系不断完善。预计后续资本市场将继续体现对实体经济的大力支持,从市场结构上继续优化,偏重科技创新企业的融资需求。同时随着居民财富增长带来的投资需求提升,资本市场将成为满足居民增加财产性收入的重要渠道。

与此同时,对外也将加快资本市场国际化进程和提升国际吸引力。二十大报告指出,推进高水平对外开放。易爱言表示,我国资本市场将在坚持深化改革开放的大环境下扩大高水平双向开放,不断提升国际吸引力。

目前我国证券基金期货行业不再限制外资股比,沪深港通制度安排持续优化,A股纳入国际知名指数比重不断提升,以年为维度来看北向资金持续流入,我国在国际资本市场上的地位不断提升。预计后续我国资本市场将在统筹开放和安全的前提下不断推进市场规则、制度、标准的开放,推进我国金融、贸易及投资的一体化开放,我国资本市场将在开放中发展壮大,不断提升中国资本市场在全球的吸引力和竞争力。

易爱言指出,整体来看,我国资本市场将在制度优化、结构优化、体系健全、持续开放的进程中发挥好经济晴雨表作用和资源配置作用,紧扣金融供给侧结构性改革主线,持续提升资本市场服务经济高质量发展的能力。

(资料来源:https://baijiahao.baidu.com/s?id=1750094928802996621&wfr=spider&for=pc)

7.4 熟悉成本与利润管理

7.4.1 成本管理

1. 成本的经济内涵

(1) 成本、费用的概念。

成本也称生产经营成本,是指产品(或劳务)在生产经营过程中直接耗费的各种价值的货币支出量的总和。费用是企业生产经营耗费的货币表现。

制造企业在生产过程中生产各种产品(包括产成品、自制半成品、工业性劳务等)、自制材料、自制工具、自制设备以及供应非工业性劳务,要发生各种耗费,这些耗费称为生产费用。为生产一定种类和数量的产品所发生的全部生产费用,称为产品成本。成本是一个价值范畴,它和价值有着非常密切的关系。

为了加强对成本的管理,防止滥挤成本,成本开支范围由国家统一规定,各企业必须严格遵守。国家统一规定的产品成本开支范围是以产品成本的实质为基础,同时又考虑了加强企业经济核算的要求,把一部分与产品价值无关的费用也列入产品成本,这样有助于充分发挥成本在加强企业生产经营管理和经济核算上的积极作用。

(2) 成本、费用的关系。

企业的费用虽然是围绕产品生产经营发生的,却不一定是产品成本,不能将费用和成本画等号。两者既有联系,又有区别。

① 联系:有些费用是计算成本的基础,根据发生的原因和目的经过归集分配后,属于某产品或劳务负担的这部分费用才能归为产品的成本。费用是成本构成的要素,成本是对象化了的费用。

② 区别:费用是一定期间的发生额,与时间发生关系;而成本按一定的计算对象(如某种产品、某项劳务)归集,与成本对象发生关系。

2. 成本管理的重要性

成本管理是指对企业在生产经营过程中发生的费用,通过一系列的方法进行预测、决策、核算、分析、控制、考评等科学管理工作。其主要目的就是降低成本,提高企业的经营效益。

市场经济体制实质上就是一种竞争机制,同行业竞争的结果将是优胜劣汰,它不同于计划经济体制的主要特征就是所有企业都以相同的平等身份进行竞争,政府不加以行政方面的干预。

在市场经济条件下,加强成本管理具有非常重要的意义。具体表现为以下几个方面:

(1) 有效降低产品成本。

企业在生产过程中发生的各项支出称为生产费用。生产费用并不全部形成产品成本。从补偿的角度来讲,企业取得的销售收入应补偿产品生产过程中支出的成本,这样才能维持企业的再生产。

如果企业的销售收入大于成本,则形成企业的盈利,可用于企业的扩大再生产;反之,就形成企业的亏损。企业发生亏损实际上就是减少企业的资本,如果连续亏损总额达到企业的资本总额,企业就无法持续经营下去,面临破产的危险。

当然,成本费用水平的降低不是无限的,它是一个递减过程。成本管理水平的高低直接影响着企业的生存和发展,所以,降低成本是成本管理的重要一项任务。企业降低成本的途径很多,比如企业可以在事前进行成本预测,对不同方案比较选用;企业还可以对生产经营过程中发生的成本费用进行控制,使其在控制范围内变动等,企业运用成本管理的各种方法来降低成本有着广阔的前景。企业降低成本应从长远利益出发,不能片面地强调短期利益,结合企业实际,制定有利于企业长期降低成本的有效措施。

(2) 提高企业成本核算水平和成本信息的准确度。

成本核算是成本管理工作的重要环节,可以提供有关成本信息。成本核算与成本管理的水平密切相关。由于成本信息主要是为企业内部的经营管理服务的,所以其准确与否对企业有着至关重要的作用。成本信息不仅对企业来说很重要,对社会经济综合管理部门来说也需要利用成本信息对企业进行宏观调控和管理、制定价格规范等。比如税务部门要对企业成本信息进行检查和监督,了解企业是否在国家规定的成本开支范围内遵守费用开支标准,不允许企业擅自扩大成本开支范围和费用开支标准以降低企业利润,从而影响国家财政收入水平。

因此,成本管理可以提高成本信息的准确性和成本核算水平,企业应该积极主动做好成本管理的各项工作。

(3) 提高企业经营管理水平。

成本指标是一项综合性的经济指标，企业各项工作的好坏最终都能在成本指标的高低上体现出来。由于成本管理工作涉及企业的方方面面，要求企业每个部门、每位员工都要自觉参与到成本管理工作中来，并建立相应的责任制和考核指标，促进企业整体管理水平的提高。

(4) 提高企业经济效益。

在损益表上，成本费用是抵减利润的因素，是以主营业务成本和期间费用来抵减收入的。成本费用的降低意味着企业利润的增加，可从不同角度出发，开展成本管理工作，降低成本费用，提高企业的整体经济效益。

(5) 提高企业核心竞争力。

在市场经济条件下，有时为了竞争的需要，企业可采取降价的策略，即“打价格战”。在这种价格战中，最终能取胜的一方，应该是产品成本较低的一方。若企业的成本较低，降价就有可靠的保证，否则，降价就会使企业发生亏损，甚至失去核心竞争力，直接影响企业的兴衰成败。

(6) 增强全员成本管理意识。

除了要应用科学方法外，成本管理人员还要具有强烈的成本意识。这里所说的成本意识是指应破除成本降低的潜力已无法挖掘的思想，应当认为，成本降低的潜力是很大的，关键在于成本管理人员是否重视成本管理和成本控制。

只要企业有良好的成本控制意识，从思想上充分认识到成本降低的潜能是无限的，并能够充分调动员工的积极性和主动性，相信方法总比困难多，总会想出进一步降低成本的办法。

思政园地

全球疫情推高六大成本

当前，全球疫情形势依然严峻，加之供应链紧张以及食品和能源价格上涨等因素，许多发达国家的总体通胀水平已经被推至10年来的最高水平。多名权威专家认为，世界经济已经进入“高成本时代”，并呈现出“六高态势”。

健康防护成本提高。交通银行金融研究中心首席研究员唐建伟认为，从短期因素来看，疫情导致初级产品生产下降以及国际物流贸易受阻，工业产品供给短缺和成本上涨。即便形势逐渐好转，防控疫情和流行病传播仍将成为常态工作。中国人民大学副校长刘元春表示，疫情防控进入常态化，一定会增加我们的防护成本、健康成本。

人力资源成本提高。中国宏观经济论坛2022年3月26日发布的研究报告显示，2020年疫情暴发后，全球劳动力市场发生了剧烈变化，以发达国家为主，出现了失业率激增的现象。随着疫情的不断发展以及各国防疫政策的变化，失业率有所回落。然而，在这一过程中，劳动参与率的下降使得各行业出现了不同程度的劳动力短缺，与之相伴的是工资不断上升。

逆全球化成本提高。刘元春说，中美贸易摩擦以来，各国对于传统分工体系，也就是对过去以垂直分工为主体的供应链、价值链的构成都有所反思，世界必须更加注重安全而非单纯的效率。因此，各国都在构建自己的内部大循环，都在对关键技术、核心技术制定“备胎”计划，导致全球资源配置效率下降和成本上升。

绿色转型成本提高。专家们认为，“巴黎协定”之后，各国签订的“碳达峰”“碳中和”的目标协议使全球进入了绿色转型的新时代。能源未来的绿色转型，一方面会推高传统能源价格，另一方面需要对绿色新型能源增加投资，抬高了绿色能源的成本。

地缘政治成本提高。上海交通大学中国金融研究院副院长刘晓春、国务院发展研究中心宏观经济研究部研究员张立群等专家认为，当前，地缘政治风险逐渐加重，极大地影响了全球政治、经济格局，能源和大宗商品的供应链愈加脆弱，交通运输成本也在大幅增加。

债务偿还成本提高。招行金融市场部市场研究员丁木桥认为，当前大环境下，发达经济体纷纷进入货币政策紧缩状态已经成为一种趋势。植信投资首席经济学家兼研究院院长连平认为，通胀“高烧难退”，主要发达国家央行接连释放“强鹰”信号，这将对全球经济带来重大影响。

案例研究 7-2

煮蛋的学问

有一家日本餐厅和一家中国餐厅都卖煮鸡蛋，两家餐厅的鸡蛋都一样受欢迎，但日本餐厅赚的钱却比中国餐厅多，旁人大惑不解。专家对日本餐厅和中国餐厅煮蛋的过程进行比较，终于找到了答案。日本餐厅的煮蛋：用现代生产的宽高各 4 厘米的特制容器，放进鸡蛋，加水(只能加 50 毫升左右)，盖上盖子，打火，1 分钟左右水开，再过 3 分钟关火，利用余热煮 3 分钟。中国餐厅的煮蛋方式：打开液化气，放上锅，添进一瓢凉水(大约 250 毫升)，放进鸡蛋，盖锅盖，3 分钟左右水开，再煮大约 10 分钟，关火。专家计算的结果：前者起码能节约 4/5 的水，2/3 以上的煤气和将近一半的时间，所以日本餐厅在水和煤气上就比中国餐厅节省了将近 70%的成本，并且日本餐厅利用节省的一半时间提供了更快捷的服务。

从简单的煮鸡蛋的故事当中，我们就可以看到日本人经营企业的成功之处：他们有一套先进的成本控制管理体系，使得他们在同样条件下得到更多的利润。而国内不少企业不懂得如何控制自己的各项成本，利润总是不高，应该从这个“煮蛋的学问”里学学企业的成本控制。

(资料来源：https://www.zhihu.com/zvideo/1368281434159923200)

3. 成本管理的要求

成本管理是企业遵循成本形成的客观规律和有关成本管理法规，以价值形式，运用预测、计划、控制、核算、分析、考核等手段，对产品形成的全过程所发生的所有费用进行真实综合反映和严格监督，达到减少消耗，获取最大利润的目的。成本管理的具体要求概括如下：

第一，正确处理成本、产量、质量之间的关系。

第二，正确划分费用支出的界限，保证成本和费用的核算正确。

第三，建立标准的成本制度，实施全员性控制，不断纠正偏差。

第四，加强定额成本、原始记录、计量、验收、收发等环节的管理，落实相应的责任制。

第五，实施成本分析，及时解决成本管理中的薄弱环节。

相关链接 7-5

沉没成本

沉没成本，是指以往发生的，但与当前决策无关的费用。从决策角度看，以往发生的费用只是造成当前状态的某个因素，当前决策所要考虑的是未来可能发生的费用及所带来的收益，而不考虑以往发生的费用。沉没成本是一种历史成本，对现有决策而言是不可控成本，会在很大程度上影响人们的行为方式与决策。从这个意义上说，在投资决策时应排除沉没成本的干扰，在经济学和商业决策制定过程中，会用到"沉没成本"的概念，代指已经付出且不可收回的成本。沉没成本常用来和可变成本作比较，可变成本可以被改变，而沉没成本则不能被改变。

（资料来源：https://baike.baidu.com/item/%E6%B2%89%E6%B2%A1%E6%88%90%E6%9C%AC/5740352?fromModule=search-result_lemma）

7.4.2 利润管理

1. 利润的概念

利润是指企业在一定会计期间的经营成果，包括收入减去费用后的净额、直接计入当期利润的利得和损失等。也就是说，利润是企业在一定时期内生产经营成果的最终体现，在数额上表现为各项收入与支出相抵后的余额，是衡量企业经营水平的重要指标。通过利润指标可以发现企业在生产经营中存在的问题，使企业能够不断改善经营管理，提高经济效益。

直接计入当期利润的利得和损失是指应当计入当期损益、会导致所有者权益发生增减变动的、与所有者投入资本或者向所有者分配利润无关的利得和损失。

企业利润业务的基本内容包括利润的形成和利润的分配两个部分。

2. 利润的形成

利润是企业在一定会计期间的生产经营成果，是企业全部收入与费用相抵后的差额，如果收入大于费用，其差额为利润，反之则为亏损。包括营业利润、利润总额和净利润三个层次。

（1）营业利润。

营业利润是指企业在一定期间内从事生产经营活动所获得的利润。计算公式为

$$\text{营业利润}=\text{营业收入}-\text{营业成本}-\text{营业税金及附加}-\text{销售费用}-\text{管理费用}-\text{财务费用}-\text{资产减值损失}+\text{公允价值变动净收益}+\text{投资净收益}$$

其中：

$$\text{营业收入}=\text{主营业务收入}+\text{其他业务收入}$$

$$\text{营业成本}=\text{主营业务成本}+\text{其他业务成本}$$

（2）利润总额。

利润总额是指企业在一定期间所实现的全部利润。计算公式为

$$利润总额=营业利润+营业外收入-营业外支出$$

营业外收入是指与企业生产经营活动无直接关系的各项利得，包括固定资产处置利得、无形资产处置利得、盘盈利得、捐赠利得等。营业外支出是指与企业生产经营活动无直接关系的各项损失，包括固定资产处置损失、无形资产出售损失、债务重组损失、非常损失、捐赠支出、盘亏损失等。

(3) 净利润。

净利润是指利润总额减去所得税费用后的余额，也是归企业所有者的那部分收益，又称税后利润。其计算公式为

$$净利润=利润总额-所得税费用$$

3. 利润的分配

利润分配与企业财务管理体制有着密切的联系，企业利润的分配办法也会随着我国财税体制不断改革和完善做相应的调整。

企业实现的净利润，就是企业利润总额扣除所得税费用以后的数额，即税后利润。企业取得的净利润加上年初留存的未分配利润，形成可供分配的利润，对其应当按规定的顺序进行分配。利润的分配过程和结果，不仅会影响企业的投资和筹资决策，还会涉及股东、投资者、债权人、员工等利益相关者的利益。利润分配是否合理，直接影响到企业能否长期、稳定地发展。因此，利润分配决策是企业财务管理的重要内容。企业的利润分配一般按以下程序进行分配：

(1) 提取法定盈余公积。按照现行制度规定，公司制企业的法定盈余公积按照税后利润10%的比例提取。企业提取的法定盈余公积累计数额为其注册资本的50%以上时，可以不再继续提取。法定盈余公积主要用于弥补企业亏损和按规定转增资本，但转增资本金后的法定盈余公积一般不低于注册资本的25%。

(2) 提取任意盈余公积。公司制企业在提取法定盈余公积后，经股东会或者股东大会决议，还可以从税后利润中提取任意盈余公积。任意盈余公积的提取比例由企业视自身的情况而定。任意盈余公积按照公司章程或股东会议决议使用，其目的是为了控制向投资者分配利润的水平以及调整各年利润分配的波动，通过这种方法对投资者分配利润加以限制和调节。

(3) 向投资者分配利润。公司制企业在弥补亏损和提取盈余公积后，在充分考虑现金流量状况后，按规定可以向投资者分配利润。向投资者分配利润时，应遵循同股同权、同股同利的原则。

公司制企业实现的净利润经过上述分配后，如果有余额，称为未分配利润，可留待以后年度分配，此项未分配利润应在资产负债表中单独反映。

需要特别说明的是，上述利润分配程序是在企业连年盈利情况下进行的。如果企业发生亏损，现行制度规定既可以用以后年度实现的利润弥补，也可以用以前年度提取的盈余公积弥补。企业以前年度亏损未弥补完的，不能提取法定盈余公积。在提取法定盈余公积前，不得向投资者分配利润。

站在新起点，奋进新征程。财务管理人员要以党的二十大精神为指引，持续深入学习贯彻习近平新时代中国特色社会主义思想，坚定信心，勇于担当，奋发有为。不断加强自身政治建设、业务建设、职业道德建设，进一步强化大局意识、政策意识、服务意识、廉洁意识，以

党的二十大精神引领新时代财务管理工作。

增值阅读

任正非:从追求规模转向追求利润和现金流——华为“进取的忧患”

华为创始人任正非判断,对于全球经济而言,未来十年应该是一个非常痛苦的历史时期,全球经济会持续衰退。这将给华为带来市场压力。

华为内部论坛22日下午上线了一篇关于《整个公司的经营方针要从追求规模转向追求利润和现金流》的文章。任正非在文内提到,全球消费能力下降的情况,华为应改变思路和经营方针,从追求规模转向追求利润和现金流,保证渡过未来三年的危机。

“把活下来作为最主要纲领,边缘业务全线收缩和关闭,把寒气传递给每个人。”文章提到,华为云计算要踏踏实实以支撑华为业务发展为主,走支持产业互联网的道路。数字能源在战略机会窗上加大投入,加强作战队伍。智能汽车解决方案不能铺开一个完整战线,要减少科研预算,加强商业闭环。

任正非提到,华为会彻底放弃一部分国家的市场,“我们也有肥肉市场,把原来啃骨头的人员调去啃肥肉。”

以下是第一财经记者整理的任正非主要观点:

未来三年有质量地活下去

我们要看到公司面临的困难以及未来的困难,未来十年应该是一个非常痛苦的历史时期,全球经济会持续衰退。现在由于战争的影响以及美国继续封锁打压的原因,全世界的经济在未来3到5年内都不可能转好,加上疫情影响,全球应该没有一个地区是亮点。那么,消费能力会有很大幅度下降,对我们产生不仅是供应的压力,而且还有市场的压力。

在这样的情况下,华为对未来过于乐观的预期情绪要降下来,2023年甚至到2025年,一定要把活下来作为最主要的纲领,有质量地活下来,这个口号很好,每个业务都要去认真执行。

如果按计划在2025年我们会有一点点希望,那么我们要先想办法度过这三年艰难时期,生存基点要调整到以现金流和真实利润为中心,不能再仅以销售收入为目标。我们的生命喘息期就是2023年和2024年,这两年我们能不能突围,现在还不敢肯定,所以每个口都不要再讲故事,一定要讲实现,尤其在进行业务预判时,不要再抱幻想,讲故事骗公司,损失要从你们的粮食包中扣除,首先要活下来,活下来就有未来。

盲目投资的业务要收缩

2023年预算要保持合理节奏,盲目扩张、盲目投资的业务要收缩或关闭。

全公司都要有效地使用预算,不能盲目地将一切项目关闭,节约出来的人力压到前线去,继续优化机关业务,合理编制人员ICT基础设施,还是我们的黑土地粮仓,一定要收缩到一个有竞争力的复杂硬件平台与复杂软件平台,挂在上面搭车的项目都要摘出来。军团是建基础信息平台,更好地卖ICT,基础设施卖底座不是做生态,终端是未来我们崛起突破的基础,但不能盲目。现在要缩小战线,集中兵力打歼灭战,提升盈利。

华为云计算要踏踏实实以支撑华为业务发展为主，走支持产业互联网的道路。数字能源在战略机会窗上加大投入，创造更大价值，收缩机关，加强作战队伍。智能汽车解决方案不能铺开一个完整战线，要减少科研预算，加强商业闭环，研发要走模块化的道路，聚焦在几个关键部件做出竞争力，剩余部分可以与别人连接。

除了为生存下来的连续性投资以及能够盈利的主要目标，未来几年内不能产生价值和利润的业务应该缩减或关闭，把人力、物力集中到主航道来，我们要面对现实，不要有太遥远、太伟大的理想，快刀斩乱麻，富余人员调整到战略预备队，再把他们组合到合理岗位上去抢粮食。

一定要把边缘业务从战略核心里抽出来。边缘业务抽出来以后，我们先评价一下能不能做好，还需要多少资源才能做好，做不好且资源消耗巨大的业务不如关闭，以后开放让别人去做，我们不要包打天下，如果确实是在战略管道里的，我们必须做，又做得不够好的就改组作战队伍，换干部。如果出现了一些机会窗，我们扩大战略预备队和干部专家战略资源池，组成突击队去机会窗突击。

坚持实事求是，在市场上的收缩要坚决。我们以前怀抱全球化理想，立志为全人类服务，现在我们的理想是什么？活下来，哪里有钱就在哪里赚一点。从这个角度出发，我们要在市场结构上调整，研究一下哪些地方可以做，哪些地方应该放弃。

放弃部分市场

第一，聚焦价值市场、价值客户，把主要力量用于正态分布曲线中间的一段，一部分国家，我们在市场上就彻底放弃了。我们也有肥肉市场，把原来啃骨头的人员调去啃肥肉。

第二，对于艰苦的国家和地区，作为将来要提拔的新生干部的考核锻炼基地，有些国家产量少，我们虽然还要做，但是否不再派士兵守在雪山顶，因为下来后他还是士兵，雪山顶是考验人的，有潜力的新生干部下来就有机会升军长，因为小国容易综合化，他从概算预算、合同、投标交付、工时定额计算，解决方案一起都做完了。回来在干部履历表上一天升将军 11 道门槛就过了 5 道 6 道。当然，有些员工守边疆已经很长时间，回国收入减少，还涉及孩子上学问题，他自愿留在这些国家继续干，也不要强行调回国。

第三，海外回国的员工要优先获得技能培训和上岗机会。从海外归来的员工要有一个保护期，保证他获得一定的培训，艰苦国家的人员技能可能比国内差，因为他没有现实作战环境，怎么进步呢？就如高原上的士兵，虽然他站得很高，但并没有吸收什么宇宙能量，他们付出了代价，不能一回国就考试，然后就淘汰了，这样艰苦地区就没人愿意去，所以我们要保证回国员工有岗位安排，有宽松的学习时间，至于这段时间他的能力没有追赶上来就另当别论。

财务要做好现金流的规划，危难时期主要是要造血，我们虽说 2025 年会好转，但万一到时没有炮弹怎么办？所以那是美好的计划，我们要有安全的粮食措施。

公司有两大支出给员工分红，包括工资稳定，这是增强内部的信心和凝聚力；给银行还贷，这是增强社会对我们的信任度。已经存在较为明显的潜在风险的项目，不要再抱有幻想，要尽快浮出来，让审计做结论，将风险量化。与此同时依然可以继续管理这些已经被消除的资产，通过管理让风险变为适当的收益，我们心里不要带有一种泡沫幻想，一看报表挺好，决心就挺大，但到时实际赚不到钱。

让寒气传递到每个人

夯实责任，奖金升职升级与经营结果挂钩，让寒气传递到每个人。

第一，在今年和明年的考核中要提升现金流和利润的权重，宁可销售收入下滑一些，但利润和现金流要增长，经营性利润增长的奖金要多一点，激励大家去争抢利润。

第二，各责任中心签署考核责任书，公司要针对基于KPI的对等奖赏机制，明年正常升职升级不变，但要加强与责任对等的挂钩，一年一年让人感觉到天冷，但我们的转换要有耐心，要热情，我曾给常务董事会讲过，基本工资框架不要变，这是一个刚性指标，但员工优秀了，可以升职升级，奖金可以有很大弹性。为什么有弹性？鼓励大家上战场抢粮食去，前线和机关不一样。

第三，今年各个业务的奖金一定要拉开差距，绝不允许平均，逼迫大家实现抢粮食的短期目标。过去公司的政策是基本摆平，大家没有感觉到冬天的寒冷，每个人都盖被子，只是厚一点薄一点而已。今年年底利润和现金流多的业务，奖金就多发一些，不能创造价值的业务就是很低的奖金，甚至没有，逼这个业务自杀，把寒气传递下去。

目前我们要活下来，不是为了理想而奋斗，军团比赛就是年底比奖金，因为奖金不是公司给的，是军团自己挣来的利润，而且还要交给公司一部分，如果挣不到粮食，我们要敢于不发奖金，因为员工的基本收入可以开支生活必需品。当然，有些战略业务短期内创造不出价值，我们可以通过评定的方式来确定，但很多业绩差的边缘业务一定要砍掉，这就是调整巩固充实提高。

生存危机点上不惜代价投入

质量是第一生产力，我们要坚持这样的路线，研发要对产品的质量和性能负责，并承诺服务专家要具有综合性能力，质量不好的产品是研发人员的耻辱，这句话应该贴到研发办公室的研发办公区的墙上，现在全世界网络故障率越来越高，一个事故就可能摧毁整个市场的信任体系。

100－1＝0，对我们研发来说，单板的研发，单个器件的研发，系统的研发，一定要把质量放在首要，质量是研发制造人员对市场服务人员的最优支持保障。如果产品质量不好，就相当于让弟兄们冒着枪林弹雨、冰天雪地、炎热酷暑、新型冠状病毒在前线冲锋。所以，我们要建立反向考核机制，一线反向考核不仅要考核机关服务组织，也要延伸到产品线，坐在办公室还做不好质量，那就要收缩战线，提高竞争力。

我们要提高服务体系的地位，服务专家对事故、对网络体验要有综合判断能力。过去，我们重研发、轻服务，现在我们要重视服务体系，要重视我们的网络不出问题，体验要好。

合理科学地控制库存，我们要把过去恐慌性的自救改为有质量的自救，要注意合理地压库存，不要因为过大库存而造成公司的利润不足和现金流紧张，从而构成我们新的危机。在战略关键机会点上，生存危机点上，我们可以不惜代价投入，但在非战略机会点上不能乱花钱。

（资料来源：https://baijiahao.baidu.com/s?id=1741939134109688896&wfr=spider&for=pc）

任务小结

企业财务管理是基于企业生产过程中客观存在的财务活动和财务关系而产生的，是合理组织资金活动，处理财务关系的一项综合性的经济管理工作，是企业管理的重要组成部分。

(1) 企业财务活动主要包括资金筹集、资金运用和资金分配三个方面。

(2) 企业财务管理的目标是企业进行财务活动所要达到的最终目的，它决定着企业财务管理的基本方向。财务管理的整体目标是股东财富最大化和企业价值最大化。主要包括利润最大化、每股收益最大化或每股利润最大化、企业价值最大化或股东财富最大化。

(3) 企业财务管理的主要环节是指财务管理工作的各个阶段，主要有财务预测、财务决策、财务计划、财务控制和财务分析。

(4) 筹资方式是指企业筹集资金所采用的具体形式。筹资方式是由企业自主决定的，是主观的行为。目前我国企业的筹资方式主要有以下六种：吸收直接投资、发行股票、银行借款、发行债券、商业信用、融资租赁。

(5) 企业投资管理的目的主要是增强企业竞争实力，取得投资收益；降低投资风险；履行社会责任等。

(6) 投资组合也称资产组合。企业资产按其流动性的不同可以分为流动资产和非流动资产。这两类资产在企业投资总额中所占的比重称为投资组合。

(7) 企业的费用虽然是围绕产品生产经营发生的，却不一定是产品成本，不能将费用和成本画等号。两者既有联系，又有区别。

(8) 企业加强成本管理有六个方面的作用：有效降低产品成本；提高企业成本核算水平和成本信息的准确度；提高企业经营管理水平；提高企业经济效益；提高企业核心竞争力和增强全员成本管理意识等。

(9) 利润是指企业在一定会计期间的经营成果，包括收入减去费用后的净额、直接计入当期利润的利得和损失等。企业利润业务的基本内容包括利润的形成和利润的分配两个部分。

能力自测

一、单项选择题

1. 企业财务活动的内容包括(　　)。

A. 资金筹集　　B. 资金运用　　C. 资金分配　　D. 以上答案都对

2. 在现代企业财务管理的实践和理论中，最具有代表性的财务管理目标是(　　)。

A. 利润最大化　　B. 每股收益最大化

C. 企业价值最大化　　D. 以上答案都对

3. 以下(　　)属于现代企业管理的新观念。

A. 时间观念　　B. 全局观念　　C. 整体观念　　D. 个体观念

4. 短期资金主要是满足企业临时性的资金需要，以下(　　)属于短期资金。

A. 存货　　B. 股票　　C. 债券　　D. 长期借款

5. 企业采用股票筹资除了要考虑股票的发行种类、发行数量和发行条件外，还需要考虑以下(　　)因素。

A. 面额　　B. 发行价格　　C. 发行地区　　D. 发行对象

6. 企业留存收益包括(　　)。

A. 实收资本　　B. 未分配利润

C. 盈余公积　　D. 未分配利润和盈余公积

7. 不属于有价证券的是(　　)。

A. 股票　　B. 债券　　C. 发票　　D. 汇票

8. 筹资期限在一年以内(含一年)的债券称为(　　)。

A. 长期债券　　B. 中期债券　　C. 短期债券　　D. 永久债券

9. 影响债券发行价格的因素是(　　)。

A. 债券面值　　B. 债券期限　　C. 债券利率　　D. 以上都对

10. (　　)是指公司根据协议先将设备卖给租赁公司,再以租赁方式从租赁公司手中将该项设备租回使用。

A. 直接租赁　　B. 返回租赁　　C. 杠杆租赁　　D. 经营租赁

11. 以下哪种商业信用是最原始、最典型和最常见的形式?(　　)。

A. 应付票据　　B. 应收票据　　C. 应付账款　　D. 预收货款

12. 以下(　　)属于企业流动资产投资。

A. 厂房　　B. 机器设备　　C. 无形资产　　D. 存货

13. 风险型投资是指(　　)。

A. 股票　　B. 银行存款　　C. 票据　　D. 国债

14. 企业投资组合策略不包括(　　)。

A. 保守型　　B. 冒险型　　C. 稳健型　　D. 风险型

15. 企业的净利润又称(　　)。

A. 营业利润　　B. 税后利润　　C. 利润总额　　D. 本年利润

二、判断题

1. 企业财务关系是指企业在组织财务活动过程中与各有关方面发生的经济关系,包括企业与所有者、债权人、债务人、被投资单位、内部各部门、职工及税务机关等之间的关系。(　　)

2. 以利润最大化作为企业财务管理的目标,有利于企业加强管理,增加利润。(　　)

3. 现代财务理论认为,利润最大化并不是企业财务管理的最佳目标。(　　)

4. 在财务管理实践中,以企业价值最大化作为财务管理目标更为必要,更为合理。(　　)

5. 权益资金是指企业通过发行股票、吸收投资、内部积累等方式筹集的资金,属于所有者权益,这是企业的本钱,企业可以长期使用无须偿还,因而又称为企业的自有资金、主权资金。(　　)

6. 吸收直接投资是指企业设立时,由投资者投入企业的资金,形成企业的资本金。(　　)

7. 发行债券是企业筹集长期资金的主要方式。与股票筹资相比,筹资的成本较高。(　　)

8. 融资租赁是指企业在商品交易中,以延期付款或预收货款进行购销活动而形成的借

贷关系，是企业间的直接信用行为。　（　）

9. 非银行金融机构是指信托投资公司、保险公司、租赁公司、证券公司、财务公司等。　（　）

10. 企业筹资主要有权益资金和负债资金两种形式。　（　）

11. 股票按股东权利和义务的不同，可分为普通股和优先股。　（　）

12. 经营租赁又称资本租赁、财务租赁，它是指出租人按照签订的租赁协议或合同，购置承租人需要的资产，并将其租赁给承租人长期使用，承租人可在资产的大部分使用寿命周期内获得资产的使用权，从而最终获得所租赁资产的所有权。　（　）

13. 和应付账款相比，销货方更愿意采用应付票据的商业信用形式，因为买方用票据的形式代替了没有正式法律凭证的赊账方式。　（　）

14. 留存收益是指通过公司的生产经营活动而形成的股东权益，即经营所得净收益经分配后留存在公司的利润，包括盈余公积和未分配利润。　（　）

15. 企业利润业务的基本内容包括利润的形成和利润的分配两个部分。　（　）

三、简答题

1. 企业财务管理的主要内容是什么？
2. 企业有哪些常用的筹资渠道和筹资方式？
3. 债券有哪些类型？
4. 融资租赁的具体形式是什么？
5. 商业信用筹资的优势表现在哪里？
6. 什么是资金成本？
7. 简述企业投资管理的原则。
8. 企业利润分配的程序是什么？

案例分析

(一) PT水仙退市财务分析

2001年4月23日，上海证券交易所正式宣布PT(特别转让)水仙退市。“水仙”的凋落开创两项纪录：第一，它是我国证券市场上第一只被摘牌的股票；第二，它是第一家因连年亏损而依法退出的上市公司。

财务失败是企业退市的重要原因之一。财务失败是指一个企业无力偿还到期债务的困难和危机。水仙财务失败主要原因如下：

(1) 负债过度。企业资产负债率从1994年的46.21%，逐年上升到2000年的114.17%，实际上已经是资不抵债了。过度负债的不良结果是，一方面增加了利息支付的负担，以2000年为例，其净利息费用支出达2 547.30万元，而同期的主营业务收入仅为11 044.18万元，高额的财务费用使企业背上了沉重的债务包袱；另一方面，企业所有者和债权人也因投资风险加大而要求增加投资收益和提高利率，从而使企业负担进一步加重。

(2) 亏损严重。以净利润为例，从1994年的最高峰5 694.37万元到2000年亏损14 570.67万元，连续四年亏损，真是江河日下。

(3) 应收账款大幅上扬。水仙为了打开销售市场，大量采用赊销的营销方式，使应收账款大幅上升，从1994年的9 340.36万元一路攀升，1997年达到高峰的39 848.03万元，增加了426%，虽然董事会年年强调清理应收账款，但收效甚微，到2000年还有31 227.57万元的应收账款。水仙大搞赊销，只看到了其有利于扩大销售和提高市场占有率方面，没有意识到赊销极具风险性：应收账款越多，坏账损失越大；在提供现金折扣的同时损失了部分现金收入；增加收账费用，进而增加了管理费用，扩大了亏损面。

(4) 信用低下。举债是一种信用活动，对债务人而言，信誉非常重要。一个信用等级高的企业，哪怕企业尚处困境，也容易举债。如果一个企业信用等级低下，举新债还旧债必然困难重重，财务危机难以避免。水仙最后一个重组梦破灭的主要原因是信用危机，不是高达2亿元的债务吓退了银行，而是其信用低下让银行不敢问津。

(资料来源：陈文汉. 现代企业管理. 北京：中国电力出版社，2012)

问题：

1. 现代企业如何通过加强财务管理来改变企业的经营状况？
2. 水仙公司退市原因中财务方面存在哪些主要问题？
3. 企业财务预警的指标有哪些？如何监控这些指标？
4. 如何加强财务管理，避免水仙退市类似事件发生？

(二) 中南整体橱柜公司的筹资决策

中南整体橱柜公司是一家上市公司，专业生产、销售整体橱柜。近年来，公司正好赶上我国经济快速发展，居民掀起了购房和装修热，对公司生产的不同类型的整体橱柜需求旺盛，销售收入增长迅速。公司预计在北京及其周边地区的市场潜力较大，销售收入预计每年将增长50%～100%。为此，公司决定在2004年年底前在北京郊区建成一座新厂。公司为此需要筹资5亿元，其中2 000万元可以通过自有资金解决，剩余的4.8亿元需要从外部筹资。2003年8月31日，公司总经理周建召开总经理办公室会议研究筹资问题，并要求财务经理陆华提出具体方案，提交董事会讨论。

(1) 公司在2003年8月31日的有关财务数据如下：

① 资产总额为27亿元，资产负债率为50%。

② 公司有长期借款2.40亿元，年利率为5%，每年年末支付一次利息。其中6 000万元将在2年内到期，其他借款的期限尚余5年。借款合同规定公司资产负债率不得超过60%。

③ 公司发行在外普通股3亿股。

④ 公司2002年完成净利润2亿元。2003年预计全年可完成净利润2.3亿元。公司适用的所得税税率为33%。

假定公司一直采用固定股利分配政策，年股利为每股0.60元。

(2) 公司财务经理陆华根据总经理办公室会议的意见设计了两套方案。

方案一：以增发股票的方式筹资4.80亿元。

公司目前的普通股每股市价为10元。拟增发股票每股定价为8.30元，扣除发行费用后，预计净价为8元。为此，公司需要增发6 000万股股票以筹集4.80亿元资金。为了给公司股东以稳定的回报，维护其良好的市场形象，公司仍将维持其设定的每股0.60元的固定股利分配政策。

方案二：以发行公司债券的方式筹资4.80亿元。

鉴于目前银行存款利率较低，公司拟发行公司债券。设定债券年利率为4%，期限为10年，每年付息一次，到期一次还本，发行总额为4.90亿元，其中预计发行费用为1 000万元。

（资料来源：黄顺春.现代企业管理教程.上海：上海财经大学出版社，2011）

问题：

1. 分析上述两套筹资方案的优缺点。

2. 请为该公司选出较佳的筹资方案。

实践与操作

项目一 综合实训：企业成本与利润管理。

［**目的**］

培养灵活运用成本与利润管理方法为企业提高收入，增加利润的能力；培养严谨的逻辑思维能力和准确的判断分析能力。

［**内容与要求**］

1. 教师准备几个不同类型和性质企业的成本和利润管理方面的案例，并将其制作成PPT课件。

2. 课堂上将这些案例展示出来，并要求学生分析说明这些企业在成本和利润管理过程中存在什么问题及如何解决。

3. 全班学生采取自愿组合的形式分成若干个小组，每个小组8～10人。每展示一个案例，给3～5分钟的时间进行小组讨论后，由各个小组分别对该案例进行抢答，其他小组成员认为需要补充的，可以对该组的发言补充自己的见解。

4. 实施时，明确要求，事先确定好规则，全班同学以小组为单位聚拢在一起。

［**成果评定**］

1. 能基本完成企业成本与利润管理案例分析的组为良好等级；对案例进行深度分析而且有独特见解的小组为优秀等级。

2. 能对其他小组做相应补充的为良好；不仅能为其他小组发言做相应补充并且能指出其他小组在陈述中有明显错误或者不当的为优秀。

项目二 情景模拟——活动经费的筹措。

［**目的**］

在实践中理解企业的成本、费用、利润等基本财务指标的含义和作用。熟悉利润的构成和核算方法，有理有据地说服企业为开展活动提供经费支持。

［**内容**］

以毕业班的学生即将毕业为背景组织一次全年级的班际排球赛。假如你是这个活动的外联人员，主要任务就是为这次排球赛筹措经费，请结合财务管理的相关知识撰写一份符合实际情况的筹资策划方案。

［**实训地点**］

教室或实训室。

[**实训步骤**]

1. 以模拟公司为单位分成若干个小组，每个小组 6～8 个人。

2. 各小组分别以不同企业作为对象撰写一份筹资策划方案。

[**成果评定**]

1. 各个小组选派一个代表出来，与任课教师组成评委小组。

2. 对各小组的方案进行规范性和可行性评价。评价内容主要包括：

(1) 按时完成情况；

(2) 方案是否符合实际情况，是否具有可操作性和可行性；

(3) 方案应符合一定的规范；

(4) 评估在活动中小组成员的表现。

项目三 根据所学知识，选择一个经营状况一般的企业，对其利润表进行财务分析，了解企业利润的计算过程，熟悉企业利润是如何进行分配的。

项目四 运用所学过的有关财务管理知识，分析你或你的家人一个月的收入及支出情况。

任务8　物流管理

请扫描二维码
观看视频

知识目标

为了完成本任务，你需要的理论知识：

1. 物流、物流管理的含义
2. 现代企业物流管理的基本内容
3. 库存、库存管理的含义
4. 库存管理系统与方法
5. 供应链、供应链管理的含义

项目任务

8.1　认识现代企业物流管理
8.2　实施库存管理
8.3　实施供应链管理

能力目标

通过完成本任务，你应该能够：

1. 熟悉库存管理的基本内容
2. 掌握供应链管理的基本内容
3. 熟悉库存管理的方法
4. 熟悉供应链管理的方法

素质目标

通过完成本任务，你将：

1. 树立供应链管理的思维习惯
2. 养成库存总成本最低的思维观念
3. 树立智慧物流的理念

◆ 任务导入
◆ 相关链接
◆ 案例研究
◆ 增值阅读
◆ 任务小结
◆ 能力自测
◆ 案例分析
◆ 实践与操作

任务导入

趣味阅读

饺子馆里的物流管理

2016年，乔小云在云景园开了家饺子馆，生意还算火爆。不少周围的小区住户常来光顾小店，有些老顾客一次能吃半斤饺子。乔经理说："别看现在生意还不错，开业这一段时间，让我头疼的就是每天怎么进货，很多利润被物流吃掉了。"

刚开始10个饺子,定价为5元钱,直接成本为饺子馅、饺子皮、佐料和燃料,每个饺子成本大约2角钱。虽然存在价差空间,可是乔经理的小店总是赚不了钱,原因在于每天都有大量剩余原料,这些采购的原料不能隔天使用,算上人工、水电、房租等经营成本,饺子的成本都接近4角钱了。

乔经理很有感慨,如果一天卖出1 000只饺子,同时多余500个饺子的原料,相当于亏损了100元左右,每个饺子的物流成本最高时有1角钱,加上前年年初粮食涨价,因此利润越来越薄。

经分析得知,问题的关键在于控制数量,准确供货。其实做饺子的数量挺难掌握。做少了吧,有的时候人家来买没有,也等不及现做,眼看着要到手的钱飞走了;做多了吧,就要剩下。

(资料来源:http://www.chinawuliu.com.cn/xsyj/200909/01/141158.shtml)

随着社会的发展,物流管理与我们生活的联系越来越紧密。任何经济组织尤其是现代企业的经营管理,都与物流管理有着千丝万缕的关系。在现代企业经营管理过程中,如何处理好采购、供应、库存、配送、供应链等问题,成为企业营利性活动的重要组成部分。本任务我们就来共同学习现代企业的物流管理、库存管理、供应链管理等相关内容。

8.1 认识现代企业物流管理

8.1.1 认识物流

1. 物流的含义

随着物流理论与实践的不断发展,物流的相关概念与内涵也在不断变化,世界上不同国家、不同学术团体、不同学派,仁者见仁、智者见智,出自不同的角度和观点对物流概念给出了各种定义。至今为止,人们对物流的理解仍然存在差异,尚未形成统一认识。根据物流国家标准术语,物流的定义为:"物品从供应地向接收地的实体流动过程。根据实际需要,将运输、储存、装卸、搬运、包装、流通加工、配送、信息处理等基本功能实施有机结合",并将物品或货物(Goods)定义为:"经济与社会活动中实体流动的物质资料。"

相关链接8-1

对物流的基本定义的理解

(1) 物流活动中涉及的物品可以包括原材料、半成品、产成品、回收品以及废弃物等,但这些物品产生实体流动的前提是满足经济与社会活动需要。

(2) 现代物流过程主要关注物品的流动属性与物品的时空变换,并不涉及物品所有权的流转,计量物品价值、实现物品所有权的转移必须依靠商流活动,商流、物流、信息流、资金流一起构成了现代流通活动。

(3) 物流通过使物品流通而创造价值。具体表现在三个方面:一是因解决供应地至接收地的空间差问题，从而产生了空间效用；二是因设法缩短物品流动时间、弥补或延长生产与使用的时间差，从而产生了时间效用；三是因对物品在流通过程中有针对性地实施完善、补充性加工，从而产生了形态效用。

(4) 由于物流的出发点是满足顾客及社会的需求，这就决定了物流的本质是服务，即全方位服务于用户，因而物流应归为现代服务业。现代物流服务除定义中提及的运输、储存、装卸搬运、包装、流通加工及信息处理等传统内容之外，还应设法提供增值性服务内容，如简化手续与操作的便利性服务、基于准时化理念加快反应速度的服务、降低成本的服务以及延伸服务等。

(5) 物流的过程如何展开其实与物品实体的性质密切相关，有什么样的物，就有什么样的流，如有的货物适宜铁路运输，有的货物需要包装，有的货物需要低温储存等。

(资料来源：徐国权. 物流基础. 哈尔滨：哈尔滨工业大学出版社，2017.)

2. 物流的分类

根据不同的角度对物流有不同的分类，这里介绍几种典型的物流分类。

(1) 按照物流系统的性质分为社会物流、行业物流、企业物流。社会物流属宏观范畴，是全社会物流的整体，又称为宏观物流；行业物流属中观物流，它是指在一个行业内部所发生的物流活动；企业物流是微观物流的范畴，它是从企业角度研究有关的物流活动。本书所分析的物流管理主要是指微观层面的企业物流管理。

(2) 按照物流在企业生产经营过程中所处的阶段，可划分为采购/供应物流、生产物流、销售物流、回收物流、废弃物物流。采购物流是指包括原材料等一切生产物资的采购、进货运输、仓储、库存管理、用料管理和供应管理。生产物流是指在生产工艺中的物流活动。销售物流是生产、流通企业出售商品时，物品从生产者或持有者转移至用户的物流活动。回收物流(Returned Logistics)指不合格物品的返修、退货以及周转使用的包装容器从需方返回到供方所形成的物品实体流动。废弃物物流是将失去使用价值的物品，根据实际需要进行收集、分类、加工、包装、搬运、储存等，并分送到专门处理场所所形成的物流活动。

(3) 按照物流的实施主体不同划分为第一方物流、第二方物流、第三方物流、第四方物流。第一方物流是指由物质提供者(生产或流通企业)自己承担将产品或商品送到物质需求者手中的物流运作；第二方物流是指由物质需求者自己解决所需物质的物流问题；第三方物流是指由物流的供应方与需求方以外的物流企业提供的物流服务；第四方物流则是指一个供应链的集成商，是供需双方及第三方的领导力量。

8.1.2　认识物流管理

1. 物流管理的含义

根据国家物流标准术语，物流管理是指通过物流管理组织对整个物流活动进行计划、组织、协调与控制。通常，物流管理包括三个方面的内容，一是对物流活动诸要素的管理，包括运输、储存、装卸、搬运、包装、流通加工、配送、信息处理等物流功能要素的管理；二是对物流系统诸要素的管理，包括人、财、物、设备、方法和信息等六大要素的管理；三是对物流活动中具体职能的管理，主要包括物流计划、组织、控制、质量、技术等职能的管理等。物流管理从其发展历史来看，经历了物流功能个别管理阶段、物流功能系统化管理阶段、物流管理领域扩大阶段、企业内物流一体化管理阶段、供应链管理阶段等五个阶段。

相关链接 8-2

现代物流的起源

物流活动具有悠久的历史，人类社会开始有物品的交换行为时就存在物流活动。人们对于物流的认识，来自生产销售产品过程中的实际需要。但真正意义上的“物流”概念直到近代社会才出现。现代物流起源于 20 世纪初的美国，近一个世纪以来，物流的发展大致经历了四个阶段。

第一阶段：孕育和萌芽阶段

从 20 世纪初到 20 世纪 50 年代，这一阶段是物流概念的孕育和萌芽阶段。这一阶段的特点有三个：一个是局部范围，主要是在美国；二是少数人，是由几个人提出来的；三是意见不统一，主要是对物流概念的形成有四个观点。

第二阶段：分销物流学(Physical Distribution)阶段

从 20 世纪 50 年代中期开始到 80 年代中期，Physical Distribution 概念得到了广泛的应用、认可与发展，从而在当时物流研究与应用中占据了统治地位，并且从美国走向了全世界，成为世界一致公认的、比较统一的物流概念，因而形成和发展了物流管理学，促进了物流学派、物流产业和物流领域的产生和发展。

第三阶段：现代物流学(Logistics)阶段

从 20 世纪 80 年代中期开始，由于物流业的迅猛发展，使全世界都自然意识到，物流已不只是限于分销领域，而是涉及包括企业物资供应、企业生产、企业分销以及企业废弃物再生等全范围和全领域。故而我们应该扩大概念的内涵，原来的 Physical Distribution 概念已不适应形势，应采用 Logistics 作为物流的概念。1985 年，美国国家配送管理协会(NCPDM)正式更名为物流管理协会(CLM)，并将 Physical Distribution 改为 logistics。

第四阶段：SCM(Supply Chain Management)供应链管理阶段

2001 年，美国物流管理协会对物流定义做了进一步修订，修订后的定义是：物流是供应链过程的一部分，它是对商品、服务及相关信息在起源地到消费地之间有效率和有效益的正向和反向移动与储存进行的计划、执行与控制，其目的是满足客户要求。由此定义可以看出，物流已经明确是供应链的一部分，供应链的概念比物流的概念更加宽泛，物流管理必须从供应链的角度进行。

(资料来源：http://xuewen.cnki.net/CJFD-WLCF200921095.html)

2. 现代企业物流管理的原则与目标

物流管理的总原则是物流合理化，即实现物流活动各种成本之间经常存在着此消彼长的关系，物流合理化的基本思想就是“均衡”思想，从物流总成本的角度权衡得失，不求极限，但求均衡，均衡造就合理。

现代企业物流管理的主要目标有：

(1) 客户满意目标，即在现代企业物流管理中始终坚持客户第一，客户满意为目标。这里的客户不仅指物品的需求方，还包括物流服务的接受方，即物流业务的委托方。客户满意是一个综合指标，具体包括效率、质量、速度、成本、安全等。

(2) 整体最优目标，在现代企业物流管理中坚持整体最优的目标，即为了对运输、储存、装卸、库存、配送、信息等基本功能要素实施优化管理，处理好物流各要素之间的"二律背反"关系，在保证物流系统效率与质量的前提下，实现物流成本的最小化。

(3) 效率效果并重，即在现代企业物流管理中，既重视效率更重视效果，在确保整体最优的基础上充分重视环保、公害、交通等因素，积极发展符合21世纪发展潮流的绿色物流。

3. 现代企业物流管理的过程

现代企业物流管理按管理职能顺序划分为三个阶段，即计划阶段、实施阶段和评价阶段。

(1) 物流计划阶段的管理。物流计划首先要确定物流战略目标和战术目标，以及为实现这个目标所进行的各项工作的策划和安排，在物流计划阶段还需要充分分析研究企业物流目标实现的过程中可能发生的任何外界影响，尤其是不利因素，并确定对这些不利因素的对策，然后提出贯彻和指导实现物流目标的人力、物力、财力的具体措施。

(2) 物流实施阶段的管理。物流实施阶段的管理就是对正在进行的各项物流活动进行管理。因为在这个阶段中各项计划将通过具体的执行而受到检验，所以它在物流各阶段的管理中具有最突出的地位，也把物流管理与物流各项具体活动紧密结合。具体包括对物流活动的组织和指挥、监督和检查以及根据物流的影响因素对物流各部门、各个环节的能力做出新的综合平衡，重新布置实现物流目标的力量。

(3) 物流评价阶段的管理。物流计划是否得以实现，物流实施效果如何，则需要在一定时期内，对物流实施后的结果与原计划的物流目标进行对照、分析。通过对物流活动的全面剖析，人们可以确定物流计划的科学性、合理性如何，确认物流实施阶段的成果与不足，从而为今后制订新的计划、组织新的物流提供宝贵的经验和资料。按照对物流评价的范围不同，物流评价可分为专门性评价和综合性评价。按照物流各部门之间的关系，物流评价又可分为物流纵向评价和横向评价。应当指出无论采取什么样的评价方法，其评价手段都要借助于具体的评价指标。这种指标通常表示为实物指标和综合指标。

8.1.3 认识现代企业物流管理

1. 现代企业物流管理的功能

现代企业物流管理的功能主要有运输、仓储、包装、搬运、配送、流通加工、信息等。

(1) 运输。日常生活中的运输是指人和物的载运及输送，包括客运与货运。物流学中的运输专指生产或流通领域当中物品的载运及输送。企业管理中的运输管理指的是为满足企业发展需要，对物品移动的方式、方法、成本费用及效用的选择、判断、分析与实施的过程。按照运输方式，运输可以分为公路运输、铁路运输、水路运输、航空运输、管道运输等。

案例研究 8－1

沃尔玛的运输合理化

沃尔玛有时采用空运，有时采用船运，还有一些货物采用卡车公路运输。在中国，沃尔玛百分之百地采用公路运输，所以如何降低卡车运输成本，是沃尔玛物流管理面临的一个重要问题，为此他们主要采取了以下措施：

(1) 使用一种尽可能大的卡车，把卡车装得非常满，这样非常有助于节约成本。

(2) 车辆都是自有的，司机也是他的员工。车队大约有 5 000 名非司机员工，有 3 700 多名司机，车队每周一次运输可以达 7 000～8 000 千米。沃尔玛狠抓了安全驾驶，运输车队已经创造了 300 万千米无事故的纪录。

(3) 采用全球定位系统对车辆进行定位，在任何时候，调度中心都可以知道这些车辆在什么地方，离商店有多远，还需要多长时间才能运到商店，估算可以精确到小时。

(4) 连锁商场的物流部门，24 小时工作，随时能为卡车及时卸货。

(5) 卡车把产品运到商场后，商场可以把它整个地卸下来，而不用对每个产品逐个检查，节省很多时间和精力，加快了沃尔玛物流的循环过程，从而降低了成本。

(6) 运输成本比供货厂商自己运输产品要低，大大节省了产品流通过程中的仓储成本和转运成本。

沃尔玛的集中配送中心把上述措施有机地组合在一起，做出了最经济合理的安排，从而使运输车队能以最低的成本高效率地运行。

运输合理化的影响因素有很多。第一，尽可能就近运输，避免舍近求远；第二，尽量减少装卸、搬运、转运等中间环节，尽可能组织直达、直接运输，使货物不进入中转仓库；第三，要根据不同货物的特点，分别利用铁路、水运或汽车运输，选择最佳的运输路线，并积极改进车船的装载方法、提高技术装载量、使用最少的运力来运输更多的货物，提高运输生产效率；第四，尽量减少客户等待时间；第五，积极节约运输成本，提高运输效益。

（资料来源：节选自 http://www.kj-cy.cn/article/201581/92024_2.htm）

(2) 仓储。物流中的仓储是包括储备、库存在内的广义的仓储概念，是与运输并列的两大主要功能要素之一，在物流管理流程中有相当重要的地位。在现代企业管理中，仓储，是以改变“物”的时间状态为目的的活动，在物流系统中起着缓冲、调节和平衡的作用，能有效克服物品生产和消费在时间上的差异，创造时间价值。商品储存作为物流系统的重要组成部分，越来越被众多的学者与物流业者所重视，它在物流的整个过程中发挥着越来越重要的作用。仓储具有“两面性”，其作用包括积极作用和消极作用，如表 8－1 所示。

表8-1 仓储的两面性

仓储的积极作用	仓储的消极作用
◇ 仓储是保持物资原有使用价值的重要手段 ◇ 仓储具有运输整合和产品整合作用 ◇ 仓储具有预防不确定性的作用,有效防止货物短缺或供应中断 ◇ 仓储能够增加商品的附加价值,比如装袋、捆包、拴扉子、贴标签、印条形码、切割、刷标记、组装等活动 ◇ 仓储可以发挥传递市场信息的作用	◇ 仓储会增加固定费用支出,包括仓库、仓管等费用 ◇ 仓储会造成机会损失,如占用资金的利息成本和机会成本 ◇ 仓储会造成陈旧损坏与跌价损失 ◇ 仓储会增加保险费支出

相关链接 8-3

仓库的类型

仓库一般指以库房、货场及其他设施、装置为劳动手段的,对商品、货物、物资进行收进、整理、保管和分发等工作的场所,在工业中则是指储存各种生产需用的原材料、零部件、设备、机具和半成品、产品的场所。

1. 按照仓库的功能分类

(1) 周转仓库。

周转仓库主要的功能是物资周转,主要用于暂时存放待加工、待销售、待运输物资,包括生产仓库、中转仓库、集配仓库、加工仓库等。该种仓库储存货物时间短,主要追求周转效益,为生产、流通或运输服务。

(2) 储备仓库。

储备仓库主要指专门长期存放各种储备物资,以保证完成各项储备任务的仓库,如战略物资储备、季节物资储备、流通调节储备等。其功能是较长时间储存保管。

2. 按照仓库的隶属关系分类

(1) 自用仓库。

自用仓库是指某个企业建立的供自己使用的仓库,用于保管本企业的物品(原材料、半成品、产成品等),仓库的建设、物品的管理以及进出库均属本公司的管理范畴。建造此种仓库,要考虑到自建的固定成本和业务必要性与采用外包策略的可能性,看哪一种方案最优。

(2) 营业仓库。

营业仓库是按照相关管理条例的许可和企业经营需要,向其他一般企业提供保管服务的仓库。它是面向社会,以经营为手段,以营利为目的一类仓库。与自有仓库相比,营业仓库的使用率要高。第三方物流企业所建的仓库属于营业仓库。

(3) 公共仓库。

公共仓库是指国家和公共团体为了公共利益而建设的仓库。这是一种专业从事仓储经营管理的、面向社会的、独立于其他企业的仓库。

(资料来源:徐国权.物流基础.哈尔滨:哈尔滨工业大学出版社,2017)

(3) 包装。包装不仅能起到保护产品的作用，同时也方便了货物的运输、储存，更为重要的是，一个好的包装可以引起消费者的注意，激发消费者的购买欲望。因此，生产者在产品包装上也下足了功夫，希望通过包装来促进产品的销售。我国国家标准《物流术语》(GB/T 18354—2006)关于中包装的定义：包装是指为在流通过程中保护产品、方便储运、促进销售，按一定技术方法而采用的容器、材料及辅助物等的总体名称。也指为了达到上述目的而采用容器、材料和辅助物的过程中施加一定技术方法等的操作活动。包装的作用及含义如表 8-2 所示。

表 8-2　包装的作用及含义

作　用	含　义
物品保护功能	① 防止物资破损变形；② 防止物资发生吸潮、发霉、变质、生锈等化学变化；③ 防止鼠咬虫食；④ 防止异物混入，污物污染；⑤ 防止物资丢失、散失
物流信息化功能	物流信息管理是现代物流标准化的关键和核心。产品的各种信息都会在产品的各种包装上得以反映和体现。因此，在不同层次的包装上应该设置哪些标签、标记、代码和其他相关信息，对物流信息管理、整个物流供应链管理乃至整个物流系统的管理都是至关重要的
物流综合效率功能	一方面经过包装的商品能为商品流转提供许多方便的条件，运输、装卸搬运通常是以包装的体积、重量为基本单位的，托盘、集装箱、货车等也是按一定包装单位来装运的。合适的包装形状、尺寸、重量和材料，能够方便运输、装卸搬运、保管的操作，提高其他物流环节的效率，降低流通费用。另一方面通过包装将物流链、物流系统中的各个环节有机、高效、系统地组合成一个大综合系统，重视物流各个环节与包装的密切关系，则可以在整个运营中提高综合效率。另外，关注国际物流及包装法规及标准的接轨，也是实现国际化运营的根本保证之一
方便顾客消费功能	制造者、营销者及顾客要把产品从一个地方搬到另一个地方，例如，牙膏或钉子放在纸盒内可以很容易地在库房里搬动；酱菜和洗衣粉的不方便包装，已被现在的小包装所取代，这使消费者采购和带回家非常方便
促进销售功能	包装是商品的组成部分，也是商品的形象。包装上的商标、图案、文字说明等，是商品的广告和“无声的推销员”，它是宣传推销商品的媒体，诱导和激发消费者的购买欲望

(4) 装卸搬运。生产过程、流通过程中的任何活动都会伴随装卸搬运的发生。装卸搬运的作业效率在很大程度制约着其他作业环节的效率高低。同时装卸搬运过程中最容易出现货损货差的现象，从而导致成本的增加。我国国家标准《物流术语》(GB/T 18354—2006)中关于装卸搬运的定义：装卸(Loading and Unloading)是指物品在指定地点以人力或机械载入或卸出运输工具的作业过程，主要包括物品的装载、卸货、移动、货物堆码上架、取货、备货、分拣等作业以及附属于这些活动的作业，通常指物品上下方向的移动。搬运(Handing/Carrying)是指在同一场所内，对物品进行水平移动为主的物流作业。装卸搬运在现代物流中的作用如表 8-3 所示。

表8-3 装卸搬运在现代物流中的作用

在物流活动转换中起衔接和支持作用	装卸搬运承载着连接运输与仓储转换的转换过程，装卸搬运在物流活动的转换中起着重要的衔接和支持作用，没有装卸搬运，物流活动就无法进行下去
在物流成本中占有重要地位	一方面，装卸搬运在物流过程中出现的频率高、次数多，不仅需要使用机械设备，还需要使用大量的人力，它所消耗的费用在物流费用中占有相当大的比重。另一方面，在物流过程中易造成货物破损、散失、损耗、混合等损失。例如，袋装水泥的纸袋破损和水泥散失主要发生在装卸过程中，玻璃、机械、器皿、煤炭等产品在装卸时最容易造成损失；再加上当今人工费用日益上涨，需要大量人力劳动的装卸搬运费用也相应增加，这对物流成本的影响都非常大。因此，在控制物流成本时，装卸搬运环节绝不可小觑
装卸搬运是提高物流系统效率的关键	在物流过程中，装卸搬运活动是不断出现和反复进行的，它出现的频率高于其他各项物流活动，每次装卸活动都要花费时间。另外，装卸搬运的作业内容复杂，作业对象繁多，大至笨重的机械设备，小至精密的仪器，既会涉及普通物品，也会涉及特殊物品，涵盖了固态、液态、气态等所有物品形式，因此装卸搬运环节的作业效率已经成为提高物流系统效率的瓶颈和关键

案例研究8-2

好丽友薯片是如何送到消费者手中的？

一箱好丽友薯片自生产地移动到消费地，需要经历哪些环节呢？好丽友薯片的生产厂家位于河北廊坊，薯片自工厂生产线下线之后，进入廊坊邮政速递物流分公司的成品仓库储存。根据好丽友区域经销商的订单，廊坊邮政速递物流分公司按订单要求将好丽友薯片从成品仓库拣货出库，经过长途干线运输将整箱好丽友薯片运送到区域经销商仓库。区域经销商再根据接到的各配送中心的订单，委托第三方物流公司将好丽友薯片配送到本区域内的各个配送中心仓库。配送中心仓库再根据门店订单，将好丽友薯片配送到各家门店。以上过程包括仓储、运输、装卸搬运、流通加工、包装、配送及信息处理等活动，这些活动需要统筹规划、紧密衔接才能确保物流过程的高效运转和商品的准时送达。

（资料来源：北京中物联物流采购培训中心．物流与供应链职业基础[M]．南京：江苏凤凰教育出版社，2021）

（5）配送。配送是一种特殊的、综合的物流活动形式，它将商流与物流紧密结合起来，既包含商流活动，也包含物流活动中若干功能要素，是物流的一个缩影或在较小范围内的物流活动。我国国家标准《物流术语》（GB/T 18354—2006）中关于配送的定义：配送是指在经济合理区域范围内，根据客户要求，对物品进行拣选、加工、包装、分割、组配等作业，并按时送达指定地点的物流活动。配送在现代物流中的作用，如表8-4所示。

表 8-4　配送在现代物流中的作用

完善和优化物流系统的作用	配送可以在一定范围内将干线、支线运输及仓储等环节统一起来，形成一个大范围的物流与局部范围配送相结合的、完善的物流配送系统
提高末端物流的效益的作用	从整个物流活动来看，配送处于物流系统最末端，在仓储与客户之间起承上启下的作用，对物流经济效益实现有着重要意义
优化库存结构、降低库存水平的作用	采用配送方式后，企业可以将原来由自己做的仓储、运输等业务外包给专业物流公司来完成，从而降低了企业内部的库存量，甚至可以实现"零库存"
简化事务、方便客户的作用	采用配送方式，用户只需向一处订购，就能达到向多处采购的目的，不但减少了费用，还大大减轻了用户的工作量和负担，方便了用户
提高供应保证程度的作用	在物流系统中，配送的及时性，使得用户因缺货而影响生产的风险减少了，提高了供应保证程度

(6) 流通加工。我国国家标准《物流术语》(GB/T 18354—2006)中关于流通加工的定义：流通加工(Distribution Processing)是指根据客户的需要，在流通过程中对产品实施的简单加工作业活动(如包装、分割、计量、分拣、刷标志、贴标签、组装等)的总称。流通加工是在流通领域从事的简单生产活动，具有生产制造活动的性质。它和一般的生产型加工在加工方法、加工组织、生产管理方面并无显著区别，但在加工对象、加工程度方面差别较大。

相关链接 8-4

流通加工和生产加工的区别

指　标	生产加工	流通加工
加工对象	原材料、零配件、半成品	进入流通过程的商品
所处环节	生产过程	流通过程
加工程度	复杂的、完成大部分加工	简单的、辅助性、补充加工
价值贡献	创造价值和使用价值	完善其使用价值并提高价值
加工单位	生产企业	流通企业
加工目的	交换、消费	服务消费、流通

(资料来源：徐国权.物流基础.哈尔滨：哈尔滨工业大学出版社，2017)

流通加工是生产加工在流通领域的延续，在企业物流管理中有着非常重要的地位。流通加工是一种低投入、高产出的加工方式，往往以简单加工解决大问题，一方面可以提高物流服务水平，另一方面其提供的利润并不亚于从运输和仓储中挖掘的利润，是物流中的重要利润来源。

(7) 物流信息处理。物流活动的有效性必须依赖于物流信息技术的发展。我国国家标准《物流术语》(GB/T 18354—2006)中关于物流信息的定义：反映物流各种活动内容的知识、资料、图像、数据、文件的总称。物流信息有信息量大、信息更新快、信息来源多样化等特点。现代企业物流管理如何运用有效的信息技术手段来进行物流信息管理尤为重要。信息技术(Information Technology，IT)是指获取、传递、处理、再生和利用信息的技术。信息技术是企业信息化的物质技术基础。物流信息技术是指现代信息技术在物流各个作业环节中的应用,是物流现代化的重要标志。主要由通信、软件、面向行业的业务管理系统三大部分组成,包括基于各种通信方式基础上的移动通信手段、全球卫星定位(GPS)技术、地理信息(GIS)技术、计算机网络技术、自动化仓库管理技术、智能标签技术、条形码技术、射频识别技术、电子数据交换技术等现代尖端科技。信息技术在物流领域的使用,对提高物流的现代化作业水平、减低物流成本、提高企业竞争力等都发挥了巨大的促进作用。

2. 现代企业物流管理组织

(1) 物流管理组织的含义。物流管理组织是指以物流经营和管理活动为核心内容的实体性组织,从广义上讲它可以是企业内部的物流管理和运作部门、企业间的物流联盟组织,也可以是从事物流及其中介服务的部门、企业以及政府物流管理机构。本文所指的物流管理组织是指现代企业中从事物流管理的机构设置和管理权限及范围划分的组织形式。

(2) 现代物流组织设计的特征。物流企业的组织设计体现的是一种管理思想,特定的行业有特定的管理思想与管理模式。传统物流服务业务单一,可采用一般的直线职能制来进行管理,但第三方物流服务供应商提供的是综合性的物流服务,针对每个客户的特点,提供的是个性化、差异化的综合服务,因此不能采用传统的直线职能制。针对客户的这种综合的、一体化的物流服务要求,就必须按照客户供应链的特点进行纵向重组,形成综合的、一体化的物流服务项目,从而和客户的整个供应链的运作紧密结合。

相关链接 8-5

现代物流组织设计的因素

(1) 企业类型。不同的企业类型,其物流管理的侧重点不同,因此其物流组织设计也各有特点。例如,作为其他企业原材料的供应商,原材料生产型企业的产品种类一般较少,但通常是大批量装卸和运输,因此,一般要成立正式的物流管理部门与之适应;而销售型企业,没有生产活动,经营集中在销售和物流活动上,它们一般从分布广泛的供应商采购商品,并通常在相对集中且较小的领域内零售商品,其主要的物流活动包括采购运输、库存控制、仓储、订货处理及销售运输等。

(2) 企业战略。企业战略是企业根据环境的变化,本身的资源和实力选择适合的经营领域和产品,形成自己的核心竞争力,并通过差异化在竞争中取胜。而企业组织是帮助企业管理者实现管理目标的手段。由于目标产生于组织的总战略,因此组织的设计应该与企业的战略紧密配合,特别是组织结构应当服从、适应企业战略。如果企业的战略发生了重大调整,那么组织的结构就需要做相应的变动以适应和支持新的战略。

(3) 企业规模。企业规模的大小对企业组织结构有明显的影响作用。比如,大型企业的组织要比小型企业的组织具有更高程度的专业化和横向、纵向的分化,规章条例也更多。而小型企业的组织结构就显得简单,通常只需两三个纵向层次,形成“扁平化”模式,员工管理相对灵活些。

(4) 企业环境。企业环境是指一些相互依存、互相制约、不断变化的各种因素组成的一个系统,是影响企业管理决策和生产经营活动的现实各因素的集合。企业环境是组织结构设计主要影响因素之一。从本质上说,较稳定的企业环境采用机械式组织更为有效;而动态的、不确定的企业环境,则采用有机式组织更佳。由于现代物流企业面临的竞争压力增大,企业环境也比以前复杂,故企业物流组织应该能够对环境的变化做出有益于企业运行的反应,设计要充分体现“柔性”,以适应企业随环境变化而改变。

(资料来源:企业如何设计物流组织,http://blog.sina.com.cn/s/blog_6f430cfe0100n43n.html)

(3) 现代物流组织设计的原则。

① 目标有效原则。目标有效原则是物流组织基本原则的核心,是衡量组织结构合理与否的基础。目标有效原则要求物流组织必须是有效率的,包括管理的效率、工作的效率和信息传递的效率。物流组织的效率表现为组织内各部门均有明确的职责范围,通过节约人力、节约时间,以及发挥管理人员和业务人员的积极性,使物流企业能够以最少的费用支出以及最快的速度实现目标,并且使每个物流工作人员都能在实现目标过程中做出贡献。

② 统一指挥原则。统一指挥原则即一个下级只能接受一个上级的指挥。企业物流管理组织是企业从事物流相关活动的管理部门,为了使物流部门内部协调一致,更好地完成物流管理任务,必须遵循统一指挥的原则。各层级之间不能越级指挥和管理,避免出现多头领导,执行者负执行者的责任,领导者负领导者的责任,自上而下层层负责,保证物流任务的顺利实施。

③ 分工合作原则。物流组织必须体现分工合作原则,要有利于纵向协调和横向协调。纵向协调是指通过上下级之间的有效沟通,按照权责对等和系统最优的原则,实现有效协作。横向协调是企业经营活动分解为若干部分,形成专业化分工体系,将这些部分连接成一个整体,保证各部门为实现企业总目标而建立良好的协作关系。物流行业是一个复合型产业,是将运输、储存、装卸、搬运、包装、流通加工、配送、信息处理等基本功能根据实际需要实施有机结合的活动的集合。物流业务规模越大,专业化要求越高,分工越细,物流活动也就越多,从而越有必要加强物流活动之间的协调。

④ 管理幅度原则。管理幅度是指一名管理者能够直接而有效地管理其下属的人数及业务范围,它表现为管理组织的水平状态和组织体系内部各层次的横向分工。管理幅度与管理层次密切相关,管理规模一定的情况下,管理幅度越大,管理层次就会减少,其优点是权责明确、分权与授权切实可行、部属的选用审慎;缺点是主管管控难度大,易导致顾此失彼、主管负荷过重,决策品质不佳。相反地,若管理幅度较小,组织层次则会增加,其优点是督导与控制较严密、直接主管与部属沟通简单且迅速、主管与部属沟通迅速;缺点是高层与基层距离较远,管理层级太多,易导致上令不能下达,或下令不能上达,以及层次增多使得成本增高。因此,合理的管理幅度一方面要求适当划分物流管理层次,精简机构;另一方面要求适当确定每一层次管理者的管辖范围,保证管理的直接有效性。

3. 现代企业物流费用管理

(1) 企业物流费用的构成。现代企业物流费用传统上指产品空间位移过程中所耗费的各种资源的货币表现,是物品在实物运动过程中,如包装、装卸搬运、运输、储存、流通加工、物流信息等各个环节所支出的人力、财力、物力的总和。物流费用分类,如表8-5所示。

表8-5　物流费用分类

分类标准	成本费用类别
按费用支出形式分类	直接物流费用和间接物流费用
按物流活动的基本构成分类	物流环节费用(包括运输费、包装费、装卸费、保管费、加工费等)
按物流的整个运作过程分类	企业物流活动的筹备费用,企业生产物流费用、销售物流费用和逆向物流费用

(2) 企业物流费用的控制。物流费用控制是指运用成本会计的方法、预订费用限额,将实际物流费用与限额做比较,纠正不利的差异,提高经济效益。从总体来说,物流费用的控制由局部控制和综合控制组成。物流费用的局部控制包括运输费用控制、卸搬运费用的控制、储存费用的控制、包装费用的控制、流通加工费用的控制等。物流费用的综合控制包括事前、事中、事后对物流费用进行预测、计划、分析、反馈、决策等全过程的系统控制,以达到预期目标。

二十大报告明确提出,建设现代化产业体系。坚持把发展经济的着力点放在实体经济上,推进新型工业化,加快建设制造强国、质量强国、航天强国、交通强国、网络强国、数字中国。实施产业基础再造工程和重大技术装备攻关工程,支持"专精特新"企业发展,推动制造业高端化、智能化、绿色化发展。巩固优势产业领先地位,在关系安全发展的领域加快补齐短板,提升战略性资源供应保障能力。推动战略性新兴产业融合集群发展,构建新一代信息技术、人工智能、生物技术、新能源、新材料、高端装备、绿色环保等一批新的增长引擎。构建优质高效的服务业新体系,推动现代服务业同先进制造业、现代农业深度融合。加快发展物联网,建设高效顺畅的流通体系,降低物流成本。加快发展数字经济,促进数字经济和实体经济深度融合,打造具有国际竞争力的数字产业集群。优化基础设施布局、结构、功能和系统集成,构建现代化基础设施体系。

(3) 企业物流费用管理的新思维。现代物流管理发展迅速,在企业物流费用管理方面主要产生了如下全新的成本费用管理新思维:从流通全过程的视点来降低物流费用;通过实现供应链管理,提高对顾客的物流服务来削减费用;借助于现代信息系统降低企业物流费用;通过参与共同配送降低物流费用;削减逆向物流费用等。

4. 现代企业物流系统管理

(1) 系统的定义。一个系统是由许多要素相互联系所构成的、具有特定功能的整体。形成系统的诸要素的集合永远具有一定的特性或表现为特定的行为,而这些特性或特定行为是系统的任何一个组成要素不具备的。从系统功能看,系统是一个不可分割的整体,如果将其分割,它将失去其原来的性质。但在物质世界中,一个系统的任何一部分都可以被看作是一个子系统,而系统本身又可以成为一个规模更大的系统的子系统。

(2) 物流系统的特征,如表8-6所示。

表8-6 物流系统的特征

特征	释义
物流系统是一个“人机复合”系统	物流系统是由人和物流设施、设备、工具及信息所组成的有机整体。在物流劳动者运用运输设备、装卸搬运机械、仓库、港口、车站等设施,作用于物资的一系列生产活动时,人是系统的主体,必须把人和物这两个因素有机地结合起来,作为不可分割的整体加以考察和分析,而且应该始终把如何发挥人的主观能动作用放在首位
物流系统是一个动态系统	物流系统,总是联结多个生产企业和用户,随需求、供应、渠道、价格的变化,系统内的要求及系统的运行经常发生变化,难于长期稳定。稳定性差、动态性强要求物流系统有足够的灵活性与可改变性
物流系统是一个大跨度系统	一是地域跨度大;二是时间跨度大。跨地域、跨时域的特性也说明了物流系统是一个动态的系统。经济的全球化、信息化和网络化的发展,形成了物流跨地区、跨国界发展的趋势
物流系统是一个具有层次结构的可分的系统	物流系统同样也具有层次性,而且可以按照层次结构对物流系统进行层次划分。首先,物流系统是由多个作业环节构成。其中,最基本的功能作业环节包括运输、储存、包装、装卸、流通加工及信息处理等。其次,物流系统的层次具有多样性
物流系统是一个多目标函数系统	物流系统的总目标经常不是单一的,要实现物流成本的最小化、服务水平的最大化、对环境影响的最小化、减少浪费等。在实现这些目标时,总是会出现一些矛盾,常称其为“效益背反”现象。“效益背反”是物流领域中很普遍的现象,是物流系统中内部矛盾的反映和表现

思政园地

2021年10月14日,习近平总书记以视频方式出席第二届联合国全球可持续交通大会开幕式并发表题为《与世界相交 与时代相通 在可持续发展道路上阔步前行》的主旨讲话。

习近平总书记强调,要大力发展智慧交通和智慧物流,推动大数据、互联网、人工智能、区块链等新技术与交通行业深度融合,使人享其行、物畅其流。

8.2 实施库存管理

8.2.1 认识库存

1. 库存的含义及分类

(1) 库存的含义。

对绝大多数的社会经济组织来说,无论是营利性的,还是非营利性的,都在生产、使用、储存和分配存货。存货的存在,使得每一个组织每年要花费大量的物力、人力、设施去计划和控制库存。在现代企业管理中,合理库存的管控会直接影响到企业的整体经济效益。

库存的含义有狭义和广义之分,狭义的库存是指“仓库里存放东西”;广义的库存就是具有经济价值的任何物品的停滞与储藏,是供将来使用的所有闲置资源。企业管理中所指的

“库存”(Inventory)一般是指“以支持生产、维护、操作和客户服务为目的而存储的各种物料,包括原材料和在制品,维修件和生产消耗品,成品和备件等”。

(2) 库存的分类。

根据不同的分类标准可以把库存进行不同的分类,常见的库存分类如表8-7所示。

表8-7 库存的分类

分类标准	库存类别	含 义
按货物所处状态分类	静态库存	货物处于静止状态,企业根据需要储存较长或者较短时间的库存
	动态库存	货物处于运动状态,运输状态下的库存、制造加工状态下处于短暂停止状态的货物均属动态库存
按货物的形态分类	原材料库存	尚未经过加工程序或者只经过简单处理的原材料,它是生产企业为制造产品而采购的
	零部件和在制品库存	已经通过生产过程,但尚未最终完工的,等待进入下一道生产工序的库存
	产成品库存	生产加工过程已经全部结束,等待销售或者出库状态的库存
按储存货物的目的分类	节假日或季节性库存	有时在节假日或季节性时期,一些商品的市场需求会大幅度增加,为了满足市场需要,避免出现供不应求的局面,企业因此原因提前采购而增加的库存
	促进销售的库存	为了提高市场占有率,企业需定期或者不定期开展促销活动,为此目的,企业需有计划地增加相应的库存
	经常性库存	在一般正常的生产经营状态下,为满足生产经营需要建立的库存,又称周转性库存
	安全性库存	由于生产和市场供应过程中存在大量不确定因素,为摆脱被动局面而保持一定数量的货物库存
	投机性库存	如果企业预测或者提前得知物价将上涨、原材料将短缺,为了获得更多的利润,企业可有计划地增加相应的库存
	积压性库存	如果货物不能顺利地销售出去而长期处于储存状态,会造成货物品质下降,使用价值降低。此种原因造成的库存即是积压性库存。此类库存将会给企业带来较大的损失,应尽量避免

2. 库存的意义

库存对企业管理来说,是一把“双刃剑”,一方面为企业生产经营之必需,另一方面又是资金的闲置。

(1) 库存的积极意义。

① 维持销售的稳定。销售预测型企业对最终销售产品必须保持一定数量的库存,其目的是应付市场的销售变化。这种方式下,企业并不预先知道市场真正需要什么,只是按对市场需求的预测进行生产或订货,因而产生一定数量的库存是必需的。但是,随着供应链管理的产生与发展,这种库存也在减少甚至有些企业可以实现“零库存”。

② 维持生产的稳定。企业按销售订单与销售预测安排生产计划,并制订采购计划,下

达采购订单。由于采购的物品需要一定的提前期,这个提前期是根据统计数据或者是在供应商生产稳定的前提下制订的,但存在一定的风险,有可能会拖后而延迟交货,最终影响企业的正常生产,造成生产的不稳定。为了降低这种风险,企业就会增加材料的库存量。

③ 平衡企业物流。在企业采购材料、生产用料、在制品及销售物品的物流环节中,库存起着重要的平衡作用。采购的材料会根据库存能力(资金占用等)协调来料收货入库。同时对于生产部门的领料应考虑库存能力、生产线物流情况(场地、人力等)平衡物料发放,并协调在制品的库存管理。另外,对于销售产品的物品库存,也要视情况进行协调(各个分支仓库的调度与出货速度等)。

④ 平衡流通资金的占用。库存的材料、在制品及成品是企业流通资金的主要占用部分,因而库存量的控制实际上也是进行流通资金的平衡。例如,加大订货批量会降低企业的订货费用,保持一定量的在制品库存与材料会节省生产交换次数,提高工作效率,但这两个方面都要寻找最佳控制点。

(2) 库存的消极意义。

① 占用企业大量资金。库存量太大导致占用资金过多,影响资金周转与资金使用效率。

② 增加了企业的产品成本与管理成本。库存材料的成本增加直接增加了产品成本,而相关库存设备、管理人员的增加也加大了企业的管理成本。

③ 掩盖了企业众多管理问题。例如,计划不周、采购不力、生产不均衡、产品质量不稳定及市场销售不力。

④ 贬值风险。不必要的库存有可能因为保质期、市场变化等风险导致贬值或机会成本的增加。

8.2.2 认识库存管理

1. 库存管理的含义

所谓库存管理,是对制造业或服务业生产、经营全过程的各种物品、产成品以及其他资源进行管理和控制,使其储备保持在经济合理的水平上的过程。库存管理包括仓库管理和库存控制两个部分。仓库管理的内容是指库存物料的科学保管,以减少损耗,方便存取;库存控制则是要求控制合理的库存水平,即用最少的投资和最少的库存管理费用,维持合理的库存,以满足使用部门的需求和减少缺货损失。有些时候业界会把库存控制类同于库存管理。

2. 库存管理的决策目标与内容

库存管理的决策目标是在现实的资源(资金、仓库面积、供应者的政策等)约束下满足订货需要而又使库存成本达到最低。库存管理决策的内容包括但不限于以下三个方面:

(1) 何时提出采购或生产?

(2) 每次应采购或生产多少?

(3) 应采用什么类型的库存控制系统来维护预期的库存决策?

3. 影响库存管理决策的因素

(1) 需求性质。不同需求性质影响着库存控制决策。

相关链接 8-6

需求性质对库存管理决策的影响

(1) 需求是独立的还是相关的。需求的独立性或相关性是指某种物品的需求与其他物品的需求互不相关或相互依赖。相关性需求一般根据某项相关需求计划直接推算该物品的供货数量和时间。独立性需求是企业所不能控制的,它们随机发生,只能预测而无法精确计算。

(2) 需求是确定的还是随机的。对于独立性需求的物品,应分析需求是确定的还是随机的。若需求是确定的,则单位时间内的需求量均匀稳定,而且确定不变,这时库存的数量可以根据给定的计划确定。若需求是随机的,则单位时间内的需求量随机变化,没有确定值,此时需要保持经常储备量,以供应随时发生的需求。

(3) 需求变量的概率分布。若需求是随机变化的,则需求变量必然服从一定的概率分布。在库存控制理论中,可以将需求变量的概率分布分成两类:正态分布和其他分布。正态分布的特征是:需求量的数值分布在以其平均值为中心的一个对称区域内,中间分布密度大,越往两端分布密度越小。其他分布的特征是:需求量的数值可以用一个分布表来描述,这个表中能够列出所有各个值出现的概率。需求变量的概率分布不同,库存控制方法也不同。在实际生活中,需求服从正态分布的情况较多。

(资料来源:https://bbs.kuguanyi.com/thread-9423-1-1.html)

(2) 提前期。所谓提前期,是指从订购或下达生产指令时间开始,到物品入库的时间周期。提前期是确定订购的时间或下达生产指令时间的主要考虑因素。在库存控制中,都是根据库存量将要消耗完的时间,提前一个提前期提出订货,以避免在订货到达之前发生缺货。

(3) 服务水平要求。服务水平要求一般是由企业领导部门根据经营的目标和战略而规定的,服务水平要求的高低影响到库存水平的选择。服务水平要求高,就需要较多的储备来保证。

4. 与库存管理有关的费用

一般而言,与库存管理有关的费用如下:

(1) 订货费。包括办理订货手续、物品运输与装卸、验收入库等的费用以及采购人员的差旅费等。

(2) 保管费。包括仓库管理费用,存放过程中发生的变质、损坏、丢失、陈旧、报废等的损失费用以及保险金、税金、占用资金的利息支出等。

(3) 购置费。购置费用是购置物品时所花费的费用,即购置物品所支出的货款。

(4) 缺货费。包括三个方面:① 由于赶工处理这些误期任务而追加的生产与采购费用;② 由于丧失用户而对企业的销售与信誉所造成的损失;③ 误期的赔偿费用。

(5) 补货费。补货是当用户买货时,仓库没有现货供应,为不丧失销售机会,仍希望用户在这里订货,进行欠账经营,进货后立刻补货给用户,如为了吸引顾客,需要花费招待费、感情费、回扣费,或是优惠服务和优惠价格等所花费的费用。

8.2.3 认识库存控制系统

1. 库存控制系统的含义

要做好库存管理工作，建立有效的库存控制系统显得尤为重要。库存控制系统是以控制合理库存为共同目的的方法、手段、技术、管理及操作过程的集合，这个系统贯穿于从物资的选择、规划、订货、进货、入库、储存及至最后出库的一个长过程，这些过程的作用结果是实现按人们的目标控制库存的目的。

2. 库存控制系统的构成要素

一般的库存控制系统中，起决定作用或较大作用的要素如下：

(1) 企业的选址与产品决策。企业的选址是库存控制系统的最初的因素，它决定着库存控制的结果。企业的选址对未来库存控制水平有极大的影响。企业的产品决策也是库存控制的一个影响因素，产品决策过程中需要考虑供应链上下游对库存控制的便利性，企业选址或者产品决策一定意义上是库存对象供应条件的选择，即该供应条件是否能保证或者满足这种方式的控制。

(2) 订货批次和订货数量。如果说企业选址与产品决策是库存控制系统的长期影响因素或相对静态的影响因素的话，那么订货批次和订货数量的决策则是相对短期或动态的影响因素。对大多数企业而言，库存控制是建立在一定要求的输出前提下的，需要调整的是输入，而输入的调整依赖于订货，以致不少企业把库存控制转化为订货控制，以实现合理化库存。

(3) 运输保障。订货批次和订货数量的决策是建立在运输保障完全确定的前提下来进行库存控制的。由于运输过程中的主观因素和客观因素的原因，运输都有一定的不确定性，这些都会影响库存控制的结果。运输保障的不确定性给库存管理系统提出了更大挑战，运输的提前或延误都将对库存控制水平产生极大的影响，提前则提高库存水平，延误则使库存水平下降甚至会出现失控状态。

(4) 库存信息。库存信息是伴随库存管理活动而产生的信息。相对应于订购、预测、计划和执行等管理活动，库存信息有订货、订货商品的出库和商品采购反馈的信息。库存信息管理需要从这些信息中筛选出有效的信息并迅速加以处理。销售管理最重要的是严格地按照顾客要求的送货时间、地点和数量进行送货。库存管理则在服务水平和成本平衡的基础上确定如何订货、订货多少及何时订货。为此，就必须建立一个能迅速地处理大量信息的库存信息系统，以便能迅速地开展物流活动并有效地管理库存。

(5) 有效管理。库存控制系统并不只靠一条流水线、高新技术工艺等硬件系统支持，更重要的是靠有效管理，包括企业对需求、订货周期、资金、信息、成本核算等方面的有效管理，通过有效的管理来减轻库存控制不确定因素带来的风险。

8.2.4 库存控制的常用方法

为了提高库存管理的质量，既保证生产经营的正常进行，又能有效地降低库存成本，必须结合企业的实际情况选择有效的控制库存方法。库存管理的方法是随着对库存管理研究的发展和通信技术的发展而不断变化的。它分为传统库存管理方法和现代库存管理方法。传统库存管理方法以 ABC 分类法和 EOQ 为代表，现代库存管理方法有准时制(JIT)、物料需求计划(MRP)等。下面介绍几种常用的控制库存方法，其中准时制和物料需求计划本书在讲述生产管理中有介绍，此处不再赘述。

1. ABC分类控制法

ABC分类管理是通过对库存进行统计、综合、排列、分类，把品种少、占用资金多、采购较难的重要物资归为A类，把品种多、占用资金少、采购较易的次要物资归为C类，把处于中间状态的一般物资归为B类。对A类物资实行重点管理，在订货批量、进货时间和库存储备方面采用最经济的方法，严格控制库存；对C类物资采用简便方法管理；对B类物资实行一般控制。对重要物资进行重点管理，次要物资简单管理，可以使库存管理工作目的性更强，花费较少的控制成本取得较好的库存管理效果。

ABC分类管理的一般步骤：

(1) 收集数据。按分析对象和分析内容收集有关数据。例如，想要分析产品成本，则应收集产品成本因素、产品成本构成等方面的数据；若对库存物资的资金占用额进行分析，了解哪些物品占用资金多，则应收集的数据主要有每种物品的平均库存量、每种物品的单价等。

(2) 处理数据。对收集来的数据资料进行整理，按要求计算和汇总。一般以平均库存乘以单价，计算各种物品的平均资金占用额。

(3) 绘制ABC分类管理表(见表8-8)。

表8-8 ABC分类管理表

物品名称 1	品目数累积 2	品目累积百分数(%)3	物品单价 4	平均库存 5	物品平均资金占用额 6=4×5	平均资金占用额累计 7	平均资金占用额累计百分数(%)8	分类统计 9

(4) 分类。按ABC分类管理表，观察第3栏品目累计百分数和第8栏平均资金占用额累计百分数，将品目累计百分数为5%～15%而平均资金占用额累计百分数为60%～80%的前几个物品，确定为A类；将品目累计百分数为20%～30%而平均资金占用额累计百分数也为20%～30%的物品，确定为B类；其余为C类，C类正好和A类相反，品目累计百分数为60%～80%而平均资金占用额累计百分数仅为5%～15%，如图8-1所示。

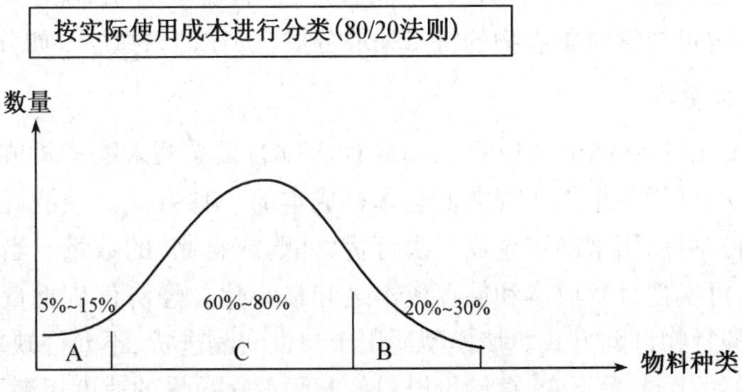

图8-1 帕累托定律(80/20法则)

(5) 绘制 ABC 分类管理图。以品目累计百分数为横坐标，以资金占用额累计百分数为纵坐标，按 ABC 分类管理表第 3 栏和第 8 栏提供的数据，在坐标图上取点，并连接各点曲线，则绘成 ABC 分类曲线，如图 8-2 所示。

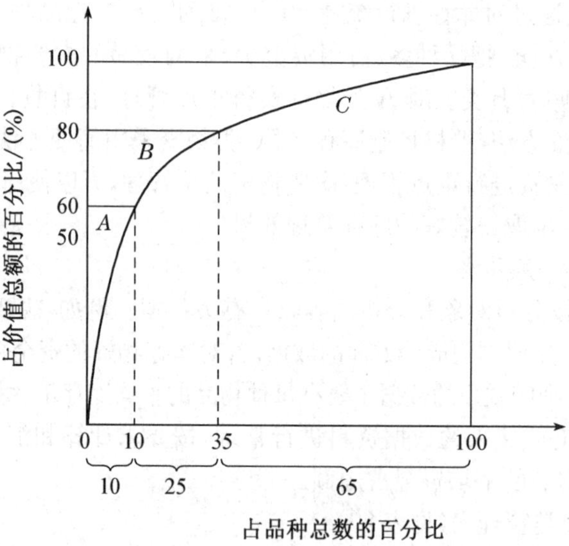

图 8-2　ABC 分类曲线

(6) 确定重点管理要求。在 ABC 分析的基础上，对每一类物资采用相应的切实可行的管理措施，提高库存控制效率。企业对 A 类物资应实施可行的管理措施，提高库存控制效率。企业对 A 类物资应定时进行盘点，详细记录及经常检查分析物资使用、存量增减、品质维持等信息，加强进货、发货、运送管理，在满足企业内部需要和客户需要的前提下维持尽可能低的经常库存量和安全库存量，加强与供应链上下游企业的合作，降低库存水平，加快库存周转率。企业对 B 类物资进行正常的例行管理和控制即可。企业对 C 类物资可采用大量采购大量库存，减少这类库存的管理人员和设施，库存检查时间间隔延长等方法。

在实际工作中，企业可根据实际情况，灵活运用 ABC 分类控制法的原理采用适当的模式进行库存管理。例如，分层的 ABC 分类管理，在物资种类较多、无法全部排列于表中或即使可以排成大表但必要性不大的情况下，可以先进行品目的分层，以减少项数，再根据分层结果将 A 类品目逐一列出，进行个别的、重点管理；多种分类方法，除了分成 A、B、C 三类外，在实际营运中也可根据对象事物的特点采取分成三类以上的方法，如分成五类、十类等。

2. 经济订货批量法

经济订货批量法(Economic Order Quantity，EOQ)是平衡采购进货成本和保管仓储成本，确定一个最佳的订货数量来实现最低总库存成本的一种方法。经济订货批量是固定订货批量模型的一种，可以用来确定企业一次订货(外购或自制)的数量。当企业按照经济订货批量来订货时，可实现订货成本和储存成本之和最小化。经济订货批量模型是目前大多数企业最常采用的货物订购方式。该模型适用于整批间隔进货、不允许缺货的存储问题，即某种物资单位时间的需求量不变，存储量以单位时间消耗数量的速度逐渐下降，经过时间 T 后，存储量下降到零，此时开始订货并随即到货，库存量由零上升为最高库存量 Q，然后开始下一个存储周期，形成多周期存储模型。关于经济订货批量的具体计算本章不做要求。

3. 定量订货法与定期订货法

(1) 定量订货方法。

定量订货方法是指当库存量下降到预定的最低库存量(订货点)时，按规定数量进行订货补充的一种库存管理方式。

当库存量下降到订货点时马上按预先确定(Q)发出货物订单，经过交货周期(LT)，收到订货，库存水平上升。采用定量订货方法时必须预先确定订货点和订货量。定量订货法图示如图 8-3 所示。

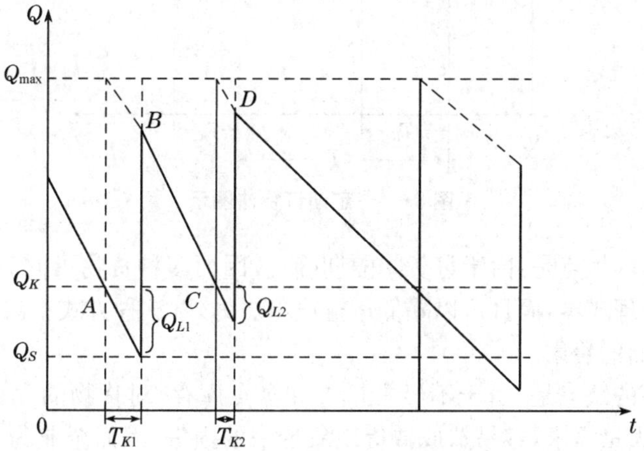

图 8-3　定量订货法图示

通常订货点的确定主要取决于需要率和订货到货间隔时间这两个要素。在需要固定均匀和订货到货间隔时间不变的情况下，不需要设定安全库存。订货点由下式确定：

$$R = LTD/365$$

式中，D 代表每年的需要量。

在需要发生变动或订货到货间隔时间变化的情况下，订货点的确定方法比较复杂，且往往需要安全库存。因此，在商品需求稳定、市场波动不大、没有促销活动等情况下，这种方法应用得比较普遍。

定量订货方法的优点是：由于每次订货之前都要详细检查和盘点库存(看是否降到订货点)，能及时了解和掌握库存的动态，因每次订货数量固定，且是预先确定好了的经济批量，方法简便。

这种订货方法的缺点是：经常对库存进行详细检查和盘点，工作量大且需花费大量时间，从而增加了库存保管维持成本。该方法要求对每个品种单独进行订货作业，从而会增加订货成本和运输成本。

定量订货方法适合于品种数目少但占用资金大的 A 类物资。

(2) 定期订货方法。

定期订货方法是指按预先确定的订货间隔期间进行订货补充的一种库存管理方法，如图 8-4 所示。

企业根据过去的经验和经营目标预先确定一个订货间隔期，每经过一个订货间隔期就

进行订货,每次订货数量都不同。定期订货方法中订货量的确定方式如下:

订货量=最高库存量-库存量-订货未到量+客户延迟购买量

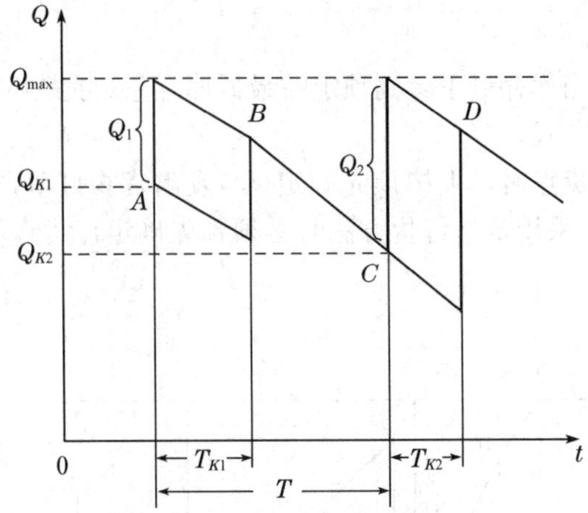

图 8-4 定期订货法图示

定期订货方法的优点是:由于订货间隔期确定,因而多种货物可同时进行采购,这样不但可以降低订单处理成本,而且可以降低运输成本。另外,这种方式不需要经常检查和盘点库存,可节省这方面的费用。

定期订货方法的缺点是:由于不经常检查和盘点库存,对货物的库存动态不能及时掌握,遇到突发性的大量需求,容易造成缺货现象带来的损失,因而企业为了对应订货间隔期内需求的突然变动,往往保持较高的库存水平。

定期订货方法适用于品种数量多、占用资金较少的C类物资和B类物资。

8.3 实施供应链管理

8.3.1 认识供应链

1. 供应链的含义

华中科技大学马士华教授编著的《供应链管理》一书中,对供应链的定义是:“供应链是围绕核心企业,通过对信息流、物流、资金流的控制,从采购原材料开始,制成中间产品以及最终产品,最后由销售网络把产品送到消费者手中的将供应商、制造商、分销商、零售商直到最终用户连成一个整体的功能网链结构模式。”2021年,中国发布实施的国家标准《物流术语》(GB/T18354—2021)对供应链的定义是“生产及流通过程中,围绕核心企业的核心产品或服务,由所涉及的原材料供应商、制造商、分销商、零售商直到最终用户等形成的网链结构”。一个典型的供应链结构如图8-5所示。

综上所述,所谓供应链,是指产品生产和流通过程中所涉及的原材料供应商、生产商、批发商、零售商以及最终用户组成的供需网络,即由物料获取、物料加工,并将成品送到用户手中这一过程所涉及的企业和企业部门组成的一个网络。简单地说,供应链描述了原材料从起点到终点的全部过程。

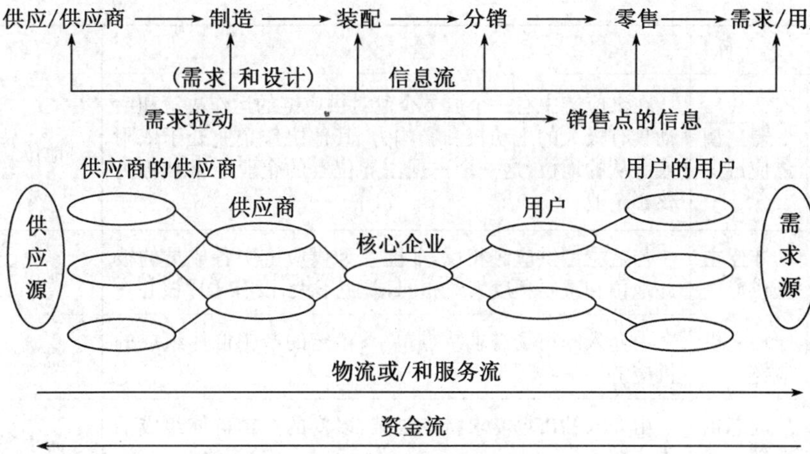

图 8-5 供应链结构模型

2. 供应链的类型

根据不同的分类标准,可以把供应链分为不同的类型,一些典型的供应链的分类如表 8-9 所示。

表 8-9 供应链分类

分类标准	名 称	含 义	特 点
依据组织结构范围	内部供应链	在企业内部的由其计划、采购、品保、仓储、生产、销售等职能部门组成的供、产、销协作网链	外部供应链的缩影与组成部分
	外部供应链	围绕核心企业,协同其上游的原材料或零部件供应商、下游的参与营销运作的分销商、零售商和消费者共同组成的范围更广、参与者更多、流程更长的供、产、销协作网链	广义的供应链
依据供应链的功能模式	有效性供应链	以最优的综合成本完成产品的原材料供应、生产制造、出货销售一系列产销活动	侧重以最优的成本实现供应链的基本产销功能
	反应性供应链	对不能在较长时间之前做出预测的需求做出快速响应,把产品调配到满足用户需求的市场	强调供应链对市场需求的响应功能
依据供应链驱动力源	推动式供应链	供应链以制造商为中心,供应链的供、产、销运作以制造商的生产为驱动力源,注重降低生产成本以求取利润	能实现规模效应优势;应对市场需求不确定性的能力较低
	拉动式供应链	以市场或客户的实际需求为导向,依照来自零售端真实需求反馈转化的实际订单进行供、产、销统一规划,不需要持有过多的库存,但要求对客户需求变化做出高效的应对,对供应链的协作和反应效率要求很高	拥有快速完成客户定制服务的能力,失去规模效应优势
	推拉结合式供应链	采用推拉结合的模式,运用在同一个供应链的不同环节。比如围绕某核心企业的通用零部件供应商可以采用中长期需求预测驱动的推动式供应链,核心生产制造商则启用以顾客实际订单来组织生产的拉动式供应链模式	综合运用推式和拉式的优点

续 表

分类标准	名 称	含 义	特 点
依据供应链中企业的地位	盟主型供应链	在供应链中有一个成员企业对供应链的运作决策和活动具有极大的主动权和影响力，其他协作企业处于依附或服从的地位，这一个占据主导位置的企业通常被称为核心企业	地位悬殊
	非盟主型供应链	与盟主型供应链相反，非盟主型供应链中各成员的彼此地位和重要程度大致相同，差距不大，没有主导核心	地位差距不大
依据供应链存在稳定性	稳定供应链	由介入的市场需求特点单一、稳定的产销群体组成的供应链	需求稳定
	动态供应链	由介入的市场需求特点复杂、多变的产销群体组成的供应链	需求多变
依据供应链容量与需求	平衡的供应链	当供应链能够借助自身各节点企业的协作在盈利状态下实现供应链的基本产销职能并成功应对客户的动态需求时	能成功应对客户动态需求
	倾斜的供应链	当供应链借助自身各节点企业的协作组织供应链的基本产销活动，不能成功应对客户的动态需求或者不能实现供应链的增值时	不能成功应对客户动态需求

8.3.2 认识供应链管理

1. 供应链管理的含义

供应链管理(Supply Chain Management，SCM)是一种集成化的管理模式，它是一种从供应商开始，经由制造商、分销商、零售商直到最终客户的全要素、全过程的集成化管理模式，是一种新的管理策略，它把不同的企业集成起来以增加整个供应链的效率，注重的是企业之间的合作，以达到全局最优。

《物流术语》国家标准(GB/T18354—2021)把供应链管理定义为：从供应链整体目标出发，对供应链中采购、生产、销售各环节的商流、物流、信息流及资金流进行统一计划、组织、协调、控制的活动和过程。

全球供应链论坛(Global Supply Chain Forum，GSCF)将供应链管理定义成：为消费者带来有价值的产品、服务以及信息的，从源头供应商到最终消费者的集成业务流程。

2. 供应链管理与物流管理的关系

长期以来，很多人将供应链管理与物流管理混为一谈，为此，物流管理协会在1998年对物流的定义修改后，明确地声明物流管理仅仅是供应链管理的一部分，即“物流是供应链过程的一部分，它是计划、执行和控制从源点端到消费端上的快速和有效的货物、服务以及相关信息的存储和流动，以满足客户的需求”。这说明，物流管理是为供应链服务的，物流的效率、效果、质量和速度直接影响供应链运作的流畅性。相对物流管理而言，供应链管理的特性如表8-10所示。

表 8-10 供应链管理的特性

特 征	含 义
管理关系互动性	物流以存货资产作为管理对象,供应链管理是对存货流动中的业务过程进行管理,是对关系的管理,具有明显的互动性
逻辑整合高级性	从操作功能的整合到渠道关系的整合,是物流从战术的层次提升到战略高度,供应链管理是物流在逻辑上的延伸与发展
决策模式发展性	供应链管理决策在运输决策、选址决策和库存决策等物流管理决策的基础上增加关系决策和业务流程整合决策,决策模式体现发展性
协商机制联合性	供应链管理通过在节点企业之间建立协商机制,谋求成员之间的联合和协调,减少或消除所有供应链成员企业所持有的缓冲库存
内部外部整体性	供应链管理强调只有组织内部一体化是远远不够的,必须考虑组织内部和组织之间不同层次上相互关联的整体性,进行成本效益权衡
共同价值依赖性	供应链管理首先解决的是供应链伙伴之间信息的可靠性问题,形成一种相互信任、相互依赖、互惠互利和共同发展的价值观和依赖关系
资源整合外源性	供应链管理是在自己的"核心业务"基础上,通过协作的方式来整合外部资源以获得最佳的总体运营效益。除了核心业务以外,几乎每件事都可能是"外源的",即从公司外部获得的
响应系统动态性	高度动态的市场环境要求企业管理层能够经常对供应链的运营状况实施规范的监控和评价,要求能够对市场需求变化做出动态响应

二十大报告明确提出,要加快构建新发展格局,着力推动高质量发展。高质量发展是全面建设社会主义现代化国家的首要任务。发展是党执政兴国的第一要务。没有坚实的物质技术基础,就不可能全面建成社会主义现代化强国。必须完整、准确、全面贯彻新发展理念,坚持社会主义市场经济改革方向,坚持高水平对外开放,加快构建以国内大循环为主体、国内国际双循环相互促进的新发展格局。我们要坚持以推动高质量发展为主题,把实施扩大内需战略同深化供给侧结构性改革有机结合起来,增强国内大循环内生动力和可靠性,提升国际循环质量和水平,加快建设现代化经济体系,着力提高全要素生产率,着力提升产业链供应链韧性和安全水平,着力推进城乡融合和区域协调发展,推动经济实现质的有效提升和量的合理增长。

3. 供应链管理的内容

供应链管理是一种关于整合的科学和艺术,它主要探究提高企业采购生产商品所需原材料、生产商品并把它供应给最终顾客的效率的途径。供应链管理的五个基本步骤是计划、采购、生产、配送及回收。供应链管理的内容,如图 8-6 所示。

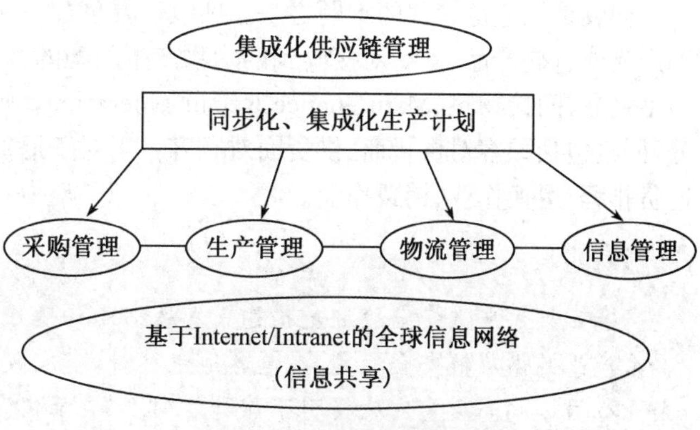

图 8-6 供应链管理的内容

(1) 计划。

计划是供应链管理的战略层

面。计划的核心是建立一套机制去监控整条供应链，以便使它能有效运作：成本最低、高品质配送和增值客户服务。该模块连接结着供应链的作业与营运目标，主要包括需求/供给规划(Demand/Supply Planning)与规划基础建设(Infrastructure)的管理两项活动，对所有采购运筹流程、制造运筹流程与配送运筹流程进行规划与控制。

(2) 采购。

采购是选择供给用来生产产品或服务的原材料或服务的供应商。与供应商建立一套价格、供应、支付过程的体系，创造一种机制以监控此过程、改善供应商关系。理顺此过程以管理供应商交付的原材料库存或服务，其中包括收货、出货、检验、中转和批准支付。此模块包括采购作业与采购基础建设的管理两项活动，其目的是描述一般的采购作业与采购管理流程。

采购作业包含寻找供货商、收料、进料品检、拒收与发料作业。采购基础建设的管理包含供货商评估、采购、运输管理、采购品质管理、采购合约管理、付款条件管理、采购零组件的规格制定。

(3) 生产。

生产是制造步骤。生产模块包括制造执行作业与制造基础建设的管理两项活动，其目的是描述制造生产作业与生产的管理流程。制造执行作业包含领料、产品制造、产品测试与包装出货等。制造基础建设的管理包含工程变更、生产状况掌握、生产品质管理、现场排程制定、短期产能规划与现场设备管理等。

(4) 配送。

配送，许多人都把它看作物流的一部分。配送包括客户下达的订单、建立仓库网络、选择承运商、分发货物给客户、建立收款制度等。本模块包含订单管理、仓储管理、运输管理与配送基础建设的管理等四项活动，其目的是描述销售(Sales)与配送(Distribution)的一般作业与管理流程。订单管理作业包含接单、报价、顾客资料维护、订单分配、产品价格资料维护、应收账款维护、授信与开立发票等流程。

仓储管理作业包含拣料、按包装明细将产品包装入柜、确认交货地点与运送货物等流程。运输管理作业包含产品运输方式安排、进出口管理、货品安装适宜规划、进行安装与产品试行(如销售大型机器给顾客，须先帮忙安装完毕，然后进行试车)。配送基础建设的管理包括配送管道的决策制定、配送存货管理、配送品质的掌握与销售管理法的制定。

(5) 回收

回收是供应链管理的难题之一。回收需要创建一个网络，以接收那些从客户返回的缺陷产品或过剩产品，支持对接收到的货物产生质疑的客户。以退回的货物的属性分，回收包括不良品、间接物料(Maintenance Repair Operation，MRO)、过剩成品。以退货作业的对象分，回收包括顾客对供货商、供货商对顾客。以对于退货响应的方式分，回收包括核准作业、退货排程、退换作业、销毁作业。

思政园地

产业链供应链安全稳定是构建新发展格局的基础。党的十八大以来，习近平总书记心系产业链供应链安全稳定，在赴各地考察时，多次做出重要指示，提出明确要求，为广大企业奋力迈向高质量发展指明了前进方向。“要强化高端产业引领功能，坚持现代服务业为主体、先进制造业为支撑的战略定位，努力掌握产业链核心环节、占据价值链高端地位。”“一手抓传统产业转型升级，一手抓战略性新兴产业发展壮大，推动制造业加速向数字化、网络化、智能化发展，提高产业链供应链稳定性和现代化水平。”

8.3.3 供应链管理的典型方法

1. 有效客户反应

(1) 有效客户反应的含义。

有效客户反应是一种供应链管理方法，供应商和零售商通过共同合作(如建立供应商、分销商、零售商联盟)，改善其商流、物流、信息流过程，以提高企业效率，但它是在通过合作的基础上提高效率，而不是以单个的市场行动来提高生产力。《物流术语》国家标准(GB/T18354—2021)中把有效客户反应(Efficient Customer Response，ECR)定义为，以满足顾客要求和最大限度降低物流过程费用为原则，能及时做出准确反应，使提供的物品供应或服务流程最佳化的一种供应链管理策略。有效客户反应的特点，如表 8-11 所示。

表 8-11 有效客户反应的特点

特点	具体内容
减少成本 提高服务	不断致力于向供应链的客户提供产品性能更优、质量更好、品种更多、服务更好以及更加便利的产品和服务
建立合作型关系	供应链各节点企业要从传统的竞争型、分配型关系转变为合作型关系，通过节点环节的充分合作，以实现互利双赢的经营联盟来代替传统的输赢关系，达到获利的目的
信息系统支持	综合使用各种信息技术和信息系统以实现信息的自由、准确传递，从而支持基于供应链的最优决策
流通中增值	尽可能缩减不能增加产品附加值的环节，降低各环节成本，使顾客能在需要的时间内以合理的成本获取所需产品或服务
整体利益出发	制定共同一致的绩效考核和激励机制，在供应链上实现利益的合理公平分配

(2) 实施有效客户反应的效益。

有效客户反应的实施分别使客户、分销商、供应商得到了有形和无形的利益，如表 8-12 所示。

表 8-12 实施有效客户反应的效益

对象	有形利益	无形利益
客户	减少无库存货品	增加选择，货品更新鲜，购物便利
分销商	增加销售和毛利，减少仓储费用和商品储存量	提高信誉，更加了解客户情况，改善与供应商的关系
供应商	增加销售和利润，减少制造、销售、仓储费用	减少缺货现象，加强品牌的完整性，改善与分销商的关系

(3) 有效客户反应系统的关键技术。

构建有效客户反应系统的关键技术是组织革新技术、信息技术、物流技术和营销技术，如图 8－7 所示。

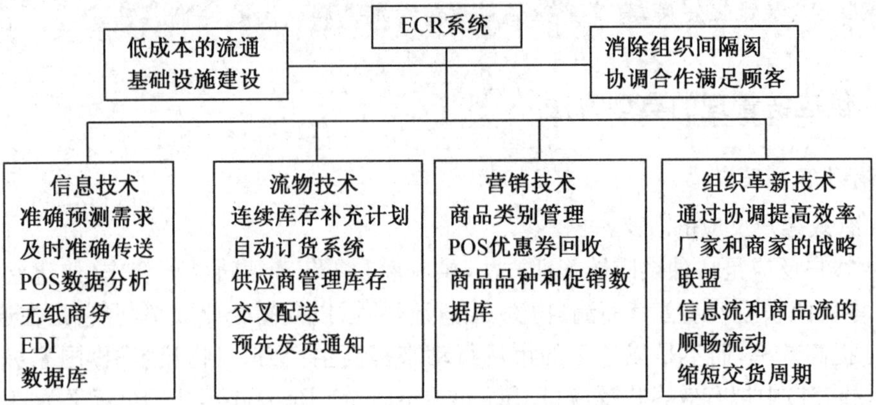

图 8－7　有效客户反应示意图

① 组织革新技术。如果要成功地应用 ECR，一方面需要对企业的组织体系进行革新，即把采购、生产、物流、销售等按职能划分的组织形式改变为按企业经营的所有商品类别划分，对应于每一个商品类别设立一个管理团队，以这些管理团队为核心构成新的组织形式。对于每一个管理团队，需要设定经营目标，赋予相应的权限（如在采购、品种选择、库存补充、价格设定、促销等方面）。每个管理团队由 1 名商品类别管理负责人及 6～7 名负责各个职能领域的成员组成。另一方面，在组成供应链的企业间需要建立双赢型的合作伙伴关系。也就是说，供应商和分销商都需要在各自企业内部建立以商品类别为管理单位的组织，以便更好地进行信息交换和信息分享，共同发现问题、分析问题和解决问题。

② 信息技术。有效客户反应的实施要依赖一系列先进的信息技术帮助实现，主要有电子数据交换技术（Electronic Data Interchange，EDI）、销售时点系统（Point of Sale，POS）、电子订货系统（Electronic Ordering System，EOS）、电子转账（Electronic Funds Transfer，EFT）等。

③ 物流技术。有效客户反应系统要求及时配送和顺畅流动，实现这一要求的方法主要由计算机辅助订货（Computer Assisted Ordering，CAO）、连续补货计划（Continuous Replenishment Program，CRP）、预先发货通知（Advanced Shipping Note，ASN）、供应商管理库存（Vendor Managed Inventory，VMI）、店铺直送（Direct Store Delivery，DSD）等物流技术来帮助实现。

④ 营销技术。在有效客户反应系统中，店铺货架空间管理和商品分类管理同时进行，相互作用。例如，对于该店铺的所有类别的商品进行货架展示面积的分配，对于每个类别下不同品种的商品进行货架展示面积分配和展示布置等，以便提高单位营业面积的销售额和单位营业面积的收益率。商品分类管理（Configuration Management，CM），即供应商、分销商把经营的商品分成不同的类别，并把每类商品作为企业经营战略的基本活动单位进行管理的一系列相关的活动。店铺货架空间管理（Space Management，SM）是对店铺的空间安排、各类商品的展示比例、商品在货架上的布置等进行最优化管理。

2. 快速客户反应

快速客户反应(Quick Response,QR)是20世纪70年代后期逐渐发展起来的以应对顾客多变需求的供应链管理方法。它是指供应链上成员企业借助于信息技术和信息共享构建战略合作伙伴关系,采用高频率、小数量配送方式补充商品,以实现缩短交货周期、减少库存、提高顾客服务水平和企业竞争力为目的的一种供应链管理方法。

(1) 快速客户反应的含义。

《物流术语》国家标准(GB/T18354—2021)中把快速反应(Quick Response, QR)定义为,供应链成员企业之间建立战略合作伙伴关系,利用电子数据交换(EDI)等信息技术进行信息交换与信息共享,用高频率小批量配送方式补货,以实现缩短交货周期,减少库存,提高顾客服务水平和企业竞争力为目的的一种供应链管理策略。快速客户反应是制造商为了在精确的数量、质量和时间要求条件下为客户提供产品,将订货提前期、人力、物料和库存的花费降低到最小;同时强调系统的柔性,以便满足竞争市场的不断变化,要求供应商、制造商以及分销商紧密合作,通过信息共享共同预测未来的需求并且持续监视需求的变化来获得新的机会。快速反应是制造业中的准时制,它确定了制造商、批发商和零售商的供应时间,从而使得库存水平最小化。

(2) 实施快速客户反应的好处。

快速客户反应的好处,如表8-13所示。

表8-13 实施快速客户反应的好处

对厂商的好处	对零售商的好处
提供了更好的客户服务 降低了流通费用 减少了管理费用 制订了合理的生产计划	减少了商品积压 降低了采购成本 减少了削价的损失 降低了流通费用 压缩了管理成本 增加了销售额

(3) 基于快速客户反应的物流管理技术。

① 物流业务流程重组。要实现快速客户反应技术就要运用物流业务重组技术,清除现有流程中不必要的、冗余的业务活动,这一原则是改善工作程序、提高工作效率的最高原则;对现有流程中的工作内容和处理环节进行简化处理,使之成为最小完备的作业集合,通过运用简化原则提高整个流程的效率;对不需要分工的部门或者岗位的工作进行必要的合并,进而提高流程的管理效率,使每一部门或岗位的工作人员保持满负荷工作,并对现有业务流程中逻辑顺序或时间顺序不合理的业务处理环节进行重新排序,使各项工作有条理;自动化即把数据的采集、传输、分析及报表、单证审核这些活动通过计算机完成。

② 全员设备管理。以提高设备综合效率和完全有效生产率为目标,以整个系统的预防维修体系为载体,以员工的行为规范为过程,以全体人员参与为基础的生产和设备系统的维护、维修和保养的一种设备维护管理方式。

③ 协同产品商务。协同产品商务就是利用WEB技术,通过把所有供应链合作伙伴和客户在整个产品生命周期(包括产品的设计、制造、采购、销售、市场营销和售后服务)范围内

加以集成，使其协同开发、生产和管理产品，进而形成全球性的知识网络。

④ 信息技术。包括运用标识代码技术、自动识别与数据采集（AIDC）技术、多智能体（Multi-Agent）技术、数据挖掘（Data Mining，DM）技术优化客户响应系统。

⑤ 工业工程（IE）。工业工程是对人员、物料、设备、能源以及信息所组成的集成系统进行设计、改善和设置。综合运用数学、物理学和社会科学等方面的知识和技术、工程分析和设计的原理与方法，对集成系统所取得的成果进行确定、预测和分析。

3. 有效客户反应和快速客户反应的实施差异

无论是有效客户反应还是快速客户反应，都表现为超越企业之间的界限，通过合作追求物流效率化。具体表现在贸易伙伴间商业信息的共享；商品供应方为零售业，提供高质量的物流服务；企业间订货、发货业务全部通过EDI来进行，实现订货数据或出货数据的传送无纸化。但是它们也有明显的差异，如表8-14所示。

表8-14　有效客户反应和快速客户反应对比分析

比较内容	有效客户反应（ECR）	快速客户反应（QR）
改革的重点	效率和成本	补货和订货的速度，目的是最大限度地消除缺货，并且只在商品需求时才去采购
适用的行业	适用于产品单位价值低，库存周转率高，毛利少，可替代性强，购买频率高	单位价值高、季节性强、可替代性差、购买频率低的行业
管理方法	除新产品快速有效引入外，还实行有效商品管理、有效促滚动	主要借助信息技术实现快速补发，通过联合产品开发缩短产品上市时间
侧重点	减少和消除供应链的浪费，提高供应链运行的有效性	缩短交货提前期，快速响应客户需求
主要目标	降低供应链各环节的成本，提高效率	对客户的需求做出快速反应，并快速补货
对象	主要以食品行业为对象	主要集中在一般商品和纺织行业

增值阅读

供应链管理的发展趋势

供应链管理理论家和实践者们总在不断地探索着适应时势变迁的供应链管理模式。作为现代企业经营者或者供应链管理从业人员，要学会在先驱们总结的经典供应链管理模式中搜寻到适宜自身管理优化和发展的可资借鉴的方案，以便在竞争白热化的当今市场环境中立于不败之地。

（1）虚拟企业化供应链。

为了提升供应链各企业的协作紧密度，整合供应链分散资源，将供应链视作一个企业，供应链中的各企业则被虚拟为担负不同职能的一个个部门，大家由一个共同的发展目标牵引，分享商业机遇和资源，分担风险与成本，集成所有个体的不同优势，追求供应链整体效益的提高，从而实现每个"部门"的个体价值。

然而在实践中，仅一个独立企业的内部流程都已非常复杂，管理和调控难度不小，当把供应链网络里面的各层级那么多数量供应商统筹在一起，纳入一个统一的运作流程机制里面来，这种统一调度的难度系数必定也会相应地爆发式增加。如果供应链中包含跨国或跨地区成员，他们有着不同的经济文化背景；或者如果供应链中有来自跨行业的成员，适宜他们的产销流程大相径庭；又或者如果供应链中可能存在着的强权现象致使各供应链成员的地位不对等，那么成员的凝聚力就不强。这些问题都在对虚拟企业化供应链的成效产生着消极影响，只有尽量清除或转化了类似于这些问题的所有阻碍，虚拟企业化供应链模式才可能取得成功。

(2) 全球化供应链。

全球化供应链是指在全球范围内组合供应链，它要求以全球化的视野，将供应链系统延伸至整个世界范围，根据企业的需要在世界各地选取最有竞争力的合作伙伴。全球化供应链管理强调在全面、迅速地了解世界各地消费者需求的同时，对其进行计划、协调、操作、控制和优化，在供应链中的核心企业与其供应商以及供应商的供应商、核心企业与其销售商乃至最终消费者之间，依靠现代网络信息技术支撑，实现供应链的一体化和快速反应，达到商流、物流、资金流和信息流的协调通畅，以满足全球消费者需求。全球化供应链是实现一系列分散在全球各地的相互关联的商业活动，包括采购原料和零件、处理并得到最终产品、产品增值、对零售商和消费者的配送、在各个商业主体之间交换信息，其主要目的是降低成本扩大收益(Hishleifer，1956)。

(3) 绿色供应链管理。

绿色供应链管理又称环境意识供应链管理(Environmentally Conscious Supply Chain Management)，它考虑了供应链中各个环节的环境问题，注重对于环境的保护，促进经济与环境的协调发展。关于绿色供应链管理的确切定义，目前理论界对此还没有一个统一的表述，但总的观点是指在供应链管理的基础上增加环境保护意识，把"无废无污"和"无任何不良成分"及"无任何副作用"贯穿于整个供应链中，这就是绿色供应链管理。

(4) 供应链金融。

供应链金融，就是指银行将核心企业和上下游企业联系在一起提供灵活运用的金融产品和服务的一种融资模式，即把资金作为供应链的一个溶剂，增加其流动性。一般来说，一个特定商品的供应链从原材料采购，到制成中间产品及最终产品，最后由销售网络把产品送到消费者手中，将供应商、制造商、分销商、零售商，直到最终用户连成一个整体。在这个供应链中，竞争力较强、规模较大的核心企业因其强势地位，往往在交货、价格、账期等贸易条件方面对上下游配套企业要求苛刻，从而给这些企业造成了巨大的压力。而上下游配套企业恰恰大多是中小企业，难以从银行融资，结果最后造成资金链十分紧张，整个供应链出现失衡。

(5) 电子商务下的供应链管理(E-SCM)。

电子供应链是围绕核心企业，以互联网为平台，以电子商务为手段，通过对物流、资金流与信息流的整合和控制，从采购原材料开始，制成中间产品以及最终产品，最后由销售网络把产品送到消费者手中，将供应商、生产商、分销商、零售商，直到最终客户连成一个整体的网链结构和模式，提高供应链的效率和竞争力，使整个供应链达到成本最小化，利润最大化。

(资料来源：施丽华. 供应链管理. 2版. 北京：清华大学出版社，2014)

任务小结

企业管理中离不开物流管理，企业物流是微观物流的范畴，它是从企业角度研究有关的物流活动。

(1) 本书所分析的物流管理主要是指微观层面的企业物流管理。物流管理是指通过物流管理组织对整个物流活动进行计划、组织、指挥、监督、控制、调节工作的总和。通常，物流管理包括三个方面的内容，一是对物流活动诸要素的管理，包括运输、储存、装卸、搬运、包装、流通加工、配送、信息处理等物流功能要素的管理；二是对物流系统诸要素的管理，包括人、财、物、设备、方法和信息等六大要素的管理；三是对物流活动中具体职能的管理，主要包括物流计划、组织、控制、质量、技术等职能的管理等。有效的物流管理需要设计高效的物流管理组织、合理降低物流管理费用，建立有效的物流管理系统。

(2) 库存管理在现代企业物流管理中的地位非同凡响，有效认识库存的含义、分类、意义对库存管理有很大的影响。做好企业物流管理中的库存管理，需要明确库存管理的目标与企业目标的有效衔接，库存管理的影响因素、库存管理的内容与库存管理有关的费用；建立有效的库存管理系统，掌握ABC分类法、经济订货批量法、定量订货法、定期订货法、物料需求计划、"零库存"法、准时制法等库存管理方法。

(3) 广义的物流管理包含着供应链管理，随着供应链管理技术的不断发展，物流管理又必须站在供应链管理思维角度来展开。现代企业管理工作中，必须树立供应链管理前沿思维，系统地对供应链进行分类，明确供应链管理的内容，掌握有效客户反应及快速客户反应等先进的供应链管理方法，更多详细内容需要专门进行供应链管理课程甚至专业的学习。

能力自测

一、单项选择题

1. 关于物流系统的说法，错误的是(　　)。

A. 物流系统是一个"人机复合"系统

B. 物流系统是一个静态系统

C. 物流系统是一个大跨度系统

D. 物流系统是一个具有层次结构的可分的系统

2. (　　)是指企业生产所需要的一切物料(原料、燃料、零部件、备品备件、辅助材料等)在供应企业与生产企业之间流动的一系列物流及其管理活动。

A. 生产物流　　B. 采购物流　　C. 供应物流　　D. 销售物流

3. 关于包装的作用，错误的是(　　)。

A. 物品保护功能　　B. 物流信息化功能

C. 节约成本的功能　　D. 方便顾客消费功能和促进销售功能

4. 关于物流系统的说法，错误的是(　　)。

A. 物流系统是一个多目标函数系统

B. 物流系统是一个“人机复合”系统

C. 物流系统的总目标经常不是单一的,要实现物流成本的最小化、服务水平的最大化、对环境影响的最小化、减少浪费等

D. 物流系统的总目标经常是单一的

5. 关于快速客户反应和有效客户反应的说法,错误的是(　　)。

A. 有效客户反应改革的重点是效率和成本

B. 快速客户反应改革的重点是补货和订货的速度,目的是最大限度地消除缺货,并且只在商品需求时才去采购

C. 有效客户反应适用于产品单位价值低、库存周转率高、毛利少、可替代性强、购买频率高的行业

D. 快速客户反应适用于单位价值低、季节性强、可替代性差、购买频率低的行业

6. 根据ABC分类控制法,A类物资的特点是(　　)。

A. 品种少、占有资金多、采购较难的物资

B. 品种多、占用资金少、采购较易的物资

C. 品种多、占有资金多、采购较难的物资

D. 品种少、占用资金少、采购较易的物资

7. 关于经济订货批量的说法,正确的是(　　)。

A. 经济订货批量法是平衡采购进货成本和保管仓储成本,确定一个最佳的订货数量来实现最低总库存成本的一种方法

B. 经济订货批量法适用于整批间隔进货、允许缺货的存储问题

C. 经济订货批量法适用于整批不间隔进货、不允许缺货的存储问题

D. 经济订货批量法是平衡采购成本和保管仓储成本,确定一个最佳的订货周期来实现最低总库存成本的一种方法

8. 下列说法错误的是(　　)。

A. 定量订货方式适合于品种数目少但占用资金大的B类物资

B. 定量订货方式适合于品种数目少但占用资金大的A类物资

C. 定期订货方式适用于品种数量多且占用资金较少的C类物资和B类物资

D. “零库存”技术是指在生产和流通领域按照准时制组织物资供应,使整个过程库存最小化的技术的总称,“零库存”技术的采用将有效地降低库存,加速企业的资金周转

9. 下列说法错误的是(　　)。

A. 物料需求计划是一种工业制造企业内的物资计划管理模式,是利用生产日程总表(MPS)、零件结构表(BOM)、库存报表、已订购未交货订购单等各种相关资料,经正确计算而得出各种物料零件的变量需求,以完工日期为时间基准倒排计划,提出各种新订购计划或修正各种已开出订购单的物料管理技术

B. 准时制的基本点是从原材料到产成品的所有过程消除一切浪费,强调“零库存”,以“零缺陷”为目标改善产品质量,通过减少准备时间、队列长度和批量达到缩短提前期,改进操作过程,并且以最小成本来实现这些目标

C. “零库存”技术是指在生产和流通领域按照准时制组织物资供应，使整个过程库存最小化的技术的总称，“零库存”技术的采用将有效地降低库存，加速企业的资金周转

D. “零库存”是一种特殊的库存概念，它是指仓库储存的物品的储存数量真正为零

10. 关于供应链的表述错误的是（　　）。

A. 动态供应链是由介入的市场需求特点单一、稳定的产销群体组成的供应链

B. 动态供应链是由介入的市场需求特点复杂、多变的产销群体组成的供应链

C. 平衡的供应链能成功应对客户动态需求

D. 倾斜的供应链不能成功应对客户的动态需求或者不能实现供应链的增值

11. （　　）是指以市场或客户的实际需求为导向，依照来自零售端真实需求反馈转化的实际订单进行供、产、销统一规划，不需要持有过多的库存，但要求对客户需求变化做出高效的应对，对供应链的协作和反应效率要求很高。

A. 有效性供应链　B. 反应性供应链　C. 推动式供应链　D. 拉动式供应链

12. 供应链管理强调只有组织内部一体化是远远不够的，必须考虑组织内部和组织之间不同层次上相互关联的整体性，进行成本效益权衡，是指（　　）。

A. 协商机制联合性　　B. 内部外部整体性

C. 共同价值依赖性　　D. 资源整合外源性

13. 以下（　　）不属于供应链管理的特性。

A. 协商机制联合性　　B. 共同价值依赖性

C. 资源整合外源性　　D. 响应系统静态性

14. 配送在现代物流中的作用不包括（　　）。

A. 完善和优化物流系统的作用　　B. 提高末端物流效益的作用

C. 优化库存实现“零库存”的作用　　D. 简化事务、方便客户的作用

15. （　　）是指在全球范围内组合供应链，它要求以全球化的视野，将供应链系统延伸至整个世界范围，根据企业的需要在世界各地选取最有竞争力的合作伙伴。

A. 全球化供应链　　B. 绿色供应链

C. 虚拟化企业供应链　　D. 国际化供应链

二、判断题

1. 物流系统的目标是整个物流系统的成本最低，物流系统的目标是一成不变的。（　　）

2. 物流系统按照研究对象分为企业物流（微观物流）和社会物流（宏观物流）。（　　）

3. 按照物流的实施主体不同划分为第一方物流、第二方物流、第三方物流、第四方物流。（　　）

4. 按照物流的实施主体不同分为社会物流、行业物流、企业物流。（　　）

5. 按照物流在企业生产经营过程中所处的阶段，可划分为采购/供应物流、生产物流、销售物流、回收物流、废弃物物流。（　　）

6. 在供应链管理时代，企业与企业之间的竞争已经演变成供应链与供应链之间的竞争。（　　）

7. 有效客户反应改革的重点是效率和成本。（　　）

8. 有效客户反应改革的重点是补货和订货的速度，目的是最大限度地消除缺货，并且只在商品需求时才去采购。（　）

9. 有效客户反应适用于产品单位价值低、库存周转率高、毛利少、可替代性强、购买频率高的行业。（　）

10. 快速客户反应适用于单位价值高、季节性强、可替代性差、购买频率低的行业。（　）

11. 经济订货批量法是平衡采购进货成本和保管仓储成本，确定一个最佳的订货数量来实现最低总库存成本的一种方法。（　）

12. 经济订购批量法适用于整批间隔进货、允许缺货的存储问题。（　）

13. 定量订货方式适合于品种数目少但占用资金大的B类物资。（　）

14. 定期订货方式适用于品种数量多且占用资金较少的C类物资和B类物资。（　）

三、简答题

1. 现代企业物流管理按管理职能顺序划分为哪几个阶段？
2. 简述什么是智慧物流。
3. 简述库存的积极意义和消极意义。
4. 库存控制系统的构成要素主要有哪些？
5. 简述定量订货法和定期订货法的优缺点。
6. 简述供应链管理的内容。

案例分析

(一) 企业物流项目决策

某物流企业拟竞标世博会鲜花物流项目。由于公司主营业务并不是生鲜产品配送，在鲜花运输方面也没有经验，因此组建了一个项目组负责该竞标项目的策划实施。为了增加竞标成功率，项目经理提出：购买10台特种车辆，专门负责鲜花的配送；同时设置固定岗位负责项目的运行实施。

（资料来源：https://wenku.baidu.com/view/848899e09b89680203d8251d.html）

问题：

1. 若你是公司总经理，是否同意该项目经理的方案？
2. 要完成该物流项目需要考虑哪些物流活动？

(二) 戴尔公司的库存管理

近年来，在全球电脑市场不景气的大环境下，戴尔却始终保持着较高的收益，并且不断增加市场份额。我们习惯于给成功者贴上“标签式”的成功秘籍，正如谈及沃尔玛成就商业王国时，“天天低价”被我们挂在嘴边；论及戴尔的成功之道，几乎是众口一词地归结为“直销模式”。戴尔成功的诀窍在哪儿？该公司分管物流配送的副总裁迪克·亨特一语道破天机：“我们只保存可供5天生产的存货，而我们的竞争对手则保存30天、45天，甚至90天的存货。这就是区别。”由于材料成本每周就会有1%的贬值，因此库存天数对产品的成本影响很大，仅低库存一项就使戴尔的产品比许多竞争对手拥有了8%左右的价格优势。亨特无疑是物流配送时代浪尖上的弄潮者。亨特在分析戴尔成功的时候说：“戴尔总支出的74%用在材料配件购买方面，2000年这方面的总开支高达210亿美元，如果我们能在物流配送方面降低0.1%，就等于我们的生产效率提高了10%。物流配送对企业的影响之大由此可见一斑。”而高效率的物流配送使戴尔的过期零部件比例保持在材料开支总额的0.05%～0.1%，2000年戴尔全年在这方面的损失为2 100万美元。而这一比例在戴尔的对手企业都高达2%～3%，在其他工部门更是高达4%～5%。

（资料来源：https://wenku.baidu.com/view/f99c21fb0242a8956bece4b6.html? from=search）

问题：

1. 请分析库存的利与弊。
2. 结合案例，分析提高企业库存周转率的作用。

（三）雅芳集团的供应链物流管理的突破

雅芳选择的是先破后立之道，即打碎在中国原有的供应链体系，再造一个新流程。

1. 十字路口

雅芳在中国的发展之路，并非一帆风顺。随着雅芳在中国销售额的扩大，各地仓库的库存额也随之增加。雅芳的调查结果表明，仓库分散以及信息不畅通，使货物库存的周转天数越积越多，库存额居高不下。此外，分散在各地75个大大小小的仓库，使得雅芳不得不投入大量的人力成本从事仓储、出纳、打单等营运作业。显然，这种以“分公司仓库”为中心的物流模式消耗大、速度慢、管理难，越来越不能跟上销售的步伐。另一方面，物流不畅直接导致经销商的满意度发生偏移。

2. 流程再造

面对激烈的竞争，雅芳必须依托一个高效的供应链体系来支撑成本控制、运作效率、客户服务等一系列环节。

从2000年年底开始，雅芳决定通过重新整合物流来提高竞争力。为此，雅芳自行开发了一套基于因特网的经销商管理系统（简称DRM系统），并拟定了一份集信息流、资金流、物流于一体的企业物流解决方案。雅芳称这套方案称为“直达配送”。

在“直达配送”项目的脚本下，雅芳给自己设定了三个目标：提升顾客满意度、降低企业库存量、信息流资金流的整合借助物流改革一步到位。

3. 借力物流

在雅芳流程再造的毅然举措中，第三方物流企业扮演了举足轻重的角色。

雅芳把自身和第三方物流企业的合作关系定义为战略合作伙伴关系。这是一种寻求企业、物流提供商、经销商三方多赢的机制。

有一组数据表明，实行直达配送后，经销商的流失率降到了10%，而且这种流失更多的是受房屋租期等非经销商因素的影响。“直达配送”使雅芳经销商的小本生意轻松方便了许多，并有效提升了经销商的忠诚度和雅芳品牌的美誉度。第二个好处是，雅芳降低了租金和人员成本。此外，雅芳的库存管理也取得了显著的效益。产品的仓储和调拨从75个分公司集中到 8 个区域服务中心，在订单满足率有效提升的同时，库存水平持续下降。至此，雅芳的营运成本从 8%降低到了 6%，借力第三方物流企业，为雅芳提供了第二个利润来源。

（资料来源：https://wenku.baidu.com/view/859900106c175f0e7cd13710.html? from=rec）

问题：

1. 雅芳的供应链物流管理给我们什么样的启示？
2. 雅芳的供应链物流经历了什么样的发展变化过程？
3. 雅芳与第三方物流建立战略合作伙伴关系带来了什么好处？

实践与操作

项目一　综合实训：认识企业物流管理。

［**实践目的**］

全面深入了解企业物流管理运作模式。

［**内容与要求**］

每个团队必须在检索文献，并实地调查几家不同性质物流公司的基础上，撰写一份报告《我所认识的物流》。要求阐述企业组织架构、业务范围、运营模式等内容，在此基础上，结合调查事实阐述物流的内涵，总结物流概念的演变，并分析发展现代物流的现实意义。

［**成果评定**］

1. 调查访问结束后，以班为单位组织一次实践报告会，讲解心目中的物流管理。
2. 根据对企业调查的情况相互评分。
3. 由组长和每个成员根据各成员在调研与模拟活动中的表现互相评估打分。
4. 本次实训成绩由教师根据各成员的调研报告与在模拟活动中的表现分别评估打分。

项目二　运用 ABC 分类法，分组对文具店、超市、生产性企业等进行物品分类。

项目三　到附近一家超市购买一瓶矿泉水，考察一下这瓶矿泉水的进货渠道并追溯其生产企业的分销渠道，绘制一幅该矿泉水所在的供应链网链架构图。

任务9 项目管理

请扫描二维码
观看视频

知识目标

为了完成本任务，你需要的理论知识：

1. 项目与项目管理的含义与特征
2. 项目组织概述与形式
3. 项目风险评估
4. 项目总体控制
5. 实施项目管理的具体方法

能力目标

通过完成本任务，你应该能够：

1. 了解项目与项目管理的内容
2. 熟悉项目风险情况
3. 熟悉项目组织
4. 掌握项目控制
5. 进行项目管理的实施

素质目标

通过完成本任务，你将：

1. 树立正确的成本观
2. 树立团队协作精神
3. 提升职业素养，树立职业自信心

项目任务

9.1 认识现代企业项目管理
9.2 掌握项目的组织与控制
9.3 实施项目管理方法

◆ 任务导入
◆ 相关链接
◆ 案例研究
◆ 增值阅读
◆ 任务小结
◆ 能力自测
◆ 案例分析
◆ 实践与操作

任务导入

趣味阅读

农夫的忙碌

农夫一早起来，告诉妻子他要去耕田，当他走到田里时，却发现耕耘机没有油了；原本打算立刻要去加油的，突然想到家里的三四只猪还没有喂，于是转回家去；经过仓库时，望见旁边有几个马铃薯,他想起马铃薯可能正在发芽,于是又走到马铃薯田去;路途中经过木材堆,又记起家中需要一些柴火;正当要去取柴的时候,看见了一只生病的鸡躺在地上……这样来来回回跑了几趟,这个农夫从早上一直到太阳落山,油也没加,猪也没喂,田也没耕……很显然,最后他什么事也没有做好。

故事看上去很可笑,但笑过之后,回头思索一下,故事里是不是有我们项目管理的影子呢?

(资料来源:https://baijiahao.baidu.com/s?id=1672277552848700426&wfr=spider&for=pc)

随着社会的发展,项目管理日益得到大家的重视。西方发达国家项目管理的研究和重视早在20世纪五六十年代就已经开始,同时已经作为一门学科在进行发展和研究。项目管理本身就是一门"平衡"的艺术,是保证项目成功的手段。项目实施的过程好比是一次艰苦的征程,项目管理本身不是目标,项目成功才是项目实施的最终目标。项目管理可以使得项目的实施顺利,降低项目的风险性,最大限度地达到预期的目标。

9.1 认识现代企业项目管理

9.1.1 项目

1. 项目的含义

要理解什么是项目管理,需要首先清楚项目的概念。从古至今,关于项目的案例数不胜数,如大禹治水、建造赵州桥、修筑万里长城等壮举,这些都属于一次性的任务,我们把它理解为古代的项目。只是当时关于项目的概念认知还未形成,大多被列为工程、任务。而第一个真正称得上项目一词的是20世纪60年代的美国阿波罗首次登月计划,至此,项目管理的概念应运而生。

有许多组织和学者对项目定义提出自己的看法,大致如下:

(1) Harold Kerzner 博士指出项目应该包含下列条件的任何行动与任务的顺序:有一个将根据某种技术规范完成的特定目标;具有准确的开始与完成时间点;有费用限制;有资源方面的消耗。

(2) Joan Knutson & Ira Bits 认为,项目的目的是为了达到某个特定目标而整合到一起的资源组合。它与常规的任务不同之处在于:项目往往是一次性的;项目是一系列独特的工作努力,意为按照某种规范及应用标准导入或生产某种创新产品或服务。而这种工作任务需要在其所规定的时间、经费、成本要求等多项项目要求之内完成。

(3) 英国项目管理协会(Association of Project Management,APM)强调,项目是一系列独特、复杂的与相关活动组成的一个序列,有一个目标,且须在规定范围内完成。

总之,综合上述对项目的不同概念,项目具有以下三层含义:

首先,项目是一项有待完成的任务,具有特定的环境要求。

其次,项目是在一定的组织机构内,利用有限的资源(包括人力、财力、物力等方面),并且在规定有效的时间内需要完成的任务。

最后,项目所要完成的任务需要符合规定的性能、质量、数量和技术指标等要求。

总结以上学者对项目的定义,在此将其定义为:项目是在一定时间、成本、人力资源、环境等约束条件下,为了达到特定的目标所从事的一次性任务。

思政园地

《中华人民共和国国民经济和社会发展第十四个五年规划和2035年远景目标纲要》(简称“十四五”规划),“十四五”时期经济社会发展主要目标:经济发展取得新成效;改革开放迈出新步伐;社会文明程度得到新提高;生态文明建设实现新进步;民生福祉达到新水平;国家治理效能得到新提升。2021年3月11日,十三届全国人大四次会议表决通过了关于国民经济和社会发展第十四个五年规划和2035年远景目标纲要的决议。

案例研究9-1

项目团队如何拥有高的协调性

徐家龙最近被公司任命为项目经理,负责一个重要但不紧急的项目实施。公司项目管理部为其配备了7位项目成员。这些项目成员来自不同部门,大家都不太熟悉。徐家龙召集大家开会,请大家一起为做好项目出主意,一起来承担责任。项目开始以后,项目成员发现问题就去找项目经理,请徐家龙给出意见。徐家龙为了树立自己的权威,表现自己的能力,总是身体力行。其实有些问题项目成员之间就可以相互帮助,但是他们怕自己的弱点被别人发现,作为以后攻击的借口,所以他们有问题就找经理。其实徐家龙的做法也不全对,成员发现了也不吭声,团队成员之间一团和气,“找徐经理去”“我们听你的”成了该项目团队的口头禅。但随着时间的推移,这个貌似祥和团结的团队在进度上很快出现了问题。该项目由“重要但不紧急的项目”变成了“重要而且紧急的项目”。项目管理部意识到问题的严重性,派高级项目经理张凤指导该项目的实施。

关于项目经理的定位我们先澄清一个概念:什么是项目经理。项目经理就是项目中的总经理,总经理的职责是决策、领导,而不是关注所有的事情。本案例中的项目经理犯的错误在我们身边屡见不鲜,其根源主要在于:① 项目经理定位不准;② 团队无明确的沟通计划。只竖向沟通不横向沟通显然不行。作为项目经理,应该引导成员相互横向沟通后,无法解决的再竖向沟通或开会协商。这就好比民主集中制,要民主,也要有人说了算,案例中项目经理都是自己拿主意,但他不可能在每方面都是长处。长此以往,团队形成一种风气,压力全转移到项目经理处,项目风险也会越来越大。

本案例出现的问题本质是项目经理对自己的职责没有很好的认识,因此在管理团队的方法上也就走了偏路。问题从项目组成员形成了一个习惯,有事找徐总,失去了团队的协作意义,到最后使得项目进度出现严重延迟。

(资料来源:http://fanwen.shuyueliang.com/fanwen/53848.html)

2. 项目的基本特征

(1) 目标的稳定性。项目具有明确的目标要求,一旦确定了目标,对其就不允许有太大改动。但是也允许有一定的变动范围，只是一旦项目的目标发生实质性改变，就区别于原来的项目，转变为一个新的项目，很有可能会产生其他额外的费用。

(2) 总目标由多个分目标共同组成。项目的目标大致包含两种：成果性目标和约束性目标。成果性目标是项目的来源与最终目标，是整个项目的主导目标；而约束性目标是一种限制与约束的条件，是实现成果性目标的辅助条件和人为约束的统称，是项目实施过程中需要进行管理的主要目标，主要约束范围包含时间、费用与质量。例如，在房屋装修中，交付一套满足设计要求的装修质量好的房子是成果性目标；而规定的预算费用、施工工期以及规定的质量标准则是约束性目标，它是一个辅助性条件。

(3) 时间、费用、质量之间可互相转化。当项目的总目标确定后，其约束性目标(时间、费用、质量)会互相制约又可同时相互转化。例如，在进行一项工程中，当压缩项目的工期要求提前一段时间完成项目时，则必定以增加费用或者牺牲质量来进行弥补；当减少对项目费用的使用时，必定以延长工期或牺牲质量为代价；而对项目质量的提高，需要延长工期或者增加项目费用的投入。

(4) 项目的独特性。每一个项目都具有独特的一面，则开发过程必然为循序渐进式的，即使其他项目有可参照或者借鉴的模式，也需要经过不断补充、调整与完善，找出合适的项目，而不是照搬照抄。因此项目的实施需要不断投入资源，其存在不确定性而有可能使项目在完成过程中遇到阻碍，只有一边探索一边前进才有可能成功。

(5) 组织的临时性和开放性。在项目实施过程中，团队成员与职责也在不断变化，可能一些成员是临时借调过来的，在完成该项目以后则要离开本团队，那么团队也就会随后解散。一般来说，参与项目任务的组织往往会更多，他们可能是通过协议、合同而组合到一起的。因此项目是开放、无边界的，弹性也是十分大的。

相关链接 9-1

武汉云景山医院项目

2020年，突如其来的新冠肺炎疫情让武汉这座城市遭遇了巨大的“创伤”，同时也暴露了其在公共卫生领域的短板。疫后重振，武汉提出建立四大“平疫结合”的三甲医院，即可在平时、疫时状态之间迅速切换使用，云景山医院就是其中规模最大的医院，被称为“永久版雷神山医院”。

这个总建筑面积25.25万平方米的项目，于2020年11月开工，计划2021年7月20日完工，总工期245天。如此短的时间内建造一座庞大的高质量智能化医院，其中的艰难可想而知。云景山医院按疫时设计，兼顾平时使用，具有“平疫结合”可转换的传染病床位1 000张，同时预留1 000张床位的建设用地供应急使用。在平时，云景山医院为康养医院，主要形式为“医养结合+健康养老”。以往，像云景山医院这样规模的项目工期通常要两三年，而这次却要在245天内保质保量地完成任务，对于项目建设者来说，是压力，更是考验。

一接手项目，中国建筑旗下中建三局一公司中南公司总经理助理兼云景山医院项目经理陆杰就给团队成员打了“预防针”，希望大家做好吃苦的准备。在他看来，虽然团队中有很多人参与过火神山、雷神山医院的建设，但云景山的建设时间相对更长，因此压力和难度不亚于火神山、雷神山医院,“吃 10 天苦容易坚持,吃 200 多天苦是不小的挑战……”陆杰说。同时,为了提高施工效率,整个项目被分为 6 个工区,每个工区配备完整的项目团队,组成独立的作战单元,各工区同时施工。土建施工阶段工人两班倒工作,白天高峰期 2 000 余人上班,夜晚上班人数 1 000 人,4—6 月高峰期劳动力达 4 000 人,昼夜施工。

在这种形势下,云景山项目 10 天完成 308 根灌注桩,22 天完成第一块底板浇筑,30 天冲出正负零,82 天医疗综合楼完成结构封顶,121 天第一栋住院楼顺利封顶,135 天住院楼 A 栋、B 栋、行政科研宿舍楼结构全面封顶……

除了合理的规划、工人加班加点的工作外,智慧建造对于本次项目建设贡献极大。陆杰介绍,作为项目的总承包方,中建三局将自主研发的智慧医工建造平台引入医院建设中,通过构建施工现场智能监控和控制体系,为项目管理提供先进技术手段,变被动“监督”为主动“监控”。

(资料来源:https://baijiahao. baidu. com/s? id=1702631428862909117&wfr=spider&for=pc)

3. 项目的分类

我们从项目的定义中可以了解到,项目按照规模大小可以分为工程或者任务,但这只是一个粗略的分类形式,项目的实际分类还有很多种,现总结如下:

(1) 按照项目规模分类。根据投入项目的劳动力、项目持续时间、项目投资额等指标,可以将项目分为大项目、中项目、小项目。在采用此类方法分类时,不同地区、国家以及行业有不同的标准。

(2) 按照项目功能分类。比较常见的是把项目分为军事项目、航天项目、建设项目、旅游项目、咨询项目等,如我们常见的游戏软件开发和跨海大桥的建设分别属于软件项目和建设项目。

(3) 按项目复杂程度分类。项目所包含的内容、技术、组织关系、人员关系的复杂性程度是差别很大的,根据它们的差别,可以把项目划分为简单项目和复杂项目。

(4) 按照项目使命和目的分类。按照此方法分类,可以把项目分为研究型项目和应用型项目。例如,科学家研究对抗癌症的疫苗,研究和开发新能源,这些都属于研究型项目;而北京奥运会、春节联欢晚会,以及电影《银河护卫队》,则是属于应用型项目。

9.1.2 项目管理

1. 项目管理的含义

项目管理是指随着科学技术的进步与发展、项目的复杂化和大型化而逐渐演变为一门管理学科。项目管理的概念在人类生产活动中发挥着越来越重要的作用,社会发展的不确定性、复杂多变性更加促进了项目管理的推广与普及。

从字面上进行理解,所谓项目管理就是对项目进行管理,因此,不难发现,管理的对象是项目,而不是其他。项目管理属于管理的范畴,项目管理是管理领域的一个重要分支。随着项目管理实践与理论的发展,项目管理这一词语被演变成两种含义:一是一种有意识地按照项目的特点与规律进行组织与协调的活动,又被称作为实践活动;二是运用系统的理论与方法对项目和它的资源进行计划、组织、协调与控制活动,目的在于实现既定目标的管理学科,即理论体系。

国内外学者从不同方面为项目管理进行概念的解释:

毕星(2000)指出项目管理是通过项目组织和项目经理的共同努力,运用系统的理论和方法对项目和资源进行计划、组织、协调和控制,目的是为了完成既定的任务。他强调项目经理在项目管理中的作用是系统的方法。

国外学者 POKE 也对项目管理一词进行了概念解释和分析,认为项目管理是指为了满足甚至超越项目有关人员对该项目的需求和期望而运用理论知识、技术、工具和技巧到项目活动中去,从而找到平衡时间、范围、成本与质量的关系。因此,他将重点放在了对项目活动中的相关资源寻找到一个平衡上,体现出了项目管理的优化思想。同时 McFarlane(1993)将企业整体项目管理定义为在整个企业中运用项目管理的技术与经验,这个概念也可被称为基于项目的管理(Management by Project,MBP)。

总结以上学者对项目管理的定义,可具体包含以下几点:

(1) 识别相关利益者对项目的要求与期望。这是所有的项目相关利益者的要求和期望内容,如对项目范围、项目时间、项目成本与质量等的共同要求与期望。

(2) 目的是满足甚至超越相关利益者的要求和希望。客户都希望个人成本最小化却获得最大的利益;同时商家是希望销售多,利润高;而政府和社区的要求是满足社会公共的需求等。每位相关利益者角色不同,所要求的内容也不尽相同。

(3) 其根本手段是通过各种知识、技能、方法和工具进行多种管理活动的展开。为了使项目最后会最大限度以及尽可能地满足或者超越项目所有利益相关者的需要和期望,需要开展多种类型的活动。所以项目管理活动会涉及各种知识、工具、技能和技术、方法的综合运用。

相关链接 9-2

基于流程的产品开发项目管理

产品研发项目是企业最常见的一种项目方式,华为公司也不例外。为了把产品研发活动管理好,华为公司建立了结构化的产品开发流程,也就是大家都熟知的以 LPDT(产品开发项目领导)管理项目工作。

华为公司提倡流程化的企业管理方式,任何业务活动都有明确的结构化流程来指导。华为公司的产品开发流程分为 6 个阶段,分别是概念阶段、计划阶段、开发阶段、验证阶段、发布阶段、生命周期管理阶段。

当年 IBM 咨询顾问指导设计的产品开发流程,与之前华为公司产品开发模式相比,其中一项比较大的差别是:概念阶段和计划阶段明显比原来的流程周期长,更加重视概念阶段对产品的定义以及各领域策略的制定,重视计划阶段对技术方案的制订以及各领域实施方案的制定,华为公司经过几个 PDT 项目的验证,发现整个产品开发项目的周期缩短了。

其原因是在引入 IPD 之前,由于概念阶段和计划阶段时间短,产品定义模糊、方案不具体就进入了开发和验证阶段，导致开发和验证阶段周期加长，导致整个项目开发周期加长。

因此，华为公司的产品研发项目，是基于产品开发流程的项目管理，LPDT 带领项目团队成员实施产品开发，要按照公司定义的流程来完成项目目标。

（资料来源：http://www.sohu.com/a/233672454_468626）

2. 项目管理的发展与演变

随着项目管理方法的出现，组织管理理论与管理哲学在最近几年经历了重大变革。项目管理的发展历史可以分为传统与现代两个阶段。

(1) 传统项目管理发展阶段。传统项目管理阶段主要指 1945—1960 年的项目管理活动。在 20 世纪 40 年代，直线经理使用“栅栏范围”的理念来管理项目，其问题在于客户找不到一个可以进行咨询的人，信息的缓慢流动浪费了客户与承包商的珍贵时间。由于承包商和分包商数量十分庞大，政府就需要对其进行标准化，尤其是在计划过程和信息汇报等方面。因此，政府建立了一个全生命期计划和控制模型以及一个成本监控系统。然而，私营企业将其视为多余的管理成本，认为在项目管理中没什么实用价值和意义。从 60 年代起，越来越多的高层管理者开始寻求能迅速适应变化莫测的环境的新型的管理方法和组织结构方法。但项目管理的应用范围也只是局限于建筑、国防和航天等少数领域，如美国的阿波罗登月计划。只因阿波罗登月项目获得成功，因此项目管理开始被广泛熟知。

(2) 现代项目管理阶段。80 年代之后项目管理进入现代项目管理阶段，随着全球性竞争的日益加剧，项目活动的日益扩大和更为复杂，项目数量的急剧增加，项目团队规模的不断扩大，项目相关利益者的冲突不断增加，降低项目成本的压力不断上升等一系列情况的出现，企业开始逐渐意识到实施管理项目是大势所趋，且需要以快速的方法实现它。其中，有六种因素（资本项目、客户期望、竞争、高层管理者的理解、新项目的开发、效率和效果）迫使高层管理者认识到项目管理的必要性。他们还发现项目管理在运作方式上最大限度地利用了内外资源，从本质上提高了中层管理者的工作效率。人们开始纷纷采用此类管理模式，因此它逐渐成为企业管理的重要手段。

3. 项目管理中的风险管理

(1) 风险管理的定义。

众所周知，人类无法预测未来，只能在现有信息的基础上推测将来可能会发生的事情。项目具有一次性的特点，因此其不确定性会比其他一些经济活动大很多，所以项目风险的可预测性也就差得多。项目的风险管理就成为必要，风险管理作为项目管理不可缺少的一个方面，在国际上具有形成普遍的实践。

风险管理在每个国家其定义不同。例如，德国人在第一次世界大战之后提出了对风险管理的重建。他们提出风险的控制和分散，风险的补偿和转嫁，风险的防止、回避和抵消。而美国则是从“二战”以后才实行全面的风险管理，把风险作为经营合理化的手段。一些欧洲国家于 20 世纪 70 年代中期才开始接受风险管理的概念。日本则对该研究有深刻了解。

按照美国项目管理学会报告，将风险管理总结为以下三个定义：风险管理是系统进行识别与评估风险因素的形式化过程；风险管理是识别和控制能够引起不希望变化的潜在领域和事件的形式与系统的方法；风险管理是在项目过程中识别和分析风险因素，采用相关对策的决策科学和决策艺术的有机结合。

相关链接 9-3

波兰A2高速项目风险防范分析

A2高速公路连接波兰华沙和德国柏林，是为波兰2012年6月和乌克兰联合举办欧洲足球杯特别设计建造的，招标时要求必须在2012年5月31日前建成通车。中海外公司与其他中国公司以及波兰当地公司组成中海外联合体，于2009年9月中标A2高速公路中最长的A、C两个标段，总里程49千米，总报价13亿波兰兹罗提(约合30.49亿人民币)。

中海外把波兰作为打入欧洲市场的第一站，因此迫切希望中标本工程。中海外与波兰公路管理局签订的合同是以国际通用的菲迪克文本为基础，但其中许多维护承包商权利的条款都被删除或修改。如菲迪克条款中，如果因原材料价格上涨造成工程成本上升，承包商有权要求业主提高工程款项。但关于变更程序，中海外合同规定：所有导致合同金额变动或者完成工程时间需要延长的，必须签订书面的合同附件。

实际上，中海外投标时全球经济不景气，当地的施工项目也并不多，因此原材料供应并不紧张，价格尚处于低谷。但在履约过程中，随着全球经济尚好，且欧洲杯相关工程陆续上马建设，因此当地的沙子、钢材、沥青等原材料价格大幅上涨。中海外向波兰公路管理局提出对中标价格进行调整，但公路管理局依据合同以及波兰《公共采购法》等相关法律规定明确拒绝了中海外的调价申请，为此中海外不得不垫付资金以满足施工需求。

资金压力导致中海外不断拖欠分包商款项，当地分包商游行示威抗议中海外拖欠劳工费用，当地劳工冲进中海外在华沙的办公场所，并在办公楼外焚烧轮胎，项目被迫停工。此时，32个月的合同工期已过去三分之二，而中海外A标段才完成合同工程量的15%，C标段仅完成18%，工程进度严重滞后。若要按期完成工程，A、C两标段总共需投入资金7.86亿美元，预计收回合同款3.91亿美元，整个项目预计亏损3.95亿美元(约合25.45亿元人民币)。最终，中海外决定放弃该工程。波兰公路管理局向中海外联合体提出了7.41亿兹罗提(约合2.71亿美元)的索赔。而合同的争议解决部分约定所有纠纷由波兰法院审理。

(资料来源：http://sdjsb.bjd.com.cn/html/2017-06/07/content_139301.htm)

(2) 风险管理过程。

风险管理过程是组成风险管理的主要阶段。不同组织或者个人对风险管理的划分不同。美国系统工程研究所将风险管理过程分成六个阶段：风险识别、风险分析、风险计划、风险跟踪、风险控制和风险管理沟通。中国学者邱菀华认为项目风险管理过程分别是风险规划、风险识别、风险估计、风险评价、风险应对、风险监控。

总结多位学者对风险管理过程的分析，风险管理的基本程序是风险识别、风险估测、风险评价、选择风险管理技术和风险管理效果评价的循环过程。

① 风险识别。

风险识别是风险管理的第一步，是指对所面临的以及潜在的风险加以判断、分类和鉴定风险性质的过程。对风险的识别一方面可以通过感性认识和经验进行判断，另一方面，也是更重要的，则必须依靠对各种客观的会计、统计资料进行分析、归纳和整理，发现各种风险的损害情况。

一般风险识别可通过多种方法进行识别：风险识别询问法、流程分析法、财务报表法、环境分析法、现场勘测法等。

② 风险估测。

风险估测是指在风险识别的基础上，通过对所收集的大量资料加以分析，运用概率论、历史统计资料、外推法和理论分布分析等，估计和预测风险发生的概率和损失幅度。风险估测的重要性在于不但使风险管理建立在科学的基础上，而且使风险分析定量化，为选择最佳管理技术提供较可靠的依据。

③ 风险评价。

风险评价是用某一尺度衡量风险的程度，以便确定风险是否需要处理和处理的程序。可通过 AHP 方法和 SAVE 方法进行分析和评价。同时对于进行处理风险，需发生一定的费用。若所发生的费用超过出于风险事故所造成的损失，这样的处理措施就不值得采取。风险处理方法一般有风险控制与对策、回避、损失控制、分离、分散和保险等。

④ 选择风险管理技术。

根据风险评价的结果，为实现风险管理目标，选择与实施最佳风险管理技术是风险管理的第四步。实际中，通常采用几种管理技术优化组合，使其达到最佳状态。

风险管理技术分为两大类，一类为控制型技术(Control Method)；另一类为财务型技术(Financing Method)。前者重点在于改变引起意外事故和扩大损失的各种条件；后者则是在实施控制技术后，对无法控制的风险所做的财务安排。这一技术的核心是将消除和减少风险的成本均匀地分布在一定时期内，以便减少因随机性的巨大损失发生而引起的财务上的波动，通过财务处理，可以把风险成本降低到最低程度。

⑤ 风险管理效果评价。

风险管理效果评价是指对风险管理技术适用性及其收益性情况的分析、检查、修正与评估。

风险管理效益的大小取决于是否能以最小的风险成本取得最大的安全保障。成本的大小等于为采取某项管理技术所支付的各项费用与机会成本之和。而保障程度的高低取决于由于采取了该项管理技术后减少的风险直接损失和间接损失之和，若前者大于后者，说明该项管理技术是不可取的；若后者大于前者，该项技术是可取的，但不一定是最佳的。从经济效益来讲，最佳技术是指各项可供选择的技术中，下述比值最大的风险管理技术。

$$\text{效益比值}=\frac{\text{采取某项技术后减少风险的直接损失和间接损失之和}}{\text{采取某项技术所付各项费用和机会成本之和}}$$

⑥ 风险管理周期。

风险管理周期是指风险管理的五个阶段，即风险识别、估测、评价、技术选择和效果评价周而复始、循环往复的过程。

(3) 风险识别方法。

风险分析的第一个步骤是风险识别，目的在于减少项目结构的不确定性。风险识别是一项复杂的工作，需要多个流程，在此将介绍具有代表性的几种方法，帮助管理者识别项目风险。

① 风险识别询问法。

问询时可以选择座谈会方式，选择管理学中推荐的"头脑风暴法"漫谈项目风险，而项目风险经理需要做好全面的详细记录，加以冷静思考，去除不合理成分，留其精华。同时也可以采取德尔菲法，事先设计好问卷发给在座被征询意见者，回收以后分门别类或者按照事先给定的权重挑选出正确合适的风险因素。

A. 头脑风暴法。

头脑风暴法出自"头脑风暴"一词，指无限制的自由联想和讨论，其目的在于产生新观念或激发创新设想。在群体决策中，由于群体成员心理相互作用影响，易屈于权威或大多数人的意见，形成所谓的"群体思维"。群体思维削弱了群体的批判精神和创造力，损害了决策的质量。为了保证群体决策的创造性，提高决策质量，管理上发展了一系列改善群体决策的方法，头脑风暴法是较为典型的一个。

B. 德尔菲法(Delphi Method)。

德尔菲法又名专家调查法，专家判断不单单适用于风险识别，还适用于预测及决策过程。此方法出现于20世纪40年代末，美国兰德公司首先使用后便开始在世界盛行起来，它的应用如今非常广泛。实施德尔菲法过程中，始终有两方面的人在活动，一是预测的组织者，二是被选出来的专家。

德尔菲法的工作流程大致可以分为四个步骤，在每一步中，组织者与专家都有各自不同的任务：开放式的首轮调研、评价式的第二轮调研、重审式的第三轮调研和复核式的第四轮调研。

② 财务报表法。

财务报表法就是根据企业的财务资料来识别和分析企业每项财产和经营活动可能遭遇到的风险。通过资产分析负债表、营业报表以及财务记录，项目风险经理有可能会识别出本企业或项目当前的所有财产、责任和人身损失风险。

财务报表法是企业使用最常用，也是最为有效的风险识别与分析方法。因为企业的各种业务流程、经营的优劣最终体现在企业资金流上，风险发生的损失以及企业实行风险管理的各种费用都会作为负面结果在财务报表上表现出来。因此，企业的资产负债表、损益表、财务状况变动表和各种详细附录就可以成为识别和分析各种风险的工具。

③ 流程图法。

流程图分析法又称"物流系统分析法"，即通过分析生产流程过程发现企业所面临的危险。其具体做法是，首先将企业生产工艺的全过程，包括进货、选料、制造、包装、存储、发售、运输等各阶段，按顺序建立一张详尽的总流程图和各分流程图，然后再对各阶段逐项进行分析，以发现可能遭遇到的各种危险及其潜在的危险因素。

它的潜在损失风险包括财产损失、责任损失、人员损失。

④ 现场视察法。

在现场视察时，可以更加直观地了解到现场的相关设施和操作，同时需要运用到一些仪器设备进行踏勘，识别并防止项目的潜在损失。

同时,对于项目风险的识别还有相关部门配合法、索赔统计记录法和环境分析法。

案例研究9-2

200多项技术落地冬奥 高质量项目管理功不可没

北京冬奥会、冬残奥会总结表彰大会在北京人民大会堂隆重举行。中国21世纪议程管理中心(以下简称"21世纪中心")被授予"北京冬奥会、冬残奥会突出贡献集体"称号。在北京冬奥会、冬残奥会筹备、举办期间,21世纪中心承接"科技冬奥"重点专项管理任务,有力推动了200多项技术成果在冬奥会、冬残奥会举办过程中用得上、用得好,为北京冬奥会和冬残奥会高质量办赛和高水平参赛提供了重要科技支撑。

从北京冬奥会开幕式的"一朵雪花""微火火炬",到闭幕式的"折柳相送""光影留声",世界看到了新时代中国的自信从容;中国选手参加北京冬奥会、冬残奥会创造了历史最好成绩,为祖国和人民带来自豪光荣;北京冬奥会、冬残奥会是新冠肺炎疫情发生以来首次如期举办的全球综合性体育盛会,获得国际社会的连连盛赞……这些成绩的取得、荣光的背后,离不开科技力量的支撑,也离不开科研项目管理人员的精细服务。

2015年8月,在北京获得2022年冬奥会举办权后不久,科技部在总结服务2008年北京奥运会、2010年上海世博会和2010年广州亚运会做法的基础上,认真分析冬奥会的特点和需求,提出"科技冬奥"的初步设想。此后,科技部会同有关部门和地方研究制定了"科技冬奥(2022)行动计划",在国家重点研发计划中设立了"科技冬奥"重点专项。自此,21世纪中心作为项目管理专业机构,开启了"服务冬奥"模式。

从2018年年初至今,科技冬奥专项共启动实施80个项目,申报受理、评审立项、过程管理等工作持续推进。黄晶表示,科技冬奥项目的科研攻关需要各方的通力协作,21世纪中心的工作就是按照科技体制改革精神,积极创新项目管理机制,不断推进项目研发与冬奥重大应用场景的深度融合。例如,对冬奥场馆类任务,直接由业主单位作为项目主体,实现项目研发和工程建设的深度融合;对手持火炬研发任务,实行"揭榜挂帅"机制,实现项目研发与最终用户北京冬奥组委的精准对接。

2022年2月4日,北京冬奥会隆重开幕。"科技冬奥"临时工作专班成员虽然在冬奥会闭环外,但是与项目团队现场保障人员、赛区场馆业主、属地管理部门等保持密切沟通,跟踪了解并协助解决项目成果在赛时应用中存在的困难,保障了"科技冬奥"重点专项项目成果在冬奥会场景实际应用。

(资料来源:https://t.ynet.cn/baijia/32604813.html)

9.2 掌握项目的组织与控制

9.2.1 项目组织概述与形式

1. 项目组织概述

项目组织是项目管理的基本职能与内容之一,它的主要目的是充分发挥项目管理职能,提高项目管理的运行效率,从而达到项目管理的目标。一个项目确定以后需要考虑两个方面的问题,第一是必须确定项目与企业的关系,即项目是组织结构;第二是必须确定项目内部的组成。同时要考虑与其内外组织有密切联系的环境问题。

组织是管理的一种重要职能,它的一般概念是指各种生产要素结合在一起的形式与制度。在项目中,项目管理者需要通过组织获得所需的资源,包括资金、技术、人力等方面。他们需要了解如何通过运用和管理资源而达到任务目的,因此将项目组织定义为:为完成特点项目目标而组建起来的从事项目具体工作的组织。因此,该类组织具有以下职能:

(1) 计划。即为实现所设定的目标而制定出所要做的事情的安排,并对资源进行配置。

(2) 组织。即为实现所设定的目标,必须建立必要的权力机构、组织层次和组织体系,并规定职责范围和协作关系。

(3) 控制。即采用一定的方法、手段使组织按一定的目标和要求运行。

(4) 指挥。即上级对下级进行领导、监督和激励。

(5) 协调。使各层次各体系之间步调一致,共同实现所设定的目标。

2. 项目组织结构

项目计划的下一步是选择适合该项目的组织结构,而组织结构可以从以下几个方面定义:职能专业化程度、部门相似性、标准管理的边界、运作关系或产品要求,并将组织结构分为三种类型:职能式组织结构、项目式组织结构和矩阵式组织结构。

(1) 职能式组织结构。职能式组织结构是一种常规的线型组织结构。采用这种组织结构时,项目是以部门为主体来承担项目的,一个项目由一个或者多个部门承担,一个部门也可能承担多个项目,有部门经理也有项目经理,所以项目成员有两个负责人。这个组织结构适用于主要由一个部门完成的项目或技术比较成熟的项目,如图 9-1 所示。

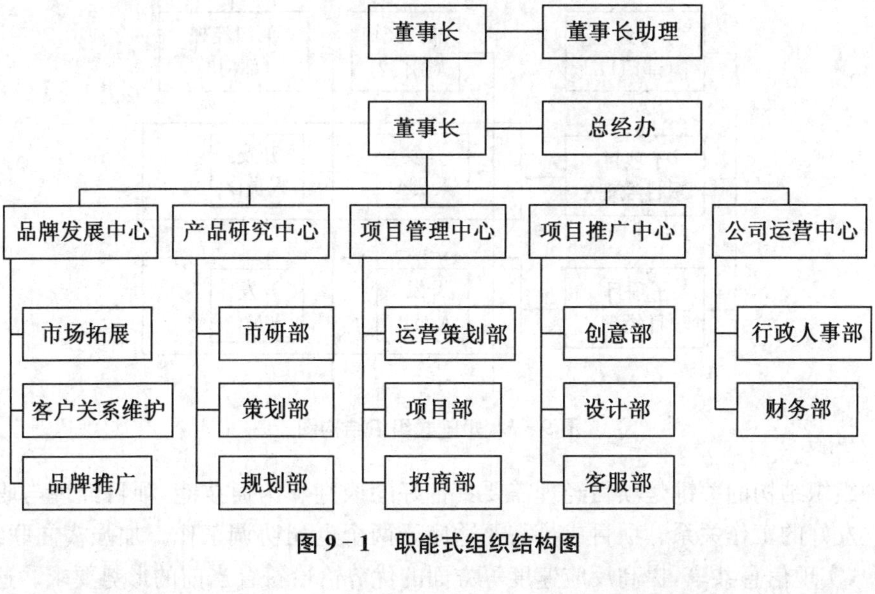

图 9-1 职能式组织结构图

(2) 项目式组织结构。项目式组织结构中的部门完全是按照项目进行设置,是一种单目标的垂直组织方式。在项目式组织结构中,项目经理有足够的权力控制项目的资源。项目成员向唯一领导汇报。这种组织结构适用于开拓性等风险比较大的项目,或进度、成本、质量等指标有严格要求的项目，不适合人才匮乏或规模小的企业，如图 9－2 所示。

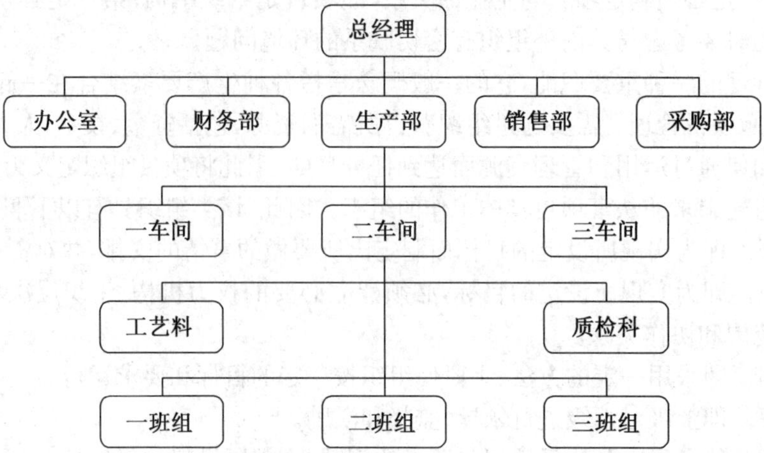

图 9－2　项目式组织结构

（3）矩阵式组织结构。矩阵式组织结构是职能式组织结构和项目式组织结构的混合体，既具有职能式组织的特征，又具有项目式组织结构的特征。它是根据项目的需要，从不同的部门中选择合适的项目人员组成一个临时项目组，项目结束之后，这个项目组也就解散了，然后各个成员回到各自原来的部门，团队的成员需要向不同的经理汇报工作。如图 9－3 所示。

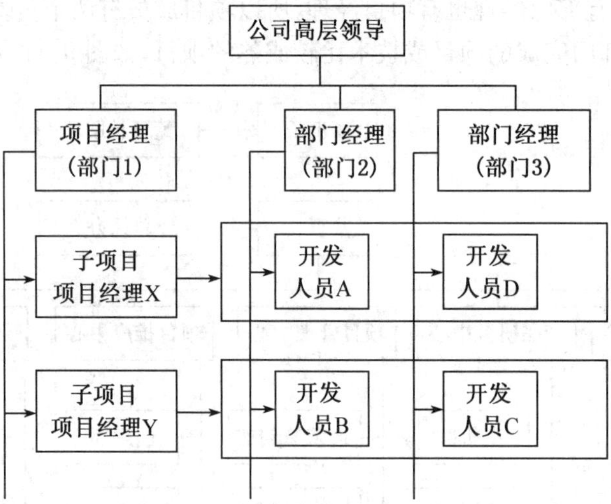

图 9－3　矩阵式组织结构图

这种组织结构的关键是项目经理需要具备好的谈判和沟通技能，项目经理与职能经理之间建立友好的工作关系。项目成员需要适应于两个上司协调工作。加强横向联结，充分整合资源，实现信息共享，提高反应速度等方面的优势恰恰符合当前的形势要求。这种组织结构适用于管理规范、分工明确的公司或者跨职能部门的项目。

相关链接 9-4

阿里巴巴组织变革

3月28日，阿里巴巴集团董事会主席兼首席执行官张勇发布全员信《唯有自我变革，才能开创未来》，启动新一轮公司治理变革。

根据方案，在阿里巴巴集团之下，将设立阿里云智能、淘宝天猫商业、本地生活、菜鸟、国际数字商业、大文娱等六大业务集团和多家业务公司。业务集团和业务公司将分别成立董事会，实行各业务集团和业务公司董事会领导下的CEO负责制，阿里巴巴集团则将全面实行控股公司管理。

信中，张勇希望每一位阿里人回归创业者状态再出发，“不拥抱变化就会变得僵化，不改变自身就会被时代打败”。

根据全员信，张勇在担任阿里巴巴集团董事长兼CEO的同时，兼任阿里云智能集团CEO；戴珊任淘宝天猫商业集团CEO；俞永福任本地生活集团CEO；万霖继续担任菜鸟集团CEO；蒋凡任国际数字商业集团CEO；樊路远任大文娱集团CEO。其他公司也将独立经营管理。

本次组织治理变革由张勇发起，已分别经集团合伙人与董事会一致通过。这轮变革从集团顶层入手，重新定义和构造阿里巴巴集团与各业务的治理关系，被认为是“阿里巴巴24年来最重要的一次组织变革”。

在全员信中张勇表示，“解决生产力的发展和创造不同，首先必须从生产关系的变革入手”。这也是阿里巴巴组织变革一直以来的出发点。2015年，阿里推动“中台战略”，一度成为互联网科技行业公司治理标杆；2020年，张勇推动经营责任制改革，又以四大板块分立实现阿里巴巴多元化治理，成立多家独立经营的环路公司。

从阿里巴巴发展历程来看，组织的深度调整在不断激发重大技术和业务创新。比如，2011年一个淘宝变为“三个淘宝”，长出了天猫。

此次变化的一个关键动作是，各业务集团分别成立董事会，实行董事会领导下的CEO负责制，阿里巴巴集团则全面实现控股公司管理。对各业务而言，治理架构独立意味着直面市场洗礼，与之对应的是创新激励的可能性。在公开信中，张勇称，“市场是最好的试金石，未来，具备条件的业务集团和公司，都将有独立融资和上市的可能性”。

目前，阿里旗下阿里云、菜鸟等多个业务已是市场头部企业，盒马、平头哥等业务融资上市传闻不断。对六大业务集团和业务公司而言，全面独立经营有利于市场更好对价值称重，“让员工真正走向为自己的业务而战”。

（资料来源：https://www.163.com/dy/article/I0V0CK7U0519CUGP.html）

9.2.2　项目控制

1. 项目控制要素

时间、预算、绩效不仅是形成项目运作特征的基础，也是有利于确定项目控制的基础。因此做好项目的控制，需要测量绩效。渴望得到更高的绩效，所对时间和资源的要求也就越高,为了满足一种约束而调整其他两种约束是必要的。

(1) 影响时间的因素。与项目时间相关的因素用进度计划描述,进度计划不仅说明了完成项目工作范围内所有工作需要的时间,也规定了每个活动的具体开始和完成日期。项目中的活动根据工作范围确定,在确定活动的开始和结束时还要考虑它们之间的依赖关系。在此列举影响时间的因素,主要包括供应延迟、遗漏关键事件、重要任务延迟、顾客要求的变化、终止时间的变化、时间估计不可靠、需要时间来实施的新规章等。

(2) 影响绩效的因素。一般通过定义工作范围中的交付物标准来明确定义这些标准,包括各种特性及这些特性需要满足的要求,因此交付物在项目管理中有重要的地位。例如,设计不理想、可靠性差、劣质、组成成分不稳定、功能性差、维修问题、技术复杂度高、目标冲突、资源有限、员工流失等。

(3) 影响成本的因素。完成项目需要的所有款项,包括人力成本、原材料、设备租金、分包费用和咨询费用等。项目的总成本以预算为基础,项目结束时的最终成本应控制在预算内。影响成本的因素大致包括通货膨胀、新的卖主、报价不正确、高额的劳动力成本、预算改动、间接费用高、预算不充分。

2. 项目控制步骤

Parkinson 法则指在行政管理中,行政机构会像金字塔一样不断增多,行政人员会不断膨胀,每个人都很忙,但组织效率越来越低下。这条定律又被称为"金字塔上升"现象。它为项目进度的增加填补项目的可用时间,项目成本的增加将消耗项目可用的预算。项目控制阻止项目进入不可控的区域,它也保证项目能在既定的预算下完成。因此,将项目控制步骤总结如下:

(1) 首先需要确立控制标准为何。这表明需要详细介绍所要测量的项目的具体特征和细节。

(2) 建立绩效标准。此标准可以建立在行业实践、流行的项目协定、工作分析和预测等基础上。

(3) 获得实际绩效值。应当事先明确测量范围,核准测量方法以及检查它的准确度。此步骤需要稳定和可靠的项目跟踪和报告的工具。

(4) 此时需要比较实际绩效与标准绩效的差值。此种比较需要站在客观工作的角度上进行操作,同时要明白什么工作已经完成和什么工作未完成仍旧需要再做。

(5) 确定不可接受的期望偏差。

(6) 通过分析偏差数值了解其对整个项目绩效的期望冲击。

(7) 查找绩效偏差产生的原因。

(8) 确定为了克服所观测到的偏差所需要采取的适当的控制措施。

(9) 尽全力完成与执行控制措施。

(10) 努力确保绩效偏差小,以及糟糕的绩效不要再次出现在项目中。

3. 成本控制

项目成本控制在项目管理过程中必不可少,通过成本控制,使成本在预算与合理的费用之内。项目成本控制的主要目的是控制项目成本的变更,指项目组织为保证在变化条件下实现其预算成本,按照事先规定的规划和标准,运用一些方法,对项目实施过程中存在的多个实际成本与计划成本进行比较、检查、监督、引导和纠正，尽力使该项目的实际成本在之前所计划和预算的范围之内的一系列管理过程。

成本控制内容具体包括以下几个方面：

(1) 成本计划。根据设计、计划方案预算项目成本，提出报告。通过将成本目标或者成本计划进行分解，指出设计、采购和施工方案等相关费用的最高限额，以此作为成本控制的基准。

(2) 成本监督。在此方面需要对相关费用进行严格检查与审核，确定是否进行项目款的支付，监督已支付的项目是否完成，并且做出实际报告。

(3) 成本跟踪。通过做出的详细成本分析报告，对各方面给予不同要求和不同详细程度的报告，确认实际需要的项目变动能够做到有据可查，以此防止错误的和不适合的或者未经过授权的项目变动所发生的费用被列为项目成本预算。

(4) 成本诊断。对成本进行诊断包括对成本超支量及其原因的分析，剩余工作所需成本预算和项目成本趋势分析。尽早发现成本方面出现的偏差和问题，分析问题，及时纠正，将成本控制在预算范围内。

一些政府机构已经研发了成本控制系统技术，运用该技术主要管理那些在政府合同中十分典型的大项目。成本和进度控制系统(Cost and Schedule Control System，C/SCS)基于 WBS(Work Breakdown Structure，工作分解结构)，它可以从数量方面测量项目在特殊点的绩效。

相关链接 9-5

京东成本控制分析

京东的价值链可以分为供应链管理、仓储管理、客户关系管理三个主要环节。由于信息技术的影响，以信息流为主的虚拟价值链和实物价值链共同构成了京东的价值链。根据成本控制的思路，京东的成本控制主要体现在以下三个方面：

(1) 信息流成本控制。

京东的高效运作有赖于其分布于全国各地的 2 万多台服务器和近 5 000 名的 IT 专家的共同努力。京东的信息系统主要包括网站和移动客户端应用、供应商接口、客户关系管理系统、库存管理系统、配送管理系统、订单处理系统、智能商务系统。基于云计算的京东大数据平台也正在建设之中，对于网站生成的海量客户行为信息进行分析。京东建立了企业论坛、网络社区等为客户提供交流信息的平台。先进的信息系统有助于实施更加有效和有针对性的商品信息展示，降低客户信息获取成本。

(2) 物流成本控制。

京东的仓储成本控制主要体现在即时库存管理和精细化库存管理两个方面。第一，京东采用大数据、云计算、数据挖掘等先进技术预测客户需求，提前规划库存量，降低库存成本。通过及时库存管理，京东提高了存库周转率，缩短了供应链的账款回收期，也降低了供应商的成本，增强了自身的议价能力。第二，京东对“货品摆放—订单拣货—货品分拣—订单开票—出库包装”实行精细化管理。分拣人员按照电子商务订单进行分拣作业，直到商品校验、开票、包装、出库的每个环节都尽可能减少资源耗费。

(3) 资金流成本控制。

对于资金流的管理,京东通过自建支付体系来降低资金流成本。京东的资金流信息、交易信息完全暴露在第三方的监控之中,有些甚至是京东的商业秘密,将自身的支付体系建立在第三方基础上具有很大风险。为了降低资金流相关成本,京东通过收购网银在线将资金流掌握在自身手中。京东通过自建支付平台,一方面降低了资金流成本(如手续费等),另一方面降低了商业机密泄露等隐性成本。

(资料来源:http://www.lunwenstudy.com/chengbengl/121836.html)

9.3 实施项目管理方法

9.3.1 项目管理过程

项目先后衔接的各个阶段的全体被称为项目管理流程。在项目管理过程中,启动阶段是开始一个新项目的过程,项目实施阶段是占用大量资源的阶段。项目管理进程包括从问题定义到项目结束几个步骤。

1. 提出问题

提出问题为项目管理过程的第一个步骤,在该阶段,需要对项目的需要进行了解、定义和讨论验证。同时,项目可能会涉及一些内容,如开发新产品、实施新方法或者改进某种陈旧设备等。

2. 确定项目

此阶段需要了解项目的目的为何。任务描述的是该阶段的主要输出,如相对较低的生产率可能暗含着对相关新技术的需求。一般而言,项目定义需要指出如何使用项目管理手段和方法规避一些不好的问题的出现,如缺乏分配,资源配置不合理,产品劣质等冲突。

3. 项目规划

规划是指为完成某个任务目标而需要制定的一些行动流程。在此将规划制定为:对象、项目定义、组织结构、性能标准(时间、经费、质量)。

4. 项目组织

此步骤往往是和上一步骤同时进行的。引导是该阶段的一个重要因素,包含对项目成员的控制和指导,是管理任务的一个重要方面。

5. 资源分配

项目中往往出现资源配置不合理现象,因此需要重视这一环节。通过资源配置给任务要求,才有利于实现项目目标。由于资源的稀缺性,某个需要执行特定任务的人可能还要执行其他正在进行的项目。

6. 项目调度

任务调度是项目管理的重点之处。调度的主要目的是分配资源以使整个项目的目标可以在规定的合理的时间段内得以完成。通常,调度是指为工作计划内的具体任务分配时间段,在整个项目的调度中必须建立并保持密切的控制。

7. 项目跟踪和报告

该步骤主要检查项目成功是否与项目规划的性能规范相符合。追踪和报告是项目控制的首要条件。

8. 项目控制

需要采取相关措施,来纠正无法预期到的性能偏差。项目控制包括以下几个方面:跟踪和报告;测量和评估;修正操作(修改规划,重新调度,更新)。

9. 项目结束

该阶段很有可能是整个项目管理的最后一个阶段。项目结束阶段与启动阶段一样重要,需要快速结束,不允许拖延到预期完成时间之后。

相关链接9-6

好的开始是成功的一半

俗话说"好的开始是成功的一半",管理一个项目也同样是这样,很多的时候,项目运行中遇到的问题往往就是在填项目启动时所挖的坑。一个好的项目启动能极大地提高项目成功的概率,避免项目过程中很多的风险。

(一) 项目启动的构成

基于PMP的框架,一般我们把项目管理分成五个过程组,第一个过程组就是项目启动。项目启动整个环节往往又可以分为三个部分:项目价值研究、项目启动准备、项目的启动会。

(二) 启动准备

对于项目的启动准备,最核心的是要澄清几个问题:

(1) 项目目标是什么?

(2) 项目包含的内容(范围)是哪些?

(3) 项目的关键里程碑怎么确定?

(4) 项目的人员组织架构是怎么样的?

(5) 项目的信息怎么同步,怎么做决策?

(三) 项目目标

忽视目标是项目管理中一个比较常见但又非常致命的问题,俗话说"不忘初心""以终为始"就是常见的针对这个问题的提醒。项目目标一个重要的要求就是必须满足SMART原则,千万要记住,项目结束的时候就是要用这个目标来衡量我们项目的成败。如果是一个不能用来清晰指导我们判断项目成败的目标,一定是一个不好的目标。项目目标一定要清晰地写出来,并获得项目发起人和主要关系人的确认,有了项目目标,后面的工作才能有据可寻。

（四）项目范围

确定项目范围的过程可以理解为是一个先发散再收敛的过程，在开始的时候要纳入更多的项目关系人参与到项目范围的收集和讨论中来，目标是防止重要的项目范围被遗漏。常见的情况是只关注了功能性的需求，而遗漏了性能、可测性、运营支持类的需求，导致在项目进行中才发现，导致项目范围扩大，项目交付时间不可控。

最后，项目启动准备的最重要的事就是确定项目的关键里程碑。里程碑是项目组根据历史的项目经验或者参照其他项目团队做的水平，制定的里程碑，是大家达成一致的结果，是项目的内部基准，大家都按照这个做事。

（资料来源：https://yq.aliyun.com/articles/696447? spm=a2c4e.11155472.0.0.22d512dabT3KXo）

9.3.2 项目管理方法

项目管理方法是关于如何进行项目管理的方法，是可在大部分项目中应用的方法。项目管理方法在项目管理方法论上可以分为三种。

1. 阶段化管理

阶段化管理将项目的生命周期(即项目运行到项目结束的整个过程)分为若干个阶段，再根据不同的阶段具有的不同特点进行针对性的管理。在阶段性管理中，还可以将阶段进一步分为子阶段，管理的方法可以更具体，且更具有针对性。

项目生命周期一般可以分为了解市场信息、申请书填写以及申请书完成后三个基本阶段。对于“了解市场信息”阶段，还可以进一步分为信息采集、信息分析、工程项目立项三个子阶段；对于“申请书填写”阶段，一般其内容包括三个部分：技术、管理、成本；当“申请书填写”完成后，市场信息部门的各部门都应密切注视项目的进展情况，及时更新项目的最新状况，并通报各有关部门特别是技术支持部门，使该部门能根据项目的最新情况调整项目申请书。同时在合同的签订即项目确定之后，项目管理又可划分为项目准备阶段、项目实施阶段、竣工验收阶段及系统运行维护阶段等。每个阶段的工作内容有所不同，其实施与管理也应具有针对性。

思政园地

2012年，中共十八大描绘了全面建成小康社会、加快推进社会主义现代化的宏伟蓝图，向中国人民发出了向实现“两个一百年”奋斗目标进军的时代号召。“两个一百年”自此成为一个固定关键词，成为全国各族人民共同的奋斗目标。以“两个一百年”奋斗目标的确立为标志，中共十八大之后中国的一系列战略和努力都有了明确的方向。

2. 量化管理

在项目实施过程中，时常会碰到这种问题，客户认为前一阶段内的工作符合要求认为另一阶段内的工作不符合要求或存在严重问题；或者就是即使存在问题但之后通过改进还能继续使用，等等。对于此种情况，这些出现的问题应该由谁负责，就需要对各种投入、成果和目标等进行量化以方便管理。

量化管理针对影响项目成功的因素制定指标、收集数据、分析数据，从而完成对项目的控制和优化。量化管理方法是尽量通过数据说明问题、解释问题，寻找到问题产生的根源，然后解决问题。通过量化管理，可以更精确地预估工作量、所需资源(人力、物力、财力等)，更好地控制项目的费用和进度。

一般来说，在项目实施前确定度量的指标，如每个人每日的代码行数、每千行代码的缺陷数、每个人每日可执行的用例数和每日新报缺陷数等。有了度量指标，借助数据库、信息系统等就比较容易获取数据、分析数据，如可以根据每日新报缺陷数来评估项目质量和风险，甚至可以根据每日新报缺陷数和修正的缺陷数来预测项目结束的日期。

3. 优化管理

优化管理是指分析项目每部分所蕴含的知识，不断吸取教训、总结经验，将知识和实践更好地融合在一起，从而对项目计划、实施方法等进行优化，获得项目的最佳效益。优化管理是一个不断分析、总结的过程，需要不断积累知识和经验，因而也是自然的进步过程。

无论是教训还是经验，都具有一定的时效性，即不同的阶段的经验不能混淆。例如，计划阶段的经验对下一个项目的计划阶段有很大的参考价值，而对其实施阶段则不一定会有意义。又如，某个阶段的工作管理做得好，项目进展顺利，就应该使这一阶段内的管理经验和知识更好地发挥作用；而后一阶段管理工作如果没做好，则需要查找到这一阶段没有成功的因素。阶段性的分析，有利于进一步优化项目管理，但项目管理仅仅靠项目总结或阶段性总结是不够的，还需要依赖一些方法、手段和工具，这在很大程度上要依靠量化管理。可以说，阶段化管理和量化管理是优化管理的基础。

增值阅读

谈谈项目经理的思维创新

实现管理创新，首要条件就是提高项目经理的思维层次。项目经理要形成自己的项目思维习惯。习惯不会说话，但却是行为的代言人。创造习惯就是创造自己，创造自己就是创造成功。做项目管理，要能把握全局。但在项目中，所管理的对象，无论是“人”还是“事”，往往就是一个一个的点。如何把这些点能清晰明了地进行管理，如何做到游刃有余，除了积累知识、借用工具，最关键的就是思维方法。

1. 项目思维的含义

项目思维就是按照项目的要求思考问题和做事，而不是光凭感觉和经验，可以说项目管理思维是一种做事方法，不是唯一的方法，但是科学的方法，能让人更严谨、更全面、更系统地去完成一个事情。项目管理中有这样几种思维方式和做法，影响效益。一是过分的完美主义。很多经理人总希望自己可以做到完美，于是拟订了诸多工作计划，在行动中犹豫不决，不能勇敢地迈出第一步。二是缺少领导魅力，觉得有技术就行。要懂得做人，会做人，别人喜欢你，愿意和你合作，才容易成事。三是不善于沟通。领导者与被领导者之间的有效沟通，是管理艺术的精髓。比较完美的企业领导者习惯用约70%的时间与他人沟通，剩下

30%左右的时间用于分析问题和处理相关事务。

2. 思维创新的原则

要强化思维的科学性。思维随意，是管理工作中客观存在的一种现象。具体表现为：一味求快，盲目拍板，想当然决策；轻率蛮干，想到什么，就干什么，随意性较大；工作无计划，心中没有数，上级强调什么就抓什么，领导检查什么就突击什么；工作无中心，无重点，“胡子眉毛一把抓”；缺乏韧劲和恒心，造成许多“半截子工程”等。思维随意，导致了管理决策的盲目性，盲目性又造成了工作“节奏快、效率低”“出力大、成效小”“魄力大、漏洞多”。管理者之所以工作随意，根本原因就在于其思维缺乏科学性。要提升管理者的思维层次，实现思维的创造性和管理的科学性，首先必须从锻炼其逻辑思维能力入手。一要善于进行演绎。科学思维的层次之一，就是善于演绎，即善于从一般性的前提推出特殊性的结论。在管理实施过程中，进行演绎时要敢于大胆构造假设，透过现象把握本质，增强行动的目的性和计划性。二要勤于归纳总结。归纳总结的过程就是科学思维的过程。主要应在探求因果联系的逻辑方法，发现事物的规律性上下功夫。探求因果联系的逻辑方法是取胜和思维的主要方法，是获得创造性思维成果的重要手段，是各级管理者掌握管理工作主动权的重要方法。三要熟练运用类推。类推思维充满科学性。广泛而恰当地运用类推触类旁通，是各级管理者独立分析和解决问题的有效方式之一。运用类推时，关键是要注意用类比启迪思维。在管理进程中，往往会遇到一些看似无法解决的问题，这时，要注意运用类比推理开启思维的闸门，以求得问题的解决。正如康德所说：“每当理智缺乏可靠的思路时，类比这个方法往往能指引我们前进。”

3. 怎样建立项目思维

项目管理是一个实践的学科，所以相关的理论知识学起来非常简单，没有什么高等数学、量子力学等晦涩的东西。所有的内容均来自管理实践。大家会感觉到似曾相识，有些东西甚至自己平时就在用。但是，最难的部分是怎么有意识地去使用这些看似“简单的管理知识”。

要建立项目思维，除了在工作中有机会去建立外，在日常生活中也可以建立起自己的项目思维。所有重要的事情我们都可以把它当成是一个项目来管理，如果你按照项目的流程去思考你生活中的重要问题，就很容易建立起自己的项目思维。

(1) 换位思维。

绝大多数创造性思想都是缘于思维角度的改变。对任何事情，你都应该尝试从不同角度、不同位置、不同群体等方面去看一看，想一想，往往你会有一些意想不到的发现。视角的特别，也往往决定了创造力的高低。反向思维便是其中一个特例。项目管理者联盟，比如开发产品，最好把自己当成服务终端，考虑一下客户以及中间环节，对每一个环节都考察一遍，是不是可以做得跟别人不一样。也可以把自己当成竞争对手，想想他们的情况，多问问为什么这样，反过来问问为什么不这样，这样思考的时候，你就可能发现问题并加以革新和完善。

在项目管理过程中，项目经理必须要明白什么是障碍，如何实现畅通自然，这两点最为关键。虽然项目管理中特别强调沟通，但沟通也分通用的沟通技巧和特殊的沟通技巧，特殊的沟通往往是因为环境和个人特点决定的，并非人人都能掌握，也不是那么容易就能学来。

(2) 分解与综合。

如果你能将关注的事物分解得足够细，越细越好，把大问题分解成无数个小问题，对每一个问题都细致考察一遍，你就可能找到突破口或开辟新的领地。比如，研究生物的，可以将多细胞的行为分解到单细胞水平，甚至单分子水平，这样必定会遇到很多技术问题，但也可能激发你建立新的技术体系。另外，对自己研究的领域，你也可以这样要求自己，即提出200个或更多的问题，在这200个问题中一定会有你的思想火花。

爱因斯坦说过，提出问题往往比解决问题更重要，因为关键问题的提出，常常表明你已经意识到解决问题的突破口。

(3) 形象思维。

一定要试着用图形表达各种意思，因为形象思维能够再现事物原型，能轻易发现言语容易遗漏的空间细节和时空逻辑矛盾。所以，想问题的时候，不妨多画画图，建立模型，用想象力去弥补思维空缺。你也可以用形象去类比，想象一下它像什么，内部可能是什么样的结构，换个角度想象一下，又会是什么结果呢？或者，建立一定的符号，进行逻辑运算，也可以很直观地理解问题，发现矛盾。

(4) 头脑风暴。

头脑风暴，也就是胡乱联系，是一种发散思维。把大量不相关的东西放在一块，让他们任意组合，胡乱联系一下，再经过筛选分析，启发思维，寻找灵感。所以，有时候随便走走，或者随便翻翻不相关的书刊，跟无关的人员聊聊天，都可能启发思维，不一定要老是待在某个地方苦思冥想才叫工作。我的导师常教导我们，吃饭也是工作，说的就是希望我们吃饭时能多结识些外面的科研人员，有意无意中就可以交流一些信息。

（资料来源：http://www.mypm.net/articles/show_article_content.asp?articleID=33377）

任务小结

项目管理指在项目活动中运用专门的知识、技能、工具和方法，使项目能够在有限资源限定条件下，实现或超过设定的需求和期望的过程。项目管理是对一些成功地达成一系列与目标相关的活动(如任务)的整体监测和管控。这包括策划、进度计划和维护组成项目的活动的进展。

(1) 项目计划的下一步是选择适合该项目的组织结构，而组织结构可以从以下几个方面定义：职能专业化程度、部门相似性、标准管理的边界、运作关系或产品要求，并将组织结构分为三种类型：职能式组织结构、项目式组织结构和矩阵式组织结构。

(2) 项目控制是指项目管理者根据项目跟踪提供的信息，对比原计划(或既定目标)，找出偏差，分析成因，研究纠偏对策，实施纠偏措施的全过程。所以项目控制过程是一种特定的、有选择的、能动的动态作用过程。

(3) 成本控制是保证成本在预算估计范围内的工作。根据估算对实际成本进行检测，标记实际或潜在偏差，进行预测准备并给出保持成本与目标相符的措施。

成本控制主要包括以下几个方面：① 监督成本执行情况及发现实际成本与计划成本的偏离；② 将一些合理改变包括在基准成本中；③ 防止不正确、不合理、未经许可的改变包括在基准成本中；④ 把合理改变通知项目涉及方。在成本控制时，还必须和其范围控制、进度控制、质量控制等相结合。

(4) 项目风险识别是一项贯穿于项目实施全过程的项目风险管理工作。它不是一次性行为,而应有规律地贯穿整个项目中。

能力自测

一、单项选择题

1. 以下(　　)最能表现项目的特征。

A. 需要制订进度计划　　B. 需要整合范围、进度和成本

C. 有确定的期限　　D. 需要由专门的团队来实施

2. 下列有关项目的说法错误的是(　　)。

A. 项目都具有特定的目标,且应当在有限的时间内完成

B. 项目具有临时性,且具有独特性,不可能有完全相同的项目

C. 项目经理要担当领导者和管理者的双重角色

D. 项目需求一般比较明确,后期变更较少

3. 在(　　)过程允许公司将有限的资源集中到新启动工作中,如研发、新产品或业务。

A. 项目集管理　B. 项目管理　C. 项目组合管理　D. 项目规划

4. 与例行工作相比,项目具有更明显的特点。其中(　　)是指每一个项目都有一个明确的开始时间和结束时间。

A. 临时性　B. 暗示性　C. 独特性　D. 渐进明细

5. 项目的组织方式可以分为 3 种,即职能式、项目式、(　　)。

A. 部门式　B. 矩阵式　C. 平衡式　D. 纵向式

6. 项目目前处于执行阶段,应该采取以下(　　)工具。

A. 专家判断　B. 配置管理系统　C. 变更控制系统　D. 项目管理信息系统

7. 项目经理的下述行为中,(　　)违背了项目管理的职业道德。

A. 由于经验不足,导致项目计划产生偏差造成项目延期

B. 在与客户交往的过程中,享用了客户公司的工作餐

C. 采用强权式管理,导致项目组成员产生不满情绪并有人员离职

D. 劝说客户从自己参股的公司采购项目所需的部分设备

8. 在项目的每一个阶段结束时,审查项目完成情况与可交付成果是为了(　　)。

A. 根据项目基线确定完成项目所需的资源数量

B. 根据已完成的工作量调整时间安排与成本基线

C. 决定项目是否应进入下一阶段

D. 接受客户对所交付项目的验收

9. 在范围、时间、成本和质量等相互制约的因素中,通常(　　)。

A. 范围是最重要的　　B. 质量是最重要的

C. 由管理层决定哪个更重要　　D. 由项目经理决定哪个更重要

10. 以下(　　)正确表述了从高到低的概念之间的层次结构。

A. 组织战略、项目集、项目组合、项目　B. 项目组合、组织战略、项目集、项目

C. 组织战略、项目组合、项目集、项目 D. 项目集、项目组合、组织战略、项目

11. 除了( ),以下所有时间都需要进行收尾工作。

A. 项目阶段结束时 B. 整个项目结束时

C. 项目计划编制结束时 D. 合同结束时

12. 以下知识领域没有监控过程的是( )。

A. 项目采购管理 B. 项目范围管理 C. 项目整合管理 D. 项目人力资源管理

13. 项目管理的五大过程组是( )。

A. 概念、规划、执行、检查、收尾 B. 启动、规划、执行、监控、收尾

C. 规划、开发、执行、收尾、交付 D. 启动、执行、监督、评价、收尾

14. 项目管理过程组包括( )。

A. 在整个项目持续时间内以不同程度相互重叠的活动

B. 在整个项目持续时间内的每个阶段都以相同密集程度发生的、相互重叠的活动

C. 在整个项目持续时间内的每个阶段孤立发生且只执行一次的各种活动

D. 在整个项目持续时间内的每个阶段孤立但可重复发生的各种活动

二、判断题

1. 项目管理的对象是项目,而不是其他。 ( )

2. 一般而言,项目定义需要指出如何使用项目管理手段和方法规避一些不好的问题的出现。 ( )

3. 项目中资源的分配都是合理的。 ( )

4. 项目计划的下一步是选择适合该项目的组织结构。 ( )

5. 项目组织是项目管理的基本职能与内容之一,它的主要目的是充分发挥项目管理职能。 ( )

6. 职能型组织结构中的部门完全是按照项目进行设置,是一种单目标的垂直组织方式。 ( )

7. 做好项目的控制,需要测量绩效。 ( )

8. 项目控制阻止项目进入不可控的区域,它也保证项目能在既定的预算下完成。 ( )

9. 项目成本控制的主要目的是控制项目成本的变更,指项目组织为保证在变化条件下实现其预算成本,按照事先规定的规划和标准,运用一些方法,对项目实施过程中存在的多个实际成本与计划成本进行比较、检查、监督、引导和纠正,尽力使该项目的实际成本在之前所计划和预算的范围之内的一系列管理过程。 ( )

10. 项目具有一次性的特点,因此其不确定性会比其他一些经济活动大很多,所以项目风险的可预测性也就好得多。 ( )

11. 风险管理的基本程序是风险识别、风险估测、风险评价、选择风险管理技术和风险管理效果评价的循环过程。 ( )

12. 风险按照状态可分为自然风险和人为风险。 ( )

13. 德尔菲法又名专家调查法,专家判断不单单适用于风险识别,还适用于预测及决策过程。 ( )

14. 财务报表法就是根据企业的财务资料来识别和分析企业每项财产和经营活动可能

遭遇到的风险。 （ ）

15. 流程图分析法又称“物流系统分析法”。 （ ）

三、简答题

1. 项目可视化控制的程序是什么？
2. 新项目管理与传统项目管理的区别有哪些？
3. 建立工作结构的基本步骤有哪些？
4. 简述项目变更管理的基本原则。
5. 简述项目变更管理的基本步骤。
6. 项目计划的基本内容包括哪些？
7. 项目启动阶段的工作有哪些？
8. 沟通在项目管理中有什么作用？项目经理如何更有效地进行沟通？

案例分析

（一）ISP 接入服务的推广项目

一家从事 ISP 接入服务的通信公司的市场营销部门，年初制定了一项向国有大中型企业推广 ISP 接入服务的计划。该营销部门就此成立了几个项目小组，分别就一些行业开展工作。A 先生被任命为其中一个推广项目的项目经理，专门负责向一家大型国有钢铁公司推广 ISP 接入服务。

这家国有钢铁公司的总部设在上海，在全国其他地方还设有 10 个分公司，公司员工总数为 10 000 人（包括各分公司）。公司的产品有着较为稳定的市场，发展前景看好。总公司的高层领导比较保守，对现代信息技术的运用持怀疑态度，但公司的中层职位由一批年轻有为的、具有大学本科以上学历的年轻人担任，他们对现代信息技术抱有很大热情。

该推广项目预计持续 1 年，最初计划从这家钢铁公司总部着手，然后业务向公司其他 10 个分公司拓展。希望到 2005 年年初，该通信公司能够向这家国有钢铁公司全面接通 ISP 服务，并使得公司高层领导对这项新的通信技术能够完全接受。

A 先生接受任命后便开始对这家钢铁公司进行调查，调查的内容包括公司的主要产品及其销售数量，公司的赢利情况，公司现在的市场信息系统，公司的营销队伍分布和装备，公司对现代信息技术的了解情况，公司的物料采购系统、公司现有的主要通信方式，因特网可能对公司管理方式造成的影响。此外，还对公司现有的企业文化、公司有关的规章制度以及高层领导的个性做了分析，并就公司对 ISP 接入服务的可能的投资规模进行了预测。通过一系列的调查，A 先生提交了项目的可行性分析报告。

通过分析，A 先生认为就这家公司的规模和经济实力来看向这家钢铁公司推广 ISP 接入服务是完全可行的，关键在于如何去做。

项目经理初步分析了项目的主要任务，制定了大致的推广方案，其中包括举办 ISP 接入服务技术演示会，宣传因特网的优越性，邀请该钢铁公司的高层领导来通信公司进行参观考察，面向钢铁公司的高层领导及有关人员开设讲座，宣传最新通信技术的发展及其对现代企业管理的影响，与技术人员进行有关的技术谈判，与高层领导进行有关的商务谈判，最后争取在年底签署合同。

问题：

1. 确定该项目的基本假设或实施该项目的基本条件(如该钢铁公司的基本经营状况假设等)。

2. 该项目的目标是什么?

3. 该项目的项目范围怎样?

(二) 项目经理的作用

张宏是A企业资源优化项目的项目经理，王伟是该项目的技术负责人，目前该项目的客户需求框架已经完成，张宏打算和客户签订合同，他想让王伟先估算一下该项目开发所需要的时间，客户要求在本年年末交付使用该项目的成果。

但王伟说，他无法知道该项目开发所需要的具体时间，即使现在定了时间，年末也不可能按时完成。他的理由是：首先客户的需求不够明确；其次，项目的变更无法预见；第三，项目的技术风险不能估算。他说必须要等做完技术试验才可以确定工期。

问题：

1. 你认为该项目的项目经理张宏是一个合格的项目经理吗?

2. 如果你是项目经理，你认为该项目的问题出在哪里? 下一步应该如何改进?

3. 你认为该项目的技术负责人王伟处理问题的方式正确吗? 为什么? 应如何改进?

(三) 被撤换的项目经理

陈伟明是公司的项目经理，在项目A筹备阶段就作为项目经理助理参与该项目，项目正式实施后被公司任命为项目经理。但使陈感到恼火的是：其他职能部门的经理虽然为该项目安排了时间和人手，但他们更热衷于其他项目。同时陈还被告之不要干涉部门经理对资源的调度和费用的预算。

半年之后，陈借向公司管理层汇报项目进度的机会向管理层说明了由于职能经理不合作而造成的项目严重拖期情况，这次汇报引起了公司管理层的注意，他们投入了更多的资源来使项目回到正常轨道上来，陈伟明不得不花费很多时间来准备文案、报告和投影以及各种各样的会议。

公司管理层还为陈指定了一个项目经理助理，该助理认为应该通过计算机程序把各种问题程序化，于是公司又投入了12个人来开发这个程序。在花费了巨额资金之后，陈发现这个程序并不能实现其目标，他向一个软件供应商进行了咨询，得知若要完成该程序，还需要多花费数倍的资金和2个月的时间，无奈之下，陈只好放弃了该程序。

这个时候项目的情况已经很困难了，项目滞后了9个月，但还没有成型的单元完成，客户对项目拖期问题非常关注，陈不得不花大量时间向客户解释存在的问题和补救计划。

3个月之后，项目仍然没有大的进展，客户开始不耐烦了，尽管陈进行了大量的解释和说明，但客户仍然不能接受严重拖期，于是指派了一个代表到项目现场监督工作。客户代表要求找出问题并持续更新，继而试图参与进来解决问题，陈和客户代表在一些问题上产生了激烈的冲突，导致两人关系恶化。

公司管理层最后撤换了陈伟明，项目A在超期一年之后，以预计费用的140%最终完成。

问题：

为什么陈伟明被撤换下来，他应该为这些问题负责吗？

实践与操作

项目一 综合实训：模拟项目投资计划书的撰写。

项目投资计划书是公司、企业或项目单位为了达到招商融资和其他发展目标之目的，在经过前期对项目科学地调研、分析、搜集与整理有关资料的基础上，根据一定的格式和内容的具体要求而编辑整理的一个向读者全面展示公司和项目目前状况、未来发展潜力的书面材料。

假如腾讯公司想制作一份关于软件投资的计划书，应该怎么写？

可自行上网查找关于腾讯公司的资料。

［**内容与要求**］

1. 自愿组成小组，每组 8～10 人，利用课余时间上网查找腾讯公司的资料。

2. 在写计划书之前，每组需根据课程所学知识，经过讨论制定提纲，具体问题可参考下列问题：

(1) 项目投资计划书包括哪些？

(2) 项目投资目的是什么？

(3) 该企业之前的项目投资计划如何写作的？

3. 每组根据收集的资料写出一份 800 字左右的项目投资计划书。

［**成果评定**］

1. 由组长和每个成员根据各成员在撰写计划书时的表现互相评估打分。

2. 本次实训成绩由教师根据各成员的表现分别评估打分。

项目二 了解一家企业近年来比较重大的一项项目状况，包括项目目的，合作方、计划书等。

项目三 在班里组织一个 8～10 人的学习小组，以小组为单位进行项目策划比赛。

项目四 根据对所熟悉的企业项目情况的分析，运用所学的知识，分组讨论“如何做好一个×××”的方法，并形成相应的策略措施。

任务 10　管理创新

请扫描二维码
观看视频

知识目标

为了完成本任务，你需要的理论知识：

1. 企业管理创新的含义与内容
2. 企业管理创新的原则与过程
3. 企业管理创新的实施方法

项目任务

10.1　认识企业管理创新

10.2　熟悉企业管理创新的原则与过程

10.3　掌握企业管理创新的方法与实施

能力目标

通过完成本任务，你应该能够：

1. 了解企业管理创新的内容
2. 熟悉企业管理创新的原则与过程
3. 掌握企业管理创新实施方法

素质目标

通过完成本任务，你将：

1. 熟悉管理创新理论前沿
2. 树立自主管理创新意识

◆ 任务导入
◆ 相关链接
◆ 案例研究
◆ 增值阅读
◆ 任务小结
◆ 能力自测
◆ 案例分析
◆ 实践与操作

任务导入

趣味阅读

变废为宝

1974 年，美国政府为清理给自由女神像翻新扔下的废料，向社会广泛招标。但好几个月过去了，没人应标。因为在纽约州，垃圾处理有严格规定，弄不好会受到环保组织的起诉。可当麦考尔公司的董事长听说后，立即飞往纽约，看过自由女神像下堆积如山的铜块、螺丝和木料后，未提任何条件，当即就签了字。纽约许多运输公司对他的这一愚蠢举动暗自发笑。就在一些人要看这个犹太人的笑话时，他开始组织工人对废料进行分类。他让人把废铜熔化,铸成小自由女神像;把水泥块和木头加工成底座;把废铅、废铝做成纽约广场的钥匙。最后,他甚至把从自由女神像身上扫下的灰包装起来,出售给花店。不到3个月的时间,他让这堆废料变成了350万美元现金。一堆垃圾,从此让他名扬四海。

(资料来源:https://zhidao.baidu.com/question/2137606424006053748.html)

对于企业来说,创新是企业生命延续的动力,如果企业的发展一成不变,对于动态变化的经营环境来说,难以适应,必将被社会和其他的竞争者淘汰。创新是当今世界对每个渴望成功的个人和组织提出的不可或缺的条件。知识经济时代是一个创新时代,日益个性化的消费需求和新的营销环境,对组织,特别是作为组织掌舵人的领导的创新思维和能力提出了更高的要求。世界从来没有像今天这样面临如此快速的发展,无论是技术变革、产业环境和社会环境的变化都是如此之快,事物的快速变化要求我们必须迅速地适应,这种适应就意味着自身的变革,即通过创新来适应变革,甚至是引领变革。

10.1 认识企业管理创新

10.1.1 企业管理创新的含义

创新,是人类以获取新成果为目标的一种认识世界和改造世界的活动,是人类生命体内自我更新、自我进化的自然天性。生命的本质属性即表现为生命体内的新陈代谢和自我更新,从结果上来说,生命的缓慢进化也是生命自身创新的一种。从人类心理上来说,创新也是人类特有的天性。人类通过探究未知、反思自我、诉求生命、拷问价值反映人类客观的主观能动性。同时,创新也是人类自身存在与发展客观要求的一种反应。人类通过与自然界进行资源交换来谋求生存发展,因此,创新也是人类与自然交互作用的必然结果,更是人类社会文明与进步的标志。

综上,创新指人类为了满足自身的需要,不断拓展对客观世界及其自身的认知与行为的过程和结果的活动。或具体地讲,创新是指人为了一定的目的,遵循事物发展的规律,对事物的整体或其中的某些部分进行变革,从而使其得以更新与发展的活动。

从企业层面来说,按照管理大师熊彼特理论,企业管理创新是企业生产要素的重新组合,包括引进一种新产品,采用新的生产方式开辟新的市场,开辟和利用新的原材料,采用新的组织形式。其实,还应包括观念和价值观的更新。

10.1.2 企业管理创新的类型

从不同的角度进行分类,企业管理创新可以分为多种不同的类型。

(1) 从创新的规模以及创新对系统的影响程度分,可分为局部创新、整体创新。

局部创新和整体创新是企业技术创新过程中的两种表现。局部创新是指对产品的一部分功能或技术要素进行创新。整体创新是指将使整个技术系统发生质变或部分质变的创新。局部创新的结果表现为现有产品的不断完善,整体创新的结果表现为更新换代产品的推出。

局部创新具有风险小、见效快的特点,故几乎所有企业都对其较为重视。但充分利用局部创新的同时，应看清其固有的局限性，那就是它无法保证企业摆脱现有竞争对手的围追堵截，也很难对企业的长足发展做出贡献。实践证明，几乎企业的每一次突破性进展都源于整体创新，如果企业一味地强调局部创新，忽视对企业整体创新能力的培养，就极有可能陷入局部创新的战略盲点。

(2) 从创新与环境的关系来分，可分为消极防御型创新、积极进攻型创新。

① 防御型创新是指为了避免威胁或由此造成的系统损失扩大，系统在内部展开的局部或全局性的调整。

② 进攻型创新是指敏锐地预测到未来环境可能提供的某种有利机会，从而主动地调整系统的战略和技术，以积极地开发和利用这种机会，谋求系统发展的创新方式。

(3) 从创新的组织程度上看，可分为自发创新、有组织的创新。

① 自发创新是指单个组织针对自身组织的现状而进行的自发调整活动，其特征是单一的活动。自发创新包括两个方面的含义：一方面是指组织自发地应对组织所处的环境，并对环境的变化做出自发的反应，因而进行的创新；另一方面是指组织内部的团体或个人根据自己的意愿进行的创新，主要是指没有受到组织的指令而进行的创新。从自发创新的这两种情况来看，这些创新最终仍需要得到组织的认可，否则就不可能进行下去。

② 有组织的创新是指组织内部管理人员通过创新活动的制度化、组织化，有计划、有组织地进行创新活动。有效的管理要求有组织的创新，有组织的创新能培养创新精神，形成创新习惯，使创新活动有计划、有目的、有组织地进行，避免了创新的盲目化，容易取得创新的成功。

自发创新通常是局部的小范围的，并且极有可能遭到保守势力的反对和扼杀而失败，同时由于缺乏组织，自发创新的进程、程度和影响难以控制，这会使创新结果充满不确定性；而组织创新容易得到其他部门及组织领导的支持、配合与协作，进而减少了变革过程中的阻力，使其容易取得成功。因此，管理者的职责之一就是及时意识到变革的必要性，对出现的创新积极予以支持，使这种自发创新变为有组织的创新。

10.1.3　企业管理创新的内容

从企业管理角度来说，创新不必涉及管理过程的全部环节，与管理相关的任何一个功能、环节，相关人员都可以进行创新。从管理的相关内容和过程来说，企业管理创新内容主要包括思维与方法的创新，产品(服务)创新，技术创新，组织创新，制度创新。

1. 思维与方法的创新

对于管理者来说，管理者思维与管理方法很大程度上决定企业的生死存亡，管理者的思维习惯将影响企业管理经营走向。惯性思维也称思维定势。所谓思维定势，就是按照积累的思维活动经验教训和已有的思维规律，在反复使用中所形成的比较稳定的、定型化了的思维路线、方式、程序、模式。消极的思维定势是束缚创造性思维的枷锁。创新思维必须破除思维定势的习惯。常见的思维定势有以下几种形式：

(1) 惯性思维定势。很多时候，以往的经历经验会帮助人分析形势，做出决策，但也极容易形成惯性思维和思维定势，从而严重阻碍创新。这时需要广开言路，博采众人之长。头脑风暴是比较容易实施的办法，鼓励基层管理者和员工就某一问题提出解决办法，或者提出当前管理存在哪些问题，并对被采纳的意见的提出人员给予一定的奖励措施，形成组织内部民主、团结向上的企业文化氛围，势必会对于企业的管理创新产生深远的影响。

相关链接 10-1

公交车问题

有 2 个人在聊天，甲给乙出了一个问题，“坐公共汽车，第一站上来 3 个，下去 5 个；第二站上来 7 个，下去 12 个；第三站上来 45 个，下去 23 个；第四站上来 18 个下去 12 个；第五站上来 9 个，下去 8 个……”甲还没说完，乙急忙回答车上还剩下几个人。结果甲看着乙，慢慢地说，我问的是公交车停了几站？乙愣住了，因为乙只是去计算车上还剩下几个人……

（资料来源：http://www.qganjue.com/01110445142176122819.html）

（2）权威思维定势。由于人们对权威人士的言行有一种不自觉的认同和盲从，从而形成权威思维定势。权威思维定势对管理者的影响几乎是决定性的，事实上权威的意见或建议并不一定会对企业的管理产生有效的帮助。20 世纪 90 年代比较常见的现象就是企业在发展过程中遇到问题或发展瓶颈，往往倾向于在高校寻找专家教授解决企业中的问题。

（3）从众思维定势，是人不加思索地盲从众人的认知与行为。从众行为的存在，对于公司而言，利弊完全取决于对象主体。对于公司员工，从众思维的存在，从管理便利程度来说，较为容易管理，因为对极少数员工做到管理把控后，就可以管理其他员工。但是同时，对于公司管理者来说，也意味着将失去来自员工层面的创新思维和行为。

（4）书本思维定势，源于人对书本知识的完全认同与盲从。所谓书本定势，就是在思考问题时不考虑实际情况，不加思考地盲目运用书本知识，一切从书本出发、以书本为纲的思维模式。书本对人类所起的积极作用是显而易见的，但是，如果只是死读书，没有考虑到社会的发展和知识的时效性，那么当书本知识和客观事实出现差异时，就会成为思想障碍，失去获得重大新成果的机会。

相关链接 10-2

火箭推进器与马屁股宽度的关系？

美国铁路铁轨的宽度是 4.85 英尺（1 英尺＝30.48 厘米）。为什么？因为美国的铁路是英国铁路设计师设计的，英国铁路就是这么宽。为什么英国铁路是这么宽？因为英国铁路是由设计有轨电车铁轨的人设计的，英国有轨电车的车轨就是 4.85 英尺。这个尺寸与马车的车轮距离一样宽，因为设计有轨电车的人原来是造马车的。为什么马车的车轮距离是 4.85 英尺？因为古罗马战车由两匹马拉动，而两匹马屁股的宽度就是 4.85 英尺。

美国航天飞机燃料箱两旁有两个火箭推进器，这些推进器制造完后要由火车运送到火箭发射点，运输途中要经过一些隧道，这些隧道的宽度只比铁轨宽一点点。所以，两个火箭推进器之间的距离也是 4.85 英尺。

一般人恐怕都不会想到，美国现代铁路的路轨、最先进的航天飞机火箭推进器，都与古代马屁股的宽度有关。其实，企业日常的经营管理也不乏这样的事情：员工在工作时机械地执行一些制度或者惯例，却从来没有思考过这些制度或惯例为什么要这样定。时代在变，过去合理的事情并不一定适合今天的需要。如果我们做事时多问几个为什么，就会发现很多被惯性掩盖起来的问题。

（资料来源：http://finance.sina.com.cn/roll/20050824/1024280178.shtml?from=wap）

(5) 以自我为中心的思维定势。在日常的思维活动中，人们自觉或不自觉地按照自己的观念、用自己的目光、站在自己的立场上去思考别人乃至整个世界，由此产生了自我中心的思维定势。这种思维定势应用到企业管理创新上，带来的后果就是忽视消费者需求，甚至造成企业管理资源的浪费。

(6) 直线思维定势。它是指人面对复杂多变的事物，仍用简单的非此即彼或者顺序排列的方式去思考。

思维定势一般与个人的世界观的形成存在内在的必然联系。由于它具有社会性、阶段性以及知识经验的局限性，在一定的历史时期成为指导人们个人行为方式的固有模式，然而，当时代需要变更创新、新旧交替时又成为其发展的主要障碍。因此，作为企业管理者，最重要的是培养创新型思维，打破思维定势，管理指导企业的经营行为。

2. 产品创新

并不是只有新产品开发才算产品创新，产品线延伸、填补新市场空白，产品的重新定位以及产品品牌延伸都属于产品创新。

无论是何种产品创新，确定产品的创新源泉是实现产品创新最直接有效的方式，结合消费者类别和消费者需求列出产品创新源泉矩阵，如图10-1所示。

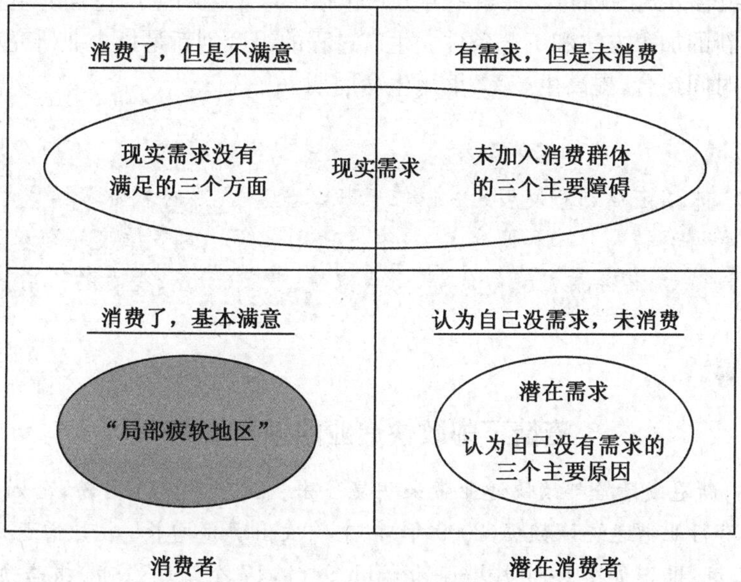

图10-1 产品创新源泉矩阵

上图分别从消费者参与和需求程度两个维度切入，将产品创新源泉分为四大象限，分别是消费者基本达到消费需求、消费者需求未被满足、认为无须求的潜在消费者和有需求但未消费四种。作为企业管理者，针对某类产品，分析有需求没有消费和认为自己没有需求的一类群体没有消费该类产品的两大原因。同时也要分析消费本企业产品后不满意的原因和对该产品满意的方面。面对同类型产品其他企业的竞争者，也要分析消费其他企业产品令消费者满意的方面和不满意的原因，对于企业管理者自身，也是创新思维的来源之一。

3. 技术创新

技术创新是指企业对生产要素、生产条件、生产组织进行重新组合，以建立效率更高的新生产体系。技术创新是培育和增强企业核心竞争力的基础。企业一方面可以通过降低成本使企业产品在市场上更具价格优势，另一方面通过增加用途、完善功能、改进质量以及保证使用而使产品对消费者更具特色吸引力，从而在整体上推动企业不断提高核心竞争力。技术创新主要表现在要素创新和要素组合方式创新方面。

(1) 要素创新。企业的生产经营过程实质在于对资源要素进行合理配置，其资源要素包括材料、设备、人员等多类。因此，要素创新包括材料创新、设备创新、人力资源创新。

① 材料创新。材料创新是指企业开辟新的材料来源，以保证企业扩大再生产的需要；开发并利用大量廉价普通材料或发现普通材料的新用途代替稀缺材料，以降低生产成本；改善所用材料的质量和性能，保证产品质量不断提升。

② 设备创新。设备创新是指将先进的科学技术成果用于革新设备，采用全新的装备代替原来的设备，提高企业生产过程的机械化和自动化程度；运用先进的科学技术改造和革新原有设备，延长其技术寿命和使用寿命。

③ 人力资源创新。人力资源创新是指不断从外部吸纳高素质的人力资源；或是对企业现有的人员进行培训以提高其素质。

(2) 要素组合方式的创新。要素组合方式包括生产工艺与生产过程的组合。工艺创新主要指创造出新的加工方法和工艺条件。生产过程的组合创新是指企业研究和采用更合理的空间布局与时间组合，提高生产率，缩短生命周期。

思政园地

在新时代，中国企业创新发展的核心在于基本理念转换，即要从矛盾式思维转向和谐式思维，从零和博弈转向非零和博弈，从单维度独立求解转向多维度综合求解，从专注独特性核心能力转向打造系统性竞争优势，形成双赢、多赢、共赢、全赢的格局。

案例研究 10-1

疫情下邮政快递业的创新发展

2022 年，新冠疫情给邮政快递业带来明显冲击。2022 年 3、4 月份，全国快递业务量月度增速自有行业增速统计数据(2009 年)以来首次出现负增长。3 月增速为−3.14%，15 个省(区、市)报告负增长；4 月增速为−11.94%，17 个省(区、市)报告负增长，其中上海增速为−90.13%。无论是负增长的速度，还是覆盖的省份，都呈现出扩张趋势，疫情之下的邮政快递业面临巨大考验。

新冠疫情仍在全球肆虐，猴痘等传染疾病又在多国出现病例报告，如不加强防控也有外溢蔓延的风险。在充满风险和不确定性的环境中，疫情下的邮政快递业如何加以应对，实现长远稳定发展，需要全行业深入思考并寻求破解之策。

疫情对邮政快递行业发展的冲击，既凸显出面对自然灾害时人类社会治理的困境，也夹杂着全球政经冲突的杂音。为此，我们必须按照创新、协调、绿色、开放、共享的新发展理念，针对邮政快递行业发展的结构性问题，进行深度改革，找到适合行业的新发展路径。

推进邮政快递行业的“碳达峰”与“碳中和”，应重点从以下几方面着手：

(1) 保持现有改革力度，继续加大新能源的推广使用。

在干线运输环节加大氢能源电池汽车的应用，在末端配送环节加大电动汽车的应用。在这方面，国家已经有成熟的配套政策，邮政快递企业只需随着国家的政策推广即可。比如，在末端配送环节，很多地方都将邮政快递作为推广新能源汽车应用的主要领域，要求新增车辆中新能源车辆占比不低于80%。

(2) 探索多式联运，调整运输结构，不断加大铁路运输邮件、快件的比例。

在邮政快递行业目前的运输结构中，公路运输占比为90%以上，处于绝对垄断地位。铁路运输成本较公路更低，且铁路货车运行速度约100千米/小时，并不逊于公路运输，且运行稳定，较少受天气等外在因素影响。在节能方面，高铁每人百千米能耗仅为飞机的18%和大客车的50%左右。在环保方面，高铁二氧化碳排放量仅为飞机的6%、汽车的11%，普速铁路的表现更优。因此，通过运输结构的调整，可降低对化石能源的依赖，实现减碳减排，推进绿色发展。

(3) 在分拨中心开展光储直柔项目，建设绿色分拨中心。

“光储直柔”是在建筑领域应用光伏发电、储能、直流配电、柔性用电四项“碳达峰”关键技术的简称，能够运用柔性用电管理系统，实现建筑用电的自我调节和自主优化。邮政快递分拨中心的两大特点适合开展“光储直柔”项目，一是作业场地通常都为大平层，有面积巨大的屋顶资源可以利用，进行光伏发电；二是有大量的新能源汽车、电动三轮车需要在分拨场地进行充电，能源具备自循环的基础。通过“光储直柔”项目，充分发挥光伏直流建筑具备电能利用率高(提高6%～8%)、节能优势明显、设备投资少、投资回收期短(省去逆变、变压等设备，节省设备初投资约10%)等优势，实现用电零碳化，为行业的“碳达峰”与“碳中和”做出贡献。

(4) 探索包装的绿色化和可循环。

包装是邮政快递企业的主要成本之一，对全社会而言则是沉重的环境成本。2020年，我国快递包装废物总量已超1 000万吨。2021年，我国快递年业务量首次超过1 000亿件，快递包装废弃物还将持续增加，进一步推动快递包装绿色化，变得更加紧迫。围绕包装如何“绿起来”，快递行业已探索出一套技术路径。不过，无论是回收利用，还是使用环保材料代替，都存在不易克服的成本问题。据统计，如果全部改用可生物降解塑料包装袋、环保胶带，按照2020年业务量计算，全行业将增加187.9亿元成本,占全国快递服务企业业务收入的2.1%左右。

快递循环箱的应用与推广,主要是要解决回收意愿和回收成本的问题。综合比较,快递循环箱只要解决回收的问题,则多循环一次,成本就下降一次,对企业和社会而言更有可行性。目前,有企业在尝试设立专门的循环箱回收装置。建议循环箱回收与智能快件柜、智能信包箱等智能终端设施的建设统筹联系起来,在这些智能终端中增加循环箱的回收功能。当然,循环箱在设计上也要可折叠以方便操作,当用户收取快件后,可将循环箱折叠后放入智能终端进行回收,企业可以给予用户一定的积分奖励。快递员在智能终端投放快件时,可同时实现循环箱的回收,大大节约回收成本。

疫情之下,邮政快递行业直面冲击与影响,相关企业需按照创新、协调、绿色、开放、共享的新发展理念寻找破解之策,积极推进科技和制度创新。

(资料来源:世界经理人官网,http://www.ceconline.com/it/ma/8800114935/01/,有删减)

4. 组织创新

组织创新是指在企业中引入新的管理方式或方法,实现企业资源更有效的配置。组织创新主要有以下三种:

(1) 以组织结构为重点的变革和创新。例如,重新划分或合并部门,改变岗位及岗位职责,调整管理幅度。

(2) 以人为重点的变革和创新,即改变员工的观念和态度,知识的变革、态度的变革、个人行为乃至整个群体行为的变革。GE总裁韦尔奇执政后所采取的一系列措施,要求一个做了4年的部门主管继续增加盈利,主管不理解,韦尔奇建议其休假一个月:放下一切,等你再回来时,变得就像刚接下这个职位,而不是已经做了4年的老员工,从心态上会更容易重视公司的盈利。

(3) 以任务和技术为重点。任务重新组合分配,更新设备、技术创新,达到组织创新的目的。

对企业来说,创新是企业生存发展的动力,全面把握管理创新内容,有助于更好地实现企业发展。但是,组织创新也是一个连续不断的过程,在组织创新中不能完全抛弃组织的历史,要注意掌握适度的原则,过于频繁的大规模的组织变动会使组织经常陷于动荡状态,不利于组织功能的发挥与组织目标的实现。

5. 制度创新

制度创新是引入一项新的制度安排来代替原来的制度,以适应制度对象的新情况、新特性并推动制度对象的发展。制度创新一般包括产权制度创新、经营制度创新和管理制度创新。

(1) 产权制度创新。产权制度是决定企业其他制度的根本性制度,它规定了企业最重要的生产要素的所有者对企业的权利、利益和责任。不同阶段,企业各种生产要素的相对重要性是不同的。产权制度主要是指企业生产资料的所有制。目前存在的生产资料所有制的形式主要是私有制和公有制,但是纯粹的私有制和公有制已逐步被取消。我国企业产权制度从"相对独立的商品生产"逐渐转向"完全独立的商品生产",从纯粹的"公有制"趋向"股份制"。

(2) 经营制度创新。经营制度是企业相关经营权的归属及其行使条件、范围等方面的原则规定。经营制度表明了企业的经营方式,确定了企业的经营者,明确了企业生产资料的使用权、占有权和处置权的行使,同时也确定了企业的生产方向、生产内容和生产形式等。所以企业的经营制度创新应力求寻找企业生产资料最合理、最有效的利用方式。

(3) 管理制度创新。管理制度是行使经营权、组织企业日常生产经营活动的各项具体规则的总称,包括对材料、资金、设备、人员等各种要素的取得和使用的规定。管理制度的创新,要求企业根据内外部环境变化,结合企业自身特点,适时地调整企业的管理制度,提高企业运行的有效性。

10.1.3 企业管理创新的特征

1. 系统性

该特性源于企业的系统性,由于企业是一个复杂系统,系统内的各要素相互联系、相互作用。当系统内某个或某些要素处于不良状态时,必有其他要素受到影响,因此,企业系统从整体上陷入不良状态。同时,从系统构成人员来说,企业系统是由人来运行的,也是为人服务的。当企业系统处于不良状态时,必有相关的人感到不满。反过来也可以这样讲,如果没有相关的人感到不满,企业系统就处于良性状态。当企业人员不满时,意味着企业必须进行管理创新,以此平衡企业系统稳定,因此,企业的系统性为管理创新寻找着力点提供了可能,同时也为管理创新成果的评价提供了标准。由此表明,企业管理创新的着力点以及进行管理创新的成果评价时要依据企业的系统性来进行。

2. 全员性

企业管理创新的程度有大有小,创新程度不高的管理创新只是对现有管理工作一定程度上的改进,或者是对成熟管理技术的引进,其复杂程度不高。因此,可以认为企业所有员工都能成为管理创新的主体。依靠员工来解决问题已被认为是改变现代管理面貌的十二种创新之一。从根本上看,企业管理创新涉及企业中的每一个人,每一个人对管理系统是如何影响他本人以及从他的角度来看应该如何改进都是最有发言权的,因此,企业中每一个员工都能够且应该成为管理创新的主体。

相关链接 10-3

华为的创新

华为是世界500强中唯一一家没有上市的公司和一家100%由员工持股的民营企业。目前,华为有7万多名员工持有公司股权,全员持股吸引了越来越多的人才到华为工作,全员持股成为激活华为员工创造潜力与创新能力的重要因素。

华为还探索了一套独特的商业模式,建立了一套行之有效的人力资源管理体系,尊重和爱护人才,聚集了一大批技术精英,为华为的可持续发展提供了人力保障。在培养接班人方面,任正非打破家族式继承,推行轮值CEO制度,让没有血缘关系的优秀后继者担任轮值CEO,首开中国民营企业"代际传承"之先河。

(资料来源:https://wenku.baidu.com/view/8d875d9a25c52cc58ad6beeb.html)

3. 变革性

该特性是指管理创新一般会涉及企业内权益关系的调整，因此，许多管理创新，尤其是程度大的管理创新实质上就是一场深刻的变革。从管理史上较为著名的管理创新来看，它们都具有变革性。比如，泰勒科学管理原理的应用需要劳资双方进行精神革命，协调利益关系；梅奥人群关系论的应用需要企业管理者改变管理方式，尊重员工。由于企业本身就是一个利益聚合体，或者是一个政治实体，因此，不触及现有权益关系、皆大欢喜的管理创新是不存在的。

4. 高风险性

管理创新是以新的管理模式取代旧有模式，这意味着需要重新对员工责权进行分工，以及利益分配调整，在推行过程中经常会遇到较大的阻力，导致未能按照预定计划推进，因而具有较大的创新风险。同时，由于发展环境、竞争者等未知因素的存在，企业在变革过程中对管理创新实施后的结果难以预测，这在一定程度上也增加了企业管理的创新风险。

10.2 熟悉企业管理创新的原则与过程

10.2.1 企业管理创新的原则

管理创新的原则是指产生管理创新创意的行为准则。由于它是产生管理创新创意的行为准则，而管理创新创意是创新的出发点，因此我们又可把管理创新的原则看作是管理创新的基准和出发点。企业在管理创新过程中遵循的原则如下：

（1）科学性原则。由于管理创新的主要目的是寻找新的管理模式，因此在管理创新的过程中要有一定的科学性理论作为依据，并且对于管理创新达到的效果，要采取一定的科学方法和指标进行衡量。

（2）开放性原则。目前，随着互联网的快速发展，企业的国际化趋势增强，在谋求更快更好地发展时，追求发展目标多元化、高新技术化，因而企业管理创新要综合很多方面的理论知识，企业管理创新需要一个开放的领导体系，更需要全体员工的共同努力。因此，企业管理创新要求参与主体开放，创新思维开放。

（3）动态性原则。对于企业来说，外界环境并非是完全静止的，而是动态变化的，这种不断变化的外界环境使得企业需要不断面临新的挑战，同时也在无形中要求企业不断进行管理创新，以迎接社会发展和新的竞争者带来的挑战，基于此，企业要根据市场的需求动态调整管理的方法与模式。

（4）系统原则。企业的市场竞争力主要依靠自身的综合实力，因此企业在进行管理创新时要以系统的理念来进行管理规划。企业作为一个系统，是各部分各因素相互联系相互作用共同形成的有机整体，并非是各部分的简单加总，任何一个小小的变动，都会容易出现牵一发而动全身的不良后果。因此，企业在进行管理创新时，要坚持系统性原则，兼顾多方面因素才能更好地发展。

（5）发挥优势原则。在管理史上，曾经盛行“木桶理论”，原因是一只木桶能装多少水，不是取决于最长的木板，而是取决于最短的那块木板，由此给企业带来的启发是要弥补企业的不足，从而提高企业的发展能力。但随着实践经验不断积累，人们发现，如果一直弥补短板，最后可能会失去企业的发展优势，于是产生了“新木桶理论”，企业在管理发展过程中，尽量回避短处，发挥企业优势，才能走得更远。企业在寻求管理创新过程中，要将企业优势成倍放大，形成独特的企业竞争力，在激烈的市场竞争中获胜。

企业管理创新原则的遵守有利于企业更好地发展壮大，实际上，从管理创新的历史过程来看，有两种创新方式是值得重视的。一是用新的科学技术、新的学科知识来研究、分析现实管理问题。由于是用新的学科知识和技术来看待现实管理问题，即从一种新的角度来研究问题，这样就可能得到不同于以往的看法、启示，这便是一种创新的灵感。二是沿用以往的学科知识、方法、手段，但不是分别单一地去看待每个现实的管理问题，而是将这些学科知识、方法、手段综合起来，系统地来看待管理问题，这样也能得到不同于以往的思路、看法、启示等。

10.2.2 企业管理创新过程

企业的管理创新过程是一个渐进的过程，是从无到有，从认识到认知，从认知到创新的过程，它分为五个阶段，如图10-2所示。

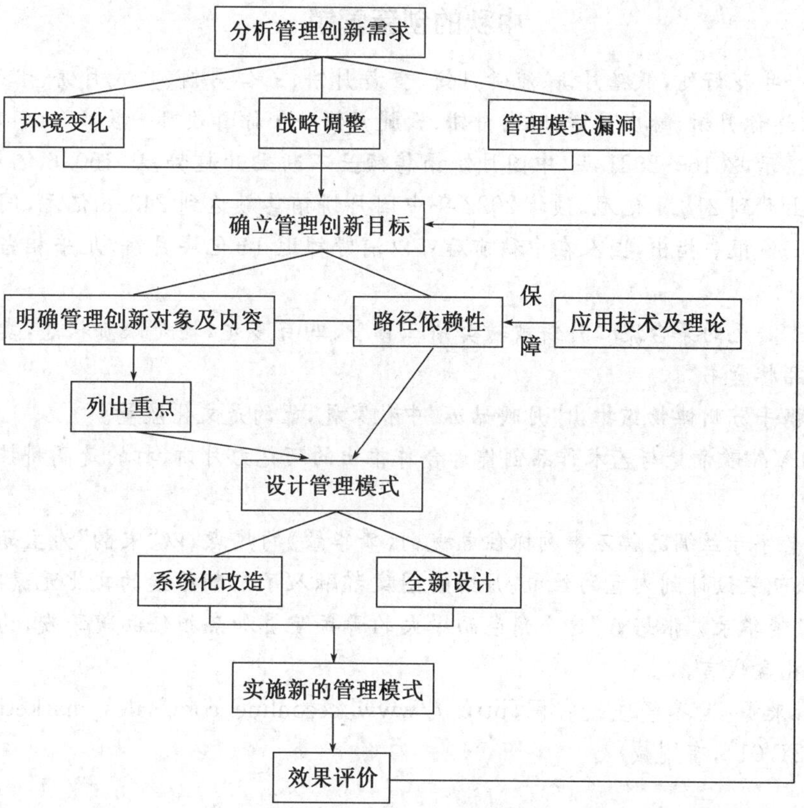

图10-2 管理创新过程

企业在明确管理目标和对象的基础上，根据面对的内外部环境及企业的实际特点、技术水平和管理经验，基于系统性观点，在原有过程模型基础上构建新的模型。

1. 第一阶段——分析管理创新需求

构建新的发展战略或管理模式，首先要理清创新的动因以及企业发展的管理创新需求。

一般来说，管理创新的需求通常来源于三个方面：

(1) 环境变化引发创新需求。比如市场环境变化，导致消费者需求减少，产品销量下降，这时，利润的下降会迫使企业变革，寻求新的解决方法；企业所在地区、国家的法律和经济政策的变化，享受的税收优惠取消等因素的变动，也会促使企业提高自身的技术水平，提高产品的附加值。

(2) 发展战略的调整。当企业面临股权结构变动或是转型升级，甚至是管理者更替时都需要调整原有的发展战略。

(3) 管理模式漏洞。旧有的模式已经无法适应新的企业环境，特别是新技术的应用，使得针对员工的监管难以有效实施，或者员工对企业原有管理模式不满或企业遭遇到前所未有的发展危机而导致组织和员工在认识上与原有管理理论思想存在冲突，都需要调整或制定新的管理模式，使其更好地服务企业发展。

相关链接 10-4

中秋的创新营销

又是一年花好处，低糖月饼、流心月饼、蛋黄月饼、五仁月饼、广式月饼、水果月饼、冰皮月饼、迷你月饼、酥皮月饼、鲜肉月饼、云腿月饼……你喜欢哪一款？

数据显示，2016—2021年，中国月饼销售额呈不断上升趋势，从150.6亿元(人民币，下同)上升到218.1亿元，预计2022年中国月饼销售额达到243.8亿元，同比增长11.8%。一份报告指出，国人在中秋前后可以消费掉近14亿块月饼，几乎相当于一人一块。

原本188元的茅台流心月饼被转卖到三百多、四百多元，还是缺货状态，卖的是茅台的强大品牌背书。

京东携手苏州博物馆推出“月映姑苏”中秋家礼，靠的是文化流量。

GODIVA歌帝梵与艺术作品创作者合作推出的巧克力月饼，打的是高科技数字藏品旗号。

杭州老字号丝绸品牌万事利抓住电视剧《梦华录》的热点，以“宋韵”为主题推出中秋礼盒，从包装设计到内置的丝巾、月饼的图案都融入了宋朝雅致的文化元素。此外，还邀请因《梦华录》“张好好”这个角色而爆火的青年演员加奈担任品牌挚友，为“宋韵”主题中秋礼盒代言。

(资料来源：世界经理人官网，http://www.ceconline.com/sales_marketing/ma/8800114921/01/，有删减)

思政园地

中秋具有丰富的文化内涵和宏大的文化话题，承载着厚重的精神价值。在传统文化大热的当下，越来越多的品牌将中秋当作切口，试图触及更为宏大的文化话题。当中国传统文化元素与产品创意结合时，能够让广告变得不只是商品的宣传手段，更是一种中华文化的传播，让更多年轻人对其产生兴趣。

2. 第二阶段——确立管理创新目标

当管理者认识到企业现有管理手段、方法的落后后，对新的管理理念和成功经验主动去认知、借鉴和学习，但由于企业创新需求与企业有限的资源能力并不能完全匹配，导致在一定时期内并非所有创新需求都得到满足。由此可见创新实施遵循循序渐进的节奏展开。对于管理创新的对象和内容，列出重点，明确管理创新涉及的技术及相关理论，确定创新的路径依赖性，根据改革的迫切程度，制定轻重缓急的创新目标，以此满足企业的综合发展需求。这个过程需要大量的理论基础和案例的支持，从这些经验中汲取有利的元素，应用到新的管理体系之中。

3. 第三阶段——设计管理模式

此阶段是在了解确定企业管理创新的目标和主要内容之后，根据其改革动因和环境因素有针对性地设计管理模式，将企业之中不满的因素、先进的管理理论和成功的创新案例组合到一起，加以总结、提炼、加工，在重复、渐进的不断尝试中寻求一个最佳创新方案，包括企业管理流程，根据新的管理职责有效分工和岗位设置，构建新的管理组织机构，以及新组织机构的运行工作机制，为新的管理创新目标提供制度支持。根据管理创新任务，采用不同思路和方法设计新的管理模式，可以从以下两点入手：第一，系统化改造法。对现有的管理模式进行辨析，结合管理目标和任务，对其系统化改进形成新的管理模式，在运作形式上还保留原有管理模式的优点。第二，全新设计法。这种方法超脱于原有管理模式，重新设计管理目标和任务，在结构、表现形式上进行全新创造。

4. 第四阶段——实施新的管理模式

在实施过程中，将企业的岗位、人员重新调配，使其工作更科学、合理，对工作人员来说，清晰其岗位职责化和管理流程，使其遵循新的组织管理架构，能够切实履行管理工作。由于创新管理模式的采用以及新的利益配置方案的实施，不可避免地会影响一部分人的权利和责任，这为实施过程带来较大的阻力。此外，企业设计较好的管理模式，如果实施环节把控不好，也会影响新的管理模式的运行效果，与预期效果不相符。基于此，需要在正式实施前做好充分的宣传工作，以此消除企业全员对于新管理模式的疑虑，了解管理创新的迫切性和必要性，通过深入浅出地说明，尽可能争取新管理模式获得各方支持，减少实施过程的负面影响。对于受到影响的人员，要做出合理的安排和补偿。

5. 第五阶段——效果评价

为了更好地追踪新的管理模式实施效果，检验企业管理创新是否与企业发展相匹配，是否需要调整和优化，需要在管理模式中设立效果评价环节，效果评价有助于帮助管理人员了解管理创新目标和任务的完成进度，以及评估新管理模式对企业工作效率、经济效益、核心竞争力的影响。通过评价结果分析和反馈，有针对性地调整管理创新目标，以新的管理模式和实施方式提高管理模式的运用成效，满足企业管理创新的需求。一般情况下，评价方法采用即时评价和阶段性评价两种评价方法，前者主要通过沟通交流，了解员工对于新管理模式的看法和意见，从中获取有益修改建议，其工作重点在于将管理创新方法导入新的管理模式，即时地控制和修正其错误的部分，使其沿着正确轨道进行；后者主要是采用管理创新方法一段时间后，对实施阶段的工作绩效进行评价，从整体上分析其不合理、有错漏的地方，注重将某一段时期的管理创新方法导入整体过程，通过绩效评价为企业深入管理创新提供借鉴和指导。

综上，不难看出，管理创新的最初阶段首先要得到组织内部的一致认可，这是管理创新得以执行的基本前提，创新的管理需要拥护者，并且需要在最短时间内取得成果来证明创新的有效性。即使有些创新需要很长的时间，但是有理论认证的创新也能增加创新者和支持者的信心。

管理创新的另一个关键是外部的认可，外部的认可是要得到创新体系之外的各种因素所承认的一个过程。外部认可是当创新过程中得不到数据的及时有效证明时，为了获得支持，能够持续创新的一种手段。

案例研究 10-2

自主创新案例——华为

华为从 2 万元起家，用 25 年时间，从名不见经传的民营科技企业，发展成为世界 500 强和全球最大的通信设备制造商，成功的秘密就是创新。“不创新才是华为最大的风险”，华为总裁任正非的这句话道出了华为骨子里的创新精神。

华为虽然和许多民营企业一样从做“贸易”起步，但是华为没有像其他企业那样，继续沿着“贸易”的路线发展，而是踏踏实实地搞起了自主研发。华为的创新体现在企业的方方面面，在各个细节之中，技术创新方面，表现在技术引进、吸收与再创新层面上，主要是在国际企业的技术成果上进行一些功能、特性上的改进和集成能力的提升。对于所缺少的核心技术，华为通过购买或支付专利许可费的方式，实现产品的国际市场准入，再根据市场需求进行创新和融合，从而实现知识产权价值最大化。华为的管理创新方面，实现了与国际接轨，不仅经受了公司业务持续高速增长的考验，而且赢得了海内外客户及全球合作伙伴的普遍认可，有效支撑了公司的全球化战略。在产品研发上，华为“以客户需求为导向”，以客户需求驱动研发流程，围绕提升客户价值进行技术、产品、解决方案及业务管理的持续创新，快速响应客户需求。同时，华为还坚持“开放式创新”，先后在德国、美国、瑞典、英国、法国等国家设立了 23 个研究所，与世界领先的运营商成立了 34 个联合创新中心，从而实现了全球同步研发，不仅把领先的技术转化为客户的竞争优势，帮助客户成功，而且还为华为输入了大量高素质的技术人才。

华为的“客户创新中心”和“诺亚方舟实验室”就是专门为客户量身打造的创新研究机构。华为还探索了一套独特的商业模式，建立了一套行之有效的人力资源管理体系，尊重和爱护人才，聚集了一大批技术精英，为华为的可持续发展提供了人力保障。

华为的创新，绝不是单一某方面的创新，涉及了管理中的每一个环节，从技术到组织管理，所以对今天华为所取得的成绩并不奇怪。

（资料来源：https://wenku.baidu.com/view/8d875d9a25c52cc58ad6beeb.html?rec_flag=default&sxts=1556416557698）

10.3 掌握企业管理创新的方法与实施

10.3.1 企业管理创新方法

在对企业管理理论与实践的研究与创新中，不能总是重复别人走过的老路，要不失时机地抓住机遇，实施管理创新，探索企业管理现代化新途径。可以从以下几个方面切入。

1. 企业管理目标的创新

传统的观念认为，利润最大化应是企业管理的目标。但随着管理的发展完善，企业管理的目标逐渐转向市场占有率。因为市场占有率是企业市场竞争能力的综合表现与集中反映，在市场经济条件下，企业要出效益必须以市场为导向。因此，企业管理的最终目标是市场化。

2. 组织结构、决策与沟通机制的创新

精干高效的组织结构是贯彻实施经营战略的组织保证。首先，企业作为经济主体，不应承担过多的社会职能与政府职能，应减轻企业负担；其次，以专业化社会协作为依据，服务部门等非生产主体分离出来，精简企业结构。在决策创新层面，选择方案的过程实际是分析决策的好与坏的过程。一项有效的决策其实质是强调各决策阶段的工作质量。因此，决策创新的主要方面体现在围绕企业经营管理的长远目标对人、财、物的合理配置上。

3. 战略管理的创新

目前战略管理的最大创新就是企业管理的信息化。

4. 人性化管理是现代企业管理的发展态势

所谓人性化管理，就是一种在整个企业管理过程中充分注意人性要素，以充分开发人的潜能为己任的管理模式。人性化管理在企业中常表现为情感化管理、民主化管理、人才管理、自我管理与文化管理。

(1) 情感化管理。所谓情感化管理，就是要注重人的内心世界，把握好人的本性与欲望，激发、发展人性中光明的、积极的一面，给人向上的动力与希望；同时，关注人的欲望，激发职工的积极性，消除职工的消极情感，从而实现员工的价值追求与企业发展动力的巧妙结合。

(2) 民主化管理。民主化管理就是企业组织者在做出决策时让员工参与决策，耐心地听取他们的意见，提高员工们的士气，增强员工的主人翁责任感。通过企业与员工的关联机制的建立实现民主化管理，比如让员工持有一定的股份。

(3) 人才管理。不仅要发现有能力的人才，还要让人才管理好自己。企业的竞争核心是人才，人的创造性是可以通过学习造就的。在知识经济时代，创造性人才在经济中的重要性日益突出，企业组织管理者在使用人才的过程中，应当建立人才信息管理系统，科学化统筹人才的培养、使用、贮存、流动等工作，真正实现人事工作科学化、合理化，激励并保护创造性人才的创造性。因此，组织管理者要不断增强管理的柔性因素，注意做好有关人员的各项工作，注意感情投资，重视倡导企业精神，重视民主管理，使企业具有巨大的向心力与凝聚力。

(4) 自我管理。自我管理是民主管理的深化发展，是职工根据企业的发展战略目标，自主制订计划、实施控制、实现目标，即"自己管理自己"。它是个人意志与企业意志的统一结合，让每个人心情舒畅地为企业做奉献。企业要尊重并相信员工，发挥员工个人积极性，开发其潜力与创造力，才能提高企业劳动生产率，从而创造出更大的价值。

(5) 文化管理。文化管理是人性化管理的最高层次，它通过企业文化培育、管理文化模式的推进，使员工形成共同的价值观与共同的行为规范。

综上，不难发现，对于企业而言，企业管理创新方法与实施主体之间相互关联，从管理层级角度构建基于管理者层级的管理创新方法体系，如图 10－3 所示。

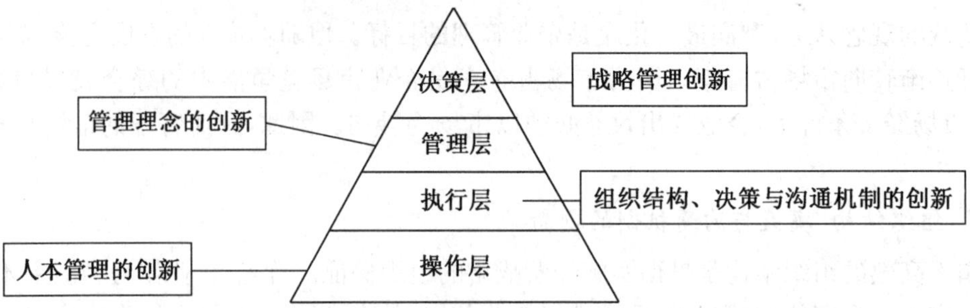

图 10－3　管理创新方法体系

10.3.2　企业管理创新实施

企业管理创新实施从以下几个方面着手。

1. 加强企业管理创新的认识

在互联网经济快速发展、全球化背景条件下，企业管理对于经济发展有着重要的作用。因此，企业创新管理是企业快速有效发展的重要途径。在当前的经济环境下，拥有较高企业管理水平的企业才能发挥有效市场竞争力。再者，加强企业管理创新的力度是符合科学发展观的重要措施。

2. 加强企业战略管理和质量管理

企业战略管理的主要目的是提升自身的行业竞争力，通过外界环境的变化和自身的需求制订企业未来的发展计划，在根本上提升企业的生存空间和竞争力。对于一家企业来讲，要重视和加强企业战略的规划，将战略管理作为企业管理的重心。

(1) 加强企业产品质量管理的力度，将客户的要求作为质量的衡量标准，将客户的评价作为质量好坏的最终衡量标准，严格把关生产过程，有效改善产品质量不达标的情况发生。

(2) 树立良好的企业形象，通过高质量产品来提升企业的知名度。

(3) 实行标准化战略，建立标准化的管理体系，主要包括产品、管理、技术等标准，同时依照国家的相关标准来进行生产和发展。

(4) 加强质量监督管理的力度，保障产品的质量，避免不良产品流入市场，防止因产品质量问题造成人民生命财产损失的情况发生。

3. 加强技术、财务内控制度的管理创新

企业只有不断进行技术创新，才能生产出有市场竞争力的产品。首先要建设技术创新队伍，创新队伍主要由企业技术人员、政府、科研部门组成，其中企业是创新队伍的核心，其他相关人员要以企业为主体开展创新工作。同时要把技术创新融入生产的整个过程当中，在整体创新的同时也要保障生产过程的创新，不仅要开发市场需要的新产品，同时也要为企业未来发展创新出新技术和新产品。企业管理的中心是财务管理，同时财务管理也是企业能否长远发展的重要决定因素，因此要不断改善企业在财务管理方面的缺陷，完善财务管理体制。积极学习新的财务管理知识，通过企业的自身状况健全企业内控制度，加强企业财务管理水平的提升。

4. 财务风险管理创新策略

(1) 完善财务风险处理机制，提高财务风险防范能力。要想有效避免财务风险的发生，必须从企业的长远利益出发，不断完善企业财务风险处理机制。

(2) 理清企业财务关系。要想有效预防企业财务风险，必须理清企业的财务关系，企业不同部门要了解自身在财务管理过程中的责任和权利，要有明确的责权制度。同时企业在进行利益分配时要保障公平性，保障各个部门的利益。

5. 人力资源管理和企业文化管理的创新

建设人才培养机制，通过科学有效的晋升机制来激励员工的工作积极性。同时为企业员工设计良好的职业生涯规划，实行岗位竞争机制，将市场竞争的机制落实到企业岗位当中，让企业的岗位管理形成动态化。在岗位升职方面要有有效的管理措施，通过竞争上岗的方式来选取正确的人才。形成企业独特的文化氛围，使员工产生归属感，有利于企业长久发展。

6. 建立学习型企业

(1) 学习型领导班子的培养。社会已经进入信息化和知识经济的时代，对企业的领导者提出了更高的要求，特别是在知识和素质方面。所以，要有终身学习和持续学习的观念，建立终身学习的理念体系，创造良好的学习环境。不仅要强化企业的知识积累和知识更新，还要从外界环境中寻找有利知识理论，将有效的知识融入企业的发展当中，从而实现企业在知识方面的资源优化。

(2) 学习型员工的培养。通过有效的培训，建立起一支学习型职工队伍，提升员工的知识量和知识面，为企业在社会中的竞争增加筹码。

相关链接 10-5

强化科技创新引领，赋能先进制造业

“科技桃花源”是宝安区科技创新类产业园区的重要标志，这类园区包括众创空间、企业孵化器、加速器和科技产业园等高端产业空间载体，为宝安增强科技创新引领力、加快从制造大区向智造强区转型升级发挥了重要作用。

自 2002 年首次认定以来，宝安已累计建成 117 家科技桃花源园区，其中众创空间 27 个、国家级孵化器 17 家(总量居全市第一)、科技企业 8 000 多家、产业用房约 1 000 万平方米。

2021 年，北大科创园在孵企业新增 6 家国高企业和 35 家科技型中小企业，园区入

驻企业中有25家成功获得融资，23个北大产学研转化项目成功孵化，8个在孵企业（项目）在园区辅导下斩获“宝创赛”“深创赛”等赛事奖项。

“党的二十大报告指出，要强化企业科技创新主体地位，发挥科技型骨干企业引领支撑作用，营造有利于科技型中小微企业成长的良好环境。这为园区创新发展指明了方向。”北大科创园负责人表示，园区将为企业提供全生命周期专业化服务，用心用情用力解决企业难点堵点痛点，推动创新成果加快落地转化，助力园区企业实现高质量发展。

（资料来源：https://new.qq.com/rain/a/20221110A03S5A00）

10.3.3 企业管理创新实施评价

企业实施管理创新方法后，效果不一定会马上显现，根据管理创新方法及实施效果时间特点，将实施评价分为即时性评价改进与阶段性绩效评价。

1. 即时性评价改进

在实施管理创新方法的过程中，为了保证各项工作在整体上沿正确的轨道进行，对管理创新各项工作予以及时控制和修正。即时性评价改进工作主要包括效果评价和实时改进两方面内容。

(1) 效果评价，是在占有大量能够反映活动效果的企业管理信息的基础上，进行整理和分析，以此保证分析结果的客观性和准确性。通过信息分析的结果，对管理创新后的实际效果进行衡量和判断，并与预期目标做比较。

(2) 实时改进，根据实际效果与预期目标的比较结果，找出其中存在的偏差，分析偏差存在的原因并做出适当的纠正和改进。由于偏差往往来源于活动的多个方面，应采取综合评判。例如，基于管理创新方法的员工培训，培训效果不理想可能是由于培训方案本身存在着不合理性、组织保障机制不完善，也可能是受训员工态度不够积极、师资力量不足等。

2. 阶段性绩效评价

当实施管理创新方法到一定阶段后，企业内部相关人员对管理创新方法掌握了基本情况，并具备了一定的应用能力，而此时创新方法作用下企业的管理创新能力等呈现出一种新的状态，实现了管理创新目标。企业由于管理创新方法的实施产生了一定的管理创新效益，此时需要对管理创新方法的实施进行一次整体评价，产生的管理创新效益应作为重点评价对象。这一阶段的评价工作，一方面可以通过企业所取得的积极的管理创新效益对企业内部人员产生巨大的激励作用，使其更加积极地参与到企业管理创新方法实施工作中，并对企业管理创新产生更大的信心；另一方面使管理实施人员从总体上把握管理创新方法实施的下一步工作方向，评价结果将为企业管理创新的未来规划提供重要的依据和参考。

无论是及时性评价改进还是阶段性绩效评价，都是企业管理创新实施效果的评价方式，没有好坏之分，只有是否适合企业实施管理创新阶段。为了更好地方便企业在恰当时候采用合适的评价方法，现将两种评价效果做出对比，如表10-1所示。

表 10－1　即时性评价与阶段性评价的比较分析

比较内容	即时性评价改进	阶段性评价改进
目的	保证管理创新方法实施过程中各项工作在整体上沿正确的轨道进行	衡量企业管理创新方法实施的整体工作绩效，指导下一步工作计划的制订
时间节点	贯穿于实施过程中各项工作和活动中	组织实施阶段各项工作均已完成之后
对象	实施过程中各项具体活动计划的实践情况	实施工作整体告一段落为企业带来的绩效
内容	各项活动实践过程对原活动计划的偏离情况；各项活动实践结果与预期效果吻合程度	企业对管理创新方法掌握情况；企业管理创新能力提升情况；企业管理创新效益
结果使用	作为控制和调整各项具体活动的依据	作为实施工作结束后下一步工作计划的参考和依据

增值阅读

中国上市公司创新势力和创新效率分析

近年来，中国企业正在经历以往从未经历过的变化与冲击。创新驱动发展。那么，拥有更强创新能力的公司，是否能在长期性冲击下展现出更强的韧性？它们的盈利和增速是否都有更佳的表现？

2022 年，浙江大学管理学院选取 2 842 家中国 A 股上市公司为评估对象，基于创新势力和创新效率两个维度构建评估模型，推出 2021 年中国上市公司创新指数 500 强，覆盖了制造业，信息传输、软件和信息技术服务业，科学研究和技术服务业，综合四大类 36 个二级细分行业，根据研发投入规模、研发人员规模、专利规模数据、平均销售利润率、研发强度指标、技术效率、商业模式新颖性七个指标来构建创新指数评估方法。上海、北京、深圳、杭州、南京、无锡的创新指数 500 强数量位列前六。其中，计算机、通信与其他电子设备制造业，软件与信息技术服务业，医药制造业，专用设备制造业，电气机械及器材制造业上榜企业数量占比较高。

(1) 创新型企业分布呈区域集中，上海、北京、深圳数量居前三。

创新型公司存在明显的区域集中趋势，较为集中分布在以长三角、珠三角为代表的东南沿海与一线城市。从城市分布来看，创新指数 500 强公司中，有 261 家总部位于以下 10 个城市：上海(58 家)、北京(49 家)、深圳(34 家)、杭州(33 家)、南京(17 家)、无锡(17 家)、广州(16 家)、成都(13 家)、苏州(12 家)、宁波(12 家)。十大城市的创新型公司在行业分布上既有共性，又有区域性的特点。从十大城市创新指数优势企业的行业分布来看，前六大城市创新指数前五名均涉及计算机、通信和其他电子设备制造业。

(2) 浙江省上榜企业 82 家，首次超越广东省，排名第一。

浙江省的创新指数 500 强企业数量首次超过广东省，成为数量最多的省份；江苏省上榜企业数量新增最多，相比去年增加 9 家；四川省首次进入前五名(直辖市不计入排名)。从行业分布来看，各省排名前列的行业主要包括化学原料及化学制品制造业，电气机械及器材制造业，计算机、通信和其他电子设备制造业以及专用设备制造业。例如，坐落于广东省的75家创新指数500强企业中，20%属于计算机、通信和其他电子设备制造业，山东省的29家创新指数500强企业中，34%属于化学原料及化学制品制造业。

除共性以外，浙江省、广东省和四川省企业数量占比前五的行业特征明显。浙江省与广东省医药制造业企业数量均排名前列，并且有相当数量的软件和信息技术服务业企业上榜。四川省并列排名第一的行业包括化学原料及化学制品制造业，有色金属冶炼及压延加工业，酒、饮料和精制茶制造业，各有3家企业，各占四川省创新指数500强企业总数约15.8%。

根据各省创新势力、创新效率排名，可将相关省份、直辖市划分为如下四类：一是高势力—高效率省份，以上海、北京、河北为主，其创新势力、创新效率的排名均领先于其他各省；二是高势力—低效率省份，以广东、湖北、安徽为代表，这类省份在创新势力方面具有较大优势，但创新效率上尚有所欠缺；三是低势力—高效率省份，以四川、浙江、江西为代表，这类省份的创新效率优势较强，但创新势力仍有待提升；四是低势力—低效率省份，以陕西、福建、江苏、天津为主，这些省份在创新指数的两个分项指标的表现上都不突出。

(3) 浙江省、江苏省排名稳定，上升发展势头良好。

浙江省、江苏省创新企业发展势头良好，北京市、上海市创新企业质量稳居“第一梯队”。

(4) 创新指数500强企业数字化关注程度相对较高。

今年报告新增企业韧性与数字化关注方面的内容。分析发现，在2 842家A股上市公司样本中，其年报共提及数字化关键词60 831次，平均每家公司提及21.4次。创新指数排名越靠前的企业对数字化的平均关注更高，但是创新指数上榜企业之间差距不大。报告对创新指数500强企业进行分组检验，发现不论是前50%的企业与后50%的企业对数字化的平均关注水平，还是前25%的企业与后75%的企业对数字化的平均关注水平均不存在显著差异。

(5) 企业创新能力越强，拥有的资产收益率越稳定。

创新指数排名更靠前的公司，在2018—2021年这几年间，不论是在盈利性还是在业务增长上都具有更强的韧性表现。此外，总样本中创新规模较大或创新效率较高的企业最近四年拥有相对更为稳定的资产收益率。

（资料来源：《2022中国上市公司创新指数报告》）

任务小结

企业管理创新是企业生存的根本，也是区分其他竞争者，拥有核心竞争力的来源。

(1) 创新指人类为了满足自身的需要，不断拓展对客观世界及其自身的认知与行为的过程和结果的活动。从管理的相关内容和过程来说，企业管理创新内容主要包括思维与方法的创新、产品(服务)创新、技术创新、组织创新。

(2) 管理创新的原则是指产生管理创新创意的行为准则。企业在管理创新过程中遵循的原则有科学性原则、开放性原则、动态性原则、系统原则、发挥优势原则。

(3) 企业的管理创新过程是一个渐进的过程，分为五个阶段：分析管理创新需求、确立管理创新目标、设计管理模式、实施新的管理模式、效果评价。

(4) 可以从管理理念、组织结构、决策与沟通机制、战略管理、人本管理五方面着手实施企业管理创新方法。

能力自测

一、单项选择题

1. 组织有少量不同的环境因素，没有或者只有少量的变化，其不确定性程度（　　）。

A. 中—高不确定性　　B. 高不确定性

C. 低—中不确定性　　D. 低不确定性

2. 创新主体应具备良好的能力结构，包括核心能力、必要能力和增效能力，其中核心能力突出地表现为（　　）。

A. 创新能力　　B. 转化能力　　C. 执行能力　　D. 协调能力

3. 创新不是简单的标新立异，不是刻意地符合时尚，而是一种需要进行经济核算的行为，也就是权衡资源的投入、重组、消耗究竟能产出多大的价值，以此作为创新决策的依据，因此，创新主体必须具有（　　）。

A. 开拓精神　　B. 自主精神　　C. 务实精神　　D. 科学精神

4. 当组织的生命周期进入成熟阶段，它可能面临的危机是（　　）。

A. 领导危机　　B. 自主性危机　　C. 失控危机　　D. 僵化危机

5. “他山之石，可以攻玉”，是指借助于系统之外的信息知识、经验解决问题，其思维方式是（　　）。

A. 集中思维　　B. 逆向思维　　C. 侧向思维　　D. 联想思维

6. 管理者只需按照既定的常规和程序实施管理就能确保组织有序性的管理环境是（　　）。

A. 简单—动态环境　　B. 简单—静态环境

C. 复杂—静态环境　　D. 复杂—动态环境

7. 哈佛大学教授格雷钠指出，一般组织的权力分布有三种，即集权、分权和授权，由于权力分布不同，变革的方式也不同。通过对组织变革的研究发现，组织变革的成功方式是基于哪一种权力分布的？（　　）。

A. 集权　　B. 分权　　C. 授权　　D. 无法确定

8. 组织有着大量不同的环境因素，而且经常无法预测其变化，其不确定性程度是（　　）。

A. 中—高不确定性　　B. 高不确定性

C. 低—中不确定性　　D. 低不确定性

9. 霍桑试验提出的人际关系学说，推动了哪一种管理思想的兴起？（　　）。

A. 目标管理　　B. 目视管理　　C. 人本管理　　D. 科学管理

10. 苏轼的《题西林壁》：“横看成岭侧成峰，远近高低各不同。不识庐山真面目，只缘身在此山中。”“横看成岭侧成峰，远近高低各不同”是下列哪个选项的结果？（　　）。

A. 经验偏见　　B. 利益偏见　　C. 封闭思维　　D. 位置偏见

11. 组织有大量不同的环境因素，但没有或者只有小量的变化，其不确定性程度是（　　）。

A. 中—高不确定性　　B. 高不确定性

C. 低—中不确定性　　　　　　　　D. 低不确定性

12. 香水钢笔,外观精巧美观,可随身携带,深受女性欢迎。香水钢笔的发明,体现了(　　)方式的运用。

A. 组合思维　　B. 线性思维　　C. 逆向思维　　D. 集中思维

13. 20世纪80年代以来,管理创新成为决定企业生存发展的关键性因素。管理创新的时代背景是(　　)。

A. 信息化、全球化和多元化　　　　B. 现代化、全球化和多元化

C. 现代化、民主化和多极化　　　　D. 柔性化、扁平化和虚拟化

14. 组织变革的阻力更多来自(　　)。

A. 高层管理者　　　　B. 中层管理者

C. 基层管理者　　　　D. 作业人员

15. 鉴于信息化对于企业生存和发展的重要作用以及信息化建设与实施过程中的系统性和复杂性,企业信息化应有相当级别的一位信息主管来统帅,信息主管这一职务作为负责对企业信息资源进行统一管理的企业高级官员开始在企业中广泛出现,信息主管的英文简称是(　　)。

A. CEO　　B. CFO　　C. COO　　D. CIO

二、判断题

1. 成语"井底之蛙"反映的是经验偏见。(　　)

2. 市场创新就是通过营销创新活动引导消费、创造消费。(　　)

3. 惯性思维的特点是把多元问题变为一元问题。(　　)

4. 不同的工作者对同一工作会有不同的反应,应该针对工作者的不同要求进行不同层次的工作设计。(　　)

5. 项目一般都是相对独立、阶段性的任务,因此不需要跨组织、跨部门合作。(　　)

6. 勒温认为组织变革要经历解冻、改变、再冻结几个阶段。(　　)

7. 发散思维和集中思维是对立的。(　　)

8. 虚拟运作使企业内部结构发生变化,企业边界变得越来越清晰。(　　)

9. 项目组织没有严格的边界,具有临时性和开放性的特征。(　　)

10. 企业是否积极采用新技术开发新产品和市场,采用新的商业模式,首要考虑的因素是可行性。(　　)

11. 只有当创新精神成为人的普遍行为取向时,它才能上升为历史的象征和时代精神。(　　)

12. 组织再设计过程中,对一些部门进行归并,对一些职务的职责、权限进行修正,属于变革而不是创新的范畴。(　　)

13. 管理模式具有单一性,管理方式方法具有综合性。(　　)

14. 团队管理是柔性化管理的典型形式,是未来管理的新趋向。(　　)

15. 柔性管理是在研究人的心理和行为规律的基础上采用非强制方式,把组织意志变为自觉行动。(　　)

三、简答题

1. 简述企业管理创新特征。

2. 简述企业管理创新的原则。

3. 简述企业的管理创新过程。

4. 企业管理创新方法有哪些?

5. 简述企业管理创新措施。

案例分析

(一) 5G应用下的智慧物流

运输作为物流的重要环节,也是物流成本中占比最大的部分,据统计,我国运输占物流成本的比例在51%左右。而公路运输是其中的最主要部分,按照2020年的统计数据,全国公路货运规模占比为73.93%,铁路货运规模占比9.62%,水路货运规模占比16.43%。

也正是因为如此,公路运输需求广泛,在降低物流成本GDP占比、支持经济发展的背景下,公路运输的公益属性更加突出,而公路运输企业自身存在"散、小、乱、差"的特点,在面临铁路、水运、航空等运输方式竞争下,企业效益下降,安全事故管控难,在面临疫情管控的情况下,司机短缺问题也极大地影响着物流运输效率,加剧了公路运输的困境。

通过数字化的手段,优化运输路线、协调运力资源、提升管理水平,被认为是提升公路运输能力和效益的有效手段,同时5G车联网和无人驾驶技术的发展,为物流运输的智慧化提供了关键基础设施和关键技术,这有助于大幅降低交通事故和交通事故伤亡率,显著提升交通效率和物流企业效益,并能有效降低交通能耗和排放,助力双碳目标的实现。

基于自动驾驶的物流干线运输具有广阔的市场。首先从市场空间来说,预计干线运输达到7 000亿元左右。其次,中国有近3 000万名卡车司机,由于市场分散、价格不透明,层层转包的现象很多,服务难以保障。尽管随着货运平台的兴起,市场得到规范,但司机以个体为主,疲劳驾驶等安全问题仍很突出。最后,干线货运的成本结构可理解为"3322",30%是燃油费,30%是路桥费,20%是司机,20%是车辆的折旧和维修。可以看到,司机和燃油的成本占比达到50%。基于以上因素,通过自动驾驶技术实现公路货运干线运输,能够有效达成降本、增效、安全的目标。

4G/5G-V2X技术成为支持无人驾驶公路货运的关键技术,在网络架构、通信协议、SLA保障等方面均专门设计,以满足车联网的通信和部署要求。

(资料来源:世界经理人官网,http://www.ceconline.com/manufacturing/ma/8800114866/01/,有删减)

问题:

1. 结合案例分析智慧物流属于管理创新的哪种类型?智慧物流会对企业发展产生怎样的影响?

2. 从思政角度分析5G技术的发展及应用体现了我国哪些发展战略?

(二) 冬奥背后的中国企业创新力量

2022年北京冬奥会赛事不仅是一场运动健儿追逐梦想的舞台,同样也是中国企业展示实力的秀场。

从场馆建设、基础设施到智慧服务、赛事保障……几乎每一个环节都有中国企业参与其中，都离不开科技创新成果的有力支撑。一大批中国企业正在用创新与世界对话，诠释着中国企业的科技与自信，也在其中汲取着发展的力量。

绿色涌动滋长，黄河之水奔涌而来凝聚成冰，一朵晶莹的巨大"雪花"迎空而出……2月4日，2022年北京冬奥会开幕式令众人惊艳，吸引了全世界的目光。至此，科技冬奥成了2022年北京冬奥会一个响当当的标签，在这标签背后正是一大批中国企业科技护航力量的凝聚。

开幕式上，目前最大8K超高清地面显示系统和巨型"雪花"形主火炬台设计，将中国最新科技创新成果惊艳地呈现在世界眼前，而这些惊艳的科技正出自京东方科技集团公司(以下简称"京东方")。

整个舞台地面显示屏面积达10 393平方米，同时采用多个8K级分辨率的画面融合技术，超大规模的光学校正算法可对每个显示画面进行像素点级的光学校正，可实现100 000∶1超高对比度、3 840 Hz超高刷新率以及29 900×15 096超高分辨率的超高清绚丽画面。而通过搭载京东方自主研发的超大规模显示模组控制与同步系统，能实时捕捉演员行进轨迹，可以做到画面与演员无缝互动。

开幕式上，伴随着圣火点亮，开幕式的气氛被推向高潮。据了解，整个主火炬台直径达14.89米，由96块小雪花形态和6块橄榄枝形态的LED双面屏组成，采用双面镂空设计，嵌有55万余颗LED灯珠，每一颗灯珠都由驱动芯片的单一信道独立控制。

中国的数字化数字技术正在深刻改变着奥运会的模样，而这场冰雪之约，也成了中国企业创新力量的秀场。首个冬奥AI手语主播、科技冬奥专项高精地图服务、无人mini客车自动驾驶功能开发与仿真平台……冬奥会上各种科技首秀不仅让人们看到了一场科技武装的体育盛会，让世界看到了中国企业创新的力量，也再次擦亮中国企业品牌，为中国企业带来更多发展机遇。

(资料来源：人民政协网，https://baijiahao.baidu.com/s?id=1725063480081586446&wfr=spider&for=pc，有删减)

问题：

1. 结合案例说明京东方是如何抓住机遇实现管理创新的？
2. 从思政角度分析新冠肺炎疫情给京东方的管理创新带来了哪些挑战和影响？

实践与操作

项目一 综合实训：企业管理创新调查分析。

［**目的**］

结合企业实际，了解企业管理创新过程，加深对企业管理创新过程的理解与认识；了解如何从公司角度出发，实现公司创新。

［**内容与要求**］

1. 自愿组成小组，每组2～3人，利用课余时间，选择一家有创新意愿或者正在进行管理创新的公司，对公司目前经营情况及现状做调查分析。

2. 在调查访问之前，每组需根据课程所学知识，经过讨论制定调查提纲，制定时可参考以下方面：

（1）该企业经营情况；

（2）该企业管理创新意愿强烈程度；

（3）该企业创新切入角度；

（4）该企业创新方案的制定与实施。

3. 每组根据收集的资料写出一份800字左右的调查报告，内容包括企业创新现状及实施操作步骤。

［**成果评定**］

本次实训成绩由教师根据各成员的调研报告与完成情况分别评估打分。

项目二 结合所在公司实际情况，分析企业经营过程中存在哪些问题亟待改善，企业是否有采取管理创新措施，以及实施效果等。

参考文献

[1] 刘磊. 现代企业管理[M]. 北京:北京大学出版社,2019.
[2] 陈杰. 现代企业管理[M]. 北京:北京理工大学出版社,2018.
[3] 高海晨. 现代企业管理[M]. 北京:机械工业出版社,2018.
[4] 刘珂. 现代企业管理[M]. 北京:经济科学出版社,2018.
[5] 姜真. 现代企业管理[M]. 2 版. 北京:清华大学出版社,2018.
[6] 于卫东. 现代企业管理[M]. 北京:机械工业出版社,2018.
[7] 王关义,刘益,刘彤,李治堂. 现代企业管理[M]. 4 版. 北京:清华大学出版社,2018.
[8] 孙金霞,李光伟. 现代企业经营管理——理论、实务、案例、实训. 第二版. 北京:高等教育出版社,2018.
[9] 万寿义. 成本管理[M]. 2 版. 北京:中央广播电视大学出版社,2017.
[10] 胡建宏. 现代企业管理[M]. 第 2 版. 北京:清华大学出版社,2017.
[11] 陈民伟,林朝朋. 供应链管理实务[M]. 北京:哈尔滨工业出版社,2017.
[12] 罗玉明,刘莉芳. 企业战略管理[M]. 北京:中国传媒大学出版社,2017.
[13] 徐国权. 物流基础[M]. 哈尔滨:哈尔滨工业大学出版社,2017.
[14] 吴拓. 现代企业管理[M]. 北京:机械工业出版社,2017.
[15] 骆金鸿,徐芹. 供应链管理[M]. 沈阳:东北大学出版社,2017.
[16] 温晶媛,等. 现代企业管理实务[M]. 大连:大连理工大学出版社,2016.
[17] 李鹰. 现代企业管理[M]. 北京:冶金工业出版社,2016.
[18] 荆全忠,安景文,张志强. 现代企业管理[M]. 第二版. 北京:北京大学出版社,2016.
[19] 汤少梁. 现代企业管理[M]. 南京:南京大学出版社,2015.
[20] 田青. 企业管理基础[M]. 南京:南京大学出版社,2015.
[21] 李友俊,等. 现代企业管理[M]. 哈尔滨:哈尔滨工业大学出版社,2014.
[22] 俞明南,易学东,付焕兰. 现代企业管理[M]. 大连:大连理工大学出版社,2014.
[23] 施丽华. 供应链管理[M]. 第二版. 北京:清华大学出版社,2014.
[24] 曲建科,杨明. 物流成本管理[M]. 第 2 版. 北京:高等教育出版社,2014
[25] 许艳芬,王志伟. 现代企业管理[M]. 2 版. 上海:上海交通大学出版社,2014.
[26] 贾旭东. 现代企业管理[M]. 北京:中国人民大学出版社,2014.
[27] 向秋华. 现代企业管理[M]. 长沙:中南大学出版社,2013.
[28] 申文青. 现代企业管理[M]. 重庆:重庆大学出版社,2013.
[29] 弗雷德·R. 戴维. 战略管理概念部分[M]. 赵丹,译. 北京:清华大学出版社,2013.
[30] 张平淡,吕海军. 战略管理[M]. 北京:中国人民大学出版社,2013.
[31] 蒋贵凰. 企业战略管理案例教程[M]. 北京:清华大学出版社,2013.
[32] 王志伟. 现代企业管理[M]. 上海:上海交通大学出版社,2013.

[33] 邓学芬. 质量管理案例与实训[M]. 成都:西南财经大学出版社,2013.
[34] 李文,等. 企业项目化管理实践[M]. 北京:机械工业出版社,2013.
[35] 季辉. 现代企业经营与管理[M]. 大连:东北财经大学出版社,2012.
[36] 陈文汉. 现代企业管理[M]. 北京:中国铁道出版社,2012.
[37] 周荣辅,王玖河. 现代企业管理[M]. 2 版. 北京:机械工业出版社,2012.
[38] 黄顺春. 现代企业管理教程[M]. 上海:上海财经大学出版社,2011.
[39] 冯开红,吴亚平. 企业管理实务[M]. 北京:电子工业出版社,2010.
[40] 杜玉梅,吕彦儒. 企业管理[M]. 3 版. 上海:上海财经大学出版社,2012.
[41] 沈莉莉. 企业管理创新模式分析及实现措施[J]. 企业研究,2011,12(24).
[42] 陈国华,等. 质量管理[M]. 北京:中国农业大学出版社,2010.
[43] 刘松先,任真礼,姜先华. 企业战略管理实用教程[M]. 北京:中国农业大学出版社,2009.
[44] 官灵芳,李述容,江培忠. 现代企业管理[M]. 北京:北京理工大学出版社,2009.
[45] 李晓霞. 新编现代企业管理[M]. 北京:科学出版社,2009.
[46] 赵有生. 现代企业管理[M]. 北京:清华大学出版社,2009.
[47] 李晓春,等. 质量管理学[M]. 北京:北京邮电大学出版社,2007.
[48] 苗长川. 现代企业管理[M]. 北京:北京交通大学出版社,2007.
[49] 杨爱华. 项目管理:计划、进度和控制的系统方法[M]. 第 9 版. 北京:电子工业出版社,2006.
[50] 严成根,李储东. 现代企业管理[M]. 第 2 版. 北京:清华大学出版社,北京交通大学出版社,2005.
[51] 范黎波. 项目管理[M]. 北京:对外经济贸易大学出版社,2005.
[52] 池仁勇,等. 项目管理[M]. 北京:清华大学出版社,2004.
[53] 威廉·J. 史蒂文森. 生产与运作管理[M]. 北京:机械工业出版社,2003.
[54] 温九真. 企业管理创新的原则和任务[J]. 创新科技,2003,09(25).
[55] 肖旭. 物流管理基础[M]. 北京:机械工业出版社,2004.
[56] 熊正平. 库存管理[M]. 北京:机械工业出版社,2007.
[57] 薛威,孙鸿. 物流企业管理[M]. 北京:机械工业出版社,2009.
[58] 付春雨. 现代企业管理[M]. 北京:化学工业出版社,2007.
[59] 邵一明,刘国兴. 现代企业管理[M]. 2 版. 上海:立信会计出版社,2009.
[60] 马威,王晓梅. 现代企业管理概论[M]. 北京:中国农业大学出版社,2005.
[61] 邬适融. 现代企业管理[M]. 2 版. 北京:清华大学出版社,2008.
[62] 高志. 现代企业管理[M]. 北京:化学工业出版社,2010.
[63] 张亚,郑予捷. 现代企业管理[M]. 修订版. 北京:科学出版社,2004.